公诉实战技能丛书

GONGSU SHIZHANJINENG CONGSHU

出庭公诉
实战技能

GONGSU

黄海波◎著

中国检察出版社

图书在版编目（CIP）数据

出庭公诉实战技能/黄海波著. —北京：中国检察出版社，2012.6
（公诉实战技能丛书）
ISBN 978－7－5102－0675－7

Ⅰ.①出…　Ⅱ.①黄…　Ⅲ.①公诉－研究－中国　Ⅳ.①D925.04

中国版本图书馆 CIP 数据核字（2012）第 112003 号

出庭公诉实战技能
黄海波　著

出版发行：	中国检察出版社	
社　　址：	北京市石景山区鲁谷东街 5 号（100040）	
网　　址：	中国检察出版社（www.zgjccbs.com）	
电　　话：	(010)68630385(编辑)　68650015(发行)　68636518(门市)	
经　　销：	新华书店	
印　　刷：	三河市西华印务有限公司	
开　　本：	720 mm×960 mm　16 开	
印　　张：	18.75 印张	
字　　数：	342 千字	
版　　次：	2012 年 7 月第一版　2012 年 7 月第一次印刷	
书　　号：	ISBN 978－7－5102－0675－7	
定　　价：	42.00 元	

目　录

第一章　出庭公诉概述

第一节　出庭公诉的属性和原则

一、出庭公诉的属性

出庭公诉是检察机关代表国家出席法庭审判，依法控诉犯罪并请求审判机关追究被告人刑事责任，或者提起抗诉，或者支持或反对被告人上诉，以及对法庭审判程序是否合法进行法律监督的诉讼活动。公诉人代表国家出庭支持公诉，既是国家赋予检察机关的专属权力，又是检察机关履行法律监督职责的重要手段。公诉人在法庭审理过程中代表国家通过宣读起诉书，讯问被告人，询问证人、被害人、鉴定人，出示和说明证据，与被告人质证辩论等活动指控犯罪，请求审判机关对被告人公正审判，依法判决。检察机关通过出庭公诉，发挥指控和打击犯罪的作用，保护公民人身权利、民主权利和财产权利安全，化解社会矛盾，维护社会秩序稳定和国家法制尊严。

提起公诉是出庭公诉的前提，出庭公诉是提起公诉的延续。按照不告不理原则，提起公诉启动解决被告人刑事责任问题的审判程序，出庭公诉则对限定的被告人和犯罪进行追诉。国家公诉制度经历了从私人追诉主义向国家追诉主义演变、起诉法定主义和起诉便宜主义相结合的现代转型，并显现出其特殊的权力属性。

（一）出庭公诉是专属于检察机关的诉讼权力

现代公诉制度并不是随着国家、法律或者诉讼制度的产生而产生的。它是国家追诉犯罪制度产生后，伴随着法律面前人人平等、辩护权是基本人权和司法民主等诉讼理念的萌发而逐渐从国家审判权中分离出来的，公诉权成为国家发动诉讼的代表，而审判权则成为消极听审、居中裁判的判断者。从此，控审分离、当事人地位平等、不告不理等诉讼原则成为约束国家诉讼程序的基本准则，提起公诉、指控犯罪成为检察机关（有的国家或者地区的称谓不同）的专属权力。

在我国，公诉权是国家专门赋予检察机关享有的权力，出庭公诉是检察机关行使公诉权的关键。国家公诉人代表国家出庭控诉犯罪，矫正被犯罪破坏的社会秩序，复原国家、集体或公民受损的各种权益。出庭是检察机关行使支持公诉权的表现，支持公诉权是指公诉机关提起公诉后，指派人员参加法庭审理，通过法庭调查和法庭辩论，提出证据证明自己的控诉主张，说服法官接受自己的诉讼主张的追诉权力和职责。[①] 出庭公诉是检察机关履行法律监督职能的重要途径，关乎国家刑罚权的实现。公诉是检察机关的核心业务，检察机关通过出庭支持公诉，及时有力地指控犯罪，从而树立检察权威，维护司法公信力。公诉人在出庭公诉时要全面掌握事实证据，准确界定罪与非罪、此罪与彼罪、罪重与罪轻的界限，既不能纵容犯罪，使有罪者逃脱法网；又不能伤及无辜，使无罪者蒙受冤屈。

（二）出庭公诉是请求司法裁决的主要程序

公诉权和审判权的分立，能够保证国家及时发现、指控和惩罚犯罪。检察机关通过审查起诉，全面考量案件的事实和证据，审查犯罪嫌疑人的行为是否构成犯罪、证明犯罪嫌疑人构成犯罪的事实是否清楚、证据是否充分，在确认犯罪嫌疑人的行为符合法定起诉条件后，检察机关即可以向人民法院提起公诉，请求人民法院对被告人危害社会的行为进行审理并作出公正裁判。通过出庭公诉，检察机关向法庭阐述被告人行为对被害人、社会和国家利益的危害性，揭露、证实和指控犯罪，实现侦诉机关控诉主张向司法终极裁判的转化。

公诉权本质上是司法请求权，即通过控诉犯罪请求审判机关作出终局裁判。而出庭公诉是刑事司法请求权的主要手段。按照我国1996年《刑事诉讼法》的规定，除轻微简单刑事案件适用简易程序外，重大复杂案件均需通过普通程序进行审理，即需要经过检察机关的出庭公诉和控辩双方的质证对抗作出裁决。而2012年《刑事诉讼法》已经对简易程序案件调整为满足以下条件的案件：（1）案件事实清楚、证据充分的；（2）被告人承认自己所犯罪行，对指控的犯罪事实没有异议的；（3）被告人对适用简易程序没有异议的，并且规定人民检察院应当派员出席简易程序案件的审理。很显然，简易程序案件要求公诉人一律出庭支持公诉，增加了公诉人的工作总量，影响公诉人的工作效率，并对公诉人的指控能力提出了新的要求。但是，从诉讼公正角度看，所有公诉案件均由公诉人提出和支持控诉，不仅是刑事诉讼构造的基本内容，也是程序正义和实体正义的基本保障。

---

① 陈光中等：《中国司法制度的基础理论问题研究》，经济科学出版社2010年版，第211页。

公诉人代表国家在法庭上通过讯问被告人；询问出庭的证人、被害人、鉴定人；出示物证，宣读书证、未到庭证人的证言笔录、鉴定人的鉴定意见、勘验、检查笔录和其他作为证据的文书，播放视听资料；对证据和案件情况发表意见，针对被告人、辩护人的辩护意见进行答辩，全面阐述公诉意见，反驳不正确的辩护意见等一系列公诉活动向法庭证明被告人的行为触犯国家法律，应当依法予以惩罚。审判机关根据公诉人的公诉主张是否达到案件事实清楚、证据确实充分的证明标准作出司法裁决，即检察机关在指控追诉犯罪中居于主要地位，公诉人在法庭上示证、质证、认证、辩论的活动是司法裁决的前提和基础。

（三）出庭公诉是检察权制约审判权的重要手段

分权制约、权力制衡是防止权力腐败的基本出路。公诉人出庭的主要职责是支持公诉，同时还承担着防止审判权力滥用、审判程序违法的监督责任。

检察官的关键功能之一乃控制法官裁判的入口，负责第一线的把关工作。① 出庭公诉制约审判权主要表现在：一是出庭公诉决定审判程序的启动，即按照不告不理原则，未经检察机关提起公诉，审判机关不得审判；检察机关提起公诉后未出庭支持公诉，审判机关也不得审判；出庭公诉还具有强制审判的功能，即公诉人一旦出庭，就引发法庭审判程序的启动，法庭不能要求公诉人撤回起诉或继续补充侦查，更不能拒绝公诉人诉讼请求，法庭只能在法定期限内及时对公诉人的诉讼主张作出判决。二是出庭公诉决定审判程序的范围，即按照诉审同一原则，公诉人出庭支持公诉的对象和事实与审判的对象和事实具有同一性，法庭只能对公诉人指控的被告人和犯罪事实进行审判，以防止审判权的滥用，保障被告人诉讼权利；审判范围应当与公诉对象保持同一性，包括两方面的要求：一方面，就公诉案件而言，法院的审判范围以提起公诉的案件为限，对于未经提起公诉的案件，法院不得径行审判；另一方面，对于作为公诉对象的每一个单个案件，审判范围应当在人和事两个方面与公诉范围保持一致。② 三是公诉人在出庭公诉中可以撤销、撤回、变更或追加诉求。即公诉人在出庭公诉中发现案件事实证据发生变化，只要法庭尚未作出裁判，均可以根据案件情况修正公诉主张，撤销、撤回、变更或者追加诉求，但相应也应当给予被告人充分的辩护准备时间。四是公诉人可以监督法庭的审判活动，公诉人在出庭公诉中可以当庭或者在庭后纠正法庭的程序违法行为，对符合法定情形的确有错误的刑事判决或裁定判决可以提出抗诉。

---

① 林钰雄：《检察官论》，法律出版社 2008 年版，第 13 页。
② 宋英辉：《刑事诉讼原理导读》，中国检察出版社 2008 年版，第 209～210 页。

（四）出庭公诉是维护公民权利的诉讼活动

保障人权是检察工作必须一以贯之的基本原则。《联合国关于检察官作用的准则》第 12 条规定："检察官应始终如一迅速而公平地依法办事，尊重和保护人的尊严，维护人权以确保法定诉讼程序和刑事司法系统职能的顺利运行。"以保障公民权利尤其是保障被告人权利为核心的程序正义理念已成为判断诉讼程序是否公正或者民主的通用标准。检察机关在出庭支持公诉中，时刻面临着打击犯罪和保障人权的矛盾和冲突，公诉人必须牢固树立维护公民权利的意识，必要时宁可放宽或放弃指控犯罪，也不能以伤害公民基本人权为代价而追求胜诉结果。

一方面，出庭公诉通过追究被告人刑事责任，使被告人罪责自负，实现刑罚的特殊预防和一般预防功能，既维护了被害人及受犯罪行为干扰者等具体公民的个体权利，又通过恢复被犯罪行为所破坏的社会关系和社会秩序维护所有社会成员的集体权利。另一方面，出庭公诉不仅仅是寻求对被告人定罪量刑的过程，一旦发现被告人被无辜追究、自由财产权被非法侵犯或定罪证据不足，公诉人即应当排除非法证据，或者撤回、变更、终止公诉，维护被告人权利，例如检察机关对错判案件的抗诉，既维护了司法公正又维护了被告人和被害人人权；即使被控诉的被告人被定罪量刑，公诉人也会就法定或酌定情节请求法庭从轻、减轻或免除刑事处分，保证被告人得到公平公正的处罚。

（五）出庭公诉是检察机关履行诉讼监督职能的路径

我国宪法赋予了检察机关法律监督者的地位，刑事法律赋予了检察机关具体履行诉讼监督的职能。公诉人代表国家出席公诉案件第一审、第二审和再审法庭，履行公诉职责和审判监督职责，其任务不仅包括指控和证明犯罪，而且还包括对庭审活动进行监督。出席法庭是检察机关履行审判监督职责的最直接体现，出庭工作与审判监督互为表里、不可分割，离开审判监督，出庭工作就失去了灵魂；离开出庭工作，审判监督也将无所依附。[①]

公诉人在庭审过程中要注意控诉者和监督者双重角色的协调，坚持控诉犯罪有力和履行监督到位相统一原则，既尊重审判人员的庭审主导权和被告人的辩护权，又要充分行使法律监督权力，以维护法律权威，保证法律统一实施。公诉人既要监督纠正人民法院的违法行为，又要协助法庭制止当事人破坏审判秩序的行为；检察机关既要对错误判决或者裁定提起公诉，又要维护人民法院的正确判决或者裁定。公诉人对庭审活动的监督方式有二：一是同步监督，即对庭审过程中审判人员的不影响公诉主张、被告人权利和案件处理结果的轻微

---

① 贺恒扬：《关于出庭公诉工作的几个问题》，载《人民检察》2010 年第 14 期。

违反法律程序行为，公诉人可以根据庭审情况采用当庭指出和委婉提示相结合的方式纠正审判人员的违法行为，保证法律适用的严肃性；二是后续监督，即对审判活动中审判人员严重侵犯被告人权利、干扰公诉人履行职责、可能影响案件结果公正性的严重程序违法行为，公诉人应当建议合议庭休庭，并在休庭后立刻向检察长报告，以纠正违法通知书或检察建议书的方式提出纠正意见，维护程序公正，促进依法审判。

（六）出庭公诉是检察机关弘扬法治、维护法律的重要手段

公诉人在出庭公诉中不仅担负着指控犯罪的职责，而且担负着普及法制教育、培育守法氛围的职责。一方面，通过公诉人的出庭公诉，在控辩平等对抗、法官居中裁判的诉讼进程中剖析被告人行为，说明惩罚或者不惩罚被告人的依据和理由，搭建国家控诉和公民诉求直接对话的桥梁，使当事人充分了解和理解司法裁判的程序和机理，产生对司法权威的信服感和畏惧感，从而真诚服法，形成学法、守法理念，达到出庭公诉工作定纷止争、化解矛盾、促进和谐的价值追求。另一方面，公诉人在庭审中揭露、指控犯罪的过程，就是明法释疑、依法说理的过程，公诉人通过阐明公诉主张，分析案件的事实证据和论证被告人行为的社会危害性，使当事人和旁听群众受到法制教育，以案为鉴，按照法律的规定约束自己的行为，不要重蹈被告人的犯罪覆辙，同步实现刑罚的特殊预防和一般预防功能，使法律成为公民从事社会活动的杠杆标准。

二、出庭公诉的原则

（一）客观公正原则

检察官的客观义务理论源于大陆法系国家，其基本要义是检察官的职责不限于指控犯罪，还要注重保障被告人人权。客观义务使检察官被称为"站着的法官"。联合国《关于检察官作用的准则》规定检察官在履行职责时应当做到：（1）不偏不倚地履行其职能，并避免任何政治、社会、文化、性别或任何其他形式的歧视；（2）保证公众利益，按照客观标准行事，适当考虑到嫌疑犯和被害者的立场，并注意到一切有关的情况，无论是对嫌疑犯有利还是不利。体现在量刑程序中，客观义务要求检察官要秉持公平正义理念，坚持罪刑法定、罪责相当原则，不偏不倚地阐述被告人量刑事实和情节的证据，提出关于量刑种类和幅度的意见，客观公正地对待法官量刑裁判，不能一味地苛求有罪判决和从重量刑。检察官在量刑中的客观义务还直接体现在量刑建议权中。在英美法系国家，刑事审判在陪审团定罪或被告人承认有罪后，设立专门的量刑听证程序解决量刑问题，控辩双方均可以在听证程序中就量刑问题发表意见，且检察官拥有量刑建议权。大陆法系国家，检察官同样在量刑问题上拥有量刑

建议权，并可以就量刑畸轻畸重问题进行上诉。

我国1996年和2012年《刑事诉讼法》均明确规定了检察官的客观义务，即检察人员必须依照法定程序，收集能够证实犯罪嫌疑人、被告人有罪或者无罪、犯罪情节轻重的各种证据。检察官在审查办案中，要充分听取被告人及其辩护律师的意见，全面评价案件事实和证据，兼顾社会利益和个人利益尤其是被告人利益的平衡。具体落实在出庭公诉工作中，客观义务要求检察官必须摆脱追诉犯罪单一角色的束缚，不歧视、偏袒被告人，立足公平正义的高度，客观中立地出示和解释证据，确保对被告人有利和不利的证据能够真实地在审判中展现，使法官能公正准确地裁量判决，最大限度保证法律适用的统一性和公正性。对律师介入刑事诉讼要尊重和支持，不得人为设置障碍；在庭审中要客观、理性地看待辩方的辩解；对被追诉者享有的权利要给予积极的保护，在必要时给予帮助。[①] 在发现有罪判决错误之后，检察官还应当提起抗诉，以保障被告人利益。

由于量刑程序关乎被告人人身自由，甚至改变被告人人生轨迹，这就要求法官量刑要慎之又慎，也要求检察官客观全面地出示证据，还原事实，为量刑的合理合法奠定基础。检察官在指控犯罪的同时，只忠于事实和法律，既要指出犯罪对社会和公民的危害，请求对被告人处以刑罚，也要指出被告人应当从轻、减轻或者免除刑罚的情节，不得歪曲、隐瞒对被告人有利甚至无罪的证据，保证对不同的犯罪给予相应的惩罚，提升法律的权威和公信力。

当前，量刑程序颇受诟病固然有诉讼模式不合理、法官裁量权过大、被告人影响力较弱等原因，但也与检察官远离客观义务立场及当事人化的角色错位有关。在追求有罪处罚的诉讼理念导引下，检察官重视定罪程序而漠视量刑程序，因而在事实表述和证据评介上立场自觉不自觉地失之偏颇，而对量刑裁量的监督则流于形式。由于检察官的当事人化，检察官将自己置于与被告人对立的一方，在出庭公诉时，只关注证明被告人有罪、罪重的事实和证据，忽视证明被告人无罪、罪轻的事实和证据，并极力将自己的追诉意志强加给法官而追求获取有罪、重罪判决。

刑事诉讼的理想结果是在发现事实真相的基础上做到不枉不纵，使有罪者受到定罪和适当的处罚，使无辜者免受追究并尽快洗清嫌疑。[②] 秉持客观公正义务，兼顾打击犯罪和保障人权的平衡，是检察官扮演好国家法律和公民权利

① 刘根菊等：《刑事诉讼程序改革之多维视角》，中国人民公安大学出版社2006年版，第281页。

② 熊秋红：《转变中的刑事诉讼法学》，北京大学出版社2004年版，第49页。

维护者角色的基本准则。这就要求检察官在出庭公诉中，必须全面考量对被告人有利和不利的证据，客观公正地提出法律意见，必要时提出有利于被告人的诉讼主张，建议并监督法官对被告人作出合理公正的量刑处罚。唯有如此，才能更好地贯彻法律，更好地弘扬正义。

（二）分工负责、互相配合、互相制约原则

"分工负责、互相配合、互相制约"是贯穿刑事诉讼全过程的基本原则，决定了侦查、检察、审判机关在刑事诉讼中的关系。体现在出庭公诉中，"分工负责"就是要求公安机关、检察机关和审判机关根据法律规定，各自在法定范围内履行职能和职权，各司其职，各负其责，既不能越权干预，也不能怠权不作为。公安机关要深入开展侦查工作，为指控犯罪奠定坚实的事实和证据基础，并根据庭审变化的需要，适时开展补充侦查或出庭证明案件发生发展情况；检察机关要履行控诉职能和法律监督职能，承担证明被告人的行为构成犯罪的责任，提供明确合理的公诉意见，并对法庭审理情况进行监督，正确适用检察建议权和抗诉权；审判机关要客观中立地审理案件，正确适用法律，准确作出量刑，使有罪者得到惩罚，无辜者不受刑事追究，以司法公正促进社会公正。"互相配合"就是要求公安机关、检察机关、审判机关在刑事诉讼过程中要加强协调，互相合作，在尽职尽责履行各自权力和义务的基础上，共同完成惩罚犯罪与保障人权相结合的诉讼目的，还原案件事实，打击惩罚犯罪，保障公民权利。"互相制约"就是要求公安机关、检察机关、审判机关在出庭公诉中要严格遵循诉讼程序，互相制约，互相监督，及时矫正和预防发生工作失误和诉讼疏漏，纠正各种程序违法和实体违法行为，按照罪责刑相适应原则追究被告人刑事责任，保证法律实施的统一性和正确性。

"分工负责、互相配合、互相制约"三者之间是相辅相成、缺一不可的。其中"分工负责"是审判顺利进行的前提，"互相配合、互相制约"是公正审判的保证，既要防止侦查、公诉和审判职能的互相干预甚至替代，又要防止无分工、无原则的配合，分工、配合和制约的根本目的是有效执行法律，保障国家刑罚权的实现。

（三）公共利益原则

出庭公诉是基于公共利益而发动的国家诉讼行为。由于犯罪行为不仅是对被害人个人权利的侵犯，而且破坏了社会秩序和公共利益，国家公诉由此而生，即由国家代表公众承担追诉犯罪职责，以有效保障公共秩序安全和社会公共福祉。公共利益成为检察机关出庭公诉的基本原则和基本要求，公诉人对证据事实的分析、量刑建议的提出都必须兼顾公共利益的需要；如果提起公诉会造成公共利益严重受损，则检察机关一般不应当诉诸公诉。公共利益与个人利益是一对相互区别但不是相互对立的概念，公共利益既包括公共秩序、公共道德、公共财产、公共安全等社会利益和国家利益，也包括被害人、被告人和其他诉讼参与人的个人利益。检察机关提起公诉一般坚持公共利益优先原则，对危及公共秩序安全等严重犯罪优先提起公诉，但并不是置个人利益于不顾，被告人、被害人等直接受国家公诉影响的个人利益同样受到关注。通常情况下，检察机关提起公诉的案件涉及面越广、情节越严重、危害性越大，指控被告人就越符合公共利益。对任何严重危害公众人身财产安全罪行的控诉，都暗含着公众对检察机关的期望和公共利益的要求。

（四）诉讼效益原则

诉讼效益是指诉讼成本投入与诉讼结果产出的最佳比例关系，意味着诉讼结果的有用性和收益性。任何诉讼活动都意味着诉讼成本的投入，出庭公诉也是如此。在诉讼资源紧缺的法治现实下，如何减少诉讼资源浪费、提高案件质量和公诉效益，是出庭公诉工作必须兼顾的问题。出庭公诉工作必须重视控诉犯罪对公平正义的恢复和对公民权利的保护，实现国家投入的人力、物力、财力等诉讼资源的价值。出庭公诉坚持诉讼效益原则，既要求公诉人必须以维护社会稳定为己任，充分履行指控犯罪职责，使犯罪分子罪有应得，以国家刑罚权维系经济社会秩序，实现出庭公诉的正面效益，又要在庭审中充分保障包括被告人在内的公民诉讼权利，尊重被告人及其律师的辩护意见，对事实证据发生变化，被告人不应当承担刑事责任的情形，要及时建议法庭终止审判，适时撤回起诉，以防止诉讼错误的发生，增加纠错成本，降低诉讼效益。

（五）审判活动监督原则

公诉是我国检察机关核心的标志性职能之一，是法律监督的重要组成部分。公诉人是依法行使公诉和诉讼监督权的检察官，担负着指控犯罪与诉讼监督的职能，既处在同犯罪斗争的第一线，又处于诉讼监督的第一线；既是侦查活动的监督者，又是审判程序的监督者。公诉是检察机关履行法律监督职能的重要组成部分，检察机关通过审判监督，纠正审判机关在庭审过程中违反法定程序的行为，保证庭审程序公正合法。

检察机关审判活动监督的重点是程序违法、侵犯被告人诉讼权利、妨碍公诉权、超期限审理以及重罪轻判、轻罪重判、有罪判无罪等情形。具体来说，审判活动监督的主要内容包括：（1）人民法院对刑事案件的受理活动是否合法；（2）人民法院对刑事案件的管辖是否合法；（3）人民法院审理刑事案件是否违反了法定的审理和送达期限；（4）人民法院审判组织的组成是否合法；（5）在法庭审理时是否违反法定程序；（6）是否存在侵犯当事人和其他诉讼参与人诉讼权利或者其他合法权利的行为；（7）法庭审理中对有关回避、强制措施、调查、延期审理等程序问题所作的决定是否符合法律规定；（8）审判人员是否存在徇私枉法行为；（9）是否存在其他违反法律规定的行为。① 公诉人对庭审过程中发现的程序违法行为，可以通过当庭纠正、纠正违法通知书、检察建议、抗诉等多种方式进行监督，以维护司法权威，保障被告人的诉讼权利，促进国家法治建设。

第二节　公诉人培养和公诉专业化建设

出庭公诉中，公诉人承担着运用证据证明被告人犯罪事实的责任，并就被告人的罪过罪责、犯罪事实是否清楚、案件证据是否合法充分、是否侵犯被告人权利、法律适用是否准确等问题与被告人及其律师进行针锋相对的辩论对抗。出庭公诉的高度对抗性，决定了公诉人必须全面提高自身办案能力和综合素质，才能充分履行控诉犯罪和证明犯罪的公诉职责。

为应对日趋激烈的庭审对抗，各地各级检察机关全面推行公诉制度改革，多举措提高公诉人执法办案水平，其中尤以推行主诉检察官制度成效最为突出，公诉人队伍整体素质显著提高，出庭公诉水平和抗诉能力进步明显。但是，在犯罪总量居高不下、诉讼资源供给有限的背景下，随着公民法治意识和律师辩护水平的提高，出庭公诉工作面临着巨大的压力和挑战。

一、当前公诉工作面临的挑战

公诉职能是检察机关法律监督职能的重要内容，在检察业务中具有重要意义。我国正处在经济体制转轨时期，经济社会发展需要稳定的社会环境和良好的法治环境，但是当前我国正处在人民内部矛盾凸显、刑事犯罪高发阶段，影响法治建设和社会稳定的因素大量存在，维护稳定的任务十分繁重；在刑事诉讼中违法办案、司法不公、贪赃枉法等问题依然存在，社会各界对检察机关法律监督的期望越来越高。同时，构建和谐社会和建设法治国家对检察机关的法律监督工作提出了新的更高的要求。

公诉职能是检察机关维护社会稳定、促进司法公正的重要路径。但是也要看到，面对新的形势和任务，公诉工作和公诉队伍还有很多不适应的地方。部分公诉人员不能正确认识公诉的性质和职能，法律监督意识和诉讼监督能力不强，存在不重视监督、不愿监督、不敢监督、不善于监督的现象，公诉人的诉

---

① 孙谦主编：《中国检察制度论纲》，人民出版社 2004 年版，第 172 页。

讼监督职能甚至有弱化的倾向。近年来佘祥林、杜培武、赵作海等一些重大冤假错案的发生，也暴露出公诉环节仍然存在对案件质量把关不严、法律监督不到位的问题，需要引起公诉部门的重视和反思。

强化法律监督，维护公平正义应当是包括公诉工作在内的所有检察工作的根本指针。作为法律监督的重要组成部分，公诉人在依法指控犯罪的同时，要切实履行对刑事诉讼活动实施法律监督的职责，确保指控犯罪和诉讼监督两项公诉基本职能落实到位，提高办案质量和公诉效果。公诉人要把依法指控犯罪、强化诉讼监督和提高办案质量统一于公诉工作的全过程，打击犯罪，强化监督，推进公诉改革，提高诉讼能力，维护社会稳定，切实保障人权，为建设法治国家服务。

当前，诉讼模式和庭审改革对公诉工作提出了严峻挑战：一是提起公诉的风险增加。庭审改革为了防止庭审活动中的"先入为主"、"先定后审"的现象，将人民法院在庭审前的实体性审查改变为程序性审查，使人民法院在开庭审理之前并不真正了解案件的事实和证据，审判的结果主要取决于法庭调查和法庭辩论的情况，这就大大减小了检察机关胜诉的把握，增加了提起公诉的案件不被法庭认可的风险。[①] 二是追诉犯罪的难度加大。随着新《律师法》的实施，辩护人介入公诉活动的力度和广度不断加大，其阅卷权、会见权、调查取证权得到充分保障，被告人及其辩护律师有更多的权利和途径了解掌握公诉指控的事实和证据，反驳和对抗国家追诉的能力也越来越强。三是对公诉活动的要求和期待越来越高。随着法治建设进程的加快，国家法律体系越来越完备，公民法治意识越来越强，公诉活动的规范化和程序化趋势更加明显，公诉人在出庭活动中受到来自被告人、辩护人、被害人、法官的制约，承受的指控证明犯罪压力越来越大。

公诉人面临的主要挑战有：一是诉讼资源的短缺使得公诉人负荷过重。由于案多人少矛盾在一定时期内将长期存在，公诉人顾此失彼，忙于应付，在审查案件事实、准备出庭预案、制作法律文书、准备质证辩论等活动投入的平均时间减少，出庭支持公诉还停留在简单粗放式劳动复制层面，难以应对被告人及其律师精心研究的精细化诉讼。二是公诉制度保障不力使得公诉人工作动力不足。公诉工作虽然是检察机关的核心业务，在人员调配上有一定的倾斜，公诉人整体能力和素质在检察人员队伍中也相对突出，但是由于缺乏行之有效的竞争和激励制度，公诉人在待遇、职位、级别等方面与其他工作部门相比较并

---

① 河南省周口市人民检察院课题组：《公诉制度改革研究》，载孙谦主编：《检察论丛》（第8卷），法律出版社2004年版，第362页。

没有任何优势，公诉人常年繁重的工作压力不能得到认可，不少多年从事公诉工作的公诉人积极性逐年下降，得过且过，态度消沉，缺乏钻研公诉业务的动力和进取心，公诉人整体素质提高困难重重。三是公诉人才严重流失。公诉部门是检察机关的拳头部门，承担着指控证实犯罪、维护司法公正的任务，基于其工作性质和部门性质，公诉人的工作能力和业务水平在检察系统一直相对突出，因而获得晋升、提拔、交流的机会较多，大量能力全面的拔尖公诉人才被调整到其他内部部门、上级检察机关或其他单位提拔重用，造成公诉人整体素质不稳定甚至有下降趋势，出庭支持公诉能力和控制庭审局面能力堪忧，直接影响检察机关的执法权威和监督形象。四是部分公诉人对出庭公诉工作不够重视，"重庭前审查、轻出庭公诉"观念根深蒂固，认为只在庭前扎实审查固定证据，制作好起诉书即可，审判过程不过是对公诉意见的确认仪式而已，致使控制庭审节奏、应对庭审变化的能力不足。

为应对和化解各种压力挑战，公诉人在完成公诉任务中应当做到以下几点：一是要坚持指控犯罪与诉讼监督并举。要正确把握公诉权的法律监督性质，在依法履行指控犯罪职能的同时，着力强化诉讼监督，维护法律的统一正确实施，努力使二者紧密结合、互相促进，推动公诉工作全面协调发展。二是要坚持忠实于事实和法律。办理任何案件，都必须以事实为根据，以法律为准绳，坚持依法独立公正行使检察权，真正做到有罪追究，无罪保护，严格依法，客观公正。三是要坚持惩治犯罪与保障人权相统一。在公诉工作中，既要代表国家依法指控犯罪，又要尊重和保障人权，不仅自身要严格依法办案，而且要加强对侵犯诉讼参与人特别是犯罪嫌疑人、被告人诉讼权利行为的监督，维护司法公正。四是要坚持力度、质量和效率的有机统一。要切实把检察工作总体要求全面地贯彻落实到公诉工作中，既要加大打击犯罪和诉讼监督的力度，又要保证办案质量，提高办案效率，实现公诉工作的健康发展。五是要坚持分工负责、互相配合、互相制约。在刑事诉讼中，检察机关与侦查、审判机关之间，以及检察机关的公诉部门与其他部门之间，既要密切配合，形成工作合力，又要严格监督和制约，有效防止权力滥用。公诉部门在加强诉讼监督的同时，也要自觉接受监督。六是要坚持正确贯彻党和国家的刑事政策。要自觉用党和国家的刑事政策指导公诉工作，把严格执行法律与贯彻刑事政策有机统一起来，把办案的法律效果与社会效果有机统一起来。

二、公诉能力和公诉人的培养

（一）公诉人的能力

一个合格的公诉人必须具备扎实的法律知识功底、缜密的公诉思路、准确的说服表达能力、快速有力的突发情况应对能力等。公诉人基本素质的提高不可能一蹴而就，而是需要公诉人长期认真地学习法律知识和积累公诉工作经验。

1. 公诉人必须具备扎实的法律知识。扎实的法律知识是出庭公诉工作的前提和基础，庭审论辩的成败取决于证据事实是否清楚，也取决于控辩双方法律知识储备的深浅。公诉人只有具备深厚的法律知识，才能全面审查案件事实，客观运用证据，准确阐述公诉主张，才能在庭审中冷静自如地应对各种突发情况，充分履行控诉犯罪职责。因此，公诉人在日常工作生活中，要加强业务学习，及时更新知识，了解掌握最新法学动态尤其是关系公诉业务的刑事法律立法动态，为出庭公诉工作打下坚实的知识支持系统；在办理具体案件时，公诉人要对案件涉及的法律解释和法理分析烂熟于心，对涉及的非法律专业知识要及时研究做到了然于胸，才能在出庭公诉时准确分析证据、沉着对抗干扰、有力说服法官。

2. 公诉人必须具备清晰的逻辑思维能力。逻辑思维能力是指正确分析、理性思考的能力。公诉人要具备逻辑思维能力，就是要在出庭公诉中能够客观分析事实证据、冷静解构辩方意见、总结概括控辩争点、综合比较证明内容、全面论证犯罪过程，做到论证说理透彻有序、辩论反驳明确有力；要紧扣犯罪构成，紧紧围绕被告人行为的违法性和社会危害性论述公诉意见，采用科学严密的逻辑方法阐述公诉主张，做到有条不紊、有主有次、层次清楚、详略得当。

3. 公诉人必须具备较强的庭审对抗能力。由于庭审情况千变万化，控辩对抗性越来越强，这就要求公诉人必须坚定公诉信念，冷静分析辩解，提高在激烈对抗中获取公诉胜利的能力。一是要有强大的自信心。公诉人是代表国家出席法庭审判活动，有清楚的犯罪事实和确实充分的证据为依托，有控诉犯罪、恢复正义的公诉信仰为支撑，公诉人应当充满自信地走上公诉席，履行自己打击犯罪与保障人权相统一的公诉职责。二是要有过硬的心理承受能力。公诉人要在庭审情况发生变化甚至出现不利局面时，顶住困难，从容不迫地从事实、证据和法律适用等各方面反驳被告人及其律师的错误观点，掌握庭审进程的主动权，从而突破庭审困境，实现公诉主张。

4. 公诉人必须具备良好的沟通协调能力。一是要处理好和侦查人员的关系。保持与侦查人员的顺畅沟通，可以深入全面掌握案件事实证据，指导侦查人员及时补充完善证据，共同完成指控犯罪任务。二是要处理好与辩护律师的关系。通过与辩护人的接触交流，可以掌握辩方的辩护策略，借鉴辩方的反驳意见来纠正和完善指控犯罪的证据体系，还可以借助辩护人的影响力来促使有罪证据充分的被告人认清形势，低头认罪。三是要处理好与法官的关系。在庭前庭后注意与法官交流意见，可以使法官全面了解案件事实，正确理解公诉意图，从而影响和说服法官接受公诉主张。

5. 公诉人必须具备流畅的语言表达能力。直接言词原则是出庭公诉工作的基本原则，即参与法庭审判的人员都必须用言词直接论述观点，驳斥对方意见，说服法官接受。这就说明出庭公诉是一项语言应用的工作，公诉人必须在庭审过程中清晰分析事实证据，全面论证证据链条和控诉主张，有力反驳被告人及其律师的抗辩和诘难，说服法官依法追究被告人刑事责任。因此，公诉人要加强语言表达能力训练，用凝练准确的口头表达实现公诉意图。流畅的语言表达不是空洞无物的滔滔不绝，也不是色厉内荏的高声叫喊，而是条理清晰、论证有力、言之有物、言中要害，能够达到既揭露控诉犯罪又教育旁听群众的效果。必须指出的是，公诉语言是法律语言，这也要求公诉人在庭审中要注重语言表达的简练性和逻辑性，不能信口开河或带有个人感情色彩，以维护庭审的严肃性。

（二）公诉人的培养

庭上一分钟，庭下十年功。要改进出庭公诉工作，就必须以提高公诉案件质量和公诉人支持公诉水平为核心积极推进公诉制度改革，重视公诉人队伍建设尤其是专家型公诉人培养，全面提高公诉人指控犯罪能力。

1. 要提高公诉人的待遇。公诉部门是检察机关的明星部门，是树立检察权威的主要业务部门。但长期以来，负荷繁重、压力倍增的公诉人在待遇上却没有任何优势，甚至差于其他部门，导致公诉队伍不稳定，部分公诉人想方设法调离公诉岗位以解决待遇问题，造成公诉队伍出优秀公诉人难、队伍青黄不接等问题。要从推动检察工作整体提高的角度、以科学的公诉人培养激励机制解决公诉人待遇问题，把公诉案件质量与公诉人自身待遇相结合，对业绩突出的优秀公诉人给予精神物质奖励，在评优评先、晋职提拔等方面向公诉人适度倾斜，推进公诉人职业化改革，使公诉人没有后顾之忧地投入打击震慑犯罪的一线工作中。

2. 要重视公诉人队伍的建设。一是要重视选才，要把检察机关最优秀的人才充实到公诉部门，奠定人力资源基础；对工作能力突出的公诉人要重点投入，造就公诉领军人才。二是要重视业务体制改革，要推进主诉检察官制度，使公诉人摆脱琐碎的行政后勤事务，全身心地投入公诉工作，提升履职能力。三是要重视岗位培训，采用专家讲座、法律沙龙、高校培训、实战演练、疑案分析等多种方式完善公诉人知识结构，培养有理论、有实践、善钻研的公诉人才。例如，采用集体观摩公开庭的方式就可以直接提高公诉人实战能力，即对事实证据存有重大分歧争议的疑难案件，在开庭审判时组织公诉人出庭观摩，观察出庭公诉人询问、讯问、举证、质证、答辩程序是否规范，内容是否得当，庭审结束进行集体点评，肯定优点，指出不足，以达到总结经验、共同进步的目的。

3. 要注意全面型公诉人与专门型公诉人培养相结合。公诉人出庭支持公诉能力的高低，决定了检察机关执法水平的高低。打造结构合理、业务精通的专业化公诉人队伍，是检察机关履行法律监督职能的重要人才基础。在公诉人的培养上，既要重视培养能够胜任各类案件公诉任务的全面型人才，又要重视培养在某一类案件上能力突出的专门型人才，如培养一批擅长办理职务犯罪、有组织犯罪、毒品犯罪、证券犯罪、网络信息犯罪、知识产权犯罪、涉众型经济犯罪等案件的专门型公诉人，实现公诉工作的专业化分工，适应刑事诉讼新形势的需要。例如，要发挥分类培训与系统化培训相结合的优势，有针对性地提高办案效率，既要对培训对象分类进行有针对性的培训，还要总结传授不同业务工作中提高效率的经验，让公诉人能够掌握一类或某几类案件的证据审查要领。[①]

4. 要重视与被告人及其律师、审判人员的沟通协调。新《律师法》实施以后，被告人的辩护权得到进一步强化，被告人律师掌握案件事实证据和获取新证据的能力进一步提高，对查清案件事实真相、界定被告人刑事责任发挥着越来越大的作用，因此在公诉工作中重视律师的辩护意见非常必要，它可以预测诉讼争点、把握庭审节奏、实现公诉目的。而加强与审判人员的协调，不仅可以了解辩护律师的辩护主张，而且可以消除部分关于事实认定和法律适用的分歧，以维护法律的统一实施。

5. 要重视公诉人的能力培养。一是要培养公诉人的证据审查判断能力。要坚持全面客观地审查、甄别、判断证据材料，提高对重大复杂疑难案件的审查能力，正确审查、判断涉及罪与非罪、轻罪与重罪、此罪与彼罪的各种证据。提高对新类型案件的审查能力，善于综合运用新知识、新成果审查判断证据。提高对物证、书证、鉴定意见、视听资料等证据的审查能力，尤其要提高对专业性、技术性较强的证据的审查能力。提高引导侦查机关（部门）根据出庭公诉的要求，依法收集、固定和完善证据的能力，对侦查活动中存在的违法取证行为，及时提出纠正意见。提高对非法证据的审查能力，依法排除非法证据。二是要培养公诉人法律适用和政策运用的能力。要正确理解法律和司法

---

① 上海市人民检察院第一分院课题组：《提高公诉办案效率的对策报告》，载《人民检察》2009 年第 10 期。

解释，准确认定犯罪性质和情节。善于从犯罪的本质特征即行为的社会危害性方面把握行为性质，正确区分罪与非罪。善于科学把握犯罪构成要件，按照主客观相统一的原则，正确区分罪与非罪、此罪与彼罪，准确适用法律。善于研究司法实践中出现的新情况、新问题，准确把握行为性质，既依法准确打击犯罪，又保障无辜的人不受刑事追究。善于正确把握执行法律与贯彻刑事政策的关系，全面理解宽严相济刑事政策的内涵，对不同的犯罪行为和犯罪分子，对严重犯罪中的从宽情节和轻微犯罪中的从严情节，对实体处理和程序适用，都充分体现宽严相济的要求，做到宽中有严、严中有宽、严惩有据、宽处有理、宽严适度、不枉不纵。三是要培养公诉人的出庭指控犯罪能力。要提高庭前预测能力，针对案件的重点和争议焦点，制定周密的出庭预案，对于重大复杂敏感案件要制定临庭处置预案。提高庭上指控犯罪能力，做到讯问被告人重点突出、针对性强，示证质证组织、编排证据合理明晰，增强指控犯罪的效果。提高庭上辩驳能力，做到条理清楚、说理充分、论证严谨、讲究策略。提高庭上应变能力，善于运用事实证据、法律规定和刑事政策，妥善应对被告人当庭翻供、证人翻证等情况。提高语言表达能力，做到用语规范、表述准确，增强语言的感染力和说服力，增强社会公众的认同感，树立公诉人可亲、可信、可敬的执法形象。提高出庭的综合效果，善于结合案件事实揭露犯罪，开展法制宣传，促使被告人认罪悔罪。四是要培养公诉人的诉讼监督能力。要强化监督意识，突出监督重点，坚持将刑讯逼供、暴力取证、有罪判无罪、无罪判有罪、量刑畸轻畸重，特别是人民群众反映强烈的问题和司法不公背后的职务犯罪作为监督的重点。坚持监督原则，讲究监督方法，既要敢于监督、敢于碰硬、秉公执法，忠实履行宪法和法律赋予的职责，又要善于监督、规范监督、理性监督，积极营造与侦查、审判机关的和谐关系。提高监督质量，坚持以事实为依据、以法律为准绳，依法正确行使权力，注重监督效果。拓宽监督思路，综合运用抗诉、纠正违法通知书、纠正违法审理意见书、检察建议等多种形式进行监督。既重视对错误轻判的监督，又重视对错误重判的监督；既重视对实体问题的监督，又重视对程序问题的监督。五是要培养公诉人应对突发敏感事件、化解社会矛盾和做群众工作的能力。要建立突发敏感事件预警机制，进一步规范处置程序，提高公诉人应对突发敏感事件的预见性、主动性、针对性和时效性，做到处置快速有力，应对妥善有效，程序公开透明，方式慎重稳妥。注重公诉职能向修复社会关系延伸，坚持把化解矛盾纠纷贯穿于公诉工作始终，在审查起诉、出庭公诉、抗诉等各个环节采取多种方式化解矛盾，解决合理诉求，做到案结事了。努力提高做群众工作的能力，善于运用心理疏导等方式缓解当事人因案件产生的心理压力，善于运用通俗语言和群众易于接受的方式释法说理，善于引导群众采取理性合法的方式表达诉求，善于在依法办案过程中积极为当事人和解创造条件。

三、公诉人的专业化建设

国家公诉人的特殊使命和身份，要求公诉人队伍必须是一支高素质的专业化队伍。总体来说，公诉工作面临的各种挑战越来越多，工作任务越来越重，工作要求越来越高，工作难度越来越大。公诉人队伍在执法水平和能力建设方面还存在许多不适应。近年来，公诉人队伍的年轻化、专业化建设初见成效，但整体素质距高强度对抗制庭审方式的要求还有不小差距，表现为将理论知识运用到公诉实践的能力不强，社会阅历不足，控制庭审局面和应对庭审变化的水平有待改进。加强公诉人专业化建设，是检察机关依法正确履行指控犯罪职能和依法进行诉讼监督的需要，是提高办案质量和公诉工作整体水平的需要，是提高执法公信力和树立检察机关良好形象的需要。检察机关要适应公诉工作的特点，围绕公诉职业道德、职业能力、职业责任、职业纪律和职业形象，大力加强公诉人队伍专业化建设，全面提高公诉人队伍的整体素质。

1. 加强公诉职业道德建设。公诉人要强化"立检为公、执法为民"意识，增强"强化法律监督、维护公平正义"的使命感和责任感，坚决维护法律的统一正确实施。树立正确的权力观、地位观和利益观，强化职业自律意识，严格恪守忠诚、公正、清廉、严明的检察官职业道德规范，坚决抵制办案中的干扰和各种腐蚀诱惑，自觉接受监督，努力做到依法公正行使公诉权。

2. 加强公诉职业能力建设。坚持以提高公诉人法律监督能力为核心，以强化教育培训和岗位练兵为主要手段，以提高审查判断证据、运用法律政策、出庭指控犯罪、开展诉讼监督、做好群众工作、化解矛盾纠纷等能力为主要内容，全面提高公诉人依法履行职责的能力。要制定公诉人基本素质标准，逐步把通过国家司法考试的人员充实进公诉队伍，对主诉检察官实行动态管理，不断优化公诉队伍的结构。大力加强业务培训，促进业务知识不断更新，广泛开展岗位练兵活动，通过出庭实践和组织出庭观摩、案例研讨、业务竞赛等，积累办案实践经验，提升公诉业务水平。加强公诉人才队伍建设，培养造就一批擅长办理职务犯罪、有组织犯罪、毒品犯罪、证券犯罪、网络信息犯罪、知识产权犯罪、涉众型犯罪等专业性较强案件的专门型公诉专家。

3. 强化公诉职业责任。要切实强化公诉人员的职业责任，完善公诉工作责任追究制。对于因公诉部门和承办人责任造成错案的，按照错案责任追究制追究公诉部门负责人和承办人的责任，对于办案责任心不强造成失误、办案质量不高的，对责任人进行诫勉，两次诫勉无效的离岗培训，离岗培训不合格的依法免除检察官职务、调离公诉部门或办案岗位，对因管理存在疏漏导致严重违法违纪的，按照党风廉政建设责任制追究公诉部门负责人的责任。

4. 严明公诉职业纪律。要严格规范公诉环节的执法行为，集中整改人民群众不满意的突出问题，切实扭转公诉人员违法违纪比例相对偏高的状况。要特别注意发现和查处公诉不公背后的公诉人员违法违纪案件，凡是利用职权贪污受贿、徇私枉法的，私放犯罪嫌疑人、帮助串供、毁灭或者伪造证据以及通风报信、泄露办案机密的，私自办案或者干预下级检察院办案的，私自会见案件当事人及其辩护人、代理人、申诉人、亲友或者接受上述人员财物、宴请、娱乐活动的，在办案中刑讯逼供、暴力取证或者有其他严重侵犯诉讼参与人诉讼权利行为的，因违法违规办案、玩忽职守造成犯罪嫌疑人等脱逃、死亡、严重伤残的，要先停职离岗，再区分性质和情节轻重，依纪严肃处理，构成犯罪的依法追究刑事责任。

5. 加强公诉职业形象建设。公诉工作是检察机关的一个重要窗口，代表着检察机关的形象。公诉人员要牢固树立法治意识和群众意识，依法正确行使手中的权力，带着对人民群众的深厚感情秉公执法、伸张正义。要自觉养成良好的职业作风，坚持依法办案、热情服务，坚决克服特权思想和霸道作风。公诉人出庭公诉要严格遵守《公诉人出庭行为规范（试行）》和法庭纪律，做到依法履职、客观公正、着装统一、仪表整洁、语言规范、举止得体，并在完成指控犯罪任务的同时开展法制宣传教育，展示检察机关的良好形象。

第二章 起诉书和出庭预案制作技巧

第一节 起诉书的制作

一、起诉书概述

起诉书是人民检察院依照刑事诉讼法的规定，代表国家对已构成犯罪的被告人向同级人民法院提起公诉的法律文书。起诉书是公诉人出庭支持公诉的根据和中心，庭审活动应当紧紧围绕起诉书载明的公诉主张进行。起诉书是将被告人交付法庭审判、追究其刑事责任的依据，是公诉人履行公诉职能、被告人及其辩护人行使辩护权、审判人员行使审判权的基础。同时，按照不告不理原则，起诉书是刑事审判程序正式启动的标志，案件的审理范围由此确定。

起诉书应当在人民检察院作出起诉决定后方可进行制作。检察机关对侦查机关（部门）侦查终结的案件，认为犯罪嫌疑人的犯罪事实已经查清，证据确实、充分，依法应当追究刑事责任的，即应当作出起诉决定，并制作起诉书。具有下列情形的，可以确认犯罪事实已经查清：（1）属于单一罪行的案件，查清的事实足以定罪量刑或者与定罪量刑有关的事实已经查清，不影响定罪量刑的事实无法查清的；（2）属于数个罪行的案件，部分罪行已经查清并符合起诉条件，其他罪行无法查清的；（3）无法查清作案工具、赃物去向，但有其他证据足以对犯罪嫌疑人定罪量刑的；（4）证人证言、犯罪嫌疑人供述和辩解、被害人陈述的内容主要情节一致，个别情节不一致但不影响定罪量刑的。在确认起诉条件、吃透案情后，公诉人制作起诉书才能胸有成竹，心中有数。

二、起诉书的制作

作出起诉决定是制作起诉书的前提。起诉书的主要内容包括：（1）被告人的基本情况，包括姓名、性别、出生年月日、出生地、身份证号码、民族、文化程度、职业、工作单位及职务、住址，是否受过刑事处罚，采取强制措施的情况及在押被告人的关押处所等；如果是单位犯罪，应写明犯罪单位的名称，所在地址，法定代表人或代表的姓名、职务；如果还有应当负刑事责任的"直接负责的主管人员或其他直接责任人员"，应当按上述被告人基本情况内容叙写。如果被告人真实姓名、住址无法查清的，应当按其绰号或者自报的姓名、自报的年龄制作起诉书，并在起诉书中注明。被告人自报的姓名可能造成损害他人名誉、败坏道德风俗等不良影响的，可以对被告人编号并按编号制作起诉书，并在起诉书中附具被告人的照片。（2）案由和案件来源。说明侦查机关移送审查起诉的时间和被告人涉嫌的罪名，以及检察机关已告知被告人、被害人诉讼权利，公诉人依法讯问了被告人，听取了被害人意见，审查了全部案件材料。（3）案件事实，包括犯罪的时间、地点、经过、手段、动机、目的、危害后果等与定罪量刑有关的事实要素。起诉书叙述的指控犯罪事实的必备要素应当明晰、准确。被告人被控有多项犯罪事实的，应当逐一列举，对于犯罪手段相同的同一犯罪可以概括叙写。（4）起诉的根据和理由，包括被告人触犯的刑法条款、犯罪的性质、法定从轻、减轻或者从重处罚的条件，共同犯罪各被告人应负的罪责等。

公诉人在制作起诉书时，应当在内容上注意以下问题：（1）关于被告人或者被告单位的基本情况，要写明其有无违法犯罪，是否受到过行政处罚、刑事处分，被告单位应当列在被同时追究刑事责任的直接负责的主管人员或其他直接责任人员之前，并说明责任人员适用强制措施的情况。（2）关于案由和案件来源，应列明侦查机关移送审查起诉的时间、罪名、公诉部门审查案件情况、是否告知被告人权利、是否听取辩护人意见、是否有补充侦查情况等。（3）关于案件事实。对于只有一起犯罪事实的，可以直接列举所有证据；对于有多起案件事实的，应当在每一起犯罪事实之后列明证明该犯罪事实的证据。如果证明案件的证据种类、数量较多的，可以将证据按照属性进行分组，然后按照组别列举在相应犯罪事实之后；在每组证据中，应当突出证明力最强的证据。（4）关于起诉的根据和理由。引用被告人触犯的法律条文要具体，如果条文下有款应当引用到款；同样，对被告人量刑情节的论述，也应当具体说明法律根据的条或款。

人民检察院提起公诉的案件，应当向人民法院移送起诉书、证据目录、证人名单和主要证据复印件或者照片。起诉书应当一式八份，每增加一名被告人增加起诉书五份。证人名单应当包括在起诉前提供了证言的证人名单，且证人名单应当列明证人的姓名、年龄、性别、职业、住址、通讯处。人民检察院对于拟不出庭的证人，可以不说明不出庭的理由。证据目录应当是起诉前收集的证据材料目录。关于被害人姓名、住址、通讯处，有无扣押、冻结在案的被告人的财物及存放地点，被告人被采取强制措施的种类、是否在案及羁押地点等问题，人民检察院应当在起诉书中列明，不再单独移送材料，其中对于涉及被害人隐私或者为保护被害人人身安全，而不宜在起诉书中列明被害人姓名、住址、通讯处的，单独移送人民法院。

第二节　出庭预案制作概述

一、庭审风险的预测与制作出庭预案的意义

公诉案件的庭审风险是指庭审过程中可能发生的不期望事件或意外情况及其对庭审过程和公诉主张的不良影响。公诉案件是国家权力和被告人权利的直接碰撞，可能导致被告人人身自由或财产权利被限制或剥夺，被告人为减轻或免除不利裁判后果，必然穷尽手段对抗控诉，这使得庭审过程充满变数和风险。庭审风险既包括程序性风险，如当事人申请检察人员、审判人员、翻译人员、书记员、鉴定人回避、提出管辖权异议、提请排除非法证据等，也包括实体性风险，如被告人改变供述、证据突袭、作无罪辩护、对罪名和量刑情节提出异议等，还包括社会不稳定风险，如当事人集体上访或者集体出庭旁听等。如在犯罪嫌疑人欧某某和高某某非法吸收公众存款案中，犯罪嫌疑人欧某某、高某某受非法设立的所谓全国"中医药遗产保护办公室"指令，以该"办公室深圳工作站"为依托，进行非法吸收公众存款的犯罪活动，共招收社会公众62人加入所谓"国学养生俱乐部"，许以高额回报诱使会员缴纳会费，非法吸收公众资金共计人民币420万元。该"工作站"由"站长"欧某某总负责，其主要与北京"中医药遗产保护办公室"进行联系，高某某负责"工作站"的具体事务，包括管理、培训等。虽然该案认定两名犯罪嫌疑人构成非法吸收公众存款罪的事实清楚、证据充分，但由于案件具体情况，犯罪嫌疑人家属及其辩护人多次提交法律意见书认为两名犯罪嫌疑人的行为不构成犯罪，"中医药遗产保护办公室"是合法成立的组织，本案属于单位犯罪，且两名犯罪嫌疑人对"中医药遗产保护办公室"的非法性毫不知情，仅仅是为"工作站"工作，犯罪嫌疑人欧某某还另有正式工作，没有作案的动机；而在被害人一方，该案件涉及被害人60余人，被害人认为"中医药遗产保护办公室"是依法成立的合法组织，其开展的业务属于集资性质，没有违反法律。由于该案件被告人和被害人都有上访可能性，尤其是作为被害人方的涉案人员众多，且多为中老年人，被骗款项从3万元至60万元不等，该部分人群目前多为退

休人员，被骗款项为其一生积蓄，且涉案款已被全部转移，无法追赃，客观上也不具有返还的可能性，两名犯罪嫌疑人即使被追究刑事责任，被害人的被骗款项也无法返还，因此，众多被害人可能会集体上访、越级上访或者集体干扰法庭审判活动，案件存在极大的社会不稳定风险。但是，由于公诉人预测到位，准备充分，应对合理，案件庭审过程平稳有序，顺利审结，两被告人均被判处有期徒刑1年，罚金2万元。

公诉案件的庭审风险具有以下特点：一是风险存在的客观性。出庭公诉是决定被告人权利得失的对抗过程，被告人的抗辩使得庭审过程必然存在风险和变化。二是风险发生的不确定性。庭审风险是尚未发生但随时可能发生的潜在危险，一旦发生即可能干扰庭审过程甚至导致案件事实证据发生重大变化。三是风险发生的可预测性。案件事实和证据是审判的唯一基础，公诉主张的提出和抗辩意见的发表都必须基于这个基础，这就决定了案件风险的范围是可以预测的。四是风险发生的可防控性。出庭公诉的经验表明，庭审风险一般不是突然发生的，而是有一个发展演变的过程，并且在审查起诉阶段就有大量的信息预先显示，因此公诉人只要细致审查、精心准备，就可以自如地应对各种庭审风险。例如，在被告人沈某某故意伤害（重伤）一案中，被告人一审被判处有期徒刑3年，被告人和被害人夏某均不服一审判决，被告人提出上诉，被害人也请求人民检察院提出抗诉，但检察机关认为判决定罪量刑得当没有提出抗诉，被害人即认为公诉人偏袒被告人而心怀不满，在案件发回重审开庭时，提出要求公诉人回避，由于公诉人在接待被害人时已充分预测到庭审的可能风险变化，故当庭向法庭提交检察机关关于公诉人与案件没有利害关系，也无其他法定应回避情形的说明，法庭听取并审查公诉人陈述后当庭驳回被害人申请，化解了庭审风险，保证了案件审理顺利进行。

知己知彼，百战不殆。基于庭审风险的固有特点，公诉人在出庭支持公诉之前准备好出庭预案非常必要且十分重要，公诉人应当全面掌握被告人身份、案发时间和地点、作案经过、犯罪动机、危害后果等事实细节，厘清证明犯罪的各种证据之间的相互关系和证明对象，理解本案适用法律及司法解释的内容实质并能融会贯通。出庭预案应当包括但不限于庭审风险的内容：一方面，公诉人应当根据案件事实证据、被告人及其律师反馈中显现的风险信息制作应对预案，掌握庭审主动权。例如，在轰动全国的"山木培训"创办人宋山木涉嫌强奸案中，检察机关根据案件事实及证据情况，决定以涉嫌强奸罪对犯罪嫌疑人宋山木提起公诉，但由于该案案发后，媒体报刊进行了跟踪报道，社会影响较大，案件的诉讼进展受到媒体及网络舆论的关注。检察机关预测到案件的风险主要在于：一是虽然现有证据可以认定犯罪嫌疑人宋山木涉嫌强奸罪，但是案件证据体系上也存在部分瑕疵，存在法院作出无罪判决的风险；二是宋山木一案被媒体曝光后，公安机关接到宋山木涉嫌其他强奸犯罪的报案材料和举报线索，但由于存在案发时间较长、取证困难等问题，导致这些举报、报案无法认定立案，存在举报人、报案人信访或进行媒体网络曝光的风险，可能引发社会公众对司法机关的误解。针对案件存在的风险，公诉人提出了应对风险的对策：一是及时向上级机关和有关部门通报案情，以备接访及舆情处理之需；二是在案件提起公诉之后，做好出庭公诉的准备工作，掌握案件事实证据，预测庭审进程和变化；开庭之后，做好和法院的沟通联系，及时了解案件的进展情况。由于风险预测和化解工作到位，公诉人在出庭支持公诉中有条不紊，应对得当，最后一审人民法院以被告人宋山木犯强奸罪判处其有期徒刑4年。另一方面，出庭预案的核心作用是查清案件事实真相和揭露指控犯罪，因此公诉人要判断庭审对抗的焦点，预测控方辩解的方向，紧紧围绕事实证据、犯罪构成、控辩重点、法律适用等方面制作出庭预案，做到进可攻退可守，有效排除庭审风险，有力指证犯罪。例如，在轰动全国的重庆系列打黑案中，检察机关在认真审查案件和听取被告人及其律师意见的基础上，制定了详尽的出庭预案，保证了公诉效果，仅针对被告人谢才萍等22人涉黑案和黎强等30人涉黑案，检察机关就制定了上百万字的出庭预案，涵盖了庭审变化的方方面面，庭审过程十分激烈但进行顺利，被告人均被予以有罪处罚。

公诉人在制作出庭预案之前，必须紧扣起诉书全面审查案件，吃透案情，主要内容包括：（1）指控的犯罪事实清楚，即指控的被告人的身份，实施犯罪的时间、地点、手段、动机、目的、后果以及其他影响定罪量刑的事实、情节清楚；无遗漏犯罪事实；无遗漏被告人。（2）证据确实、充分，即证明案件事实和情节的证据合法有效；证明犯罪构成要件的事实和证据确实、充分；据以定罪的证据之间不存在矛盾或者矛盾能够合理排除；根据证据得出的结论具有排他性。（3）适用法律正确，即认定的犯罪性质和罪名准确；认定的一罪或者数罪正确；认定从重、从轻、减轻或者免除处罚的法定情节准确；认定共同犯罪的各被告人在犯罪活动中的作用和责任恰当；引用法律条文准确、完整。（4）诉讼程序合法，即本院有案件管辖权；符合回避条件的人员应当依法回避；强制措施适用恰当；依法讯问了犯罪嫌疑人，听取了被害人和犯罪嫌疑人、被害人委托的人的意见；在法定期限内审结；遵守法律、法规规定的其他办案程序。

《人民检察院公诉工作操作规程》第197条规定："出庭预案一般应当包括下列内容：（一）讯问被告人提纲；（二）询问被害人、证人、鉴定人提纲；（三）宣读、出示、播放证据提纲；（四）质证提纲；（五）答辩提纲。"出庭预案的内容基本涉及庭审全过程，对公诉人出庭支持公诉的作用明显：一是有利于提升案件质量。二是有利于化解庭审风险。三是有利于减轻公诉压力。出庭预案不仅是事实和法律的准备，更是心理的准备，可以有效缓解公诉人的个人紧张心态，使其冷静轻松地面对庭审意外。四是有利于掌握庭审主动。五是有利于提高诉讼效率。六是有利于树立检察权威。

二、出庭预案的适用范围和存在的几个问题

公诉经验表明，并非所有的公诉案件都一律要求制作出庭预案。对于部分事实清楚、证据确凿、被告人无可辩驳且供认不讳的简单案件，只要审查细心，理解透彻，一般的公诉审查报告就足以应对庭审变化。但是，对于案情复杂、证据烦琐、定性分歧较大的复杂疑难案件，如果没有准备充分，则可能导致出现公诉疏漏或指控力度不足，在庭审中全面被动，公诉效果不佳。通常情况下，以下案件应当制作出庭预案：（1）自侦案件；（2）被告人不认罪、翻供，或者可能在庭审中作无罪辩护的案件；（3）社会舆论广泛关注的案件；（4）案件定性或法律适用存有重大争议的案件；（5）证据存有瑕疵或证据锁链存有薄弱环节的案件。尤其是依据间接证据锁链认定的犯罪事实；（6）被告人及其律师可能提供新证据的案件。要注意听取被告人的辩解和律师的意见，注意与法官的庭前沟通；（7）证人可能改变证言或被害人可能改变陈述的案件。

随着国家法治建设进程的加快，保护公民权利已经成为国家立法和执法的基本理念，刑事诉讼中被告人获得保护和自我保护的法律支持越来越多，刑事审判的对抗越来越激烈。在刑事诉讼模式由职权主义向对抗主义转型的背景下，公诉人承担的控诉责任逐渐加重，并通过履行公诉职能成为刑事审判过程的主导者。为应对庭审风险，完成公诉任务，必须高度重视并认真做好庭前准备工作，全面掌握事实证据并制作好出庭预案。但出庭预案的制作中仍然存在着种种不足，主要有：

1. 对出庭预案的重要性认识不足。有些公诉人认为庭审过程千变万化，不可能事先预测变化，只要认真审查案件，且出庭时有卷宗可查，庭审时随机应变即可，没有必要制作出庭预案来限制自己发挥。很显然，如果没有准备出庭预案，一旦发生庭审变化，公诉人不能及时应对，当庭查阅卷宗忙乱之中不一定能解决问题，很可能造成庭审被动，影响指控犯罪的效率和质量。

2. 出庭预案的内容过于简单。有的公诉人在制作出庭预案时，仅仅是起诉书内容的复述或者证据的罗列，内容笼统简单，没有对定罪量刑疑点和焦点的分析，缺乏对具体庭审风险的预测归纳和应变准备，不能完全满足公诉实战

的需要。

3. 出庭预案的针对性不强。有的公诉人在制作出庭预案时，虽然对讯问、询问、示证、质证、辩论等环节作了较周密的设计，但没有重视审查起诉时暴露的庭审风险信息，也没有针对这些可能的庭审变化作充分的法律准备，导致出庭预案的目的性不强，无法解决庭审中出现的事实证据变化问题。

第三节 制作出庭预案的准备与证据审查

一、出庭预案制作的准备

庭前准备是出庭公诉的基础，出庭公诉是庭前准备的实践，没有扎实细致的庭前准备，出庭公诉就是无源之水、无本之木。公诉人制作出庭预案前必须要对案件的事实、证据、法律适用和诉讼程序进行全面审查，以确保出庭预案的预见性和针对性，足以应对各种庭审情况。

公诉人审查案件应当做好阅卷笔录，即对案件事实和证据进行有选择、有计划、有重点的摘录，以提纲挈领，突出要害，清晰展现案情的脉络，为出庭预案和法律文书的制作打下基础。阅卷笔录的内容主要但不限于犯罪嫌疑人基本情况、案件来源、案发事实、证据概况、法律适用和公诉人意见，其中对案件证据情况的摘录是阅卷笔录的重点所在。

证据摘录的重点又是言词证据的摘录，因为物证、书证、勘验、检查笔录等非言词证据的证明对象相对固定，证明力也比较稳定，但其一般只能证明案件事实的一部分或某个片段，不能反映案件事实的全过程或前因后果，因而摘录较为简单。但言词类证据包括犯罪嫌疑人供述和辩解、被害人陈述、证人证言一般是案件的直接证据，能够反映案件的起因、经过和结果；做好言词类证据的摘录，可以用关键证据将案件的发生发展串联起来，有利于整理起诉思路，为制作出庭预案和公诉文书，以及出庭指控犯罪奠定扎实的基础。

阅卷笔录不是原文照抄，而应当是紧扣案件的犯罪构成，紧扣各个证据的真实合法性，对重点证据进行摘录。公诉人阅卷的过程，就是从实体法上对罪与非罪、此罪与彼罪、罪重与罪轻进行考察的过程，也是从程序法上对证据的客观性、相关性和合法性进行判断的过程。

公诉人审查案件结束后，应当制作公诉案件审查报告，对案件事实、证据和法律进行综合分析，提出具体处理意见。公诉案件审查报告应当包括以下内容：（1）犯罪嫌疑人基本情况，包括姓名、性别、出生年月、民族、籍贯、职业、有无前科、适用强制措施等；（2）案件的简要侦破过程和办理情况，包括侦查阶段的报案、立案、抓获、补充侦查情况，以及检察机关的受理、审查、退回补充侦查情况等；（3）侦查机关认定的犯罪事实和本案的证据情况，包括侦查机关认定的事实经过和结果、各类证据情况，证据情况应简要充分地摘录并注明出自卷宗的具体页码；（4）本案存在的问题和需要说明的问题，主要是概括不利于指控犯罪的问题，如被告人不认罪、证据有瑕疵、证据证明力不足等；（5）承办人意见，主要是对案件的事实和证据、法律适用进行分析，论证犯罪事实是否清楚、证据是否充分、法律适用是否正确、量刑建议是否得当，在此基础上，承办人还需提出明确的起诉或不起诉意见。

二、证明对象的审查

证明对象，又称为待证事实或要证事实，是指公安司法机关和当事人在诉讼活动中需要运用证据加以证明的事实。① 公诉人在审查起诉环节对证明对象的审查，就是确定证据对案件事实的证明作用，确定需要运用证据来证明案件事实的内容。

（一）犯罪嫌疑人、被告人身份的审查

包括以下内容：（1）有无犯罪嫌疑人、被告人的户籍、国籍（外国人犯罪的）材料；（2）犯罪嫌疑人、被告人的户籍、国籍材料是否附有犯罪嫌疑人、被告人的照片；（3）犯罪嫌疑人、被告人本人或其照片是否经过被害人、同案人、目击证人等有关人员辨认；（4）犯罪嫌疑人、被告人供述的身份情况是否与其身份证、户籍、国籍材料相符。

犯罪嫌疑人、被告人不讲真实姓名、住址，年龄不明的，必要时可以委托进行骨龄鉴定或其他科学鉴定，鉴定结论能够准确确定犯罪嫌疑人、被告人实施行为时的年龄的，可以作为判断犯罪嫌疑人、被告人年龄的证据使用；鉴定结论不能准确确定犯罪嫌疑人、被告人实施行为时的年龄，仅能证明犯罪嫌疑人、被告人年龄在刑法规定的应负刑事责任年龄上下的，应当按照有利于犯罪嫌疑人、被告人的原则使用该鉴定结论。证明犯罪嫌疑人、被告人年龄的多个证据相互矛盾，且矛盾无法排除的，应当按照有利于犯罪嫌疑人、被告人的原则来认定其年龄。

犯罪嫌疑人、被告人的身份情况确实无法查明的，可以按犯罪嫌疑人、被告人自报情况认定，但应当在法律文书中列明为自报并附犯罪嫌疑人、被告人的照片。犯罪嫌疑人、被告人的身份情况确实无法查明，犯罪嫌疑人、被告人

---

① 龙宗智、杨建广主编：《刑事诉讼法》，高等教育出版社2003年版，第158页。

又未自报其身份情况的，可以在法律文书中以编号代表该犯罪嫌疑人、被告人，并附犯罪嫌疑人、被告人的照片。

（二）被害人身份的审查

被害人年龄对犯罪嫌疑人、被告人定罪、量刑有影响的，可以参照审查犯罪嫌疑人、被告人年龄的规定审查、认定被害人年龄。无法查明被害人年龄的，应当按照有利于犯罪嫌疑人、被告人的原则进行认定。

审查已死亡或疑为死亡的被害人身份应注重下列内容：（1）有无被害人的户籍、国籍材料；（2）被害人的户籍材料中是否附有被害人的照片；（3）被害人的近亲属、其他熟悉被害人的人员以及犯罪嫌疑人、被告人是否辨认过被害人的尸体或照片；（4）被害人尸体因腐败、被肢解、被焚烧、被腐蚀、被动物撕咬等，导致难以辨认的，是否进行过 DNA 鉴定；（5）对于只有被害人尸骨的，是否进行过 DNA 鉴定或颅像重合实验；（6）对于只有少量人体组织块、血迹而无法找到被害人尸体的，是否对该组织块、血迹进行过DNA 鉴定，能否排除该人体组织块、血迹为被害人近亲属所留的可能性，能否确定该组织块的所属部位，能否确定该组织块缺失的后果，能否排除被害人尚存活的可能性。对于无法找到被害人尸体，但证实被害人死亡的其他证据确实充分的，可以认定被害人已死亡。

（三）侦查机关破案经过的审查

主要内容有：（1）案件来源；（2）侦查措施；（3）有无特情参与破案；是否采用技侦手段破案；（4）确定犯罪嫌疑人的根据；（5）犯罪嫌疑人是自动投案还是被动归案；犯罪嫌疑人是否有协助抓获同案犯行为；犯罪嫌疑人是否主动交代司法机关所不掌握的其他犯罪行为；（6）抓获犯罪嫌疑人的时间、地点；（7）共同犯罪嫌疑人供述犯罪事实的先后次序；（8）获取证据的时间顺序及取证行为之间的内在联系。

（四）案件事实的审查

主要内容有：审查案情事实应注重下列内容：（1）犯罪行为是否存在，是否确实有人身权利、财产权利或其他权利被侵害；是否属于意外事件、正当防卫、紧急避险；（2）犯罪行为是否为犯罪嫌疑人、被告人实施；实施行为的时间、地点、手段、后果；是一人实施还是多人实施；同案人各自的行为、地位、作用；（3）主观方面是直接故意还是间接故意；是疏忽大意的过失还是过于自信的过失；是有预谋的还是临时起意的；同案人之间犯意是如何沟通的，是指使与被指使的还是心有默契、不约而同的；指使他人实施故意犯罪的，指使者授意的具体内容，被指使者是否实行过限；（4）是否存在犯罪预备、未遂、中止等情形；（5）犯罪嫌疑人、被告人是否具有坦白、自首、立功、累犯、再犯等法定从轻、从重情节；（6）案件是否属于婚姻家庭矛盾、恋爱感情矛盾或邻里纠纷等民间矛盾引起的，被害人有无过错及过错大小，犯罪嫌疑人、被告人是否取得被害人或被害人亲属的谅解，附带民事赔偿情况及案件社会影响等酌定情节。

三、证据审查和法律准备

根据证据裁判原则，"通过对证据分析和判断来认定案件事实也是裁判者事实探知的主要途径。"[1] 证据裁判原则包括以下几项要求：首先，裁判的形成必须以证据为依据；其次，没有证据，不能认定犯罪事实；最后，据以作出裁判的证据必须达到相应的要求。[2] 公诉人揭露、证实和指控犯罪的过程，就是收集、固定、审查、使用和认定证据的过程。证据是公诉活动的基石，公诉人要强化证据的庭前审查，确保用于支持公诉的证据都是经过严格查实的真实合法证据，确保可能干扰诉讼的虚假证据都被排除在法庭审判之外。

证据审查是证据运用的前提，即只有具备真实性、关联性和合法性的证据才能被运用；证据审查也是补充证据、选择证据和认定证据的前提，是公诉人克服证据锁链不封闭、证据内容变异和失真等问题的基本手段。

（一）犯罪嫌疑人、被告人供述和辩解的审查

犯罪嫌疑人、被告人是国家发动刑事诉讼程序并试图追究其刑事责任的对象，刑事诉讼的结局直接关系其人身权利、财产权利和民主权利是否被限制或剥夺，因此犯罪嫌疑人、被告人的供述和辩解始终跳跃在真实与虚假之间，表现为供述内容处于曲线变化的不稳定状态。犯罪嫌疑人、被告人既可能由于事实证据的无可辩驳和法律的威严威慑而做出符合案件事实的真实供述，也可能为躲避惩处、抗拒法律或外在因素干扰而做出虚假辩解。因此，对犯罪嫌疑人、被告人供述和辩解的审查要全面衡量案件，考察犯罪嫌疑人、被告人心理，分析具体的辩解原因，才能判断犯罪嫌疑人、被告人供述和辩解的客观真实性。

我国刑事诉讼法对犯罪嫌疑人、被告人供述和辩解的评价要求有二：一是对一切案件的判处都要重证据，重调查研究，不轻信口供；二是只有被告人供述，没有其他证据的，不能认定被告人有罪和处以刑罚；没有被告人供述，证据确实、充分的，可以认定被告人有罪和处以刑罚。

---

[1]　陈朴生：《刑事诉讼法实务》，台湾海天印刷有限公司1981年版，第202页。
[2]　宋英辉：《刑事诉讼原理导读》，中国检察出版社2008年版，第288页。

案例①："没有被告人供述，证据充分确实的，可以认定被告人有罪和处以刑罚"②的理解和适用

江苏省南京市人民检察院以被告人张建国犯贩卖毒品罪，向南京市中级人民法院提起公诉。被告人张建国辩称未参与贩毒。其辩护人的辩护意见为本案证据不充分，不能形成完整的证据锁链，不能证实张建国贩卖毒品。

南京市中级人民法院经公开审理查明：

2005年2月26日，被告人张建国通过蒋国栋（同案被告人，已判刑）以15000元的价格贩卖给刘艺（同案被告人，已判刑）100克海洛因。认定上述事实的证据有：（1）刘艺、蒋国栋证言证实，2005年2月25日左右，刘艺打电话给张建国要100克海洛因。次日，张建国让其付15000元。刘艺即到南京市下关区414医院对面的农业银行将15000元打到张建国指定的农业银行账户上。27日下午，张建国让蒋国栋将100克海洛因送到南京交给刘艺。刘艺并安排蒋国栋在"老战友"饭店住了一晚。（2）南京市公安局扣押物品、文件清单证实，2005年3月9日扣押张建国农业银行信用卡1张。（3）中国农业银行无锡分行营业部账单证实，2005年2月26日，张建国农业银行卡收入15000元。（4）南京"老战友"旅馆服务有限公司住宿登记单证实，2005年2月27日20时蒋国栋入住该旅馆，于2005年2月28日12时2分结账。（5）书证手机通话记录显示2005年2月25日、26日间张建国、刘艺、蒋国栋曾分别通话。

2005年3月6日，刘艺、梁学强（同案被告人，已判刑）与被告人张建国经事先商议，决定分别向张建国购买海洛因150克和200克，并经刘艺联系，三人伙同蒋国栋一起租车从江苏省南京市前往广东省广州市购毒。3月7日，张建国在广州市向他人购入海洛因355克后转手贩卖给梁学强、刘艺，得赃款58500元。3月8日，梁学强携该355克海洛因以及另外向穆占江（在逃）购买的102.5克海洛因，蒋国栋携412.5克海洛因驾车先行从广州市返回南京市。3月9日凌晨3时许，梁学强、蒋国栋驾车至宁合高速公路南京段杰海加油站附近时被公安机关抓获，公安机关在杰海加油站附近的高速公路路基下缴获蒋国栋扔掉的毒品2包。经鉴定，蒋国栋携带的长方形块状物8块净重412.5克、梁学强和刘艺的圆形块状物7块净重355克、梁学强的圆柱形块状物2块及1包白粉净重102.5克，均系海洛因，含量15%。2005年3月9日，

---

① 参见中华人民共和国最高人民法院刑事审判第一、二、三、四、五庭主办：《中国刑事审判指导案例》（妨害社会管理秩序罪），法律出版社2009年版，第271～274页。

② 此内容出自1996年《刑事诉讼法》第46条的规定。——编者注

张建国、刘艺乘坐广州至南京的长途汽车到达南京中央门长途汽车站时，被公安机关抓获。认定上述事实的证据有：（1）蒋国栋、梁学强、刘艺关于上述事实的供述；（2）证人吕顺强证言及辨认笔录证实，2005 年 3 月 6 日、7 日，梁学强、刘艺、张建国、蒋国栋同乘其开的车辆并同住一宾馆；（3）抓获现场及物证照片，提取笔录；（4）物证鉴定书证实梁学强等人携带海洛因的重量及含量；（5）中国农业银行无锡分行账单证实，2005 年 3 月 7 日张建国银行卡支出 40100 元。

南京市中级人民法院认为，被告人张建国明知是毒品而进行贩卖，且数量大，其行为构成贩卖毒品罪。系累犯，应从重处罚。经查，2005 年 2 月 26 日张建国贩卖给刘艺 100 克海洛因，是蒋国栋送到南京交给刘艺的，此节有刘艺、蒋国栋的供述证明，还有刘艺打入张建国农行卡 15000 元以及蒋国栋在南京的住宿登记可以印证。2005 年 3 月 7 日张建国贩卖给梁学强、刘艺的 350 克海洛因，有蒋国栋、梁学强、刘艺的供述证明，且各被告人供述之间能相互印证，另外还有张建国在广州农行卡上提款人民币 40100 元的记录、被查获的 355 克海洛因予以佐证。故其辩解和辩护意见均不予采纳。依法于 2005 年 9 月 15 日判决被告人张建国犯贩卖毒品罪，判处死刑，剥夺政治权利终身，并处没收个人全部财产。

一审宣判后，张建国不服，提出上诉。江苏省高级人民法院经审理认为，张建国贩卖海洛因的事实清楚，证据确实、充分。张建国明知是海洛因而进行贩卖，其行为构成贩卖毒品罪，且数量达 455 克，应依法严惩。原审对张建国定罪准确、量刑适当、审判程序合法，裁定驳回上诉，维持原判。

本案依法报最高人民法院核准。最高人民法院经复核后认为，被告人张建国贩卖海洛因 455 克，其行为已构成贩卖毒品罪，且贩卖毒品数量大。张建国曾 4 次被判刑，其中 3 次系服刑期间重新犯罪，期间还因抗拒改造被加刑，仍不思悔改，在刑满释放后 5 年内又故意犯罪，系累犯，犯罪主观恶性极深，依法应从重处罚。一审判决、二审裁定认定张建国贩卖毒品的事实清楚，证据确实、充分，对张建国定罪准确，量刑适当。裁定核准江苏省高级人民法院维持一审以贩卖毒品罪判处被告人张建国死刑，剥夺政治权利终身，并处没收个人全部财产的刑事裁定。

本案的主要问题是被告人张建国一直不供述犯罪事实，辩称其没有参与毒品犯罪，应当如何理解和运用《刑事诉讼法》第 46 条[①]"没有被告人供述，

---

① 本案例中所引《刑事诉讼法》第 46 条为 1996 年《刑事诉讼法》中的内容。——编者注

证据充分确实的，可以认定被告人有罪和处以刑罚"的规定，能否认定张建国的贩卖毒品犯罪，以及能否判处张建国死刑立即执行。

《刑事诉讼法》第46条规定："对一切案件的判处都要重证据，重调查研究，不轻信口供。只有被告人供述，没有其他证据的，不能认定被告人有罪和处以刑罚；没有被告人供述，证据充分确实的，可以认定被告人有罪和处以刑罚。"司法实践中，对于没有被告人供述的案件，不少司法人员往往不敢定案。我们认为，《刑事诉讼法》第46条的规定，不是一般的宣言式规定，而是一条如何对待被告人供述这一言词证据的重要证据规则。根据该规则，只有被告人供述，没有其他证据的，不能认定被告人有罪和处以刑罚；没有被告人供述，证据充分确实的，可以认定被告人有罪和处以刑罚。也就是说，在没有被告人供述的情况下，问题不在于能不能定案，而在于在案其他证据是否达到确实、充分的程度，能否认定案件事实。

一般来说，司法实践中，在把握被告人供述等言词证据时，应当注意遵循以下原则：一是不能仅凭言词证据尤其不能仅凭同案被告人供述认定犯罪事实。由于作证主体的利害相关性和证言来源的特点决定，同案被告人供述等言词证据往往具有易变性、主观性等缺点。如果仅凭同案被告人供述定案，那么，整个案件事实认定的基础就极不扎实，容易因同案被告人供述的改变而改变。尤其是对判处被告人死刑的案件，更不能仅凭同案被告人供述予以定案，必须有其他证据如物证、书证来直接保障和补强同案被告人供述的证明力，以保证证明结论的排他性。二是严格排除非法言词证据，尤其要严格排除同案被告人的非法言词证据，确保同案被告人供述不是在刑讯逼供、威胁、引诱的情况下所作。同时，必须排除同案被告人之间串供的可能性。这不仅仅为了正当程序，为了保障人权的要求，就此类案件来说，更重要的是为了确保案件事实认定的客观真实性。三是各类证据之间的矛盾必须得到排除，形成一个互相补充、互相印证、完整、缜密的证据锁链，能够得出唯一的证明结论。

就本案来说，被告人张建国始终不承认其贩毒事实。但其他证据都无一例外地指向张建国的贩毒犯罪，并且各证据之间形成了互相印证的完整、缜密的证明体系，达到了确实、充分的定案程度，足以认定其两笔贩毒事实。具体理由如下：

第一，关于2005年2月26日，张建国以15000元的价格贩卖给刘艺100克海洛因的事实。

经查，该事实是梁学强归案后检举，经公安人员讯问刘艺、蒋国栋得以查证属实的。刘艺、蒋国栋的供述可以相互印证此次毒品交易的过程，包括送毒的时间、交货地点和毒品数量等，都是一致的。刘艺、蒋国栋供述的交易过程并得到以下间接证据的印证：（1）书证手机通话记录显示 2005 年 2 月 25 日、26 日间张建国、刘艺、蒋国栋曾分别通话，可以印证蒋、刘供述的真实性。（2）公安机关于 2005 年 3 月 9 日抓获张建国时扣押其持有卡号的中国农业银行信用卡 1 张，该卡交易记录显示 2005 年 2 月 26 日收入 15000 元。这与刘艺关于汇款给张的供述相吻合。二审期间，江苏高院向农业银行南京市盐仓桥分理处调取了 2005 年 2 月 26 日刘艺向张建国银行卡汇入 15000 元的原始单据，进一步印证了张建国收受毒资的事实。张建国称此款系刘艺归还的欠款，但无法解释是什么欠款，而刘艺在庭审中的供述证实不存在欠款问题。（3）南京"老战友"旅馆服务有限公司住宿登记单证实，2005 年 2 月 27 日 20 时蒋国栋以其名字和身份证入住该旅馆，于 2005 年 2 月 28 日 12 时 2 分结账，这与刘、蒋供述相印证。该起事实中，通话记录、住宿登记等书证的证明力应该说是无可辩驳的，再结合同案被告人刘艺、蒋国栋的供述，形成了一个互相印证、完整、缜密的证据体系。

第二，关于 2005 年 3 月 7 日，张建国在广州市贩卖给刘艺、梁学强海洛因 355 克的犯罪事实。

这一事实有蒋国栋、刘艺、梁学强的供述予以一致证实。张建国向上线购毒、让刘艺验货以及完成交易的过程均有蒋国栋在场，其供述真实可信；刘艺、梁学强对购买海洛因的事实也供认不讳，均可互相印证。三人的供述并有以下间接证据印证：（1）张建国银行卡交易记录证实 2005 年 3 月 7 日异地取款 40100 元，与蒋国栋供称张建国到广州后先到银行取款的事实印证；（2）缴获的 355 克海洛因与刘艺、梁学强供认的毒品特征和购毒数量以及购毒价格印证；（3）司机吕顺强证言证实蒋国栋将（装有海洛因的）皮包放到汽车后座平台的事实与蒋国栋、刘艺、梁学强的供述印证；（4）张建国被抓获时扣押现金人民币 14300 元，其在广州提取 40100 元，加上刘艺付给他购毒款 22500 元，梁学强付给他购毒款 36000 元，合计为 98600 元，其在广州应该实际用去 84300 元。扣除部分吃住费用，余款去向与实际购毒的数量可以印证。

综上可见，上述两起犯罪事实的证据中，虽然没有被告人张建国的有罪供述，但综合全案其他证据可以得出唯一的排他性结论，而且本案不存在特情引诱或者特情介入的情况。因此，本案中被告人张建国虽不承认其犯罪事实，但根据现有证据仍足以认定其共贩卖毒品 455 克的事实，法院据此作出的定案结论是客观准确的。

对犯罪嫌疑人、被告人供述和辩解的审查要注意以下几点：

1. 审查犯罪嫌疑人、被告人供述和辩解的内容是否真实

犯罪嫌疑人、被告人供述是其本人就自己实施犯罪的经过向公安司法机关

所作的陈述。犯罪嫌疑人、被告人是掌握案件信息量最大的人，因此其供述不仅是直接证明案件事实的控诉证据，而且必然包含着大量不为外人所知的细节信息，如其犯罪的时间、地点、原因、手段、目的和犯罪的过程等。同时，通过犯罪嫌疑人、被告人供述和辩解，可以为收集其他证据、抓捕同案犯等指明方向。对犯罪嫌疑人、被告人供述和辩解的内容是否真实的审查，就是要审查其供述的细节信息是否与已查证属实的案件事实相符，供述的犯罪经过是否符合常识常理和事物发生发展的客观规律。

例如，在被告人钟某某故意杀人案中，被告人钟某某与被害人系夫妻关系，两人因家庭纠纷发生激烈口角后相约一起自杀，被告人钟某某持一把裁纸刀将被害人杀死，然后用刀将自己右侧颈动脉割开后躺在被害人身旁，并在昏迷前打电话给家人请求其帮忙照顾老人和女儿，家人报警后警方赶到现场将被告人抓获。被告人钟某某归案后对犯罪事实供认不讳，其供述的关于杀害被害人的原因、时间、地点、工具、经过等作案细节与现场勘验、检查笔录和被害人的死亡鉴定一致，又有其家人证言相印证，因此可以判断其供述为真实。

2. 审查获取犯罪嫌疑人、被告人供述的程序是否合法

主要审查讯问的时间、地点、讯问人的身份等是否符合法律及有关规定，讯问被告人的侦查人员是否不少于2人，讯问被告人是否个别进行；讯问笔录的制作、修改是否符合法律及有关规定，讯问笔录是否注明讯问的起止时间和讯问地点，首次讯问时是否告知被告人申请回避、聘请律师等诉讼权利，被告人是否核对确认并签名（盖章）、捺指印，是否有不少于2人的讯问人签名；讯问聋哑人、少数民族人员、外国人时是否提供了通晓聋、哑手势的人员或者翻译人员，讯问未成年同案犯时，是否通知了其法定代理人到场，其法定代理人是否在场；被告人的供述有无以刑讯逼供等非法手段获取的情形，必要时可以调取被告人进出看守所的健康检查记录、笔录。对讯问笔录没有经被告人核对确认并签名（盖章）、捺指印以及讯问聋哑人、不通晓当地通用语言、文字的人员时，应当提供通晓聋、哑手势的人员或者翻译人员而未提供的，不能作为定案的根据。

讯问笔录有下列瑕疵，通过有关办案人员的补正或者作出合理解释的，可以采用：（1）笔录填写的讯问时间、讯问人、记录人、法定代理人等有误或者存在矛盾的；（2）讯问人没有签名的；（3）首次讯问笔录没有记录告知被讯问人诉讼权利内容的。

3. 审查犯罪嫌疑人、被告人作出供述是否自愿

主要是审查犯罪嫌疑人、被告人作出供述的客观环境，考察其是否受到刑讯逼供或者以引诱、威胁、欺骗等非法方法取证，只有犯罪嫌疑人、被告人在

精神和身体没有受到任何非法限制下自由自愿作出的供述，才能作为定案的根据。

4. 审查犯罪嫌疑人、被告人多次供述之间、供述与其他证据之间是否矛盾

一是审查犯罪嫌疑人多次供述之间是否矛盾。公诉实践中，犯罪嫌疑人往往会对犯罪事实作出多次供述，公诉人要充分掌握犯罪嫌疑人各次供述的共同点和不同点，在提审犯罪嫌疑人时利用供述之间的差异点来比对供述之间的矛盾，进而核实供述是否真实。二是审查犯罪嫌疑人供述与其他证据之间是否矛盾。即审查犯罪嫌疑人供述与证人证言、被害人陈述，尤其是与同案犯陈述之间是否存有矛盾之处，综合判断其供述是否可靠。

5. 坚持口供补强原则

口供补强原则是对于证明力明显薄弱的言词证据，为了防止发生错误判断或其他危险，法律规定必须有其他证据补强、支持其证明力时才能适用该言词证据的规则。口供补强原则实际上是证据印证规则，即某些言词证据在有其他种类证据印证其内容的前提下，才能对案件事实起到证明作用。关于口供的补强，在英美证据法中，被告人在法庭外所作的有罪供述必须在有其他证据予以补强的情况下，才能在法庭上作为证据提出。① 在我国台湾地区，为纠正长期以来盛行的口供中心主义诉讼传统，也明确规定运用犯罪嫌疑人、被告人供述判定案件事实时，必须要有其他补强证据来证明供述证据的真实可信性。口供补强原则的目的在于限制犯罪嫌疑人、被告人有罪供述的证明力，以预防因过度重视认罪口供而危及口供的客观真实性，并因此导致错误认定案件事实。关于印证犯罪嫌疑人供述的补强证据本身，应当具备下列条件：一是补强证据具有证明能力和证明力，即补强证据不仅本身具有客观性、关联性和合法性，而且能够证明犯罪嫌疑人供述所体现的案件事实；二是补强证据具有印证性和补充性，即补强证据能够印证和补充犯罪嫌疑人供述的内容，证明供述的真实性和可靠性。

口供补强原则具体适用于下列情形：（1）当犯罪嫌疑人、被告人的供述是定案的唯一根据时，依照"孤证不能定案"的证据原理，不能据此认定被告人有罪；（2）当犯罪嫌疑人、被告人供述是证明案件主要基本事实的唯一证据时，除非有其他补强证据对有罪供述进行了补强，否则也不能认定被告人有罪；（3）当犯罪嫌疑人、被告人供述与其他控诉证据相矛盾时，必须要有

---

① 陈光中主编：《刑事诉讼法》（第三版），北京大学出版社、高等教育出版社2009年版，第192页。

其他证据对供述的任意性和内容真实性进行补强，才能将供述作为定案的根据使用。

对于共同犯罪案件，在对犯罪嫌疑人、被告人供述、辩解逐个进行审查的基础上，还应当综合审查各犯罪嫌疑人、被告人对同一事实情况的供述、辩解是否一致，有无矛盾。如果供述、辩解一致，要审查有无事前通谋或事后串供的可能；如果供述、辩解不一致，应当查明原因。

只有共同犯罪嫌疑人、被告人供述，没有其他证据的案件，共同犯罪嫌疑人、被告人供述符合以下条件的，可以作为定案根据：（1）供述系合法取得；（2）犯罪嫌疑人、被告人供述的犯罪事实在细节上一致或吻合；（3）排除犯罪嫌疑人、被告人自诬的可能性。

同案审理但不属于共同犯罪的案件，同案人之间的供述互为证言，经查证属实，可以作为定案根据。

（二）证人证言的审查

证人证言是指了解案件相关情况的人，将其掌握的案件情况告知公安司法机关的陈述。证人证言属于言词证据，由于证人具有相对独立于当事人的中立诉讼地位，因而其证言能够相对客观地反映案件真实情况，有利于查明真相、控诉犯罪。但是，证人又是具有丰富感情世界的普通人，因而其证言容易受到各种主客观因素的干扰，证言内容不一定符合客观实际，有的证人甚至作虚假陈述。对于证人作虚假证言的，应当结合法律规定细致审查，如我国《人民检察院刑事诉讼规则》第338条规定，"证人进行虚假陈述的，应当通过发问澄清事实，必要时还应当宣读证人在侦查、审查起诉阶段提供的证言笔录或者出示、宣读其他证据对证人进行询问。"在审查书面证言中，要善于发现证人证言自身的内在矛盾，以更好地还原事实真相。同时，还要善于发现证人证言与其他证据之间的矛盾，以防止不真实证据进入诉讼环节，排除证据矛盾，防止对案件事实和证据作出错误判断并因此而错误裁判。

毋庸讳言，当下我国刑事诉讼实践中证人不出庭作证仅提供书面证言的现实，使得公诉人对证人证言的审查大都限于书面阅读审查。这固然减少了公诉人投入审查的工作量，毕竟书面的故事陈述式证言的内容清晰且容易比对，但缺乏与证人的面对面询问交流，又使得证人证言存在极大的争议和变数，公诉人很难判断证人的感觉、知觉、视觉、听觉等作证能力对证言内容的影响，实践中证人夸大或者缩小犯罪事实、回避案件重点事实、虚假陈述、作伪证等诸多问题屡见不鲜。公诉人要围绕证人证言的内容真实性和形式合法性，综合案件总体情况来审查证人证言。

1. 审查证人的作证资格。我国刑事诉讼法规定，生理上、精神上有缺陷或者年幼，不能辨别是非、不能正确表达的人，不能作证人。即除此之外的人都可以作证人。即使是生理上有缺陷的残疾人士或精神上有缺陷的智障人士，只要能够正确区分案件事实及其状态，能够正确陈述其了解的案件事实，也可以作证人。处于明显醉酒、麻醉品中毒或者精神药物麻醉状态，以致不能正确表达的证人所提供的证言，不能作为定案的根据。

2. 审查证人的作证能力。证人能否准确地描述其掌握的案件事实情况，影响其证言的证明力大小。因此，证人作证需要具备必要的感知、思维和表达能力。公诉人审查证人证言时要考虑证人作证时的年龄、认知水平、记忆能力和表达能力，生理上和精神上的状态是否影响作证。公诉人可以通过审查证人的文化水平、人生阅历、家庭出身、表达口才等问题来判断证人是否具有作证能力。同时，要兼顾证人作证的客观环境对证人作证能力的干扰。

3. 审查证人证言内容的真实性。要审查证言的内容是否为证人直接感知，证人证言之间以及与其他证据之间能否相互印证，是否存在矛盾，重点是证人证言能否证明案件事实的某一部分，并与其他证据相结合共同指向唯一诉讼结论。

4. 审查证人作证的自愿性。审查证人作证是否自愿，有无受到暴力取证或者其他非法取证，以此保证证人对案件事实的陈述是在合法权利得到充分尊重前提下的任意陈述。

5. 审查证人证言形式是否合法。即证言的取得程序、方式是否符合法律及有关规定：有无使用暴力、威胁、引诱、欺骗以及其他非法手段取证的情形；有无违反询问证人应当个别进行的规定；询问未成年证人，是否通知了其法定代理人到场，其法定代理人是否在场；证人作证的时间、地点，询问证人的侦查人员人数是否符合法律规定；审查侦查人员收集证人证言时有无出示证件，有无告知证人权利义务；询问证人是否个别进行，证人有无受到外在干预；作证完毕后，侦查人员有无将证人证言交证人核对，证人阅读能力有限的，有无向证人宣读证言，证人证言是否经证人审核签字、捺指印。

6. 审查证人作证的时间。通过比较证人作证的时间与案发时间的间隔，可以判断证人证言的新鲜度和真实性。一般来说，间隔的时间越短，证人证言内容的可信度就越高，证人感知、记忆、表达案件事实的能力就越强。此外，如果证人作证的时间晚于犯罪嫌疑人供述的时间，且在案发经过和细节信息上能够相互印证，这不仅可以证实犯罪嫌疑人供述的真实可靠性，而且是制服被告人当庭翻供的重要手段。

证人证言的收集程序和方式有下列瑕疵，通过有关办案人员的补正或者作出合理解释的，可以采用：（1）没有填写询问人、记录人、法定代理人姓名或者询问的起止时间、地点的；（2）询问证人的地点不符合规定的；（3）询问笔录没有记录告知证人应当如实提供证言和有意作伪证或者隐匿罪证要负法律责任内容的；（4）询问笔录反映出在同一时间段内，同一询问人员询问不同证人的。

7. 审查证人与案件当事人的关系。要审查证人与案件当事人、案件处理结果有无利害关系。一般来说，证人作证会受到各种人际关系的影响，证人与案件当事人的关系越密切，证人夸大、缩小或掩饰真实情况的可能性就越大，其证言的证明力就可能受到影响而呈弱化趋势，甚至会影响证言的真实可靠性。

8. 审查证人证言的来源。有的证人是案件的目击证人或直接感知犯罪事实的人，其证言是亲身经历，能够较为客观地反映案件事实，直指案件的关键要点；有的证人则是间接转述，其证言是传来证据，公诉人审查时要尽量与原始证言进行比对来判断其真实可信性，在原始证言缺失的情况下，也要与其他转述证言反复核对以判断其证明价值的大小；有的证人并不掌握案件情况，其陈述是旁人议论的传闻，与案件事实不具有相关性，不能作为证据使用，仅能作为侦查机关收集证据的线索；有的证人证言是猜测性、评论性、推断性的证言，不能作为证据使用，但根据一般生活经验判断符合事实的除外。

9. 证人证言的排除和慎重适用。按照法律规定，具有下列情形之一的证人证言，不能作为定案的根据：（1）询问证人没有个别进行而取得的证言；（2）没有经证人核对确认并签名（盖章）、捺指印的书面证言；（3）询问聋哑人或者不通晓当地通用语言、文字的少数民族人员、外国人，应当提供翻译而未提供的。

下列证据要慎重适用，有其他证据印证的，可以采信：（1）生理上、精神上有缺陷的被害人、证人和被告人，在对案件事实的认知和表达上存在一定困难，但尚未丧失正确认知、正确表达能力而作的陈述、证言和供述；（2）与被告人有亲属关系或者其他密切关系的证人所作的对该被告人有利的证言，或者与被告人有利害冲突的证人所作的对该被告人不利的证言。

证言应为自然人所提供，证人的意见或推测不得作为定案根据。侦查机关以单位名义出具的关于犯罪嫌疑人、被告人归案过程等情况的证明材料，必须有参与破案人员签名或者盖章才能采信。证人对案件情况的了解源于他人的，司法机关应当向最初提供有关案件情况的人调查取证。证人证言内容前后矛盾的，要认真审查其改变证言的原因，结合其他证据判断其真伪。

审查证人证言的真实性，还要结合勘验、检查笔录和案发现场具体情况作出判断。例如，在被告人甘某某故意伤害案中，被告人拒不供认，伤人刀具没有找到，有罪证据只有被害人李某陈述、唯一目击证人陈某的证词和轻伤鉴定。公诉人经过审查勘验、检查笔录和证人证言的内容，发现证人陈某（路边小杂货店店主）的证言存有不实之处，遂到案发现场进行查看，证实了公诉人的怀疑，依法排除了该证人证言，对被告人甘某某作出不起诉决定。该案案情是，被害人李某指认被告人因债务纠纷于某日下午一时许在路边将其砍伤。对此被告人甘某某予以否认，称两人中午吃完午饭后即不欢而散；而证人陈某则称当时自己在店内点钞，隔着马路看到对面有一个高个子（经辨认是被告人甘某某）持刀砍伤了熟人李某。经公诉人现场走访，发现在证人陈某店内，隔着贴着数张广告的暗色玻璃、道路两边比较高大密集的绿化带和道旁树，虽然是在视线清晰的中午，也无法看清马路对面的情况。据此，依法排除了该证人证言。

（三）被害人陈述的审查

被害人是受到犯罪行为直接伤害，直接承受犯罪后果的人，被害人陈述是指被害人向公安司法机关所作的关于其受到犯罪行为伤害和犯罪嫌疑人、被告人相关情况的陈述。由于被害人直接受到犯罪行为伤害，对犯罪嫌疑人的情况、犯罪经过和犯罪结果有着直观的感受，被害人对指控、证实和报复犯罪的心态也较为强烈，因此，被害人陈述一般能够直接证明犯罪事实。但是，被害人陈述在各种内外原因的影响下，也有虚构、捏造的可能，导致陈述内容虚假或部分内容虚假。因此，全面审查被害人陈述不仅必要而且重要，只有具有真实合法性的被害人陈述才能成为定案的根据。

对被害人陈述的审查要点是：

1. 审查被害人与犯罪行为的关系。如果犯罪行为的发生与被害人没有任何关系，被害人与犯罪嫌疑人没有利益冲突甚至是完全陌生，则无辜被害人的陈述就较为可靠，基本能够再现案件真实情况；如果犯罪行为的发生与被害人有关，甚至犯罪因被害人而起，或者被害人有过错在先，或者被害人与犯罪嫌疑人积怨已久，或者被害人与犯罪嫌疑人有利害冲突，公诉人在审查时就应当慎重，必须结合其他证据来认定被害人陈述的真实性。

2. 要审查被害人陈述与犯罪发生的间隔时间。一般来说，如果被害人在受到犯罪伤害后就立即报案，则陈述内容的真实性较高；如果被害人报案或者做出陈述的时间距离犯罪行为发生的间隔时间太长，则由于记忆或者案外因素的影响，其陈述存在不实之处的可能性较大。

3. 要审查被害人的基本情况。一般情况下，平时表现良好、单位及周围群众评价较高的被害人，其陈述内容的可靠性就较有保障。但是，被害人的基本情况并不是判定其陈述真伪不可或缺的依据，只是判断的必要参考。

4. 要审查被害人作出陈述的任意性。即被害人要在没有案外因素介入和他人有意控制下自由陈述，这样才能保证陈述的客观真实。如果被害人陈述系通过刑讯逼供或威胁引诱、欺骗等非法手段获取的，必须予以排除，不能作为定案的根据。要审查被害人陈述是否受到他人暗示、指使、引诱、威胁、欺骗的影响，幼年被害人的语汇是否为幼年人通常使用的，幼年被害人陈述的内容与其智力水平、表达能力是否相称等。

5. 要审查被害人陈述是否与其他证据存有矛盾。公诉人审查证据并对全案的定性处理作出决断，需要综合全案事实和证据进行判定。被害人陈述作为证据体系的一类，只有在与其他证据能够相互印证，能够发挥证明案件事实的价值前提下，才能成为定案根据。

（四）物证、书证的审查

物证、书证的审查要点有：

1. 要审查物证、书证是否属原始证据。即物证、书证是否为原物、原件，物证的照片、录像或者复制品及书证的副本、复制件与原物、原件是否相符；物证、书证是否经过辨认、鉴定；物证的照片、录像或者复制品和书证的副本、复制件是否由2人以上制作，有无制作人关于制作过程及原件、原物存放于何处的文字说明及签名。

据以定案的物证应当是原物。只有在原物不便搬运、不易保存或者依法应当由有关部门保管、处理或者依法应当返还时，才可以拍摄或者制作足以反映原物外形或者内容的照片、录像或者复制品。物证的照片、录像或者复制品，经与原物核实无误或者经鉴定证明为真实的，或者以其他方式确能证明其真实的，可以作为定案的根据。原物的照片、录像或者复制品，不能反映原物的外形和特征的，不能作为定案的根据。

据以定案的书证应当是原件。只有在取得原件确有困难时，才可以使用副本或者复制件。书证的副本、复制件，经与原件核实无误或者经鉴定证明为真实的，或者以其他方式确能证明其真实的，可以作为定案的根据。书证有更改或者更改迹象不能作出合理解释的，书证的副本、复制件不能反映书证原件及其内容的，不能作为定案的根据。对于书证，除了需要经过验真程序外，还需要由提出的一方进行宣读，宣读后交另一方宣读，对记载的内容是否真实，应当提取控辩双方的意见，必要时，调查其他证据作为佐证。①

2. 要审查物证、书证取证程序的合法性。即物证、书证的收集程序、方式是否符合法律及有关规定；经勘验、检查、搜查提取、扣押的物证、书证，

---

① 郭华：《案件事实认定方法》，中国人民公安大学出版社2009年版，第115页。

是否附有相关笔录或者清单；笔录或者清单是否有侦查人员、物品持有人、见证人签名，没有物品持有人签名的，是否注明原因；对物品的特征、数量、质量、名称等注明是否清楚。物证、书证在收集、保管及鉴定过程中是否受到破坏或者改变。经勘验、检查、搜查提取、扣押的物证、书证，未附有勘验、检查笔录，搜查笔录，提取笔录，扣押清单，不能证明物证、书证来源的，不能作为定案的根据；根据被告人的供述、指认提取到了隐蔽性很强的物证、书证，且与其他证明犯罪事实发生的证据互相印证，并排除串供、逼供、诱供等可能性的，可以认定有罪。

物证、书证的收集程序、方式存在下列瑕疵，通过有关办案人员的补正或者作出合理解释的，可以采用：（1）收集调取的物证、书证，在勘验、检查笔录，搜查笔录，提取笔录，扣押清单上没有侦查人员、物品持有人、见证人签名或者物品特征、数量、质量、名称等注明不详的；（2）收集调取物证照片、录像或者复制品，书证的副本、复制件未注明与原件核对无异，无复制时间、无被收集、调取人（单位）签名（盖章）的；（3）物证照片、录像或者复制品，书证的副本、复制件没有制作人关于制作过程及原物、原件存放于何处的说明或者说明中无签名的；（4）物证、书证的收集程序、方式存在其他瑕疵的。对物证、书证的来源及收集过程有疑问，不能作出合理解释的，该物证、书证不能作为定案的根据。具备辨认条件的物证、书证应当交由当事人或者证人进行辨认，必要时应当进行鉴定。

3. 要审查物证、书证与案件事实的关联性。即对现场遗留与犯罪有关的具备检验鉴定条件的血迹、指纹、毛发、体液等生物物证、痕迹、物品，是否通过 DNA 鉴定、指纹鉴定等鉴定方式与被告人或者被害人的相应生物检材、生物特征、物品等作同一认定。与案件事实有关联的物证、书证是否全面收集。对在勘验、检查、搜查中发现与案件事实可能有关联的血迹、指纹、足迹、字迹、毛发、体液、人体组织等痕迹和物品应当提取而没有提取，应当检验而没有检验，导致案件事实存疑的，人民法院应当向人民检察院说明情况，人民检察院依法可以补充收集、调取证据，作出合理的说明或者退回侦查机关补充侦查，调取有关证据。

4. 要审查书证的真实性。书证的客观真实性是书证的生命力，要确保书证内容是书写人真实意思的表示。在经济交往和社会活动中，书证一直扮演着重要角色。审查书证内容是否客观真实是认定案件事实的重要手段，尤其是在经济犯罪和职务犯罪案件更加明显。书证虚假主要有事先造假和事后造假两种情形：前者主要是为掩盖犯罪而有准备地炮制假收据、假借条、假发票等书证，如在贪污犯罪中常见的被告人事先准备的将单位财产转化为自己财产的虚假会议纪要；后者主要是案发后涂改账册、增减内容，或者有目的地制造各种虚假单据、证明等，如在未成年人犯罪中多发的被告人父母提供的被告人不到刑事责任年龄或者不具有刑事责任能力的虚假年龄证明、虚假精神病诊断书等。

公诉人在审理案件过程中发现有应当提取的物证、书证而侦查机关未予提取的，应当要求侦查机关补充提取，侦查机关应当补充提取。确实无法补充提取的，侦查机关应当书面说明情况。因侦查机关提取笔录、扣押物品清单缺失或不规范，导致物证、书证来源不清的，公诉人可以要求侦查机关予以补正。侦查机关应当予以补正，确实无法补正的，应当书面说明情况。因无法补正而导致不能排除物证、书证来源疑点的，该物证、书证不得作为定案根据。

例如，在被告人李某某涉嫌故意杀人案中，被告人李某某酒后无端滋事，与过路人魏某某发生口角后，用刀将魏某某捅死。案发后，侦查机关从李某某的租住房内提取了其作案时所穿的衣裤，从裤子上检出了被害人的血迹。但卷宗内一无搜查证，二无搜查笔录，三无扣押物品清单，提取笔录上没有见证人的签名。该物证的提取不符合刑事诉讼法及有关司法解释的规定，提取程序不规范，形式要件不完备，证据来源不清，最后因无证据能力被排除适用，致使认定被告人李某某故意杀人的部分事实不清、证据不足。①

（五）鉴定意见的审查

鉴定意见作为一种能够客观反映案件事实、科学技术含量较高的法定证据，可以提高司法机关的证据调查能力和司法证明水平，保障诉讼活动顺利进行，有利于维护裁判权威和司法公信力。

鉴定意见的审查要点有：

1. 审查鉴定意见的合法性和真实性。包括：（1）鉴定人是否存在应当回避而未回避的情形。（2）鉴定机构和鉴定人是否具有合法的资质。（3）鉴定程序是否符合法律及有关规定。（4）检材的来源、取得、保管、送检是否符合法律及有关规定，与相关提取笔录、扣押物品清单等记载的内容是否相符，检材是否充足、可靠。（5）鉴定的程序、方法、分析过程是否符合本专业的检验鉴定规程和技术方法要求。（6）鉴定意见的形式要件是否完备，是否注明提起鉴定的事由、鉴定委托人、鉴定机构、鉴定要求、鉴定过程、检验方法、鉴定文书的日期等相关内容，是否由鉴定机构加盖鉴定专用章并由鉴定人签名盖章。（7）鉴定意见是否明确。（8）鉴定意见与案件待证事实有无关联。（9）鉴定意见与其他证据之间是否有矛盾，鉴定意见与检验笔录及相关照片

---

① 江显和：《刑事认证制度研究》，法律出版社 2009 年版，第 231～232 页。

是否有矛盾。（10）鉴定意见是否依法及时告知相关人员，当事人对鉴定意见是否有异议。

2. 鉴定意见的排除。下列鉴定意见不能作为定案的根据：（1）鉴定机构不具备法定的资格和条件，或者鉴定事项超出本鉴定机构项目范围或者鉴定能力的；（2）鉴定人不具备法定的资格和条件、鉴定人不具有相关专业技术或者职称、鉴定人违反回避规定的；（3）鉴定程序、方法有错误的；（4）鉴定意见与证明对象没有关联的；（5）鉴定对象与送检材料、样本不一致的；（6）送检材料、样本来源不明或者确实被污染且不具备鉴定条件的；（7）违反有关鉴定特定标准的；（8）鉴定文书缺少签名、盖章的；（9）其他违反有关规定的情形。此外，CPS多道心理测试（俗称测谎）报告、文证审查意见不属于刑事诉讼法规定的鉴定意见，不能作为认定案件事实的直接依据。法律专家单独或联名出具的关于案件定罪量刑的法律意见书也不能作为证据使用。

公诉人对鉴定意见有疑问的，可以询问鉴定人或者由其出具相关说明，也可以依法补充鉴定或者重新鉴定。对于具有下列情形之一，当事人对鉴定意见有异议，申请重新鉴定的，检察机关应当准许：（1）鉴定人不具备鉴定资格的；（2）鉴定人应当回避而未回避的；（3）鉴定人徇私枉法的；（4）鉴定程序违法的；（5）鉴定所依据的材料不全面、不客观，可能影响鉴定意见正确性的；（6）鉴定意见缺乏科学依据的；（7）鉴定意见与其他已经查证属实的证据有矛盾且不能排除的；（8）鉴定意见不明确或者不完整的；（9）存在其他可能影响鉴定意见准确性的情况。对同一问题有多个鉴定意见的，存在上述重新鉴定情形的鉴定意见的效力一般低于其他鉴定意见；有其他证据佐证或补强的鉴定意见效力高于没有其他证据佐证或补强的鉴定意见；依上述方法仍难以确认的，按照有利于犯罪嫌疑人、被告人的原则处理。

鉴定意见的证明力大小与鉴定机构的级别高低无直接对应关系，但是，随着诉讼程序尤其是刑事审判程序中大量需要鉴定的问题难度越来越大，诉讼参与人对鉴定权威性的要求越来越高，公诉实践中鉴定意见出现的问题也越来越多，其中最主要的是重复鉴定、久鉴不决、多头鉴定等问题。

案例①：多份互相矛盾鉴定结论的审查

江苏省南通市人民检察院以被告人王逸犯故意伤害罪向南通市中级人民法院提起公诉。

---

① 参见中华人民共和国最高人民法院刑事审判第一、二、三、四、五庭主办：《中国刑事审判指导案例》（侵犯公民人身权利、民主权利罪），法律出版社2009年版，第255~257页。

南通市中级人民法院经公开审理查明：被告人王逸因对父母长期干涉其婚姻以及将家中 9 万元房款给其妹妹王迪一人买房等缘故，遂认为父母偏向其妹妹，因此与家人产生严重隔阂。又因自己长期身体不好，怀疑父母有意延误自己的治疗，是想害死自己，逐渐产生了报复家人的念头。1999 年 5 月 28 日下午 1 时许，王逸在南通市人民东路 41 号医疗器械化学试剂专业商店购得硫酸 1 瓶，回家后即将半瓶硫酸悄悄倒入茶杯中，而后打电话约其母亲倪玉兰、妹妹王迪、妹夫黄健、姨侄黄某一起到其居所吃饭。当晚 20 时 30 分左右，王逸乘被害人王迪和黄某要回家之机，端着盛有硫酸的茶杯，佯装与母亲倪玉兰送王迪和黄某下楼。当倪玉兰问及其端茶杯干什么时，王逸谎称是开水，口渴要喝。在行至学田新村 94A 幢住宅东侧暗处时，被告人王逸说了声"对不起你们了"后，突然将硫酸泼向王迪、黄某、倪玉兰。王迪、黄某被泼硫酸后因痛苦发出尖叫，王逸即将自己的外套脱给其妹妹王迪，并到楼上端水给王迪冲洗。经南通市公安局法医鉴定，被害人王迪、黄某、倪玉兰的损伤程度均为重伤。其中被害人王迪、黄某的伤残等级达到三级，被害人倪玉兰的伤残等级为九级。案发后，被告人王逸的父母反映王逸平时精神不正常，南通市崇川区公安分局先后于 1999 年 6 月 7 日、6 月 30 日分别委托江苏省南通市精神疾病鉴定委员会和江苏省精神疾病鉴定委员会对王逸进行了两次精神疾病司法鉴定，结论均为"王逸患有精神分裂症，作案时无责任能力"。据此公安机关将王逸释放。

对此鉴定结论，被害人王迪难以接受，通过各种方式提出异议，多次要求公安、检察机关对王逸重新进行精神疾病鉴定。南通市崇川区公安分局又委托司法部司法鉴定科学技术研究所对王逸作了精神疾病司法鉴定，该所于 1999 年 12 月 2 日作出鉴定书，结论为"王逸无精神病，作案系情绪反应所致。王逸具有完全责任能力"。

南通市中级人民法院经审理后认为被告人王逸以泼硫酸的手段故意伤害他人身体，致 3 人重伤，其行为已构成故意伤害罪。王逸伤害直系亲属，不属于家庭纠纷激化所引发，完全是其个人偏狭心理所致，且手段特别残忍，后果特别严重，依法应予从严惩处。南通市人民检察院起诉指控的罪名成立，应予支持。对于辩护人依据江苏省精神疾病鉴定委员会和南通市精神疾病鉴定委员会出具的两份鉴定结论，提出被告人王逸作案时患有精神分裂症，不负刑事责任的辩解意见，经查：上述两份鉴定结论所依据的材料只有王逸的供述、王逸母亲倪玉兰及其男友的陈述，且这些材料经庭审质证，不能相互印证，具有明显的片面性。鉴定人员也未到案发地进行调查，未向被告人的父亲、妹妹、被告人的同事了解情况，因此，认定被告人作案时没有犯罪动机和目的，没有预谋，不尽客观科学。对这两份鉴定结论不予采信。司法部司法鉴定科学研究所鉴定人员除依据送检的材料外，还到案发地进行了实地调查了解，在此基础上作出的鉴定结论比较客观、公正，应予采信。依法判决被告人王逸犯故意伤害罪，判处死刑，剥夺政治权利终身。

一审宣判后，被告人王逸没有上诉，公诉机关也没有抗诉。附带民事判决已发生法律效力。南通市中级人民法院依法报请江苏省高级人民法院核准对被告人王逸的死刑判决。在复核期间，因为前3次精神病鉴定结论相互矛盾，江苏省高级人民法院认为有必要进行重新鉴定，于是依法组织医学专家，对被告人王逸进行了第四次精神疾病鉴定，并于2000年10月20日作出"被告人王逸患有精神分裂症，无刑事责任能力"的鉴定结论。因4份鉴定结论意见分歧很大，江苏省高级人民法院决定委托最高人民法院司法鉴定中心组织精神病学专家对王逸进行第五次复核鉴定，结论为王逸在犯罪时具有限制刑事责任能力。据此，江苏省高级人民法院复核认为，被告人王逸故意伤害他人身体，致人重伤，其行为已构成故意伤害罪，且手段特别残忍，致3人重伤其中2人严重残疾，后果特别严重，依法应从严惩处。鉴于被告人王逸作案时不能完全辨认、控制自己的行为，故可以从轻处罚。原审人民法院认定被告人王逸为完全刑事责任能力人，判处死刑不当，应予改判。依法于2001年4月27日判决被告人王逸犯故意伤害罪，判处死刑，缓期2年执行，剥夺政治权利终身。

本案的主要问题是如何审查多份相互矛盾的鉴定结论。

鉴定结论作为法定诉讼证据种类之一，[①] 根据我国刑事诉讼法规定，为了查明案情，需要解决案件中专门性问题的时候，应当指派、聘请有专门知识的人进行鉴定。可见，鉴定结论是对案件中某些涉及专业的技术性问题所作出的回答。精神病鉴定就是司法实践中常见的一种专业性很强的技术活动。一般而言，鉴定结论是应该由待鉴定专业问题方面具有相当造诣的专家来进行，因此，他们的判断意见和结论通常是比较科学、可信的。但是我们也应该同时认识到：由于鉴定问题本身的高度复杂性，鉴定案例的特殊性以及囿于鉴定过程中各种因素、条件的制约、影响，专家的鉴定活动也有可能得出不尽科学、正确的结论。因此，鉴定结论要用作为最后定案的证据，同其他证据种类一样，也需依法经过当庭出示、质证等法庭调查程序查证属实，且与其他在案证据能够相互印证、排除矛盾，得出合理排他性的惟一结论。

本案在涉及被告人王逸是否患有精神病以及患病程度问题的鉴定中前后出

---

① 1996年《刑事诉讼法》第42条将"鉴定结论"规定为法定诉讼证据种类之一。——编者注

现了 5 份互相冲突矛盾的鉴定结论，这足以表明精神病鉴定的高度复杂性以及鉴定结论本身所具有的出错可能性。如上所述，鉴定结论只是某一方面专家就涉案的专门性问题向法庭提供的专业意见，鉴定结论的科学性、正确性与否，能否作为定案根据，还有待法官的审查采信。鉴定结论的审查一般主要包括对鉴定人资格、鉴定材料、鉴定过程、鉴定依据、鉴定结果与全案其他证据的一致性等项内容的审查。

就本案而言，负责复核审的人民法院首先认真审查了 5 份鉴定结论所依据的鉴定材料。本案是在被鉴定人实施伤害行为一段时间以后才作的第一次鉴定，因此，要准确确定被鉴定人实施伤害行为当时的实际精神状态，就需要鉴定人必须掌握真实、全面的鉴定资料，需要鉴定人去现场、走访证人、询问有关当事人、检查被害人。在本案最后一次鉴定过程中，参与鉴定的司法精神病学专家阅读了有关卷宗，向被害人王迪及其家属、被鉴定人父母及其男友、被鉴定人工作单位的同事、被鉴定人羁押场所的管教人员、同室羁押犯罪嫌疑人、被鉴定人曾住院治疗的经治医师、本案一审审判人员、本案公诉人等有关人员进行了全面调查；对被鉴定人进行了两次精神检查；阅读、分析了被鉴定人在看守所所写的 13 封信件；分别对前几次参与本案鉴定的有关人员进行了调查询问，最后对获取的调查资料进行了充分全面的论证分析，并在此基础上作出了结论。与前几次鉴定结论相比，最后一次的鉴定所依据的材料是极其全面、丰富和客观的。

其次，本案审判人员也认真审查了 5 份鉴定结论与本案其他证据的一致性。通过深入调查走访，审判人员查明：被告人王逸因个人婚姻、住房等问题与父母有一定的冲突，自 1998 年年底其患心肌炎后，王逸一直偏执地认为父母一点也不关心自己。尤其是 1999 年 5 月其得了菌痢后，更是认为母亲有意延误其治疗，导致其心肌缺血、肠子烂了、内脏坏了。她每天都观察自己的大便，看有没有肠子下来，怀疑自己已身患绝症，无药可治，快要死了。看到母亲和其男友说话，便认为是预谋想害死她，自己的内脏是母亲用毒药治坏的，想报复母亲。这些情况都足以反映被告人王逸作案时有精神障碍，辨认和控制自己行为的能力受到相当影响，其实施的伤害行为有特定的病理原因和现实原因。另外，从案件事实上看，被告人王逸为实施对自己母亲、妹妹及侄子的报复，有意识地提前购买了硫酸，并预先倒入茶杯。在电话约请上述被害人前往自己住处晚餐后送行时，谎称所携茶杯里是备喝之水，并选择在灯光昏暗之处向被害人泼硫酸。在泼硫酸之前也曾犹豫过，还说了声"对不起你们了"。这些又都说明了王逸作案时对自己行为的性质、后果也是有一定认识的，并未完全丧失辨认和控制自己行为的能力。

综上，江苏省高级人民法院本着高度负责的态度，在认真审查、分析、比较多份相互冲突的鉴定结论的基础上，最后认为最高人民法院司法鉴定中心关于"王逸长期存在精神障碍，但在作案时尚未完全丧失辨认和控制自己行为能力"属于限制刑事责任能力行为人的鉴定结论，相对比较合理且与本案的实际情况比较吻合，能与本案的其他证据相印证，可以获得一致性解释，决定予以采信。并以此为据，对被告人王逸改判死缓。

鉴定意见的审查采纳要坚持以下规则：一是刑事司法鉴定意见与同案其他证据能力已确认且证明力相接近、相关联的应当采信规则；二是同一案件多份鉴定意见，没有发现程序或者实体鉴定错误，初始鉴定意见优于重新鉴定意见的采信规则；三是同一案件同一技术性专门问题多份鉴定，鉴定意见必然性结果优于鉴定意见推定性结果的采信规则；四是同案同一技术性专门问题两份以上的鉴定意见性质相同，但存在程度差异，以有利于犯罪嫌疑人、被告人的鉴定意见为采信规则。①

随着科学技术的发展，刑事诉讼中的许多技术性问题都可以进行科学鉴定并成为公诉人提起公诉的证据。例如，由于声纹具有唯一性和稳定性，因此运用语音学原理和技术对声音资料的同一性认定、声音资料录制器材的分析鉴定，可以作为证明犯罪的直接证据使用。公诉人要加强业务学习，更新知识结构，不断提高接受和审查新兴科学鉴定意见的能力。

案例②：声纹鉴定结论的证明能力和证明力

从 2005 年 7 月 7 日开始，上海某有限公司董事长阿生的手机频频接到一个自称"阿凯"的陌生人打来的电话，对方称和阿生同为广东潮州人，对阿生在上海和潮州的情况了如指掌，说出的一番话又让阿生听得心惊肉跳。中心意思是：你在上海发财了，也该给兄弟们拿一些用，先是要 3 万元，后又增加到 5 万元，如果拒绝就干掉你或你的老婆、孩子。上海市公安局普陀分局接到报案，要求阿生将此后接到的敲诈电话都用随声听录音。7 月 27 日，"阿凯"打电话叫阿生立即带够钱开车赶到徐家汇的东方商厦，下车后再打电话联系。警方赶到接头地点，抓获两名分别叫黄钟钟和黄文文的犯罪嫌疑人，但两人对敲诈阿生这件事死活不认账。办案人员反复调查了"二黄"的情况，结果手中掌握的直接证据就是阿生在不同时间录下的三段对话。于是普陀警方就向公安部物证鉴定中心提出对这一证据进行鉴定。8 月 10 日，鉴定结论出来了：

---

① 周平：《刑事司法鉴定的审查与规则》，载《人民检察》2009 年第 17 期。

② 马贵翔主编：《刑事检察证据运用评析》，中国检察出版社 2010 年版，第 112～113 页。

检材的三次电话中的敲诈人在口音、声调、共振峰频率模式上反映一致，系同一人。将其分别与黄钟钟、黄文文语音样本相比对，发现在声调、共振峰频率模式及韵律特征上与黄钟钟一致，反映了同一人的语音学特征，而与黄文文差异较大。据此认定，检材上三次电话录音中的敲诈人是黄钟钟。在法庭上，声纹证据被法庭采纳，2005 年 12 月，黄钟钟、黄文文被分别判处有期徒刑 4 年。"二黄"没有提出上诉。

（六）勘验、检查笔录的审查

勘验、检查笔录的审查要点有：

1. 勘验、检查笔录的合法性。即勘验、检查是否依法进行，笔录的制作是否符合法律及有关规定的要求，勘验、检查人员和见证人是否签名或者盖章等。勘验、检查笔录存在明显不符合法律及有关规定的情形，并且不能作出合理解释或者说明的，不能作为证据使用。勘验、检查笔录存在勘验、检查没有见证人的，勘验、检查人员和见证人没有签名、盖章的，勘验、检查人员违反回避规定的等情形，应当结合案件其他证据，审查其真实性和关联性。

2. 勘验、检查笔录的真实性。勘验、检查笔录的内容是否全面、详细、准确、规范：是否准确记录了提起勘验、检查的事由，勘验、检查的时间、地点，在场人员、现场方位、周围环境等情况；是否准确记载了现场、物品、人身、尸体等的位置、特征等详细情况以及勘验、检查、搜查的过程；文字记载与实物或者绘图、录像、照片是否相符；固定证据的形式、方法是否科学、规范；现场、物品、痕迹等是否被破坏或者伪造，是否是原始现场；人身特征、伤害情况、生理状况有无伪装或者变化等。

3. 多次勘验、检查的不矛盾性。补充进行勘验、检查的，前后勘验、检查的情况是否有矛盾，是否说明了再次勘验、检查的原因。

4. 勘验、检查笔录与其他证据的相互印证。即勘验、检查笔录中记载的情况与被告人供述、被害人陈述、鉴定意见等其他证据能否印证，有无矛盾。

公诉人在审理案件过程中发现有应当勘验、检查而未勘验、检查的，或者勘验、检查不全面的，应当要求侦查机关补充进行勘验、检查，侦查机关应当进行补充。确已失去条件而无法进行勘验、检查的，侦查机关应当书面说明情况。

（七）视听资料的审查

视听资料的审查要点有：

1. 视听资料的合法性和真实性。主要审查视听资料的来源是否合法，制作过程中当事人有无受到威胁、引诱等违反法律及有关规定的情形；是否载明制作人或者持有人的身份，制作的时间、地点和条件以及制作方法；是否为原件，有无复制及复制份数；调取的视听资料是复制件的，是否附有无法调取原件的原因、制作过程和原件存放地点的说明，是否有制作人和原视听资料持有人签名或者盖章；内容和制作过程是否真实，有无经过剪辑、增加、删改、编辑等伪造、变造情形；内容与案件事实有无关联性。在必要时，公诉人可以对怀疑是伪造、剪接、篡改的视听资料提交检察技术部门进行鉴定，以判别真伪。

从视听资料的制作主体看，以下三类视听资料具有证明能力，且证明力较强：（1）公安机关制作的视听资料，即公安机关为侦破案件、固定证据，通过审批程序按照法律规定制作的视听资料比较可靠，例如，某市公安机关为彻底打掉一个盘踞在某市火车站周边猖狂扒窃的犯罪集团，抽调精干力量对该团伙各主要成员的盗窃行为进行跟踪秘密拍摄，并及时固定被害人对财物失窃的陈述，拍摄时间前后近一个多月，形成了大量以光盘为载体的视听资料，公诉人审查后认为取证程序合法，证明内容有力，应当是指控犯罪的有效证据。在其后的庭审中，这些视听资料对制服被告人起到了重要作用。（2）社会管理机构制作的视听资料。为加强社会秩序管理、服务公共民生，各个社会管理机构如交警、城管、公安、街道等部门安装了大量监控录像设备，这些社会监控设备对犯罪行为的拍摄记录也具有较强的证明力。（3）与案件无利害关系的案外人制作的视听资料。随着生活水平的提高，人们用摄像机、照相机、手机记录生活片段的愿望越来越高，有时会无意中拍摄到行为人的犯罪过程，这也是指控犯罪的有力证据。例如，在刘某某盗窃案中，公安民警在某海滨浴场巡逻时发现刘某某形迹可疑将其拦截，从其身上查获4部手机、2部相机和大量现金，刘某某始终拒不供认，公安民警通过走访和广播查找，从两位外地游客的摄像机内找到了刘某某扒窃过程的录像，为指控犯罪奠定了基础。

对于公诉实践中被害人、证人以保护自己、证实犯罪为目的，私下秘密录制被告人犯罪行为的视听资料，如果制作程序合法，没有侵犯他人权利，又能与其他证据相互印证证明案件事实，该视听资料可以成为定案的根据，因为该视听资料本质上与制作者的事后陈述并无区别。

2. 视听资料的排除。具有下列情形之一的视听资料，不能作为定案的根据：（1）视听资料经审查或者鉴定无法确定真伪的；（2）对视听资料的制作和取得的时间、地点、方式等有异议，不能作出合理解释或者提供必要证明的。

（八）电子证据的审查

电子证据的范围很广，主要包括："一是现代通信技术应用中出现的电子证据，常见的有电报电文、电话录音、传真资料、寻呼记录等；二是电子计算机技术应用中出现的电子证据，常见的有单个计算机文件、计算机数据库、计算机日志等；三是网络技术运用中出现的电子证据，常见的有电子邮件、电子公告牌记录、智能交通信息卡资料等；四是电视电影技术等应用而产生的电子证据，如影视胶片、VCD、DVD 光盘资料等。"[①] 公诉实践中电子证据的审查难点是在计算机系统或者互联网运行过程中产生的能够证明案件事实的电子痕迹及其载体，如电子邮件、电子数据交换、网上聊天记录、网络博客、手机短信、电子签名、域名等。例如，在利用即时通信技术实施诈骗、敲诈、绑架等案件中，除了要获取当时对话或留言的内容之外，还应获取包括参与人的个人信息和系统环境信息，如 QQ 号或 MSN 号、网名、接入信息（上网账号）、虚拟地址（IP）信息、物理地址信息、提供即时通信服务的服务器信息及信息传递途径等。[②]

电子证据的审查要关注其正反两方面的独特属性：一方面，电子证据属于科技含量较高的证据，受人为主观因素的影响较少，能够较为客观地证明案件事实，有时还是证明力很强的直接证据。另一方面，电子证据的技术性本质特征又导致其很容易被伪造、篡改和删除，需要与其他证据相比较才能确定其是否具有证明能力和证明力。

电子证据的审查要点有：

1. 审查电子证据的生成环节：电子证据是否是在正常的活动中按常规程序生成的；生成电子证据的系统是否曾被非法人员控制；系统的维护和调试是否处于正常状态；生成电子证据的程序是否可靠，内容是否真实，有无剪裁、拼凑、篡改、添加等伪造、变造情形。

2. 审查电子证据的存储环节：存储电子证据的方法是否科学；存储电子证据的介质是否可靠；存储电子证据的人员是否中立；存储电子证据时是否加密；所存储的电子证据是否会遭受未经授权的接触等。

3. 审查电子证据的传送环节：调查分析传递、接收电子证据时所用的技术手段或方法是否科学、可靠；传递电子证据的"中间人"（如网络运营商等）是否中立；电子证据在传递的过程中有无加密措施、有无可能被非法截获。

4. 审查电子证据的收集环节：电子证据是由谁收集的，收集者的技术能力是否相当，收集证据者与案件有无利害关系，是否载明该电子证据形成的时

---

① 刘品新：《中国电子证据立法研究》，中国人民大学出版社 2005 年版，第 29 页。
② 戴士剑、潘仁林、江一山：《电子物证之证据考量》，载《人民检察》2009 年第 18 期。

间、地点、对象、制作人、制作过程及设备情况等；收集电子证据的过程中是否遵守了法律的有关规定；人工录入电子证据时，录入者是否被有效地监督并按照严格的操作程序合法录入；收集、提取电子证据的方法（如备份、打印输出等）是否科学、可靠；该电子证据存储磁盘、存储光盘等可移动存储介质是否与打印件一并提交；收集者在对证据进行重组、取舍时是否客观，所采用的方法是否科学可靠等。

审查电子证据的重点除审查电子证据本身的证明能力和证明力外，还要审查电子证据与被告人的关联性证据以及电子证据与犯罪行为的关联性证据。例如，要确定电子行为是否是被告人所为，可以通过上网时间、用户账号、互联网域名、主叫电话号码等信息锁定被告人，并应当排除冒名冒用情况。

关于电子证据的证明力，通常情况下，对控辩双方均予以认可、由专业技术人员鉴定未遭受修改以及有证据证明计算机等系统在电子证据生成时刻处于正常状态的电子证据具有证明能力。关于电子证据的证明力的判断应遵守以下原则：（1）经过公证的电子证据的证明力一般大于未经公证的电子证据；（2）在正常业务活动中制作的电子证据的证明力一般大于为诉讼目的而制作的电子证据；（3）由不利方保存的电子证据及由中立的第三方（如 ISP 服务商、EDI 服务中心）保存的电子证据的证明力一般较大，由有利方保存的电子证据的证明力一般较小。

对电子证据有疑问的，应当进行鉴定。对电子证据，应当结合案件其他证据，审查其真实性和关联性。

案例①：网络盗窃中电子证据效力和盗窃数额的认定

上海市黄浦区人民检察院以被告人孟动、何立康犯盗窃罪向上海市黄浦区人民法院提起公诉。两被告人对起诉指控的事实均不持异议。

上海市黄浦区人民法院经公开审理查明：被告人孟动于 2005 年 6—7 月间在广州市利用黑客程序并通过互联网，窃得茂立公司所有的腾讯、网易在线充值系统的登录账号和密码。同年 7 月 22 日下午，孟动通过 QQ 聊天的方式与被告人何立康取得了联系，并向何提供了上述所窃账号和密码，预谋入侵茂立公司的在线充值系统，窃取 Q 币和游戏点卡后在网上低价抛售。2005 年 7 月 22 日 18 时许，被告人孟动通知何为自己的 QQ 号试充 1 只 Q 币并在确认充入成功后，即在找到买家并谈妥价格后，通知被告人何立康为买家的 QQ 号充入

---

① 参见中华人民共和国最高人民法院刑事审判第一、二、三、四、五庭主办：《中国刑事审判指导案例》（危害国家安全罪、危害公共安全罪、侵犯财产罪、危害国防利益罪），法律出版社 2009 年版，第 574～577 页。

Q币，并要求买家向其银行卡内划款。其间，被告人何立康除按照孟动的指令为买家充入Q币外，还先后为自己及其朋友的QQ号充入数量不等的Q币。自2005年7月22日18时32分至2005年7月23日10时52分，何立康陆续从茂立公司的账户内窃取Q币32298只，价值人民币24869.46元；自2005年7月23日0时25分至4时07分，何立康还陆续从茂立公司的账户内窃取游戏点卡50点134张、100点60张，价值人民币1040.4元。以上两被告人共计盗窃价值人民币25910.86元。

上海市黄浦区人民法院认为，被害单位茂立公司作为腾讯、网易公司的代销商，其销售的Q币和游戏点卡是通过支付真实货币并按双方合同约定的折扣购买的，一旦失窃便意味着所有人将丧失对这些财产的占有、使用、处分和收益等全部财产权利。被告人孟动、何立康以非法占有为目的，通过互联网共同窃取被害单位的Q币和游戏点卡，侵犯了被害单位的占有、使用、处分和收益的权利，数额巨大，已构成盗窃罪。依法判决被告人孟动犯盗窃罪，判处有期徒刑3年，缓刑3年，并处罚金人民币3000元；被告人何立康犯盗窃罪，判处有期徒刑1年6个月，缓刑1年6个月，并处罚金人民币2000元。一审宣判后，两被告人未提出上诉，公诉机关亦未提起抗诉，判决发生法律效力。

本案涉及的主要问题是如何认定虚拟环境下网络盗窃中电子证据的效力和网络盗窃的数额。

刑法意义上的行为是指在人的意识支配下实施的危害社会的身体活动。在网络环境中，行为所必不可少的时间、空间和身体活动要素与现实空间的行为都存在较大差别。以盗窃罪客观方面的行为"秘密窃取"为例，其是指行为人采取自认为不被财物所有人或者保管人知道的方法，将财物取走的行为。传统意义上的秘密窃取通常表现为撬门破锁、翻墙入院、扒窃掏包等，这些行为的方式都表现为有一定的犯罪现场与身体活动。在实践中，只要具备被害人的陈述、相关证人证言、物证、鉴定结论以及勘验、检查笔录等就可以证明有罪。但在网络环境下，行为人盗窃的"身体活动"往往只有敲键盘、点击鼠标这样的操作活动，能够证明行为人盗窃行为的大多只有行为人所使用计算机硬盘上存储的文件、服务器上的历史记录如实时聊天记录等。由于这些电子证据大多是人们直接通过键盘输入的一种记录，它不像传统手写记录能通过笔迹鉴定来确定制作人的身份，加之制作或者传输者大多用网名而很少用真实姓名，以及其很容易被篡改或者伪造等方面的原因，实践中，对其真实性如何，能否作为证据使用质疑很多。在本案中，被告人孟动的辩护人就提出，由于网络犯罪通常只能查到电脑终端，而电脑终端和电脑用户并不能直接画等号，因此证明网络犯罪不可能形成排他性的结论；又由于网络犯罪的直接证据多为电子文件，而电子文件因其具有易被复制、修改和删除等特性，因此不存在传统意义上的原件，其不能充分反映客观事实，不能作为有效证据被认定。

《刑事诉讼法》第42条第1款①规定，证明案件真实情况的一切事实，都是证据。因此，电子数据如与案件有关联，在与其他证据印证后能证明案件真实情况，并且是依法取得的，同样可以作为刑事诉讼中的证据。对这些储存于磁性介质之中的电子数据，证据学理论上将之称为电子证据。判断电子文件能否作为刑事诉讼中的证据使用，应当对其可采性和证明力进行审查判断，审查其来源是否属实、合法。证据的可采性，是指证据材料能否作为证据使用，能否被法庭认可为定案的根据。一种事实材料只要是具备客观性、关联性和合法性的特点，都具有可采性。电子证据也不例外。法庭在判断某一电子证据是否被采纳时，首先应审查它是否属实，其生成、取证等环节是否合法。具体而言，包括：一是审查电子证据的来源、电子证据生成的时间、地点以及所使用的程序系统和录入方法；二是司法机关在收集、提取电子证据的过程中是否遵守了法定的程序；三是审查电子证据内容是否被伪造或者篡改、电子证据之间以及与其他证据内容上是否有矛盾之处。证据的证明力，是指证据证明待证事实程度的高低。证据的证明力，基本上取决于该证据是属于原始证据还是传来证据，是直接证据还是间接证据两大因素。电子证据也不例外。实践中，由于电脑终端与电脑用户并不一定一致，尽管电子证据与待证事实有一定的联系，但其仍不能单独证明案件事实。在这种情形下，就需要将电子证据与其他证据相互印证。只有形成证据锁链，达到排除合理怀疑的程度，才能认定案件事实。

本案中，能证明两被告人盗窃的电子证据主要有：登录腾讯在线销售平台mlsoft账号的IP地址202.97.144.230、QQ聊天记录、电脑硬盘中检出的文件、网页截图等。审查这些电子证据的来源、生成：IP地址系腾讯公司受被害单位委托查询得来，并经所在地公安机关公共信息网络安全监察机构证实，其用户属于被告人何立康的工作单位；QQ聊天记录系案发地公安机关公共信息网络安全监察机构从被告人孟动QQ号消息管理器中导出；黑客程序和载有被害单位账户和密码的文件，系案发地公安机关公共信息网络安全监察机构从被告人孟动工作地电脑硬盘及其女友处硬盘中检出；特定时间段的网页截图系被害单位、网易公司、腾讯公司提供。上述电子证据都是司法机关依据法定程序收集、制作。审查这些电子证据能证明的内容：IP地址为登录行窃的用户

① 此处所引《刑事诉讼法》第42条第1款为1996年《刑事诉讼法》中的内容。——编者注

终端，而被告人何立康为网管，其有重大嫌疑；QQ 聊天记录能证明被告人孟动已盗取相应账号和密码、两被告人密谋盗卖 Q 币和游戏点卡，但其真实性需进一步印证；黑客程序和载有被害单位账户和密码的文件虽印证了被告人孟动已盗取相应账号和密码，但是否销售不能证明；网页截图证明在特定时间段被害单位财产受损。应该指出，这些电子证据虽然单独不能完全证明案件事实，但将其与相关证人的证言、被告人孟动使用的银行卡进出账情况等证据相互印证，完全能够得出排他性的结论。可见，电子证据在与其他证据相互印证并排除了合理怀疑后，可以作为证明案件事实的证据。

关于网络盗窃数额的认定，2005 年 5 月 13 日施行的最高人民法院、最高人民检察院《关于办理赌博刑事案件具体应用法律若干问题的解释》第 8 条可供参考，其规定，通过计算机网络实施赌博犯罪的，赌资数额可以按照在计算机网络上投注或者赢取的点数乘以每一点实际代表的金额认定。在本案中，被告人利用木马程序盗得了被害公司所有的腾讯、网易在线充值系统的登录账号和密码后，盗卖 Q 币和游戏点卡，如何计算其犯罪数额，可以参照前述赌资数额的解释规定予以认定。

这些以电磁记录为载体表现出来的虚拟物品，理论上将其称为虚拟财产。其主要是网络游戏玩家通过申请游戏账号、购买游戏点卡、在线升级等手段获得的货币、武器、装备等。从其来源形式看，主要为：一是玩家投入大量的时间、精力和金钱在游戏中不停"修炼"获得；二是玩家用现实货币购买获得。对这些虚拟财产能否为法律保护，如其能否成为盗窃罪的犯罪对象，理论界与实务界存在较大的争议。反对论者一个重要的理由就在于虚拟财产的价值难以确定。应该指出，对于来源于玩家自身"修炼"获得的虚拟财产价值的确很难确定；但对于通过交易方式取得的虚拟财产价值则是可以衡量的，而且进一步说，从财产保护的平等性出发，只要具有财产属性就应当给予平等的法律保护，至于财产价值确定的难易不能成为法律是否给予保护的根据。网络游戏中虚拟财产的交易，从交易主体看，有玩家之间的交易、玩家与运营商交易、代理商与运营商交易、代理商之间的交易等。这些交易是一种民事上的买卖行为。交易中的一方交钱，另一方交货。在这一情形下，虚拟财产就具备用价格衡量的交换价值。参照前述赌资数额的解释规定，盗窃虚拟 Q 币和游戏点卡的金额，应当以所盗窃 Q 币和游戏点卡数分别乘以每只 Q 币或者每点实际代表的金额之和计算。

衡量本案中被害单位被窃 Q 币和游戏点卡的价格，主要有：一是运营商腾讯公司和网易公司在线销售价格；二是玩家之间的离线交易价格；三是被害单位与运营商腾讯公司和网易公司的合同价；四是被告人销赃价格。应以第三种价格作为计算被盗 Q 币和游戏点卡价值的标准，主要理由在于：第一，盗窃罪所侵犯的客体是公私财产的所有权，行为人实施盗窃行为，被害人的财产就可能受到损失。本案中，Q 币和游戏点卡是腾讯公司和网易公司在网上发行的，通过银行、手机、固定电话等方式，用真实货币购买或充值的一种有价虚拟货币和票证，用户可以用这些虚拟货币和票证获取相关增值服务，或购买相关公司提供的等值服务。被害公司作为腾讯、网易公司的代销商，其销售的 Q 币和游戏点卡是通过支付真实货币并按双方合同约定的折扣购买的，一旦失窃便意味着被害单位丧失对其的占有、使用、处分和收益等全部财产权利。从财产损失的角度，通过合同约定的价格来衡量这些 Q 币和游戏点卡价值无疑是最适合的。第二，用前两种价格衡量盗窃数额存在不足。如以运营商销售价格为准，这种价格的高低大多取决于特定游戏的运营和利润状况以及运营商的营销发展策略，具有随时间的变动性；如以玩家之间的离线交易为准，其价格的确定往往具有无序性和不稳定性的特点，难以认定，并带有很强的感情色彩。第三，本案被告人销赃价格高低不等，每只 Q 币最高 0.6 元，最低的 0.2 元，而被害单位与运营商腾讯公司和网易公司的合同价是 0.8 元。其销赃价格明显低于被害单位与网络公司的合同价，况且被告人还先后为自己及其朋友充入数量不等的 Q 币，其销赃数额远低于被害人的实际损失数额。因此，依照前述司法解释规定，也不应当以被告人销赃数额来计算盗窃数额。第四，从刑法谦抑角度出发，本案中被害单位与运营商腾讯公司和网易公司的合同价低于运营商腾讯公司和网易公司在线销售价格，以合同价作为计算的标准也是适宜的。

（九）辨认笔录的审查

主要是审查辨认程序的合法性，包括：（1）主持辨认的侦查人员不得少于 2 人；（2）辨认前，辨认人不得与辨认对象接触或者见面；（3）辨认前，侦查人员应当向辨认人详细询问辨认对象的具体特征；（4）数名辨认人对同一辨认对象进行辨认的，应当分别由每名辨认人单独进行；（5）辨认应当是混杂辨认，但对尸体等特定对象的辨认除外。混杂辨认时，辨认对象应达到法律、司法解释、行政规章要求的数量。被混杂辨认人应当性别相同、年龄相近且体貌特征不存在巨大反差；被混杂辨认的物品的特征一般应当相近；（6）辨认时，侦查人员不得对辨认人进行任何指使、诱导、暗示；（7）对辨认经过和结果应当制作笔录，并可以同时录音、录像，侦查人员、辨认人、见证人应当在辨认笔录上签名或盖章。

辨认中侦查人员对辨认人进行指使或明显暗示的，辨认前辨认人与辨认对象有过接触、见面的，辨认不是单独进行的，或者是应当进行混杂辨认而未混杂辨认的，辨认结果不能作为定案根据。存在其他不符合辨认要求的情形，确实可能导致辨认结果差误的，辨认结果也不能作为定案根据。

辨认对象系手机、机动车等种类物的，审查辨认笔录时，应当结合手机串号、机动车发动机号、车架号、车牌号等证据综合审查、认定。

（十）法律准备

适用法律的准备是制作出庭预案准备的重要内容，只有确定对被告人适用的法律条款，才能为出庭预案的准备指明方向。法律的准备不是简单地论述法条，公诉人必须紧扣犯罪事实和控诉证据，在法条的适用、法理的分析上做足功课，确保在出庭公诉时能够娴熟地运用法律，能够深刻地阐释法律。

1. 关于定罪事实的法律准备。主要是围绕犯罪构成要件，结合法条内容进行，重点是依据法律和法理，区分此罪与彼罪、一罪与数罪，确保认定的犯罪性质和罪名准确，认定的一罪或者数罪正确，引用法律条文准确、完整。

例如，在被告人宋某信用卡诈骗案中，宋某将被害人林某某遗忘在自动取款机内的招商银行储蓄卡更改密码后据为己有，分三次将卡内余款提光后挥霍一空。公诉人在审查案件时，敏锐地意识到对银行储蓄卡性质的认定将影响罪名定性，如果将储蓄卡认定为信用卡则应当定信用卡诈骗罪，如果不能认定为信用卡则定普通诈骗罪。经认真审查，根据 2004 年 12 月 29 日全国人大常委会《关于〈中华人民共和国刑法〉有关信用卡规定的解释》的规定：刑法规定的"信用卡"，是指由商业银行或者其他金融机构发行的具有消费支付、信用贷款、转账结算、存取现金等全部功能或者部分功能的电子支付卡。由此可见，刑法意义上的信用卡既包括传统观念中具有透支功能的信用卡，也包括不具有透支功能的其他银行卡。经过充分的法律准备，公诉人围绕信用卡诈骗罪进行了充分的出庭设计，在庭审中轻松面对被告人及其辩护人对银行储蓄卡性质和罪名认定的质疑，最后法庭采纳公诉主张。

2. 关于量刑事实的法律准备。要求公诉人针对被告人的各个犯罪情节，结合刑事司法政策，运用刑法规定和司法解释来准备，确保认定共同犯罪的各被告人在犯罪活动中的作用和责任恰当，认定从重、从轻、减轻或者免除处罚的法定情节准确。

例如，在办理抢劫案件时，《刑法》第 263 条规定了八种情形要判处 10 年以上有期徒刑、无期徒刑或者死刑，包括：入户抢劫的；在公共交通工具上抢劫的；抢劫银行或者其他金融机构的；多次抢劫或者抢劫数额巨大的；抢劫致人重伤、死亡的；冒充军警人员抢劫的；持枪抢劫的；抢劫军用物资或者抢险、救灾、救济物资的。公诉人就必须根据刑法和最高人民法院《关于审理抢劫案件具体应用法律若干问题的解释》的规定，结合刑法解释原理，合理分析论证这八种加重处罚情形，以便对抢劫情节加重犯作出公正指控。例如，

"入户抢劫"的情形是指为实施抢劫行为而进入他人生活的与外界相对隔离的住所，包括封闭的院落、牧民的帐篷、渔民作为家庭生活场所的渔船、为生活租用的房屋等进行抢劫的行为。入户盗窃，因被发现而当场使用暴力或者以暴力相威胁的行为，也应当认定为入户抢劫。公诉人在审查入户抢劫案时，就必须对"户"的内涵、"入"户的认定、发生在户内的转化型抢劫如何认定等进行充分的法律准备，以提出准确控诉。又如，"在公共交通工具上抢劫"的情形既包括在从事旅客运输的各种公共汽车、大、中型出租车，火车，船只，飞机等正在运营中的机动公共交通工具上对旅客、司售、乘务人员实施的抢劫，也包括对运行途中的机动公共交通工具加以拦截后，对公共交通工具上的人员实施的抢劫。公诉人必须对公共交通工具的公共性和服务性进行论述，以备法庭对抗。

四、证据的综合审查和审查的结论

（一）证据的综合审查

1. 证据证明能力和证明力的审查。关于证据证明能力和证明力的审查，公诉人要通过正反两方面比较进行判断：从正面角度看，就是要将证明指向同一的证据包括对被告人有利或者不利的证据进行比较，分析证明内容之间是否能够互相印证；从反面角度看，就是要将证明指向不一致的证据（如有的证据证明被告人有罪，有的证据证明其无罪）进行比较，排除证据之间的矛盾，得出具有唯一性的证明结论。

对证据的证明力，应当结合案件的具体情况，从各证据与待证事实的关联程度、各证据之间的联系等方面进行审查判断。证据之间具有内在的联系，共同指向同一待证事实，且能合理排除矛盾的，才能作为定案的根据。对证明同一事实的数个证据之间存在矛盾的，其证明力一般可以参照下列原则认定：原始证据的证明力优于传来证据；实物证据的证明力优于言词证据；历史档案或者经过公证、登记的书证的证明力一般优于其他书证；证人提供的对与其有亲属关系或者其他密切关系的一方当事人有利的证言，其证明力低于其他证人证言；内容稳定、前后一致的言词证据证明力优于内容不稳定、前后不一致的言词证据。

2. 运用直接证据认定案件事实。直接证据是能够独立地、直接地证明案件主要事实的证据。[①] 所谓案件主要事实，在刑事诉讼中是指对定罪量刑有关键意义的事实。直接证据包括被告人的认罪供述、被害人明确指认被告人和犯

---

① 龙宗智、杨建广主编：《刑事诉讼法》，高等教育出版社 2003 年版，第 147 页。

罪事实的陈述、目击犯罪过程的证人证言、记载犯罪过程的视听资料等。由于直接证据大都是言词证据，运用直接证据认定案件事实时，应确保直接证据的真实合法性，确保证据的内容能够与其他证据相互印证且证明的指向一致，确保证据之间不存在矛盾冲突，才能据此认定犯罪事实。

3. 运用间接证据认定案件事实。间接证据是指不能够独立地、直接地证明，需要和其他证据结合起来才能证明案件主要事实的证据。[①] 在运用间接证据证明犯罪事实时，间接证据的运用要符合下列条件：（1）据以定案的间接证据已经查证属实；（2）据以定案的间接证据之间相互印证，不存在无法排除的矛盾和无法解释的疑问；（3）据以定案的间接证据已经形成完整的证明体系；（4）依据间接证据认定的案件事实，结论是唯一的，足以排除一切合理怀疑；（5）运用间接证据进行的推理符合逻辑和经验判断。

案例[②]：运用间接证据认定被告人杨飞故意杀人案

2005 年 9 月 27 日 16 时许，被告人杨飞在北京市丰台区五里店南里 27 号楼 2 单元 002 号，因感情问题与李雪莲（女，25 岁）发生争执，杨飞持菜刀砍击李的颈部、腕部，造成李左侧颈总动脉破裂、左侧颈静脉完全离断，致李雪莲急性失血性休克死亡。杨飞自杀未遂被当场抓获。

上述事实，有下列证据证实：

1. 证人党东波的证言：我和女友李雪莲同租住在丰台区五里店 27 号楼地下室，杨飞是李单位的保安，想要和李交朋友，总给李打电话。2005 年 9 月 25 日杨飞曾把李带到香山，让李和他交朋友。26 日 22 时许，我和石秀陪李雪莲到苏州桥附近见杨飞。我听李雪莲说杨飞还不肯放手后，想约几个朋友教训他一下。27 日 1 时许，李雪莲打电话约杨飞到五里店附近见面，我和石秀、田雷、宋晓峰等朋友在附近等着，后警察来了，李雪莲说杨飞跑了，并和警察说了近几天发生的事。27 日 16 时许，我收到李雪莲发的内容为'服'字的短信，因 26 日晚我们说好如果杨飞来就发短信告诉我，所以我就打"110"报警说丰台区五里店 27 号楼地下室有人持刀行凶，之后我跑回租住处，但打不开门，敲门没人回应，我就到地下室外的半阳台处往里看，李雪莲在卫生间里晃了一下，我叫她，她让我走，我觉得不对劲就没离开。警察来了后，我说那男的就在地下室的屋里，警察敲门没反应。我带民警到南侧阳台，阳台的铁丝

---

① 龙宗智、杨建广主编：《刑事诉讼法》，高等教育出版社 2003 年版，第 147 页。

② 参见中华人民共和国最高人民法院刑事审判第一、二、三、四、五庭主办：《中国刑事审判指导案例》（侵犯公民人身权利、民主权利罪），法律出版社 2009 年版，第 177 ~ 181 页。

网被人弄开一个大洞，里面对着的卧室有窗帘挡着，李雪莲在里面求我走，接着就是她被捂嘴发出的唔唔声。警察打电话叫来增援人手后，先来的两个警察从半阳台下去进屋开了门，我进屋后见李雪莲趴在地上，杨飞仰面躺在地上，二人浑身是血，我打了"120"，十多分钟后，医生和李雪莲的母亲都来了。

2. 证人李刚的证言：2005年9月27日16时许，我和刘连栋接"110"报警称五里店小区27号楼地下室有人被劫持。到现场后，一个男的过来说有一男子要劫持她女朋友，两人都在屋里。我们用他的钥匙打不开门，喊话也没有回应。这时那男子过来说后面阳台有个洞。我和那男子到楼南侧的阳台，看见护网被弄开个洞，里面的窗帘是拉上的。我对里面喊话，那个男的抢过警棍要跳进去，并说听到他女朋友说话了，我劝他不要冲动。几分钟后增援警察到了，刘连栋和我先后从洞口下去，刘连栋用警棍打破玻璃后开了门。一个男子仰面躺在地上，脖子上有个大口子但还活着。一个女的死了。

3. 证人刘连栋的证言：2005年9月27日16时许，我和李刚到现场后，一个男的说屋里有个男的劫持了他女朋友。我们到地下室但打不开门。报警的人说阳台被弄了个洞，可能对方是从那里进去的。李刚和他过去看，我留在门口敲门，并给其他警察打电话让他们过来。他们到了后，我到楼南侧的阳台，和李刚先后从洞里跳进去，我撩开窗帘时看见卧室地上躺着一男一女，地上有很多血。我打碎阳台门玻璃伸手进去开了门，并让人赶紧打"120"，李刚进屋打开了房门。屋里的男子仰面躺着，脖子上有个大口子，女的趴在地上。急救车来后医生说女的死了，男的还活着。

4. 证人石秀的证言：2005年9月26日23时许，因一个男的纠缠党东波的女朋友李雪莲，党让我和他一起陪李雪莲到苏州桥附近去见那个男的和他的亲戚，到那里后我和党东波在附近等着。27日零时许，李雪莲去见过那个男的和他亲戚后回来，说那人还缠着她，不听他亲戚的。

5. 证人田雷的证言：2005年9月27日2时许，因一个男的纠缠党东波的女朋友"小雪"，我与宋晓峰、石秀、党东波、"小雪"等人在五里店小区附近欲找那个男的。那男的来了后，"小雪"过去了，我们在原地等着。这时来了辆警车，"小雪"过来说那个男的报的警，警察来时他走了。警察问完"小雪"话后走了。

6. 证人宋晓峰的证言：2005年9月27日，因一个男的纠缠党东波的女朋友李雪莲，我与田雷、石秀、党东波、李雪莲等人在五里店小区附近欲找那个男的。那个男的到后与李雪莲谈了话，后来就报警了。我们几个人没找到那男的，警察到场问明情况后我们就走了。

7. 证人杨晨明（杨飞的叔叔）的证言：2005年9月27日16时许，杨飞给我打电话说把他的尸体放到香山去，还说有人和他一块儿死，一个女的接过电话说控制不了他，我刚问"你是谁呀"，杨飞就把电话挂了。后来杨丽香告诉我杨飞可能在五里店小区，我就报警了。

8. 证人阎欣的证言：杨飞是我的亲戚，2005 年 9 月 25 日他给我打电话说要和女朋友在香山自杀，但他女友"小雪"在电话里说不想死，我让她把杨飞给劝回来。9 月 26 日 23 时许，我为杨飞约了李雪莲，让他们见面说清楚后，杨飞就回老家，他们见面后杨飞还是不愿意走，最后我把杨飞劝走了。9 月 27 日 16 时许，杨飞给我打电话说他俩要去死，我认为是开玩笑，警察来找我才知道出事了。

9. 证人张彬（李雪莲的朋友）的证言：2005 年 9 月 26 日李雪莲说 25 日杨飞曾强行把她带到香山想和她交朋友。9 月 27 日 13 时许，李雪莲发短信告诉我在收拾家，后来就联系不上了。我和李雪莲在一起的时候，杨飞总给李雪莲发短信或打电话。

10. 证人杨丽香（杨飞的亲戚）的证言：2005 年 9 月初，我帮杨飞送过李雪莲回丰台区五里店小区。9 月 27 日 19 时许，杨晨明给我打电话问杨飞在哪里，我说可能在丰台区五里店小区。

11. 证人尹建波的证言：杨飞 2005 年夏天在汉华购物中心当保安时脾气挺火的，还说过如果女朋友不跟他交往就杀了她。

12. 证人王亮的证言及辨认笔录：我与李雪莲及其男友在丰台区五里店 27 楼 2 单元地下室共同租住，杨飞也曾到过李雪莲的租住处。2005 年 9 月 27 日 16 时许我回屋时李雪莲一个人在屋，后我走了。王亮辨认出刀身有不规则孔的菜刀是她住那儿时用过的。

13. 证人张慧（李雪莲母亲）的证言：党东波是李雪莲的男朋友，二人租住在丰台区五里店小区，有个女的和他们同住，住处厨房有两把菜刀。

14. 证人金鹏（北京市急救中心员工）的证言：2005 年 9 月 27 日 16 时 46 分，我们接到通知说丰台区五里店小区 27 号楼地下室有人受伤，到场后发现屋内床上有血和菜刀，一个女的趴在地上，脖子两侧有锐器切割伤，一个男的仰面躺在地上，颈部有锐器切割伤，左手腕有切割伤。女的已经死亡，男的还有呼吸。

15. 证人王国吉证言：2005 年 9 月 28 日我们在市公安局法医中心对李雪莲尸体进行解剖，邀请了其他法医到现场指导。9 月 29 日，又邀请了市局法医中心的专家到场进行复核。经复核现场血迹分布，结合尸体创口情况，认定为李雪莲的创伤为他人用锐器（砍刀类）砍切颈部，造成左侧颈总动脉破裂、左侧颈静脉完全离断，致急性失血性休克死亡，排除自杀的可能性。

16. 证人李晨雨的证言，证实救治杨飞的情况；证人李佳丽的证言，证实将房子出租给李雪莲的情况；证人霍宏旺的证言，证实李雪莲工作单位情况及李在丰台区五里店小区租住。

17. 现场勘查笔录及现场照片证实：现场位于北京市丰台区五里店南里27号楼2单元002号南卧室，屋内西墙及南侧房顶有甩溅血迹，床上有血泊及带血的塑料柄菜刀、木柄菜刀各一把，地面有滴落及甩溅血迹。室内地面头北脚南俯卧一具女尸，头部及上半身有大量血迹。南侧阳台顶部铁丝护网有方形撕开处。

18. 北京市公安局丰台分局法医检验鉴定所出具的尸体检验鉴定书证实：李雪莲符合被他人用锐器（砍刀类）砍切颈部，造成左侧颈总动脉破裂、左侧颈静脉完全离断，致急性失血性休克死亡。

19. 《关于李雪莲死亡一案的专家会诊意见》证实：根据下颌创口及颈部损伤创缘整齐、创道深达椎体、椎体可见砍痕等损伤特征，分析李雪莲颈部之损伤符合他人形成。北京市公安局法医检验鉴定中心出具的生物物证鉴定书证实：现场及现场物证上血迹分别为李雪莲和杨飞各自所留或2人混合所留，其中菜刀1、杨飞左鞋、裤子、内裤上血迹为杨飞所留，菜刀2、杨飞右鞋、李雪莲指甲上血迹为李雪莲和杨飞混合所留。

20. 接受刑事案件登记表、"110"接警处记录、到案经过、工作说明证实报案、破案情况和刘连栋、李刚处理现场经过。手机通信记录证实2005年9月27日16时许李雪莲给党东波发短信的内容及李雪莲与杨晨明、杨飞、党东波、阎欣等人通话的时间。

庭审中，杨飞辩称李雪莲系与其一同自杀，其没有故意杀人。侦查期间，杨飞一直保持沉默，拒绝回答讯问，仅有的一次供述称李雪莲在案发前说自己有病，经常吐血，没有钱看病，说要跟其一起死，就自己拿刀先抹脖子，然后其用菜刀砍自己脖子，又割了左手腕，后来晕倒了，醒来就在医院。其辩护人提出，没有任何直接证据证实杨飞故意杀害李雪莲，认定李雪莲系杨飞杀害的证据不足，请求法院按疑罪从轻处理。

北京市第二中级人民法院认为，被告人杨飞不能正确处理感情问题，持刀故意非法剥夺他人生命，致人死亡，其行为已构成故意杀人罪，且犯罪后果严重，依法应予惩处。关于杨飞所提其没有故意杀人的辩解及其辩护人所提本案认定被告人杨飞故意杀人证据不足的辩护意见，经查，本案证人证言可以证实被告人杨飞与被害人李雪莲之间存在感情纠葛，尸体检验鉴定书、专家会诊意见能证实被害人李雪莲系他杀，上述证据与现场勘查笔录、生物物证鉴定书等证据能够相互吻合、相互印证，故杨飞的辩解及辩护人的辩护意见不予采纳。

按照刑法规定，以被告人杨飞犯故意杀人罪，判处死刑，缓期2年执行，剥夺政治权利终身。

本案是运用间接证据认定案件事实的合适例子。

没有直接证据，单纯运用间接证据定案，应注意哪些问题？

第一，被告人杨飞拒不认罪，且无目击证人，但据本案现有证据仍足以认定本案系杨飞所为。

在刑事司法理论中，根据证据与案件主要事实的关系，可以将证据分为直接证据与间接证据。直接证据是指能够独立地用来证明案件主要事实的证据；间接证据是指不能独立地直接证明案件的主要事实，但可以证明案件事实的某一方面或者环节，如作案动机、目的、时间、地点、手段、被害人死因、身份及与作案人的关系等。间接证据虽不能直接证明案件的主要事实，但当间接证据结合起来形成一个具有内在联系的完整证据体系时，便可证明案件的主要事实，得出罪行系何人所为及如何为的结论。从司法实践看，完全运用间接证据定案与有直接证据时的定案存在一定区别，在实践中应更加慎重，严格遵循以下证据的审查判断规则：（1）每一间接证据须查证属实，不存疑问；（2）每一间接证据确与案件事实均有客观联系，能够证明案件事实的某一方面或者环节；（3）各间接证据之间须协调一致，没有矛盾；（4）各个间接证据必须形成一个完整的证据体系，足以得出唯一的、排他的肯定结论。本案中，被告人杨飞拒不认罪，没有证人在现场目击杨飞动手杀害李雪莲，亦无监控录像等其他直接证据，在案所有有罪证据都是间接证据。如本案的尸体检验鉴定书和专家会诊意见，仅能证明李雪莲系他杀，而不能证明是谁实施了杀人行为。但是，审查本案的诸多间接证据，我们认为，完全可以形成一个完整证据链，得出指控罪名成立的结论。首先，所有的间接证据经查证都是客观真实的。如部分证人虽系被害人的朋友，与被告人存在一定的利益冲突，但他们的证言与被告人亲属的证言能够相互印证，不存在作假证问题。再如，参与鉴定的法医、参加会诊的专家均有合法的鉴定资格和多年的法医临床检验鉴定经验，且专家会诊意见结合尸检情况对李雪莲的死因进行了详细分析，最终得出的结论是一致意见，不存在不同意见或提出存疑问题，故作为本案最关键证据的尸体检验报告、专家会诊意见也是客观、可信的。其次，这些间接证据分别证实本案事实的某一方面，相互结合，共同证明一个完整的事实。具体体现在：（1）证人阎欣、张彬、尹建波、杨晨明的证言相结合，证明被告人杨飞有以自杀、杀人方式胁迫李雪莲与其交友的心理倾向，具有杀人动机。（2）证人党东波、阎欣、石秀、田雷、宋晓峰、杨丽香的证言相结合，证明被害人李雪莲与杨飞虽存在感情纠葛，但无自杀或和杨飞相约自杀的想法。（3）证人党东波、刘连栋、李刚、王亮、杨晨明、张慧的证言和现场勘查笔录、生物物证鉴定书相结合，证明党东波等到场后李雪莲尚未死亡，现场房内只有杨飞、李雪莲二人，杨飞有作案条件，并可排除第三人作案。（4）尸体检验鉴定书、专家会诊意见和法医王国吉的证言证明被害人李雪莲系他杀，排除了自杀可能。这些间接证据综合起来形成的唯一的、排他性结论是：被告人杨飞故意杀害了李雪莲。一审宣判后，杨飞服判，未提出上诉，这也在一定程度上印证了上述分析结论。

第二，运用间接证据定案应注意的几个问题。

司法实践中，在没有直接证据的情况下，单纯运用间接证据定案需要特别慎重，注意从以下几个方面对间接证据的使用进行把握：首先，没有任何一个间接证据能直接证明案件的主要事实，每个证据须同其他证据相结合才具有证明作用。例如，本案定罪最重要的证据尸体检验鉴定书、专家会诊意见，须结合证人党东波、刘连栋、李刚等人的证言和现场勘查笔录等证据，才能证实杨飞故意杀人的事实，单个证据本身均不具有完整的证明作用。其次，任何一个间接证据的证明意义，都是由间接证据与案件事实之间的客观联系及与其他证据的相互结合所决定的。间接证据的运用不仅取决于间接证据本身的真实性，也取决于它在证据体系中的地位及其与案件之间的客观联系。如本案中，证人杨晨明的证言证实其于 9 月 27 日 16 时许接到杨飞的电话说"把他的尸体放到香山去，还有人和他一块死"。此内容与证人党东波证实的"其于 16 时许接到李雪莲短信后赶到现场，发现李雪莲被人控制在屋内"的情节相吻合，且证人阎欣的证言也可以印证这一点。又如，证人王亮证实杨飞知道李雪莲的租住处、凶器来源于案发居室内，此内容与证人党东波、张慧的证言能够印证。再次，所有间接证据形成证据链条后可得出唯一的、排他的结论。本案所有间接证据所能证明的案件事实，最终指向是一致的，不存在矛盾，且可排除其他可能，否则，就不能得出系杨飞故意杀人的结论。本案案发场所固定在一套房子的一间居室内，排他性证明比较容易，但在其他完全依靠间接证据定案的案件中，因具体案情不同，排他性的证明可能会比较困难，这对证据的要求就更高。如果间接证据之间不能形成完整的证据链条，出现证据链条裂痕，不能得出唯一的、排他的结论，则只能根据"疑罪从无"的原则处理。最后，在完全依靠间接证据定案时，其中任何一个间接证据被推翻了，就必须重新审视整个证据链条，如果在同一案件中存在两种以上的可能性，并且各有一些证据支持，就要重新调查，认真研究，直到排除其他可能性，才能作出正确的结论。例如，本案中，被告人杨飞在庭审和侦查阶段中都提出，李雪莲答应与他结婚，但李雪莲身患疾病经常吐血，不想活了，最后自杀。这一点没有任何证据证实。张慧（李雪莲母亲）和党东波这两个与李雪莲关系最密切的人的证言都没有印证这一点。而杨飞提出的李雪莲欲和他结婚的事实亦无任何证据证实，杨飞的辩解显然不能成立。但是，如果有证据证实杨飞与李雪莲关系密切，感情非常好，不存在纠缠或其他纠葛，而李雪莲确有严重疾病，那么杨飞的辩解就具有一定可信度，会对证据链条的完整性形成有效冲击，影响定案。

4. 证明标准的认定。人民检察院认为犯罪嫌疑人的犯罪事实已经查清，证据确实、充分，依法应当追究刑事责任的，应当作出起诉决定，按照审判管辖的规定，向人民法院提起公诉，即检察机关提起公诉的证明标准是认为犯罪嫌疑人的犯罪事实已经查清，证据确实、充分。犯罪事实已经查清，是指犯罪构成要件事实和量刑情节事实已经查清，包括指控的被告人的身份，实施犯罪的时间、地点、手段、动机、目的、后果以及其他影响定罪量刑的事实、情节清楚，无遗漏犯罪事实，无遗漏被告人。证据确实、充分，包括：证明案件事实和情节的证据合法有效；证明犯罪构成要件的事实和证据来源合法，形式符合法律规定，客观真实、据以定案的全部证据能够相互印证；据以定罪的证据之间不存在矛盾或者矛盾能够合理排除；根据证据得出的结论具有排他性。证据确实、充分，包含了对证据质量和数量的要求，证据确实就是要求证据必须具备客观性、真实性和合法性，具有证据能力和证明力；证据充分就是至少要有两类以上的证据证明犯罪事实才能定案，且证据的证明力度能够排除一切合理怀疑。

案例①：**证据确实、充分的证明标准的把握**

广东省某市人民检察院以被告人余华平、余后成犯故意杀人罪，向某市中级人民法院提起公诉。检察机关指控：2002年7月14日，被告人余华平因怀疑被害人王金伟偷他的手机，而与之发生争执，后王金伟被某公司保安员和余华平看管。其间，王金伟两次逃走，被保安人员和余华平、余后成发现并带回看管。7月15日凌晨5时许，王金伟趁洗澡之机再次逃脱。当日6时许，余华平、余后成在该公司锅炉房内找到王金伟，合力将王金伟按倒在地，采取用手捂嘴、用铁丝勒颈的手段，致王金伟死亡，两人将王金伟的尸体抬到附近配电房侧的小巷内，由余华平伪造了跳墙摔下的假象。

认定上述事实的证据如下：

1. 证人秦素华、秦武术、李能江等17人证人证言，证明事件的起因、被

、① 参见中华人民共和国最高人民法院刑事审判第一、二、三、四、五庭主办：《中国刑事审判指导案例》（侵犯公民人身权利、民主权利罪），法律出版社2009年版，第149～152页。

害人王金伟 3 次逃走后相关人员寻找及发现被害人尸体等事实。

2. 现场勘查笔录，证实现场的基本情况及从现场变压器西边的一只铁桶内提取一条铁丝圈，照片显示该圈的中间部分有四股铁丝。

3. 法医鉴定结论。一是法医学鉴定书证实，王金伟颜面部广泛性点状出血、眼睑结膜点片状出血，左、右颞部各有一处皮下血肿，同时全身有多处擦伤、挫伤和压痕；其颈部喉结下有一 45 厘米×2 厘米的横行开放性索沟，绕过颈根部向双侧肩脚内侧延伸，颈前面及左侧索沟内有 4 条压痕，向肩背部延伸合并为 1 条，颈右侧索沟为 1 条压痕，内有少量点状擦伤，喉部及会厌部有大量点状出血，左肺上下叶间有少量出血点。尸体照片显示王金伟鼻腔与嘴巴周围有血迹；左手腕背部、左手背见擦伤，有血迹。结论是王金伟系受钝性暴力作用于颈部致机械性窒息而死亡。二是法医学 DNA 检验鉴定书证实，现场墙壁、窗台右缘、窗台水管上、地面水管上提取的血迹的基因分型与死者王金伟血液的基因分型一致；与被告人余华平血液的基因分型不一致。

4. 被告人余华平、余后成供述。同时，2002 年 7 月 20 日，被告人余华平指认了作案地点和作案工具铁丝圈。余后成指认了勒死王金伟的地点及放置尸体的小巷。

5. 公安人员审讯被告人余华平、余后成以及两被告人指认现场的录像资料证实两被告人在侦查阶段所作供述系合法、自愿，不存在刑讯逼供的情况。

某市中级人民法院认为，被告人余华平、余后成因怀疑被害人王金伟盗窃财物而与王产生争执，后因王逃脱保安人员看管心生愤恨进而产生杀人恶念，结伙采取捂嘴、用铁丝勒颈的手段非法剥夺他人生命，致一人死亡，其行为已构成故意杀人罪。依法判决被告人余华平犯故意杀人罪，判处死刑，缓期 2 年执行，剥夺政治权利终身；被告人余后成犯故意杀人罪，判处无期徒刑，剥夺政治权利终身。

一审宣判后，被告人余华平、余后成不服，提出上诉。余华平上诉提出：（1）没有杀人，是被冤枉的。没有直接证据证明他和余后成勒死被害人王金伟，仅凭口供不能定案。（2）证人证言可以证实他没有作案时间。（3）侦查阶段指认杀死被害人王金伟的现场是在警察提醒之后才知道是在大锅炉房后面，侦查阶段的有罪供述是被刑讯逼供的。其辩护人的辩护意见为：（1）被害人王金伟死亡时间是 7 月 15 日 6 时至 7 时 30 分，证人证言可以证实余华平没有作案时间。（2）提取的作案工具、现场勘验笔录及现场血迹的法医学 DNA 检验鉴定书均无法证实余华平、余后成到过现场。（3）余华平、余后成在侦查阶段的有罪供述存在矛盾和疑点，与其他证据无法印证。两人被刑事拘留后，未被依法移送看守所羁押。在讯问被告人过程中也未依法保障被告人合法的休息时间，两上诉人提出被刑讯逼供有事实依据。在非法羁押期间的口供应认定为非法证据。本案事实不清，证据不足，应改判无罪。

余后成上诉提出：（1）没有参与杀人。（2）侦查阶段的口供是被逼供的，并由警察提示下供述的。（3）证人证言可以证实他没有作案时间。其辩护人的辩护意见为：（1）本案唯一的直接证据是两人在侦查阶段的供述，两人的供述极不稳定，难以判断真伪，也无其他证据佐证。（2）两上诉人无作案时间。没有充分证据证实余华平、余后成杀害王金伟。应改判余后成无罪。

出庭检察员的出庭意见为：（1）原审判决认定的事实有相应证据支持。（2）原判在以下两个问题的查证上尚未达到"确实、充分"的程度：一是关于被告人余华平、余后成的作案时间问题，证人任小丽、苏光荣等人的证言和两被告人有罪供述之间不尽相符。二是将铁丝圈认定为本案的作案工具的证据相对单薄。一审判决将侦查人员在现场勘查时提取的铁丝圈作为作案工具，此认定虽然有上诉人的现场指认等证据支持，但是，鉴于被告人供述间的矛盾未能充分排伪，这一认定仍缺乏有效佐证。因此，建议二审本着以事实为根据，以法律为准绳的原则，在充分考虑本案证据上述特点的基础上，依法作出公正裁决。

广东省高级人民法院经开庭审理认为，除上诉人余华平、余后成在侦查阶段的有罪供述外，没有其他直接证据证实两上诉人实施了杀人行为。两人的有罪供述前后之间、相互之间存在矛盾，也缺乏其他证据印证。且侦查机关获取有罪供述的程序有瑕疵。公诉机关提供的诸多证人证言证实了事件大致发生、发展的过程，也能反映出两上诉人有作案的动机和重大嫌疑，但无法确证他们实施杀人行为。尤其从被害人的表妹任小丽、表姨苏光荣的证言中反映出来的情况看，余华平没有作案时间。本案事实不清，证据达不到确实、充分的定罪标准，不能认定被告人有罪，应予改判。上诉人余华平、余后成及其辩护人关于认定余华平、余后成实施故意杀人行为证据不足，应宣告无罪的意见成立，予以采纳。依法判决上诉人余华平、余后成无罪。

本案的主要问题是如何把握故意杀人犯罪案件证据确实、充分的证明标准。

根据我国刑事诉讼法的规定，"案件事实清楚，证据确实、充分，依据法律认定被告人有罪的，应当作出有罪判决"，一般认为我国刑事诉讼中的证明标准是"犯罪事实清楚，证据确实、充分"。所谓证据确实、充分，是对作为定案根据的证据质和量总的要求，有四层含义：（1）据以定罪的证据均已查证属实；（2）每个证据必须和待查证的犯罪事实之间存在客观联系，具有证明力；（3）属于犯罪构成要件的事实均有相应的证据加以证明；（4）现有证据总体上已足以对所要证明的犯罪事实得出确实无疑的结论，即排除其他一切可能性而得出唯一结论。司法实践中，判断刑事案件的证据是否达到这一证明标准，一般从以下几个方面进行审查：一是审查证据的证据能力，这是解决证据适格性的问题，即证据必须合法取得才具有证据资格，才能作为案件事实的认定依据。二是判断证据的证明力，即证据对案件事实有无证明作用以及证明程度如何。三是对"充分"的把握，不仅强调孤证不能定案，而且要求全案证据对于待证事实要达到"充分"的程度，以及证据之间能够互相印证，构成完整的证据体系，得出唯一的证明结论。不仅在证据的数量上，更重要的是证据的实质证明力要足以证明犯罪事实。在死刑案件中，对"证据确实、充分"的把握更要严格和慎重，既要每一个待证事实均应有相应的证据予以证实，同时，每一个待证事实的证据也均应达到确实、充分的程度，这样才能保证死刑判决的准确，保证死刑案件的审判质量。

就本案来说，虽然被告人余华平、余后成在侦查阶段均作了有罪供述，余华平还指认了作案地点和作案工具铁丝圈以及余后成指认了勒死王金伟的地点及放置尸体的小巷。但是，就全案现有证据来说，证据还没有达到确实、充分，能够得出唯一结论的程度。主要体现在：

第一，现有证据证明力不足。

1. 除被告人余华平、余后成在侦查阶段的有罪供述（在检察机关审查起诉阶段开始否认犯罪）外，没有其他直接证据可以证实两被告人实施了杀人行为。公诉机关提供的17个证人的证言只能证明本案的部分事实，即包括事件的起因、被害人王金伟3次逃跑后相关人员寻找及发现被害人尸体等事实，但无法证实最主要、最关键的事实，即余华平、余后成实施故意杀人行为的事实。现场提取的物证铁丝圈和血迹（DNA鉴定为被害人王金伟的血）亦无法证实两被告人到过现场。因此，上述证据无法互相印证系两被告人实施了杀人行为。

2. 余华平、余后成在侦查阶段的有罪供述前后之间存在矛盾，并缺乏其他证据印证。一是余华平、余后成的供述呈时供时翻的状态，极不稳定。余华平在侦查阶段作了12次供述，第一次（7月15日的供述）未承认杀人，7月16日开始作了11次的有罪供述，审查起诉、一审庭审时开始否认杀人。有罪供述中，前4次供述是一个人作案，后7次供述与余后成共同作案。余后成在侦查阶段作了14次供述，前5次未承认犯罪，7月18日开始作了9次有罪供述，审查起诉、一审庭审时开始否认杀人。二是两被告人的有罪供述前后不一，余华平与余后成的有罪供述相互之间存在矛盾。两人对作案工具、作案地点、作案方式的供述，始终无法吻合，两人有关杀人行为实施过程的有罪供述也无法与本案的其他证据相互印证。

第二，本案关键事实不能得出唯一性的结论。

1. 被害人的被害时间无法认定。一审判决认定王金伟是早晨 6 时许被勒死，余华平供述的作案时间约 5 时 30 分，余后成供述的作案时间是凌晨 6 时许。证人任小丽（被害人的表妹）、苏光荣（被害人的表姨）等人的证言，却证实王金伟被害时间在 5 时 50 分之后（7 时 30 分发现尸体）。根据证人苏光荣、周平等的证言，5 时 50 分至 6 时 30 分之间，被告人余华平无作案时间。同时，证人辛均贵证言证实了 6 时 30 分左右，他将在配电房睡觉的许亮国叫醒后在配电房与锅炉房之间的空地打篮球。7 时许，机动组的几名员工已经来到配电房准备接班。根据辛均贵的证言，6 时 30 分之后在锅炉房作案显然是不可能的。因此，从上述证人证实的情况看，作案时间无法认定。

2. 作案工具的认定依据尚不够确实。侦查机关于 2002 年 7 月 15 日勘查现场时，在变压器西边 2 米处的一只铁桶里提取了一条铁丝圈，该铁丝圈中间有 4 股铁线，而被害人王金伟的脖子处有 4 条勒痕。一审法院由此认定铁丝圈为作案工具。余华平于 7 月 20 日对作案工具进行了辨认，确认侦查机关提取的铁丝圈是勒死被害人使用的工具。可见，侦查人员是先提取了铁丝圈，余华平才供认作案工具是铁丝圈。从供证关系看，"证在前，供在后"，在没有其他证据佐证、被告人供述又不稳定的情况下，其证明力显弱。而且，除余华平的供述和指认之外，没有其他证据印证提取的铁丝圈就是凶器。从提取的铁丝圈特征看，中间有四股铁丝，两边为两股；而法医鉴定检验，被害人颈部喉结下有一 45 厘米×2 厘米的横行开放性索沟，绕过颈根部向双侧肩脚内侧延伸，颈前面及左侧索沟内有 4 条压痕，向肩背部延伸合并为 1 条，颈右侧索沟为 1 条压痕，内有少量点状擦伤。根据鉴定，提取的铁丝圈能否形成上述伤痕有疑问。

3. 第一作案现场无法确定。余华平的有罪供述中前 6 次均供述是在小巷内将被害人勒死，余后成于 7 月 18 日开始承认参与犯罪，并供述是在锅炉房内将被害人勒死。余华平于 7 月 19 日亦开始供述在锅炉房内将被害人勒死，之后移尸小巷。起诉指控、一审判决均认定杀人现场在锅炉房，之后移尸配电房与东围墙的小巷。但认定在锅炉房内将被害人勒死之后移尸存在以下问题：首先，余华平和余后成对具体位置的指认不一致。余华平指认在大锅炉北面，余后成指认在大锅炉的东面，相差约 3 米。二审庭审时，余华平辩解是侦查人员提醒之后，才知道现场在大锅炉旁边。其次，锅炉房附近上班工人及配电房当晚值班工人均无反映当晚有异常情况，无法印证杀人及移尸的供认，认定在此将被害人勒死于情理不符。最后，从相关证据看，现场勘查及现场照片显示被害人口、鼻均有血迹，在放置尸体的现场发现了多处的血迹，而在勒死被害人的锅炉房现场及移尸过程中却未发现任何物证，因此，认定勒死被害人的现场在锅炉房内及移尸情节的证据不足。

第三，被告人供述在可采性方面存在瑕疵。

《公安机关办理刑事案件程序规定》第 145 条规定："对被拘留、逮捕的犯罪嫌疑人、被告人应当立即送看守所羁押。"本案中，侦查机关于 2002 年 7 月 17 日 19 时对两被告人实施拘留后，未将他们及时送看守所羁押。余华平被继续关押在刑警队至 8 月 13 日，有 7 次的有罪供述是在此情形下获取的。余后成被继续关押在派出所至 8 月 13 日，有 8 次的有罪供述是在此情形下获取的。公安、检察机关对此情形未能提出合法依据与合理解释，故对于两被告人在此期间所作有罪供述的取得存在程序上的瑕疵。影响到其证明力的准确判断。

综观全案证据，可以认定被告人余华平、余后成有重大的作案嫌疑，但是能够证明两被告人实施杀人犯罪的直接证据只有两人在侦查阶段的有罪供述，且极不稳定，相互之间存在诸多不一致之处，与在案其他证据不能形成相互印证，在对关键事实的证明中存有诸多疑点，因此，在全案证据不能形成证据锁链，得出唯一结论的情况下，应当认定本案证据尚未达到法定的"证据确实、充分"的证明标准。据此，二审法院严格执行法律规定的证明标准，依照《刑事诉讼法》第 162 条第（三）项①之规定，对两被告人作出证据不足、指控的罪名不能成立的无罪判决是正确的，体现了坚持依法惩治犯罪与保障人权的统一。

根据我国刑事证据理论与实践，关于证据是否确实、充分的认定标准概括如下：一是据以定案的证据均已查证属实，即均具有客观性、相关性和合法性；二是案件事实、情节都有必要的证据予以证明；三是证据之间、证据与案件事实之间的矛盾得到合理排除；四是全案证据得出的结论是唯一的，排除了其他可能性。上述第一点是证据确实的要求，第二、三、四点共同构成证据充分的要求，欠缺任何一点都不能认为证据已经确实、充分。②例如，在江西省南康市人民检察院提起公诉的被告人吉森林涉嫌受贿案中，根据证据情况可以得出被告人可能收受了也可能没有收受 5 万元财物两个结论，因此一审、二审

---

① 此处所引《刑事诉讼法》第 162 条第（三）项为 1996 年《刑事诉讼法》中的内容。——编者注

② 陈一云主编：《证据学》，中国人民大学出版社 1991 年版，第 117～118 页。

法院均认为没有达到证据充分的标准，作出了无罪判决。[①]

（二）案件审查的结论

公诉人对案件进行审查后，应当根据具体情况提出起诉或者不起诉意见。

1. 起诉意见。起诉裁量权是检察官认为案件存在足够的犯罪嫌疑，且符合法定起诉条件，从而决定提起公诉的权力，是检察官享有的最基本的裁量权。[②] 在起诉法定原则之下，检察官终结侦查程序后认为犯罪嫌疑到达起诉法定门槛时，应提起公诉；反之则应为不起诉处分。[③] 根据我国刑事诉讼法的规定，公诉人认为犯罪嫌疑人的犯罪事实已经查清，证据确实、充分，依法应当追究刑事责任的，应当作出起诉决定。

2. 不起诉意见。公诉人对于经过补充侦查并且具有下列情形之一的案件，经检察委员会讨论决定，可以作出不起诉决定：（1）据以定罪的证据存在疑问，无法查证属实的；（2）犯罪构成要件事实缺乏必要的证据予以证明的；（3）据以定罪的证据之间的矛盾不能合理排除的；（4）根据证据得出的结论具有其他可能性的。

公诉人对于犯罪嫌疑人有《刑事诉讼法》第 15 条规定的以下六种情形之一的，经检察长决定，应当作出不起诉决定：（1）情节显著轻微、危害不大，不认为是犯罪的；（2）犯罪已过追诉时效期限的；（3）经特赦令免除刑罚的；（4）依照刑法告诉才处理的犯罪，没有告诉或者撤回告诉的；（5）犯罪嫌疑人死亡的；（6）其他法律规定免予追究刑事责任的。

第四节　出庭预案的内容及制作技巧

办理公诉案件的每一个步骤，都是公诉人理论知识、业务素质和办案经验的综合反映，出庭预案的制作也是如此。出庭预案的制作要注意个人能力和集体智慧的平衡，对于公诉人独立办理的一般复杂案件，个人精心审查、单独制作即可；而对于重大敏感案件的出庭预案要发挥集体智慧的作用，全面预测风险，反复讨论修订，细化应对措施，以应对复杂庭审过程中的可能变化。

[①] 参见李静：《证据裁判原则初论》，中国人民公安大学出版社 2008 年版，第 380～381 页。

[②] 蔡巍：《检察官自由裁量权比较研究》，中国检察出版社 2009 年版，第 51 页。

[③] 林钰雄：《严格证明与刑事证据》，法律出版社 2008 年版，第 169～170 页。

一、讯问被告人提纲的制作

讯问被告人提纲的制作，必须以定罪量刑为中心，围绕被告人犯罪手段、目的、罪过、危害等要素制作提纲。设计的问题要简洁明确，通过一问一答再现犯罪经过。

通过审查卷宗、提审被告人和接访辩护律师，公诉人可以基本了解被告人的认罪态度和心理变化，可以分析被告人的自我辩解的合理性和不合理性，从而预测到讯问被告人时可能出现的各种状况，制定出有针对性的预案。

对于被告人在提审时供述与侦查阶段有重大差别或者可能在庭审中翻供的案件，讯问提纲要充分考虑被告人的多种反应和回答并设计层层深入的下一组问题，以暴露其错误，反驳其辩解，保证讯问效果。

二、询问被害人、证人、鉴定人提纲的制作

询问被害人、证人、鉴定人提纲的制作要根据被害人、证人、鉴定人各自诉讼地位和诉讼立场的不同，在案件事实证据基础上紧紧围绕有关罪之定性和罚之定量的问题制作提纲。

制作询问被害人提纲必须考虑被害人既有因遭受犯罪行为伤害而了解犯罪全过程，有利于查清犯罪事实的一面，又有因激愤、报复而可能夸大其词的一面。因此，询问被害人提纲尽量通过简练明确的一问一答方式，引导被害人客观地描述案发经过。

询问证人提纲的主要任务是引导证人准确阐述证词，证明被告人实施了具体的犯罪行为。

询问鉴定人提纲主要内容是厘清鉴定人的身份、专业素质、鉴定结论的客观权威性及对定罪量刑的影响。

三、举证提纲的制作

举证提纲要以犯罪构成为中心，使各个（组）证据能够证明犯罪构成的一个或若干个要素，证据之间逻辑严密，条理清楚，形成缜密的链条，共同证明案件事实。

举证提纲要确定举证的次序、方式和方法。在举证次序上，要考虑证据的类型、证据的证明力、证据之间的关系等，将证据分为互相关联又相对独立的证据组团，每个证据组团均能证明案件事实或案件事实的某一事项，使法官和被告人清楚地知道公诉人的举证目的和证明对象。在举证方式上，要兼顾言词举证和多媒体示证相结合，普通案件只要制作好举证提纲，传统的言词方式就

可以满足举证的需要，而对于证据烦琐、事实复杂、社会关注的重大案件，采用直观具体的多媒体示证则公诉效果更佳。在举证方法上，可以按照一罪一举、一事一举等原则出示证据。

四、质证提纲的制作

质证是控辩双方质疑、分析、反对对方证据的诉讼活动，证据只有经过当庭质证才能成为定案的根据。质证提纲的制作必须要掌握案件事实或证据存在的主要争议和辩点，预测分析被告人的辩护意见，论证证据的客观性、相关性和合法性，解决证据的可能瑕疵或证据之间的矛盾，用反驳和论证来证明公诉主张。

质证提纲要围绕证据的相关性和可采性问题进行制作，既论证己方证据的客观真实性，又要降低或废止对方证据的证明力。一是要重视被告人的认罪态度及其变化，注意其有罪供述的细节和作用，注意无罪或罪轻辩解的合理性和不合理性。二是要重视间接证据的论证分析。间接证据是指不能单独地直接证明案件主要事实，而需要与其他证据相结合才能证明案件主要事实的证据。[①]由于运用间接证据证明案件事实相对复杂，需要与其他间接证据相结合，因而常常成为辩方的主要辩点。质证提纲要注意分析间接证据的客观合法性，排除间接证据之间的矛盾或不统一，共同指向同一证明对象并得出唯一证明结论。三是要重视证据的统筹运用。质证提纲要阐明事实依据和法律依据，列明质证争点的事实来源、证据页码和法律条文，统筹运用各类证据来质疑、反驳辩方观点。

五、答辩提纲的制作

法庭辩论不限于法庭调查结束后的法庭辩护阶段，而且提前至法庭调查阶段。法庭辩护是控辩双方对案件事实和证据发表意见并互相辩驳的诉讼活动。公诉人制作答辩提纲时，要从被告人及其辩护律师的视角重新审视案件，寻找案件证据可能存在的薄弱环节，预测辩方可能采取的辩护策略，然后从证据事实和法律适用两个方面进行反驳。

司法实践中，辩方实体性辩护策略针对的是定罪和量刑，前者包括罪与非罪、此罪与彼罪、罪重与罪轻等问题，后者包括主犯与从犯、犯罪的既遂、未遂与中止、自首和立功等问题；程序性辩护针对的是诉讼程序的合法性和证据

① 陈光中主编：《刑事诉讼法》，北京大学出版社、高等教育出版社 2009 年版，第207 页。

的合法性。公诉人要对这些实体和程序的具体问题制作答辩提纲，从事实、证据和法律上做好充分的应变准备。

应当指出的是，任何出庭预案都不可能是完美无缺可以在庭审中照读照搬的。公诉人必须在服务公诉主张的前提下，根据庭审进程和被告人诉讼策略随时调整出庭预案，适时增减预案内容，全面提高公诉质量。

第三章 庭审发问技巧

法庭调查是刑事审判的核心程序，它不仅是控辩双方和其他诉讼参与人在法庭主持下查清事实、核实证据的过程，也是公诉人运用证据揭露、证实和指控犯罪的过程。法庭调查的任务是明确证据的证明能力和证明力，进而阐明证据证明的案件事实。按照刑事诉讼法和相关司法解释的规定，法庭调查的诉讼程序是：公诉人宣读起诉书→被告人、被害人陈述→讯问被告人、询问被害人和附带民事诉讼原告人、被告人→询问证人、鉴定人→出示物证→宣读鉴定结论和有关笔录→调取新的证据→法庭调查核实证据。

第一节 讯问被告人技巧

一、讯问被告人概述

讯问被告人，是指在法庭调查阶段，公诉人宣读起诉书后，针对起诉书指控的犯罪事实对被告人发问并要求其回答，以证明公诉主张、查清事实真相的活动。2012 年《刑事诉讼法》第 186 条规定了公诉人在法庭上宣读起诉书后，被告人、被害人可以就起诉书指控的犯罪进行陈述，公诉人可以讯问被告人。被害人、附带民事诉讼的原告人和辩护人、诉讼代理人，经审判长许可，可以向被告人发问。审判人员可以讯问被告人。被告人的供述和辩解作为一种重要的证据种类，对于还原案件事实，收集完善证据具有重要的作用。由于法庭调查的主导权掌控在公诉人手中，公诉人通过对被告人进行有针对性的讯问，可以将起诉书指控的犯罪事实清晰展现在法庭之上，实现公诉职能，并使被告人及旁听群众受到法制教育。

但是，必须认识到，公诉人在法庭上对被告人的讯问，不同于侦查人员和审判人员的讯问，也不同于公诉人庭前提审时的讯问。由于庭审阶段是解决被告人刑事责任的核心阶段和最后阶段，因此被告人必然全力抗辩。被告人通过研读起诉书，对自己的罪行和检察机关的控诉有了清楚的了解，在辩护人的帮助下有充分的时间和资源来思考对抗控诉的方法，尤其是对如何回答庭上发问、如何质疑控方观点和证据、如何为自己行为辩解、如何作最后陈述都作了具体准备，公诉人如果讯问策略得当，讯问效果良好，就能够为法庭调查和法庭辩论的顺利推进甚至是说服法庭接受公诉主张打下基础；但如果讯问方法或者应对方法不当，没有考虑讯问的困难，不能及时化解被告人为逃避罪责的辩解或者翻供，就可能陷公诉活动于被动。美国著名大律师韦尔曼说过：法庭盘询（讯问）需要出众的天赋、逻辑思考的习惯、清晰的常识判断、无穷的耐心和自制力、透视人心的直觉能力、从表情判断他人个性的能力、察觉他人动机的能力、强而准确的行动力、和主题有关的丰富知识以及一丝不苟的细心谨慎，还有更重要的：通过盘询发现对方证词（供述）弱点的本能。[①]　因此，公诉人要重视讯问被告人在出庭公诉中的作用，重视讯问被告人的方法，围绕事实和证据进行讯问，以促使被告人作出真实供述。

（一）讯问被告人在法庭审判中的作用

法庭调查是公诉人指控犯罪的基础，也是法庭审判的基础。讯问被告人是法庭调查的首要环节，对于揭露控诉犯罪具有重要作用。

1. 查清案件证据事实。公诉人通过讯问被告人，可以查清被告人实施犯罪的时间、地点、经过、目的、手段、罪过和后果等，将被告人犯罪行为的社会危害性直接显示在法庭上，有力地支持和指控犯罪，为法庭接受公诉主张打下坚实基础。公诉人还可以通过对讯问中被告人回答的反驳，使被告人认识到在事实和证据面前无可狡辩而坦白认罪。

2. 奠定举证、质证基础。讯问被告人的过程，就是被告人犯罪事实和辩护策略逐步暴露的过程。公诉人可以根据讯问情况，适时修正出庭预案，调整举证次序和举证方法，补充质证提纲，为顺利指证犯罪奠定基础。

3. 确定法庭辩论重点。公诉人通过发问的问题和被告人的回答，明确被告人是作有罪辩护还是无罪辩护，是罪重辩护还是罪轻辩护，查清被告人对事实、证据和定罪量刑的主要分歧争议点，并及时完善辩论提纲，准备辩论重点，掌握法庭进程的主动权。

4. 保障被告人诉讼权益。讯问被告人不仅是阐述公诉主张的重要阶段，也是被告人为自身权益辩解申诉的重要环节。被告人通过行使辩护权维护自己的权利，而其辩解的合理部分也被公诉人所吸收，从而最大限度地保障其合法利益。

---

① ［美］弗朗西斯·韦尔曼：《辩护的艺术》，林正译，中国商业出版社 2009 年版，第 6 页。

（二）讯问被告人的基本原则

1. 全面公正原则

全面公正原则要求公诉人的发问和反驳都必须秉持公正立场，用事实证据说话，其基本含义有二：一是向被告人提出的问题必须严格根据案件事实和证据，围绕控诉主张提出，不得无中生有，虚假编造；二是要尊重被告人人格尊严和诉讼权利，耐心听取被告人的回答或辩解，对其合理的内容要认真分析和吸收，不得盛气凌人，动辄呵斥。

2. 相关性原则

相关性原则要求公诉人在讯问被告人时，讯问的问题必须与案件证据事实有关联，能够证明起诉书指控的犯罪事实；凡是与证据事实无关联的问题都不能发问。相关性原则界定了讯问的内容和范围，防止盲目讯问、随意讯问及讯问拖沓，节约庭审时间；与案件证据事实无关的讯问问题，可能被被告人拒绝或反对，甚至可能被法官制止。

公诉人在制作讯问提纲时，判断讯问的问题符合相关性原则的方法主要有：一是看讯问的问题能否证明被告人实施了犯罪行为；二是看讯问的问题能否证明被告人实施犯罪行为的某一部分；三是看讯问的问题能否证明被告人的罪责轻重；四是看讯问的问题能否证明某一证据或程序的合法性。

《人民检察院刑事诉讼规则》第333条规定了公诉人讯问被告人应当围绕下列事实进行：被告人的身份；指控的犯罪事实是否存在，是否为被告人所实施；实施犯罪行为的时间、地点、方法、手段、结果，被告人犯罪后的表现等；犯罪集团或者其他共同犯罪案件中参与犯罪人员的各自地位和应负的责任；被告人有无责任能力，有无故意或者过失，行为的动机、目的；有无依法不应当追究刑事责任的情况，有无法定的从重或者从轻、减轻以及免除处罚的情节；犯罪对象、作案工具的主要特征，与犯罪有关的财物的来源、数量以及去向；被告人全部或者部分否认起诉书指控的犯罪事实的，否认的根据和理由能否成立；与定罪量刑有关的其他事实。

3. 禁止诱导原则

《人民检察院刑事诉讼规则》第335条规定了公诉人讯问被告人应当避免可能影响陈述或者证言客观真实的诱导性讯问。所谓诱导性讯问是指发问的问题中隐含着讯问者希望的答案或者暗示被讯问者如何回答的讯问。由于诱导性讯问可能导致被告人作虚假供述，影响司法公正，因此公诉人应当基于证据和事实，围绕犯罪构成设计讯问问题，以开放的一问一答式讯问来再现案件事实，保证庭审顺利进行。

但是，基于查清事实真相的需要，诱导性讯问并不是绝对禁止使用，对于特殊类型的被告人（如未成年人、智障人士、记忆障碍人士等），在经法官许可后，在辩护人或法定代理人见证下，可以进行诱导性讯问，以查清事实，控诉犯罪。此外，对于控辩双方无异议的基础性事实（如被告人身份、自然现象等），由于其对证据事实的客观真实性无实质性影响，也可以使用诱导性问题。

4. 重点突出原则

讯问被告人要紧扣犯罪构成这一控诉犯罪的核心进行，找准突破被告人的关键点，准备好控辩双方争议焦点的讯问和答辩，重点讯问关于罪与非罪、此罪与彼罪、罪重与罪轻等实质要害问题，而对于不严重影响定罪量刑的细枝末节问题，则不应过多纠缠，以免搅乱诉讼主题，干扰诉讼进程。

5. 及时补问原则

公诉人在讯问完毕后，要认真听取被害人及其诉讼代理人、被告人的辩护人、附带民事诉讼的原告人及其法定代理人或者诉讼代理人对被告人的提问，对被告人回答可能干扰定罪量刑，或者与事实证据不符，或者诋毁司法机关的，要经审判长许可，及时补充讯问，恢复事实真相。

二、讯问被告人的基本技巧

世界上没有两个完全相同的案件，公诉人必须在细致审查案件证据和事实的基础上，因人而异、因案而异地适用不同讯问方法和问题向被告人发问，提升讯问质量，查清犯罪事实。

（一）单刀直入法

单刀直入法是指讯问被告人时不绕弯子，直接提出被告人是否承认公诉主张及实施犯罪经过的问题。单刀直入法主要适用于被告人始终供认不讳的案件。由于证据确凿而承认控罪的被告人知道庭审态度不好不利于己，一般都能自觉配合公诉人讯问。单刀直入法直指问题要害，紧扣案件定性的各个要件事实，有利于快速清楚地再现犯罪场景，支持起诉书指控的犯罪事实。

单刀直入式讯问有两种：一是顺问法，即按照被告人实施犯罪的时间、地点、人员、手段、起因、经过、结果等犯罪发生发展的顺序进行讯问，将犯罪的全过程自然延展在法庭之上；二是倒问法，即先从犯罪造成的危害后果开始发问，逆序倒问，由于将犯罪结果先行展示，加深了法庭对被告人犯罪行为危害性的印象，有利于增强公诉主张的说服力。

单刀直入法还适用于情节简单、有罪证据充分的案件。此类案件无论被告人是否认罪，只要支持控诉证据的种类齐全、数量充足、质量较高，即可以在讯问时直奔控诉主题，用强大的证据优势粉碎被告人的无理辩解。如城市中心区高发的抢夺案件，大都人赃俱获，有被害人及证人指证，赃物鉴定达到追诉数额，更有街道监控录像作证，采用单刀直入法进行讯问的公诉效果更佳。

（二）迂回发问法

迂回发问法是指公诉人在讯问时先不直接提出关于被告人犯罪行为及后果的问题，而是从表面上与案件无关联或者不重要的事实开始发问，由远及近，先外后内，在缓和被告人负隅顽抗或者警觉戒备心理后步步引入主题，迫使被告人说出案件真相。由于迂回发问法能够隐藏公诉人的讯问意图，使得被告人在提防心理较弱的情况下逐渐放松警惕，在公诉人环环相扣的讯问下自我暴露，自我瓦解，被动地供述犯罪事实。这种讯问方法需要较高的讯问艺术，要求公诉人必须精心设计问题，厘定问题之间的关系，但又要注意问题不能离题过远，迂回的圈子不能过大，以免遭到辩护人反对或者审判长制止。

（三）各个击破法

各个击破法是指在涉及多个被告人或多件犯罪事实的案件中，要采用联系与区分相统一的原则，由简到繁，由易到难，从被告人的弱点入手，从简单事实入手，分别讯问，逐个解决。各个击破法适用于共同犯罪案件或被告人涉嫌多起犯罪的案件，尤其适合用于有的被告人认罪，有的被告人不认罪的共同犯罪案件，可以通过先讯问认罪被告人，后与不认罪被告人相互对质的方法，使不认罪被告人无从辩护。对被告人涉嫌两件以上犯罪事实的，公诉人应当就每一件犯罪事实分别进行讯问，且应当从情节清楚、证据充分的犯罪事实开始，以渐进有序的方式击破被告人的辩解。

（四）抽丝剥茧法

抽丝剥茧法是指公诉人要细致审查证据，认真准备讯问提纲，讯问的问题要有层次有联系，由表及里，由枝到干，一步一步有次序地揭露犯罪真相。例如，在重庆系列打黑案件对重庆市司法局局长文强妻子周晓亚涉嫌受贿案审理过程中，公诉人对被告人周晓亚涉嫌受贿的犯罪事实由外到里，层层讯问，并总结性提出了一个问题："他们那些人为什么要送你古董送你钱？"周晓亚脱口回答："因为我是文强的老婆撒！"法庭上下发出一阵笑声，被告人受贿的犯罪事实十分清楚地再现在法庭上。

（五）寓驳于讯法

寓驳于讯法主要适用于被告人不认罪案件，是指对于讯问中被告人完全否认控罪的情形，公诉人要边讯问边反驳，寓辩驳于讯问，揭示被告人辩解的不合理性和虚假性，达到证实犯罪的目的。讯问中反驳不认罪被告人的具体方法有：

1. 用庭前有罪供述进行反驳。对于被告人庭审前一直作有罪供述，庭审时否认控罪的，可以将被告人的有罪供述与其他证据相结合进行反驳。《人民检察院刑事诉讼规则》第 336 条规定，被告人在庭审中的陈述与在侦查、审查起诉中的供述不一致，足以影响定罪量刑的，可以宣读被告人供述笔录，并针对笔录中被告人的供述内容对被告人进行讯问，或者提出其他证据进行证明。

2. 用事实证据反驳。公诉人在讯问时用证据反驳被告人不属于质证，而是通过出示证据揭示被告人辩解的虚假性，用证据增强讯问和反驳的力度，迫使被告人认罪服法，交代事实。

3. 用程序的合法性进行反驳。对于被告人称受到刑讯逼供、威胁、欺骗等非法手段被迫认罪而当庭翻供的，公诉人可以通过同步录音录像（包括侦查讯问和侦查取证程序）、证据细节、侦查人员出庭作证等方法予以驳斥。

4. 用证据矛盾和逻辑矛盾进行反驳。即通过被告人的辩解与案件证据、事实逻辑之间的矛盾予以反驳，使被告人自我矛盾，自乱阵脚，驳斥被告人否认控罪的荒谬之处。例如，在被告人李某（女）指使男友刘某某、同乡李某某抢劫公司同事何某某（女）一案中，被告人李某否认参与抢劫事实，公诉人通过提问使得被告人的辩解自相矛盾，最后承认了发现被害人很有钱萌生歹念指使他人抢劫的犯罪事实。公诉人的讯问过程是：

问：你认识被害人何某某吗？

答：认识，我们都在公司人力资源部工作。

问：你男友刘某某 6 月 27 日晚在何某某家抢钱的事你知道吗？

答：知道，何某某和我男友有点生意上的纠纷。

问：你男友与何某某做了什么生意啊？

答：不清楚。

问：刘某某知道何某某住哪吗？

答：他不知道，那天晚上是我带他们去的。

问：你为什么不一起上去呢？

答：我怕何某某怀疑。

公诉人马上抓住李某回答中的漏洞质问道：生意上的纠纷，有什么好怀疑的？

答：（慌乱、沉默）。

问：你男友认识何某某吗？

答：（犹豫）不认识。

随后被告人李某供认了经密谋后带领男友和同乡上门抢劫被害人的犯罪

事实。

5. 用异议权进行反驳。公诉人在讯问被告人阶段，发现辩方向被告人发问的内容与案件无关，或者发问的方式不当的，或者回答的内容不当，应当及时向法庭提出异议要求予以制止，消除狡辩或者诡辩隐患，防止有不当问题或者回答影响法庭判断。例如，在被告人周某和何某某共同盗窃案中，周某是主犯，负责入室盗窃，何某某是从犯，在外面望风，公诉人对周某辩护人讯问何某某时何某某的回答提出了反对：

周某辩护人问："周某被人发现从屋内跑出来时，你看到了吗？"

何某某答："看到了，我看到周某跑出来，我就赶紧往另外一个方向跑了。"

周某辩护人问："你看到周某手里拿了东西吗？"

何某某答："当时挺慌张，没注意，感觉周某手里好像没拿东西。"

公诉人："公诉人反对，何某某的回答是自己的感觉猜测，不应当采用。"

审判长："反对有效。"

三、讯问被告人须注意的几个问题

（一）讯问被告人要紧扣公诉主张

起诉书是公诉主张的正式表达，讯问被告人要注意讯问内容和形式与案件的关联性，要紧紧围绕起诉书指控的事实和主张来组织问题，重点讯问关系到案件定性、罪责轻重的关键问题，对与定罪量刑无关的一般性问题无须讯问。这就要求公诉人要全面掌握案情和证据，了解支持公诉主张的各个证据的证明力和相互关系，预测被告人的可能反应和辩解，才能保证讯问的针对性和讯问效果。

（二）讯问被告人要简练明确

讯问被告人是法庭调查的重要环节但不是主要环节，公诉人要注意控制讯问的时间和节奏，不能过于拖沓而影响审判进程，要做到：一是讯问的问题要简练明确，言简意赅，对普通常识、双方无异议、法庭已掌握、与定罪量刑无关联等问题无须讯问，要使被告人不仅能听得清、听得懂问题，而且扼要回答就能达到讯问目的；二是对被告人辩解的反驳要简练明确，公诉人可以用事实、证据、逻辑进行反驳，但应当注意点到为止，基本达到驳斥辩解、阐明事实的程度即可，不能滔滔不绝，全面论证，将讯问演变为质证或辩论。

（三）讯问语言要规范文明

讯问被告人是公诉人履行法律职责的公务行为，这就要求讯问的语言要适用符合公诉人身份的法律语言，不能任意表述或随意表达，不能使用不规范的方言、俚语或其他非法律语言。根据《检察机关文明用语规则》的规定，讯问用语应当合法、规范，称谓严肃。应当依法表明身份，明确告知权利义务，讯问案情客观严谨；公诉人讯问应当严谨、理性、文明，尊重辩护人，答辩合法、礼貌、说理。讯问语言要做到：一是表达准确，即对称谓、行为定性、事实描述要准确，如不应将"被害人"称为"受害人"；二是合理解释，即对讯问时沟通理解有困难的被告人，如未成年、文化程度低等，可以在法律语言阐述以后，用通俗易懂的言语进行解释，确保讯问顺利进行；三是语气平和，即讯问被告人不能带有个人偏见，应当严肃平和地发问和反驳，要尊重被告人人格尊严，不能搞人身攻击。

第二节 询问其他人证技巧

一、询问证人技巧

（一）询问证人概述

询问证人是指公诉人在庭审过程中询问证人其了解的案件情况的活动。通过询问证人及证人向法庭作出陈述，可以证明被告人实施犯罪的过程或某一阶段，有利于查清案件事实，保证被告人的质证辩护权和法官的认证权，保障被告人得到公平公正的处罚。根据直接言词原则，证人证言须在法庭上经控辩双方询问质证才能成为定罪依据，2012 年《刑事诉讼法》第 59 条规定："证人证言必须在法庭上经过公诉人、被害人和被告人、辩护人双方质证并且查实以后，才能作为定案的根据。"对证人出庭作证制度的修改和完善是 2012 年《刑事诉讼法》的重要特色之一，具体包括：（1）公诉人、当事人或者辩护人、诉讼代理人对证人证言有异议，且该证人证言对案件定罪量刑有重大影响，人民法院认为证人有必要出庭作证的，证人应当出庭作证；人民警察就其执行职务时目击的犯罪情况作为证人出庭作证，适用前款规定（第 187 条）。（2）经人民法院通知，证人没有正当理由不出庭作证的，人民法院可以强制其到庭，但是被告人的配偶、父母、子女除外。证人没有正当理由拒绝出庭或者出庭后拒绝作证的，予以训诫，情节严重的，经院长批准，处以 10 日以下的拘留。被处罚人对拘留决定不服的，可以向上一级人民法院申请复议。复议期间不停止执行（第 188 条）。（3）对于危害国家安全犯罪、恐怖活动犯罪、黑社会性质的组织犯罪、毒品犯罪等案件，证人、鉴定人、被害人因在诉讼中作证，本人或者其近亲属的人身安全面临危险的，人民法院、人民检察院和公安机关应当采取以下一项或者多项保护措施：不公开真实姓名、住址和工作单位等个人信息；采取不暴露外貌、真实声音等出庭作证措施；禁止特定的人员接触证人、鉴定人、被害人及其近亲属；对人身和住宅采取专门性保护措施；其他必要的保护措施。证人、鉴定人、被害人认为因在诉讼中作证，本人或者其近亲属的人身安全面临危险的，可以向人民法院、人民检察院、公安机关请求予以保护（第 62 条）。（4）证人因履行作证义务而支出的交通、住宿、就餐等费用，应当给予补助。证人作证的补助列入司法机关业务经费，由同级政府财政予以保障。有工作单位的证人作证，所在单位不得克扣或者变相克扣其工资、奖金及其他福利待遇（第 63 条）。如何进一步完善证人作证立法的操作性规则，细化证人责任、证人补偿、证人保护等配套制度缺失，是克服证人不出庭作证弊端和异态的重要手段。

公诉实践表明，要求所有证人出庭作证既无必要也无可能。2012 年《刑事诉讼法》将出庭作证的证人界定为对案件定罪量刑有重大影响，人民法院认为有必要出庭作证的证人。此类证人被认为有利于查明案件事实，是案件的关键证人。一般来说，关键证人主要包括：（1）参与被告人犯罪活动，但由于具有特殊情节不被追究刑事责任的证人，如侵财类犯罪中参与数额未达到追诉标准的犯罪嫌疑人、受贿案中的行贿人等；（2）重大案件的目击证人；（3）证明待证事实主要部分如情节、手段、过程、动机、结果等的证人；（4）证明全案事实或者某一重要事实的唯一证人；（5）需要出庭与被告人对质，戳穿被告人辩解或者翻供内容不真实的证人。此外，为保障证人证言的客观真实，公诉人要尽量挑选社会正义感强、记忆表达能力强、与案件无牵连、与被告人无利害关系的证人出庭作证，这样才能提升庭审询问的效果。

随着刑事司法改革向纵深推进，庭审对抗性越来越强，关键证人出庭率越来越高，证人当庭陈述对庭审进程和审判结果的影响力越来越大，公诉人必须重视询问证人技能的提升，以适应出庭公诉工作发展的需要。公诉人讯问证人需遵循以下原则：一是相关性原则，即询问的问题必须与起诉书指控的犯罪事实有关，否则证人有权拒绝回答；二是禁止诱导原则，即不能对证人提出诱导性问题；三是合理引导原则，即用简洁的开放式问题，引导记忆力较差或表达能力不足的证人陈述案件情况；四是尊重证人原则，即询问证人时，语气要严肃诚恳，用语要文明规范，不得威胁辱骂证人。

（二）询问证人的技巧

1. 要全面掌握证人及其证言的基本情况，制作好询问提纲。要了解证人的身份、阅历、学历、素质等，评估证人及其证言的可靠性、有用性和重要性，分析证言的证明能力和证明力，理顺证人证言与其他证据的关系，对证人证言在证据锁链中的地位和作用要胸有成竹。同时，根据指证犯罪的需要，制作有针对性的询问提纲，有计划、有次序地提出问题，通过证人证言揭露犯罪。

2. 要告知证人其权利义务。我国刑事诉讼法规定了凡是知道案件情况的证人都有作证的义务，刑法也规定了作伪证和隐瞒事实的后果，但也赋予了证人对与案件无关询问可以拒绝回答的权利，这些都应在询问之前告知证人。

3. 询问证人要紧扣公诉主张，展现证人证言的客观性、关联性和合法性。要紧紧围绕定罪量刑这个中心来对证人进行询问，采用简明扼要的一问一答方式进行询问，确保公诉人可以控制询问的内容、节奏和方向，说明证人证言的客观真实性，证人也可以通过清楚明确的回答将其了解的案件真实情况展示在法庭之上。《人民检察院刑事诉讼规则》第 338 条规定公诉人询问证人时，应当按照审判长确定的顺序向证人发问。公诉人应当首先要求证人就其所了解的与案件有关的事实进行连贯陈述。证人连贯陈述后，公诉人经审判长许可，可以对证人发问。证人不能连贯陈述的，公诉人也可以直接发问。对证人发问，应当针对证言中有遗漏、矛盾、模糊不清和有争议的内容，并着重围绕与定罪量刑紧密相关的事实进行。发问应当采取一问一答形式，提问应当简洁、清楚。证人进行虚假陈述的，应当通过发问澄清事实，必要时还应当宣读证人在侦查、审查起诉阶段提供的证言笔录或者出示、宣读其他证据对证人进行询问。同时，公诉人还可以根据证人回答当事人和辩护人、诉讼代理人发问后的具体情况，经审判长许可，再次对证人发问。

19 世纪美国著名律师威尔曼在他的《交叉询问的艺术》一书里指出："笨拙的证人在作伪证时常会以不同的方式露出马脚：声音，茫然的眼神，在证人席上紧张扭动的身躯，尽可能复述事先编造故事的精确措辞的明显努力，尤其是与其身份不符的语言的使用。"威尔曼也引用了林肯担任律师的经典辩例，形象地说明询问证人技巧的重要性。格雷森被控于 8 月 9 日开枪杀死洛克伍德，现场有苏维恩作为目击证人。案件看来证据确凿，难以推翻。在法庭上，林肯开始了对控方惟一证人苏维恩的询问：

林肯：在目睹枪击之前你一直和洛克伍德在一起吗？

证人：是的。

林肯：你站得非常靠近他们？

证人：不，有大约 20 尺远吧。

林肯：不是 10 尺么？

证人：不，20 尺，也许更远些。

林肯：你们是在空旷的草地上？

证人：不，在林子里。

林肯：什么林子？

证人：桦木林。

林肯：八月里树上的叶子还是相当密实的吧？

证人：相当密实。

林肯：你认为这把手枪是当时所用的那把吗？

证人：看上去很像。

林肯：你能够看到被告开枪射击，能够看到枪管伸起这样的情况？

证人：是的。

林肯：开枪的地方离布道会场地多远？

证人：有一公里多远。

林肯：当时的灯光在哪里？

证人：在牧师的讲台上。

林肯：有一公里多远？

证人：是的，我已经第二次回答了。

林肯：你是否看到洛克伍德或格雷森点着蜡烛？

证人：不！我们要蜡烛干嘛？

林肯：那么，你如何看到枪击？

证人：借着月光！（傲慢地）

林肯：你在晚上10点看到枪击；在距离灯光一公里远的桦木林里；看到了枪管；看到了开枪；你距离他有20尺远；你看到这一切都借着月光？离会场灯光一公里远的地方看到这些事情？

证人：是的，我刚才已经告诉过你。

法庭上的听众热情高涨，仔细地听取询问的每一个字。只见林肯从口袋里掏出一本蓝色封面的天文历，不紧不慢地翻到其中一页，告诉法官和陪审团，那一天前半夜是不可能有月光的；月亮要到后半夜一点才会爬出来。更富戏剧性的是，在伪证被揭穿之后，林肯一个回马枪杀过来，转而指控这位证人才是真凶。最终真相大白，杀人者果然便是苏维恩本人。[①]

又如，林肯在另一起为小阿姆斯特朗的辩护中，运用演绎推理的方式推翻了证人的虚假证言。

林肯：你肯定死者是阿姆斯特朗杀害的吗？

---

① 参见［美］威尔曼：《交叉询问的艺术》，周辛、陈意文译，红旗出版社1999年版，第57~60页。

福尔逊：是的，我在10月18日晚上亲眼目睹了小阿姆斯特朗用枪击毙了死者。

林肯：你发誓说认清是小阿姆斯特朗？

福尔逊：是的。

林肯：你在大树东边的草堆后面，小阿姆斯特朗在大树下面，你们相距二三十米，你能看得清楚吗？

福尔逊：看得很清楚，因为当时有月光，月光很明亮。

林肯：你肯定不是从衣着等其他方面认清的吗？

福尔逊：不是的，我肯定看清了他的脸，因为月光正照在他脸上。

林肯：具体时间也能肯定吗？是晚上11点吗？

福尔逊：完全可以肯定，因为我回到屋里看了时钟，那时正是11时15分。

林肯询问到这里，转身对人们说道："我不得不告诉大家：这个证人是一个彻头彻尾的骗子！"接着他说："请注意：他一口咬定10月18日晚上11时在月光下看清了被告人的脸，请大家想一想，10月18日那天是上弦月，晚上11时，月亮早已下山了，哪里还有月光？退一步说，也许他记的时间不准，月亮还没有下山，但是，那时月光应该从西边往东边照，草堆在东，大树在西，如果被告人脸朝草堆，月光就只能照着他的后脑勺，脸上照不到月光，证人怎么能从二三十米外的草堆看清被告人的脸呢？如果被告人脸朝西，月光可以照到脸上，但证人在大树东边的草堆后面，那么证人也就根本不可能看到被告人的脸了。"[1]

二、询问鉴定人技巧

（一）询问鉴定人概述

与英美当事人主义诉讼模式将鉴定人视为证人不同，我国刑事证据体系中鉴定意见是与证人证言并列的独立证据种类之一。作为作出鉴定意见者，鉴定人是受专门机关指派或聘请，以其专业知识对特定问题进行鉴证解析的人。由于社会分工的精细化，社会成员对跨专业、跨领域知识的掌握广度和深度受到限制，在刑事诉讼中一旦遭遇专业问题必须要寻求专业人士支持。

鉴定意见虽然仅是对特定问题的分析结论，不涉及案件的事实问题和法律适用问题，但是，由于鉴定意见直接决定被告人刑事责任能力、犯罪数额、证

---

[1] 雍琦主编：《法律适用中的逻辑》，中国政法大学出版社2002年版，第212~213页。

据真伪等影响定罪量刑的关键性问题，因而关系到公诉主张能否实现和被告人切身利益。因此，鉴定人出庭接受控辩双方询问质证是保证被告人诉讼权利和审判公正的应有之义，2005年2月28日全国人大常委会通过的《关于司法鉴定管理问题的决定》规定当事人对鉴定意见有异议的，经人民法院依法通知，鉴定人应当出庭作证，其他刑事法律中也有类似规定，这为鉴定人出庭接受询问质证扫除了法律障碍。虽然由于法律环境、制度环境和社会环境的制约，鉴定人出庭作证率在低位徘徊，但公诉人必须注重询问鉴定人能力的训练和提高，更好地发挥鉴定意见为公诉服务的作用。

（二）询问鉴定人的主要内容

公诉人询问鉴定人的目的在于证明鉴定意见的客观性、关联性和合法性。因此，询问鉴定人应当围绕询问目的组织问题和提出问题，用鉴定人的意见陈述来支持公诉主张。

通常情况下，公诉人询问鉴定人的主要内容应包括：一是询问查清鉴定人的身份信息（如姓名、职业、文化程度和专业职称），出庭鉴定人是否为鉴定意见的作出者，同时告知鉴定人其诉讼权利和义务；二是询问鉴定人的专业资质，查清鉴定人是否具有作出鉴定意见的能力，是否持有从事专业鉴定的执业证书，其姓名是否载于司法行政管理部门所核定的司法鉴定人名册等；三是询问鉴定人是否与案件当事人是亲属、朋友或其他可以影响案件公正处理的利害关系；四是询问鉴定人作出鉴定意见的程序、方法、设备、检材、过程和标准，并请鉴定人对鉴定意见中的专业术语或专业描述进行解释；五是询问查清鉴定意见中明显存在的疑点、可能违反鉴定程序或者控辩双方对鉴定意见有重大分歧等问题。

公诉人对鉴定人的询问应当仅限于鉴定意见，且不能提出诱导性问题。如果案件存在多份鉴定意见且意见不一时，应对各个鉴定人的鉴定程序进行询问，比较各份鉴定意见的合理性和不合理性，为公诉主张和法官采信提供参照。

应当注意的是，鉴定意见仅是鉴定人的意见性结论，公诉人要秉持既尊重专家、尊重科学，又不盲从专家、盲从权威的原则，公正提问，客观分析，实事求是，通过询问鉴定人来查清鉴定意见的客观性和科学性，维护刑事审判的公平公正。

三、询问被害人技巧

被害人是直接遭受犯罪行为伤害的人。公诉人询问被害人主要是查清被告人实施犯罪的经过以及被害人所受的伤害，以有力地揭露控诉犯罪。但是，我国虽然赋予了被害人当事人的诉讼地位，但司法实践中被害人囿于法律、经济、文化、心理等诸多原因，诉讼参与权未能得到充分保障，其诉讼权利被公诉权所遮蔽，沦为刑事诉讼的证人甚至是旁观者。检察机关要重视被害人诉求，引导并保证被害人积极参与诉讼以维护其合法权利，指证和打击犯罪。

询问被害人的主要内容应包括：一是询问被害人的基本情况，包括姓名、年龄、职业、与被告人关系等；二是询问被告人情况，查清被告人的身份、特征等；三是告知被害人诉讼权利和义务；四是询问被害人遭受犯罪侵害的情况，包括犯罪发生的时间、地点、经过、原因和被害人受到的人身财产伤害情况；五是询问被害人对处罚被告人的基本看法（如饶恕抑或从严）。

惩罚犯罪，保障人权是刑事诉讼的重要目的，其中保障人权不仅是指保障被告人的诉讼权利，而且应当包括保障被害人的合法权益。公诉人在询问被害人时，应当充分考虑被害人是犯罪的直接受害者这一身份，尊重被害人的人格尊严和隐私权，以免被害人"二次被害"，引导被害人用客观平实的发问使被害人客观阐述犯罪事实。同时，公诉人还应当重视被害人对被告人的仇视和报复心态，平抑被害人的激动情绪，防止被害人在回答陈述中夸大其词或无中生有，影响审判公正。

第四章 庭审举证和质证技巧

第一节 庭审举证技巧

一、庭审举证概述

（一）举证的基本内容和基本要求

公诉案件的庭审举证是指公诉人在出庭支持公诉过程中，通过向法庭出示、宣读和播放诉讼证据，以查清案件事实并最终解决被告人刑事责任的活动。公诉人通过讯问被告人、询问证人和被害人、宣读有关言词证据、宣读鉴定意见、勘查笔录、出示物证书证、播放视听资料等举证方式，揭露被告人犯罪的动机、目的、手段、过程和危害结果，证明起诉书指控的犯罪事实和公诉主张。庭审举证不仅是公诉人履行证明责任的要求，而且是指控揭示犯罪的前提，因此，合理安排举证层次和次序，讲究举证策略和技巧，可以增强证据的证明力和对法庭的影响力，有力支持公诉。

控辩双方的举证活动受证明责任支配，以证明对象为指向、以达到证明标准为目的，是证明的首要环节。[①] 根据无罪推定原则，检察机关是公诉案件举证责任的承担者，承担着证明案件达到事实清楚，证据确实、充分的证明标准的责任，这就要求公诉人在出庭举证中，不仅要运用证据查清与定罪量刑有关的所有事实，而且要证明据以定案的每一个证据都具有证明能力和证明力，且证据之间互相印证共同指向被告人有罪这一唯一证明结论。根据最高人民法院《关于执行〈中华人民共和国刑事诉讼法〉若干问题的解释》（以下简称《解释》）第 52 条的规定，需要运用证据证明的案件事实包括：（1）被告人的身份；（2）被指控的犯罪行为是否存在；（3）被指控的行为是否为被告人所实施；（4）被告人有无罪过，行为的动机、目的；（5）实施行为的时间、地点、

---

① 闵春雷等：《刑事诉讼证明基本范畴研究》，法律出版社 2011 年版，第 252 页。

手段、后果以及其他情节；（6）被告人的责任以及与其他同案人的关系；（7）被告人的行为是否构成犯罪，有无法定或者酌定从重、从轻、减轻处罚以及免除处罚的情节；（8）其他与定罪量刑有关的事实。这实际上也确立了公诉人庭审举证的范围。根据该《解释》，对于以下事实，公诉人不承担举证责任：（1）为一般人共同知晓的常识性事实；（2）人民法院生效裁判所确认的并且未经审判监督程序重新审理的事实；（3）法律、法规的内容以及适用等属于审判人员履行职务所应当知晓的事实；（4）在法庭审理中不存在异议的程序事实；（5）法律规定的推定事实；（6）自然规律或者定律。通常情况下，被告人在庭审中作有罪供述案件的举证比较简单，只需紧扣犯罪构成要件事实出示证据即可；而被告人当庭翻供、部分否认或改变供述的案件的举证则较为复杂，公诉人要有预见、有准备、有区别地予以应对：对可能影响定罪量刑的，应针对被告人翻供或否认的内容进行举证；对不影响定罪量刑的无理纠缠或者蛮横要求，举证时只需对翻供或否认的内容稍作展开、点到为止，其他证据的出示仍然可以按照原举证预案进行。通常认为，实体法事实是控方证明责任范围的重点，而对于不涉及基本人权的程序法事实，因为可以以自由证明的方式，更多应遵循主张者为证明责任的原则。[①]

公诉人举证的基本要求有：一是出示、宣读、播放每一份（组）证据前，公诉人应先就证据的种类、名称、收集主体和时间以及所要证明的内容向法庭作概括说明。二是出示、宣读、播放每一份（组）证据时，一般应出示证据的全部内容。根据案件的具体情况，也可以摘要出示，但不得随意删减、断章取义或者曲解原意。三是举证应结合被告人的认罪态度，根据庭审情况，及时调整举证时机和举证内容，突出重点，繁简得当。四是举证完毕后，应对出示的证据进行归纳总结，明确证明目的。五是使用多媒体示证的，应与公诉人举证同步进行。六是在公开审理的案件中，出示、宣读、播放的证据涉及国家秘密、商业秘密或者个人隐私的，应当建议法院转为不公开审理。

（二）举证的基本原则

公诉人在庭审过程中要坚持以下举证原则：

1. 客观举证原则

公诉人应当全面审查案件事实和证据并形成举证预案，举证时要解释证据的来源、出处和目的，客观公正地向法庭提供证明被告人有罪、罪重或者罪轻的证据。公诉人向法庭出示证据应保持证据原貌，不得伪造、改变、曲解证

[①]　闵春雷等：《刑事诉讼证明基本范畴研究》，法律出版社 2011 年版，第 128 页、第 131 页。

据，要保证证据的原始性和客观真实性。如出示的物证、书证一般应当为证据的原件或原物，原物不易搬运、不易保存或已返还被害人时，可以出示反映原物外形或内容的照片、录像；获取书证原件有困难时，可以出示书证副本或复制件，但应当向法庭说明情况；出示物证、书证时，应对物证、书证所要证明的内容、获取情况作概括的说明，并提请法庭让当事人、证人等诉讼参与人辨认，物证、书证经过技术鉴定的应当宣读鉴定书。对播放的视听资料，应首先对视听资料的来源、制作过程、制作环境、制作人员以及所要证明的内容进行概括说明，播放一般应连续进行，也可根据案情分段进行，但应保持资料原貌，不得对视听资料剪辑组合；播放视听资料，应向法庭提供视听资料的原始载体，提供原始载体确有困难的，可以提供复制件，但应向法庭说明原因；声音资料的出示，可以宣读庭前制作的附有声音资料语言内容的文字记录。对出示通过计算机处理和保存的证据，应当对该证据的持有人、规格类别、文件格式、提取复制人员、时间、地点和见证人等予以说明，并提供提取复制人员关于提取该证据数据的文字说明。

2. 整体举证原则

庭审举证不是单个证据的集中叠加，而是意图形成一个证明公诉主张成立的证据体系并完整地证明案件发生发展的各个阶段和全过程。公诉人在掌握单个证据的证明能力和证明力的基础上，要运用整体逻辑思维，梳理证据之间的内在逻辑关系，排除证据之间的矛盾，形成原始证据与传来证据之间、直接证据与间接证据之间、言词证据与实物证据之间互相印证的证据链条，以完整的证据体系共同证明被告人有罪的证明结论。例如，在缺乏直接证据而主要根据间接证据证明犯罪的案件中，公诉人就必须严格树立整体举证意识，用内在逻辑关系把各个能够证明案件发生某一环节或某一阶段的间接证据串联起来形成一个证据整体，证据与证据之间前后连贯紧密相扣，用完整的证据体系来排除法官对证明对象和证明结论的任何合理怀疑。在公诉实践中，囿于证据意识、取证能力及其他客观原因，造成少数控诉证据存在或多或少的瑕疵，例如共同犯罪中各被告人供述不一致、证人证言之间不一致、被害人陈述前后不一致、多份鉴定意见不一致等，证据之间不一致的问题，这必然是庭审中控辩双方质证、辩论的重点，公诉人必须用整体举证原则进行反驳和论证，即将有瑕疵的单个证据纳入证据体系中，并与其他各类或各组证据结合起来综合举证，通过证据之间的互相印证来排除证据矛盾，证明案件事实。

3. 灵活举证原则

公诉人举证应结合被告人认罪态度和庭审情况，及时调整举证时机和举证内容，突出重点，详略相宜，必要时还可以根据被告方举证情况进行第二轮举证。例如，出示被告人供述时，应根据庭审中被告人供述的变化情况灵活调整，被告人有多份供述且内容基本一致的，应选择最为完整的一份出示；被告人当庭供述与庭前供述内容一致的，也可以不再宣读庭前供述，但应向法庭说明；被告人当庭翻供或者当庭供述与庭前供述内容不一致的，公诉人应当查清翻供理由，认为理由不成立的，应当就不一致部分宣读庭前供述，并结合相关证据予以驳斥。又如，在被告方出示新证据时，公诉人要客观面对并与控诉证据相比对，取其合理内核弃其无理之处，对歪曲案件事实的，要灵活调配证据予以驳斥。根据举证需要，公诉人还可以向法庭出示提起公诉时移送人民法院的证据目录以外的证据，但应征求审判长的意见，并说明理由及证明事项。

4. 说明举证原则

公诉人在分组出示证据前要对证据的种类、名称、收集主体和时间以及所要证明的内容向法庭作概括说明，举证完毕后要对出示的证据作简要的归纳总结，阐述该组证据的证明对象、证明目的，以逐次推进公诉主张的实现，也有利于被告人及其辩护人有序答辩；被告人对案件的程序事实存有异议的，公诉人应当出示、宣读有关诉讼文书、侦查或者审查起诉活动笔录予以说明，必要时可以建议法庭通知负责侦查的人员以及搜查、勘验、检查活动的见证人出庭陈述说明有关情况。一般来说，公诉人在举证过程中对证据的说明主要包括以下内容：一是对证据整体的说明，即公诉人在举证前扼要概括证据的种类和数量，说明证明犯罪事实的证据有被告人的供述及辩解、证人证言、被害人陈述、鉴定意见、现场勘查笔录、物证书证、视听资料中的全部或几类，从宏观上确立证据的整体形象。二是对举证次序的说明，即公诉人在举证前向法庭说明出示证据的次序，有利于被告人做好质证准备，也有利于法庭做好排除或采信证据准备。三是举证目的的说明，即公诉人在出示每个证据或每组证据后，对证据证明的案件事实（如被告人符合犯罪主体身份、具有犯罪故意等）进行说明。四是对各个证据的客观性、关联性和合法性的说明，保证用以控诉犯罪证据的证明能力和证明力。五是对证明结论的说明，即公诉人在举证结束后，对根据所有证据得出的证明结论进行说明，论证被告人实施犯罪行为的事实清楚、证据确实充分，请求法庭予以惩罚。六是对排除矛盾证据的说明，即对案件有的证据之间存有矛盾的情形，公诉人可以先出示存有矛盾的证据，说明该证据矛盾之处不符合客观实际或者案件事实的情形，应当排除在定案根据之外，而后公诉人再出示证据证明被告人行为已经构成犯罪。

5. 重点举证原则

庭审举证不能平铺直叙，平均用力，而要讲究举证节奏，做到有主有次，重点突出。公诉人应当对案件证据进行有目的的选择和审查，挑选证明力强的证据来阐明证明目的。公诉人要避免全盘机械地宣读所有证据的僵化做法，这样不仅导致诉讼拖沓，主次不清，而且会降低证明效果，弱化证据证明力，甚至混淆公诉主题，增加公诉风险。

通常情况下，控辩双方对案件的异议主要集中在一个或数个问题上，因此，公诉人对双方均无异议的证据可以摘要出示。对于公诉人摘要出示的证据，辩护人要求公诉人详细出示证据的，应当分别不同情况做出处理。具有下列情形之一的，公诉人应当详细出示证据：（1）审判人员要求详细出示的；（2）辩护方提出详细出示的要求确有需要，经向法庭申请被采纳的；（3）摘要出示证据可能影响举证效果的。具有下列情形之一的，公诉人应当向法庭说明理由，经法庭同意后，可以不再详细出示证据：（1）辩护方提出需要详细出示的证据，公诉人已在庭前向人民法院移送的；（2）公诉人已就相关证据详细出示过，辩护方重复要求的；（3）公诉人摘要出示的证据足以证明案件事实并足以反驳辩护方异议的；（4）辩护方所要求详细出示的内容与起诉书认定事实无关的。但是，对于双方存有较大分歧或重点争议的证据尤其是关系定罪量刑的关键性证据，公诉人要将证明该事实的所有证据集中详细出示并作重点阐释说明。如故意伤害案件中的法医伤情鉴定意见、被告人当庭翻供案件中的翻供事实、抢夺案件中的"趁人不备"客观行为及数额、共同犯罪中的主犯责任、贪污贿赂案件的主体要件等都应是举证的重点。

二、庭审举证技巧

证据是认定案件事实的基础和前提，而庭审举证则直接影响证据的证明能力和证明力，关乎公诉活动的成败。因此，公诉人要重视举证的庭前准备和庭审应对，力争达到详略得当、证明有力的举证效果。为此，公诉人要重视以下举证工作：一是要精心准备，即公诉人要审慎制作好举证预案，对各个定罪证据和量刑证据的证明能力和证明力了如指掌，对每个证据证明什么事实、应当出示哪些证据及何时出示该证据都胸有成竹，切忌毫无准备或者草率准备就匆忙出庭举证，防止任意举证或者举证混乱，影响举证效果。二是要慎重发问，即在对被告人、被害人、证人、鉴定人等进行发问时要谨慎，公诉人庭前要严密设计发问的问题，预测对方心理和答案，有针对性地提出下一轮问题；发问一般用短句，发问内容要简洁明确，无歧义，容易作答。要切忌在发问前不做功课，信口开河，这样不仅使听者云山雾罩稀里糊涂，而且远离举证主旨，降低证明质量。三是要客观陈述，即公诉人在出示证据时尤其是宣读被告人供述、被害人陈述、证人证言及鉴定意见等言词证据时，不能违背证据原意，不能只出示有利于控方的证据或证据的某些部分，更不能将言词证据中的只言片语自行加工组合成控诉证据，以免举证片面或者举证错误。四是要举、辩结合，即在举证过程中，对辩方或者其他诉讼参与人对证据的答疑要同步进行，及时解惑，阐明证据的真实性、合法性和关联性。

最高人民检察院公诉厅 2007 年公布的《公诉人出庭举证质证指导意见（试行）》对公诉人出庭支持公诉中的举证、质证程序作出了详细的规定，对公诉人举证有规范性的指引作用。

（一）庭审举证的基本方法

1. 一事一证。即公诉人举证按照一事一证的要求，针对指控的每一件犯罪事实，将所有证明该犯罪事实的证据予以展示，有利于法官对被告人犯罪事实的基本情况及该犯罪事实有多少证据证明有全面完整的认识，有利于增强公诉主张的说服力，帮助法庭正确定罪量刑。

2. 有主次举证。公诉人要紧扣起诉书提出的公诉主张，根据案件的不同种类、特点和庭审实际情况，合理制定和调整举证的次序，一般是先出示定罪证据，后出示量刑证据；先出示主要证据，后出示次要证据；先出示直接证据，后出示间接证据；先出示原始证据，后出示传来证据。例如，对于被告人在侦查、审查起诉和审判阶段均拒不认罪案件，可以按照先直接证据后间接证据的方法进行举证，首先出示直接证明被告人实施犯罪行为的目击证人证言、被害人陈述、视听资料，接着出示鉴定意见、物证、书证和现场勘验笔录，最后综合证据驳斥被告人的无理狡辩，指出没有被告人供述，现有证据也达到确实充分，可以认定被告人有罪并处以刑罚。

3. 分组正叙倒叙相结合举证。为提高举证效率和证明效果，公诉人有必要对案件证据进行归纳组合，将证明某一项事实的证据归为一类，在举证时分组出示，使举证有条不紊，增强证据的证明力和说服力。分组举证广泛适用于案情复杂，参与犯罪人数较多，证据种类齐全、数量较多的案件。在对证据进行分组时，要遵循证据之间的内在逻辑关系，一般应将证明方向一致或证明内容相近的证据归为一组，也可以根据情况，按照证据种类的不同进行分组，并注意各组证据在证明内容上的层次和递进关系，以便于法庭和旁听人员理解。特别是对于主要依靠间接证据证明犯罪事实的案件，要确保每组证据之间密切关联，环环相扣。

分组举证一般采用正叙法，即按照犯罪事实的发生发展时间顺序出示证据。其出示顺序是：（1）出示犯罪预谋阶段的证据；（2）出示犯罪实施阶段的证据；（3）出示犯罪实施终了阶段的证据；（4）出示有关量刑情节的证据。分组举证也可以采取倒叙法，即先出示犯罪结果的证据，再出示作案过程的证据。其出示顺序是：（1）出示犯罪实施终了阶段的证据；（2）出示犯罪实施阶段的证据；（3）出示犯罪预谋阶段的证据；（4）出示有关量刑情节的证据。分组举证还可以按照犯罪构成要件的具体内容以及采取其他适宜的方式进行。分组举证时，同一证据可以根据证明需要重复出示，对于重复出示的同一证据，一般仅予以简要说明即可。

4. 摘要举证和详细举证相结合。通常情况下，公诉人采用摘要出示、概括归纳的方法举证，对出示的每一组或者每一个证据都应当对该证据证明的内容作综合说明，阐释该证据的证明对象和证明力，使法庭和辩方能够较清晰地理解公诉人的证明意图，防止产生证据信息接收和理解歧义，便于证据采信和证据质证，并在保障证据客观真实的前提下节省诉讼资源。但是，对于公诉人摘要出示的证据，辩护人要求公诉人详细出示证据的，应当分别不同情况做出摘要出示或者详细出示的处理。

5. 集中举证。公诉实践表明，控辩双方对一个案件的分歧点不会很多，往往是集中在一个或者若干个争点上。因此，公诉人在举证时，对抗辩双方均无异议的事实和证据可以简略出示，而对于双方存在重大分歧甚至影响定罪量刑的关键问题，公诉人可以将证明该问题的事实和证据集中起来向法庭出示，对该问题作全面整体地分析论证，以消除争议，还原事实，综合阐明公诉意见。

6. 归纳举证。庭审举证绝不是简单的证据罗列，公诉人在举证环节要适时对证据进行归纳分析，概括总结证据证明的案件事实，论证证据事实与被告人危害行为的关系，分析证据事实与控诉主张的关系，以便于法庭予以确认和处罚。

（二）庭审举证的具体方法

举证方法不是一成不变的，公诉人应当根据以下不同案件类型，机动灵活地选配举证方法，以最合适的举证方法来推进诉讼进程，完成公诉任务。

1. 一人一事或案情比较简单案件的举证。此类案件一般采用逐次举证法，即按照犯罪的构成要件和犯罪事实的发生发展过程逐一出示证据。逐次举证法的举证过程比较清晰流畅，便于法庭听取采信，其举证次序为：（1）宣读被告人供述；（2）宣读被害人陈述；（3）要求证人到庭作证或宣读未出庭的证人证言；（4）出示物证、书证；（5）宣读勘验笔录、检查笔录、鉴定意见；（6）播放视听资料。但是，虽然逐次举证法适用的案件较为简单，但公诉人仍应该对证据进行组织挑选，不能将所有证据不经筛选全盘出示，可以根据案件具体情况对上述顺序作出调整，并应当注意各个证据在证明内容上的连贯性。

例如，在被告人林某某组织他人偷越边境罪一案中，虽然被告人林某某否认伙同李某某、林学某、何某某组织偷渡人员刘某某从深圳罗湖口岸出境经香港偷渡国外的犯罪事实，但有其他充分证据证明林某某实施偷越边境的犯罪事实，公诉人采用逐次举证法依次出示证据予以证实，具体次序如下：（1）宣读被告人供述：宣读了同案犯李某某、林学某两人（已判刑）的供述，证明与被告人林某某经密谋后组织偷渡人员刘某某偷渡的犯罪事实。（2）出示物证、书证：作案工具（用于偷渡人员刘某某偷渡的伪造美国护照、日本签证复印件）；同案犯李某某、林学某的刑事判决书。（3）证人证言：偷渡人员刘某某陈述出资 25 万元由被告人林某某等人帮助其偷渡的犯罪事实。（4）宣读鉴定意见：缴获的美国护照、日本签证系伪造。虽然被告人拒不供认，但有同案犯的指认、物证、书证、证人证言佐证，足以证明被告人林某某构成组织他人偷越边境罪。

又如，在被告人徐某某涉嫌非法获取公民个人信息罪一案中，虽然被告人徐某某非法买卖公民个人信息的犯罪事实有多起，但其本人供认不讳，又有证人证言、书证、物证、鉴定意见、视听资料等证据佐证，案情比较简单，因而公诉人也运用一事一证的综合举证方法出示证据，庭审效果良好。公诉人的举证次序是：（1）宣读被告人供述：被告人徐某某对非法获取公民个人信息的犯罪事实供认不讳，承认自 2009 年春节开始，用五个 QQ 号在互联网 QQ 调查群中发布可提供"航班信息"、"出入境信息"、"户籍资料"、"工商登记资料"、"出租屋信息"、"车辆信息资料"、"个人信用报告"等广告信息，在有客户向其购买相关信息资料后，再在互联网上 QQ 调查群中向其他人员购买到相关个人信息后转手卖给该客户，先后向多个网友购买和卖出公民个人信息，所得款项转入了自己银行卡内。（2）宣读证人证言：证人周某某证实在网上向被告人徐某某购买了"出租屋信息"、"航班信息"等资料。（3）出示物证、书证：出示了搜查证、搜查笔录和搜查照片；扣押的联想台式电脑主机一台；被告人用于收取非法所得而使用的三张银行卡的复印件及银行卡开户资料及交易明细账；被告人买卖公民信息的记账单、项目单、报价单、收款账号；从所用台式电脑硬盘中提取的部分公民个人信息；从网络截取的被告人兜售公民个人信息的账号、聊天记录的书面打印稿等，证明被告人买卖公民个人信息的事实。（4）宣读鉴定结论：经鉴定：在被告人所使用的台式电脑主机中提取的涉案的各类电子文档中，包含车主信息资料约计 67000 余人次，全球通深圳 VIP 客户信息资料约计 60000 人次、贵宾 VIP 数据客户信息资料约计 65536 人次；在证人周某某使用的电脑中提取到其用网名与被告人的 QQ 聊天记录和交易过程。（5）播放视听资料：播放根据被告人电脑内的数据进行刻录而形成的光盘一张。该案的举证思路清晰，举证次序井然，足以证明被告人徐某某以牟利为目的，在互联网上通过购买的方式非法获取大量公民个人信息并予以售卖的犯罪事实，法院采信了公诉人出示的证据，以非法获取公民个人信息罪判处被告人有期徒刑。

2. 一人多事案件的举证。对于此类一名被告人犯有多起犯罪事实的案件，可以采用单元举证法，即将每一起犯罪事实划分为相对独立的一个证明单元，将该起犯罪事实成立的证据分组举证或逐次举证证明该证明单元的犯罪事实，其中涉及每起犯罪中量刑情节的证据应当在对该起犯罪事实证据中出示，涉及全案综合量刑情节的证据应当在全案最后出示。

如果一人多事案件涉及多个罪名，公诉人也可以一个罪名为一个举证单元，先举证阐明被告人涉嫌的一个罪名后再接着举证证实下一个罪名。这样可以使得各个罪名涉及的犯罪事实相对独立，不仅各个犯罪事实能够清晰展现，而且能够形成对全案犯罪事实的整体举证效果，有利于法庭既区分又统一地认定案件。

例如，在被告人陈某涉嫌抢劫、盗窃案中，公诉人在举证时将被告人涉嫌的三起犯罪事实分为三个相对独立的证明单元，分别将证明该起犯罪事实的证据在该单元中出示，举证得以分别进行，使得举证既独立又集中，次序井然，条理清晰，公诉人可以轻松化解被告人关于某起犯罪事实和证据的辩解，迫使被告人不得不当庭认罪，举证效果突出。人民法院采信了检察机关提出的证据，作出了与指控事实和罪名相一致的判决。

案例：被告人陈某涉嫌抢劫、盗窃案

第一起犯罪事实：2008 年 7 月 16 日 4 时 50 分许，被告人陈某窜至深圳市罗湖区嘉宾路某大厦 8 楼 801 房，从窗户爬入被害人张某某（女）的住处准备盗窃财物时被张发现，陈某即刻用手捂住被害人嘴巴，并威胁被害人不许喊叫求救，否则便强奸被害人，致使被害人不敢反抗后陈某将被害人的手脚绑住且蒙住其眼睛，劫走索尼爱立信手机一部（经鉴定，价值人民币 990 元）、现金人民币 300 元、银行卡三张。随后逼迫被害人说出银行卡密码并逃离现场。次日陈某持被害人的银行卡取款 500 元。

证明被告人抢劫的证据有：

1. 书证、物证（具体卷宗页码略）

第一份书证是接受刑事案件登记表：证实被害人于案发当日报警。

第二份书证是银行柜员机取款记录：证实被害人银行卡于案发后被取款 500 元。

第三份书证是被告人陈某个人身份信息材料及指纹卡：证实被告人具有完全刑事责任能力。

物证：扣押索尼爱立信手机一部：证明该手机是被害人所有，系警方从被告人陈某身上查获。

2. 证人证言

某派出所民警田某、刘某某出具的抓获经过：证实在2008年7月28日20时抓获被告人陈某的经过，缴获索尼爱立信手机一部。

3. 被害人陈述

被害人陈述了案发当晚正在睡觉，听到动静就起来看，发现有个人在屋里，刚想喊就被用被子捂住头，接着用枕巾反绑手脚，然后就翻东西，拿走一部索爱手机、现金300元及三张银行卡，逼被害人说出银行卡密码后就走了。被害人说银行卡内只有一张里面有500元，其他两张卡内没钱。

被害人辨认出陈某就是抢劫男子，辨认出其被抢的手机及被告人用来绑其的浴巾和睡裤。

4. 被告人供述和辩解

被告人陈某在公安机关供述了其案发当晚发现被害人居所有间房间窗户没关，就从窗户爬进去准备偷东西，结果被里面睡觉的一个女子发现了，她就想喊，陈某赶紧用手捂住她的嘴，威胁她如果喊的话就强奸她。该女子就没出声了，被告人从睡床上拿了一条白色浴巾和睡裤将该女子的手反绑，并用一张被单套住她的头，接着就翻看了房间的东西，发现了一部手机、三张银行卡及300元人民币，询问她银行卡密码，威胁她不说就强奸她，她就说了。然后就拿了手机、钱和三张银行卡开门逃跑了。第二天用抢来的银行卡取了500元人民币，另两张银行卡内没有钱。钱都被花掉了。被抓获时公安从被告人身上缴获了抢到的手机。

辨认出抢得的手机，对用于捆绑被害人的被单、浴巾和睡裤进行了辨认。在取款机监控录像截图中辨认出其本人。

5. 鉴定结论

深圳市价格认证中心出具的涉案财产价格鉴证结论书：经鉴定，索尼爱立信W595C手机价值人民币990元。

6. 勘验、检查笔录及照片

公安机关对案发现场进行勘验、检查时形成的现场勘查笔录、现场图和现场照片。

7. 视听资料

自动取款机监控录像截图：被告人在柜员机上操作：证实被告人陈某持被害人银行卡取走500元。

第二起犯罪事实：2008年7月13日晚，被告人陈某窜至深圳市罗湖区某大厦 18 楼 A 房，趁被害人熟睡，盗走被害人艾某神舟天运 F2000D1 型笔记本电脑一台（经鉴定，价值人民币 1840 元）、现金 800 元后逃离现场。

证明被告人盗窃的证据有：

1. 书证、物证

接受刑事案件登记表：证实被害人于案发次日报警。

2. 证人证言

证人宋某某（系被告人陈某的舅舅）陈述接到派出所电话后就连夜坐车赶到陈某老家，从他家中拿回神舟笔记本电脑，并交给民警。

辨认出其从被告人老家取回并交到派出所的电脑。

3. 被害人艾某陈述

被害人陈述案发当晚在住处某大厦 18 楼 A 房内用神舟笔记本电脑看电视，23 时 15 分左右就睡觉了，早上 8 点 30 分左右起床后发现放在柜台上面的电脑不见了，放在梳妆台上的小手机包和里面 800 多元人民币都不见了。被盗的神舟笔记本电脑是黑色的。

辨认出被盗的神舟笔记本电脑。

4. 被告人陈某供述

被告人供述 7 月中旬的一天晚上，在某大厦 18 楼伺机盗窃，发现其中一间房窗户没关，就进去里面偷了一部神舟牌笔记本电脑和 800 元人民币，偷来的笔记本电脑寄回老家了。

辨认出盗得的手提电脑。

5. 鉴定结论

深圳市价格认证中心出具的涉案财产价格鉴证结论书：经鉴定，被盗神舟天运 F2000D1 型笔记本电脑价值人民币 1840 元。

6. 勘验、检查笔录及照片

公安机关对案发现场进行勘验、检查时形成的现场勘查笔录、现场图和现场照片。

第三起犯罪事实和证据：2008 年 6 月 5 日晚，被告人陈某窜至深圳市罗湖区某大厦 9 楼 A 房，见室内无人，盗走被害人蔡某三星 NV33 型相机一部（经鉴定，价值人民币 920 元），现金人民币 500 元。

证明被告人入室盗窃的证据有：

1. 书证、物证

第一份书证是接受刑事案件登记表：证明被害人案发后报警；

第二份书证是搜查证及搜查笔录：证明民警在被告人陈某带领下，在其工作地点储物柜内搜到一部三星 NV33 型相机。

2. 被害人陈述

被害人陈述案发后回到住处，发现家里被翻乱了，被盗一部三星数码相机和现金人民币 500 元。

辨认出其被盗的三星数码相机。

3. 被告人供述

被告人陈某供认在 6 月的一天，看到某大厦 9 楼一间住房窗户没关，就爬进该房间偷东西，在房间抽屉里偷走一部三星牌的数码相机、500 多元人民币，相机藏在工作的公司储物柜里。

辨认出盗得的数码相机。

4. 鉴定结论

深圳市价格认证中心出具的涉案财产价格鉴证结论书：经鉴定，被盗三星 NV33 型数码相机价值人民币 920 元。

人民法院最后以被告人陈某犯盗窃罪，判处有期徒刑 1 年零 6 个月，并处罚金 1000 元；犯抢劫罪，判处有期徒刑 6 年，并处罚金 1000 元。决定执行有期徒刑 7 年，并处罚金 2000 元。

3. 多人一事案件的举证。对于多名被告人共同犯有一起犯罪事实的案件，可以采用分主次举证法，即根据各被告人在犯罪中所起的作用、地位及情节，先出示证明主犯犯罪事实的证据，再出示证明从犯犯罪事实的证据。

例如，在被告人杨某、冯某某、冯玉某、梁某、汪某某、余某某等六人涉嫌假冒注册商标罪一案中，杨某是该制假犯罪活动的组织者及出资人并负责假冒产品的销售，在共同犯罪中起主要作用，其他被告人起次要作用，因此公诉人在举证中以被告人杨某的犯罪事实为主线出示证据，既查清了犯罪事实，又分清了各被告人的刑事责任，举证效果突出。

案例：被告人杨某、冯某某、冯玉某、梁某、汪某某、余某某假冒注册商标案

2009 年 8 月至案发，被告人杨某、冯某某、冯玉某、梁某、汪某某、余某某结成制假团队，租用两间房屋作为制假窝点和存放假冒产品仓库。被告人杨某、冯某某、冯玉某、梁某、汪某某、余某某在没有获得商标所有人许可的情况下，大量组装带有"ADOBE"、"MICROSOFT"注册商标的应用软件，其中被告人杨某为该制假犯罪活动的组织者及出资人，并负责假冒产品的销售，被告人冯玉某、梁某、汪某某、余某某负责假冒产品的包装，被告人冯某某负责假冒产品的半成品配送。2009 年 12 月 9 日，公安机关和行政执法机关查获该造假窝点，发现并查扣"ADOBE"、"MICROSOFT"注册商标应用软件 22887 盒。经深圳市物价局价格认证中心价格鉴定，被查扣的应用软件价值人民币 183132948 元。

公诉人举证次序如下：

1. 被告人杨某供述

被告人杨某承认租用某大厦 2601 房作为制假窝点，租用 3407 房作为存放假货仓库，非法包装的软件是朋友提供的；自己聘请了冯玉某、梁某、汪某某、余某某等人在 2601 房进行非法制造、包装电脑软件，然后把包装好的电脑软件存放在 3407 房，包装好的软件在电子市场或者网上售卖；给冯玉某、梁某、汪某某、余某某每人每月平均 1500 元人民币，都发现金；冯某某是送货的，货（电脑软件）不足就告诉冯某某送货；我从包装好的电脑软件数量中提取报酬，价格根据规格提成。

被告人冯玉某供述被告人杨某是其叔叔，是杨某打电话叫其来深圳给他打工，负责把光碟装到包装盒里再用塑料薄膜封上。负责包装的还有汪某某、余某某、梁某，还有一个女的（证人张某某）负责做饭。杨某每个月给 2000 块钱。包装好的光碟我们就搬到 3407 房。

被告人汪某某供述被告人杨某是包装电脑软件的老板，每月给我们发工资，我和冯玉某、余某某、梁某在 2601 房包装电脑软件，还有一个女的是做饭的。杨某租了 2601 房和 3407 房，3407 房存放了好多包装好的电脑软件。每几天就有来取货的车辆，具体卖多少钱不清楚。

被告人余某某供述和汪某某、冯玉某、梁某三人一起在 2601 房负责盗版光碟包装工作，证人张某某是其母亲，负责做饭。每月工资 1500 元人民币。见过老板两次，不知道名字。辨认出被告人杨某就是老板。

被告人梁某承认与汪某某、冯玉某、余某某三人一起负责盗版光碟包装工作，张某某负责做饭。每月工资 1500 元人民币。被告人杨某是老板，负责发工资。对盗版软件原材料和销路不清楚。

被告人冯某某供述自己给一个叫"毛"（辨认出是被告人杨某）的老板打工，每次要配货的时候，老板会打电话给我，告诉我需要哪些型号的光盘，然后我就按照老板交代的型号和数量配好货，租车把半成品的电脑软件送到某大厦地下车库，汪某某、冯玉某等人就下来取。

2. 书证

被告人杨某承租某大厦 2601 房的租赁合同。

3. 证人证言

证人张某某陈述今年在人才市场找工作，被告人杨某请我到某大厦 2601 房给人做饭，每月一千元，包吃包住。老板就是杨某，他几天来一次，主要来了就是运货，把光碟和包装拿来，安排怎么做，然后把包装好的拿走。

证人陈某是案发大厦管理处护管员，陈述 2009 年 8 月该大厦 3407 房业主委托陈某将房出租给被告人杨某。

4. 鉴定结论

一是深圳市市场监督管理局出具的《涉嫌犯罪案件情况调查报告》，报告指出，经美国 Adobe、微软（中国）有限公司鉴别，该批带有 "ADOBE" 注册商标标识的 "Dreamweaver"、"Photoshop"、"Acrobat" 和 "MICROSOFT XP"、"Office Professinal" 等产品均为假冒注册商标产品。二是深圳市价格认证中心涉案财产价格鉴证结论书，价格鉴定采用市场法，并参照 ADOBE 和微软公司提供的价格标准，鉴定总价格为人民币 183132948 元。

5. 物证

深圳市市场监督管理局出具的扣押财物清单。

6. 现场勘查笔录

对案发现场某大厦 2601 房和 3407 房的勘查笔录。

本案中被告人杨某租下造假窝点并聘请冯玉某、梁某、汪某某、余某某等人对软件进行包装，聘请冯某某送货，在假冒注册商标共同犯罪中是主犯，公诉人主要围绕杨某的犯罪行为组织出示证据，既反映了案件的全貌，又凸显了各被告人在共同犯罪中的地位和作用，因此有利于法院正确定罪和准确量刑。

4. 多人多事案件的举证。对于多名被告人犯有多起犯罪事实的案件，可以采用复合举证法，即根据案件具体情况和举证需要，如按照作案时间的先后顺序，或者以主犯参与的犯罪事实为主线，或者以参与人数的多少为标准，采用逐次、分组、单元、分主次等多种方法进行举证。在此类案件的举证过程中，要注意区分犯罪集团的犯罪行为、一般共同犯罪行为和个别成员的犯罪行为，并分别进行举证。对于共同犯罪中既有被告人认罪又有被告人不认罪的案件，可以采用迂回包抄举证的方法，先举证证明认罪被告人的犯罪事实，待认罪被告人的犯罪事实经控辩双方质证并被法庭采信以后，在综合举证证明不认罪被告人的犯罪事实。

在多人多事类案件中，由于涉案被告人众多，被告人参与的犯罪事实交错不清，一般都属于多罪名、多事实的复杂案件，复合举证时可以以主犯的犯罪事实为主线来出示证据，即每起犯罪事实以主犯的行为为中心进行举证，在证明主犯犯罪事实的同时，一并说明从犯在犯罪过程中的地位和作用，使复杂案件的举证简单化。

例如，在被告人曹某某、徐某某、曹红某涉嫌抢劫罪，被告人王某某、曹某某、徐某某、曹红某涉嫌盗窃罪，被告人徐建某涉嫌掩饰、隐瞒犯罪所得罪一案中，虽然涉及被告人人数和罪名较多，但由于公诉人举证思路清晰，按照案件发生的先后次序将被告人的各起犯罪事实作为一个证明单元分组出示证据，将被告人的犯罪事实和在共同犯罪中的具体作用全面向法庭展示，使法庭完整地掌握案件事实和证据，最终认定了检察机关的指控。

案例：被告人曹某某、徐某某、曹红某涉嫌抢劫罪，被告人王某某、曹某某、徐某某、曹红某涉嫌盗窃罪，被告人徐建某涉嫌掩饰、隐瞒犯罪所得罪一案的举证

本案涉及的犯罪事实有三起：

第一起犯罪事实：

2010 年 1 月 8 日 5 时许，被告人曹某某、徐某某伙同另外三名在逃犯罪嫌疑人乘坐由被告人曹红某驾驶的面包车窜至深圳市罗湖区某汽车专修店，见店主被害人黄某某仍在营业，被告人曹某某、徐某某伙同另外三名在逃犯罪嫌疑人持刀、铁管等工具冲进店内威吓并殴打被害人，将店内的汽车电池 114个、电焊机 1 台、砂轮机 1 把、电钻 1 把、充电机 1 台、起动机 4 台、DVD 机4 台、音响 4 套、防盗器 3 套、千斤顶 4 个、发电机 4 台、马达 10 台、车载显示屏 3 套（经估价，共价值人民币 19750 元）抢走搬上车，由被告人曹红某驾车逃离现场。随后，将抢劫所得部分电池以每个 160 元的价格卖给专门在深圳市宝安区某工业村收购废品的被告人徐建某，徐建某在明知售卖的物品是犯罪所得，仍然进行收购及转卖。

证明该犯罪事实的证据有：（1）被害人陈述：被害人黄某某陈述了 1 月 8日凌晨被抢劫的经过，有两名男子拿砍刀、铁棍架在我脖子上不许我动，拿铁棍的男子用铁棍朝我肩膀上砸了几下。被抢走的货物总共价值 39230 元。辨认出被告人曹某某、徐某某是搬我汽配店的货物的男子。（2）被告人供述：一是被告人曹某某、徐某某、曹红某对参与 1 月 8 日抢劫的犯罪事实供认不讳，抢来赃物卖给了收废品的徐建某，徐建某知道我们卖的东西不是偷来就是抢来的，并对犯罪同伙、作案工具、涉案赃物、作案现场等进行了辨认；二是被告人徐建某对收购抢来赃物的犯罪事实也供认不讳，供述以总价 5720 元的价格收购了来历不明物品，辨认出被告人曹某某、徐某某、曹红某就是于 2010 年1 月 8 日 11 时在废品收购店向其卖蓄电池和氧气瓶的男子。（3）物证：追回的涉案赃物清单、作案工具砍刀、铁管。（4）证人证言：公安机关在被告人曹某某、徐某某等人试图再次作案将其抓获的经过说明。（5）鉴定结论：2010 年 1 月 8 日被害人黄某某被抢劫案中被抢物品价格为 19750 元；被害人所受损害为轻微伤。（6）现场勘查笔录和照片。

第二起犯罪事实：

2010 年 1 月 9 日 3 时许，被告人曹某某、徐某某、王某某和两名在逃犯罪嫌疑人乘坐由被告人曹红某驾驶的面包车窜至深圳市罗湖区某工业区，见该工业区内某钢构公司内有三个氧气瓶（经鉴定，共价值人民币 1800 元），遂持大铁钳将该公司大门撬开，由被告人曹某某、徐某某、王某某下车将三个氧气瓶抬上车后驾车逃离现场。

证明该犯罪事实的证据有：（1）证人证言：证人邓某某（钢构公司保安）陈述 1 月 9 日早上 6 点 30 分左右发现在我们公司门口停着一辆面包车，当时车上有人车下也有人，我就打电话问老板这些人是干什么的，老板说不知道，我就感觉这些人是偷东西的，再追过去对方的车已经开着向外跑了。公司被盗窃了三个氧气瓶。（2）被告人供述：被告人曹某某、徐某某、王某某对参与 1 月 9 日盗窃的犯罪事实供认不讳，并对所盗赃物、盗窃现场、同案犯等进行了辨认。（3）物证：扣押氧气瓶三个。（4）鉴定结论：2010 年 1 月 9 日某钢构公司被盗窃案中被盗氧气瓶价格为 1800 元。（5）现场勘查笔录和照片。

第三起犯罪事实：

2010 年 1 月 10 日 3 时许，被告人曹某某、徐某某、王某某和两名在逃犯罪嫌疑人乘坐由被告人曹红某驾驶的面包车窜至深圳市罗湖区某联运汽修厂附近，用大铁钳将该汽修厂大门撬开，将厂内的氧气瓶 7 个、介子机 1 台、电焊机 1 台、汽车电机 1 个（经鉴定，总价值为人民币 4600 元）盗走，之后，由被告人曹红某驾车逃离现场。随后，上述人员在继续寻找作案目标时，被公安机关民警发现，被告人曹某某、徐某某、王某某、曹红某在逃跑过程中被当场抓获，并缴获盗窃赃物及作案工具砍刀、大铁钳、面包车。2010 年 1 月 11 日，公安民警将收购赃物的被告人徐建某抓获。

证明该犯罪事实的证据有：（1）被害人陈述：被害人王宪某陈述 1 月 10 日早上 7 时许发现自己的联运汽修厂被盗窃了四个乙炔瓶、三个氧气瓶、一台介子机、一台电焊机、一个旧的汽车电池。（2）被告人供述：被告人曹某某、徐某某、王某某和曹红某对参与盗窃的犯罪事实供认不讳，并对同案犯、盗窃工具、盗窃赃物、作案现场进行了辨认。（3）物证：缴获的赃物、作案工具大铁钳、面包车。（4）鉴定结论：2010 年 1 月 10 日现场缴获的王宪某被盗窃案中被盗物品的价格为 4600 元；（5）现场勘查笔录和照片。

公诉人在出示每起犯罪事实的证据后，说明被告人对各自犯罪事实供认不讳，且其供述的事情经过与被害人陈述或证人证言相互印证吻合，又有辨认笔录、现场勘查笔录和书证、物证等相佐证，犯罪事实清楚，证据确实充分，能形成一条完整封闭的证据链条，足以证明被告人曹某某、徐某某、曹红某、王某某、徐建某构成犯罪。

5. 单位犯罪案件的举证。此类案件可以采用先单位后个人举证法，即一般先出示证明单位构成犯罪的证据，再出示对其负责的单位主管人员或其他直接责任人员构成犯罪的证据。其中对指控被告单位犯罪与指控单位主管人员或其他直接责任人员犯罪的同一份证据可重复出示，但重复出示时须简要予以说明。

根据最高人民法院《关于审理单位犯罪案件具体应用法律有关问题的解释》、《全国法院审理金融犯罪案件工作座谈会纪要》、最高人民法院、最高人民检察院、海关总署《关于办理走私刑事案件适用法律若干问题的意见》的相关规定，认定是否构成单位犯罪的两个要件是"以单位名义实施犯罪"和"违法所得归单位所有"。因此，对单位犯罪的举证要紧扣这两个要件，证明犯罪行为是以单位的名义实施，犯罪所得归单位所有或者用于单位的日常经营运转。

单位犯罪的直接责任人员是单位犯罪的组成部分，负责实施单位集体的决议或者职务、职责所规定的行为，其后果由单位承担，但直接责任人员作为单位成员又必须为其执行单位违法行为的后果承担个人责任。因此，对单位犯罪直接责任人员犯罪行为的举证要结合个人行为与单位行为进行，在论证单位构成犯罪的同时阐明直接责任人员的刑事责任，其中对被告人是否属于直接责任人员要结合被告人的职务、职权、对单位决策的影响力等要素来组织和出示证据。

6. 量刑事实的举证。在法庭调查中，公诉人可以根据案件的不同种类、特点和庭审的实际情况，合理安排和调整举证顺序。定罪证据和量刑证据可以分开出示的，应当先出示定罪证据，后出示量刑证据。对于有数起犯罪事实的案件，其中涉及每起犯罪中量刑情节的证据，应当在对该起犯罪事实举证时出示；涉及全案综合量刑情节的证据，应当在举证阶段的最后出示。

根据最高人民法院 2010 年 10 月 1 日实行的《人民法院量刑程序指导意见（试行）》的规定，适用普通程序审理的案件，在法庭调查过程中，可以根据案件具体情况先调查犯罪事实，后调查量刑事实。公诉人在出示量刑证据时，可以先综合概括在调查犯罪事实阶段与犯罪行为紧密结合的量刑情节，再出示其他量刑事实和证据，使全部量刑事实展现在法庭面前并接受辩方质证、辩论，实现量刑公正和量刑均衡。

第二节　公诉人庭审质证技巧

一、庭审质证概述

（一）质证的概念

庭审质证是指在审判人员的主持下，公诉人和被告人就双方出示证据的合法性、客观性和关联性互相质疑和论证，以证明证据有无证明能力和证明力大小并为法庭采信的诉讼活动。在我国，证据能力应当包括以下两方面的要求：一是证据的容许性，证据必须被法律所容许，法律禁止采纳的证据，不具有证据能力，不得作为证据调查的对象；二是证据的审查判断，证据的审查判断必须依照严格的法定程序进行，证据裁判原则要求证据必须在公开的法庭上出示，经过控辩双方的充分辩论。[①] 证据只有经过当庭质证并查证属实，才能作为定案的根据。质证是法庭辩论的基础，是直接言词原则的体现，可以防止虚假或非法证据进入认证程序，是控辩双方捍卫己方主张并质疑对方观点的重要手段，是法庭审查事实和采信证据的前提。

庭审质证的形式有三：一是辩方对控方证据的质证，这是质证的核心内容；二是控方对辩方证据的质证；三是控辩双方对被害人提交证据的质证。为保证在庭审质证中掌握主导权，增强控诉证据的证明力，公诉人应在开庭前充分预测辩护方可能出示的证据及其内容，以及辩方对控诉证据的合法性、客观性、关联性提出的可能质疑和异议，制定有针对性的质证预案，并结合庭审变化及时调整质证预案。一般而言，庭审质证的主要焦点在以下方面：（1）证据是否符合法定形式，即是否属于法定的证据种类之一；（2）证据的收集是否符合法律规定，这是辩方最常用的质证策略，辩方试图通过从程序上质疑公诉人出示的证据属于刑讯逼供或者以其他违法方法取证来动摇控方证据的合法性；（3）证据形成的原因；（4）发现证据时的客观环境；（5）证据是否为原件、原物，复制件与原件、原物是否相符；（6）证人或提供证据的其他人与案件当事人有无利害关系；（7）证据是否与案件具有相关性；（8）证据内容前后是否一致，证据之间的相互关系有无矛盾；（9）证据是否客观真实，辩方通常通过论述控方证据违背自然常识、违背事物发展规律、违背生活逻辑来否定说明案件证据不真实、不可靠。

---

① 宋英辉：《刑事诉讼原理导读》，中国检察出版社 2008 年版，第 296 页。

质证既是调查核实证据的重要手段，又是被告人的重要诉讼权利。全面质证是刑事认证的必经环节，任何证据，无论是侦查机关、检察机关、审判机关还是辩护人、被害人提取，都必须经过控辩双方当庭辨认、质疑、辩论、对质等质证程序后才能成为定案的根据，凡是未经质证程序的证据都应当排除在法庭评议、判决程序之外。例如，在被告人王雪玲故意伤害案中，因为法庭庭外调查获取的证据未经质证就被采信，被告人上诉后，二审法院以新证据未经质证程序为由发回原审法院重新审判。

案例①：被告人王雪玲于 2001 年 11 月 2 日得知其丈夫吕庆业在舞阳县有一情妇后，心生妒恨，并产生用汽油焚烧吕庆业情妇的念头。当日 7 时许，王雪玲伙同其弟王广超（在逃）乘出租车到舞阳县城中山路吕庆业租住处，当看到吕庆业与女青年张新歌躺在床上时，王雪玲即对张进行谩骂，让张穿上秋衣秋裤下楼。当张新歌下至一楼楼梯口时，王雪玲让王广超将张按住，王雪玲用事先准备好的汽油从张头部倒下，张挣扎跑至大门口时，王雪玲拉住张并用打火机将其身上的汽油点燃，将张烧伤。经法医鉴定，张新歌所受损伤程度为重伤，构成五级伤残。河南漯河市中级人民法院认为被告人为泄私愤，故意损害他人的身体健康，手段特别残忍，后果严重，其行为已构成故意伤害罪。附带民事诉讼原告人要求赔偿医疗费、交通费、营养费、误工费、住院伙食补助费、护理费、鉴定费之理由予以支持，并依法判决被告人王雪玲犯故意伤害罪，判处无期徒刑，剥夺政治权利终身。被告人王雪玲赔偿附带民事诉讼原告人张新歌经济损失人民币 130000 元。

一审宣判后，被告人王雪玲不服，以"被害人有过错，我是激于一时气愤才犯罪、有抢救被害人的情节、原判量刑过重"为由，向河南省高级人民法院提出上诉。河南省高级人民法院经审理认为原判认定被告人王雪玲故意伤害他人身体，以用火烧的特别残忍手段致人重伤的事实清楚，证据确实充分。但是河南省高级人民法院认为，被害人张新歌的伤残等级情况，检察院起诉书并未认定，卷中虽有被害人张新歌五级伤残的法医学鉴定书，但该鉴定是漯河市中级人民法院在案件受理后委托鉴定，该鉴定书没有在法庭上质证，不能作为证据使用。故原判以故意伤害罪判处被告人王雪玲无期徒刑，剥夺政治权利终身的法律依据不充分，决定撤销原判，发回重审。

本案的主要焦点是新证据未经庭审质证不具有证明能力，理由是：

---

① 参见中华人民共和国最高人民法院刑事审判第一、二、三、四、五庭主办：《中国刑事审判指导案例》（侵犯公民人身权利、民主权利罪），法律出版社 2009 年版，第 289 ~ 291 页。

一是未经庭审质证的证据不得作为定案的根据。刑事庭审主要是在法庭上就公诉机关指控被告人的犯罪事实展开证据调查，而质证是证据调查的核心，是法庭认证的前提。所谓质证，是就对提交法庭的证据由诉讼各方当面质询诘问、探究和质疑，包括对证据与事实的矛盾进行辩驳、澄清。质证包括对证据的来源、形式和内容的质疑，而质疑的主要指向就是证据的客观性、关联性和合法性（可采性）。对作为审判中认定案件事实根据的任何证据，均需经过质证，包括对言词证据的质证和对物证、书证、视听资料等非言词证据的质证。对此，法律和司法解释是有明确规定的。根据《刑事诉讼法》第42条①的规定，证据必须经过查证属实，才能作为定案的根据。最高人民法院《关于执行〈中华人民共和国刑事诉讼法〉若干问题的解释》第58条作了更为具体的规定："证据必须经过当庭出示、辨认、质证等法庭调查程序查证属实，否则不能作为定案的根据。"在司法实践中，庭审质证方面暴露出的问题比较突出，问题之一是质证不充分、走过场，有的法官甚至将未经质证的证据作为定案的根据。本案一审法院对证明被害人张新歌五级伤残的法医鉴定未经庭审质证，便作为认定被告人王雪玲构成以特别残忍手段致人重伤造成严重残疾的根据，明显违反了法律和司法解释规定的诉讼程序。作为法定证据种类之一的鉴定结论，②当然也必须经过庭审质证，才能作为定案的根据。根据刑事诉讼法和司法解释的规定，在法庭审理过程中，鉴定人应当出庭宣读鉴定结论，但经人民法院准许不出庭的除外；公诉人、当事人和辩护人、诉讼代理人经审判长许可，可以提请审判长传唤鉴定人出庭作证；对未到庭的鉴定人的鉴定结论，应当当庭宣读，审判人员应当听取公诉人、当事人和辩护人、诉讼代理人的意见；公诉人、当事人和辩护人、诉讼代理人经审判长许可，可以对鉴定人发问，审判人员可以询问鉴定人；当事人和辩护人、诉讼代理人有权申请重新鉴定；法庭对于需要重新鉴定的，应当宣布延期审理。本案一审法院对被告人王雪玲判处无期徒刑，显然是以认定被告人王雪玲构成以特别残忍手段致人重伤造成严重残疾的事实为前提的。如前所述，未经庭审质证的法医鉴定不能作为证据使用，因此，对于造成被害人严重残疾这一特定事实而言，一审法院是在没有证据证明的情况下认定的，违反了证据裁判原则。本案一审法院未经庭审质证，将证明被害人张新歌五级伤残的法医鉴定直接予以认定不仅违反了证据

---

① 此处所引《刑事诉讼法》第42条为1996年《刑事诉讼法》中的内容。——编者注

② 1996年《刑事诉讼法》第42条将"鉴定结论"规定为法定证据种类之一。——编者注

裁判原则，而且也严重侵害了被告人的诉讼权利。因为，一审法院未经法庭当庭质证而将法医鉴定直接作为认定被害人构成五级伤残的依据，事实上剥夺了被告人对证明其造成被害人严重残疾的证据的质证权和辩论权，使被告人对造成被害人严重残疾的指控完全丧失防御的机会，处于极其不利的境地。一审法院的这种做法属于严重的程序违法，显然影响了公正审判，其法律后果应当是一审法院的审理归于无效，其判决将被撤销。根据《刑事诉讼法》第 191 条第（三）项①的规定，第二审人民法院发现第一审人民法院的审理有"剥夺或者限制了当事人的法定诉讼权利，可能影响公正审判的"，应当裁定撤销原判，发回原审人民法院重新审判。

二是法院庭外调查所取得的新证据也必须经过庭审质证。本案一审法院未经质证的法医鉴定不是由公诉人提供的，而是由一审法院直接委托鉴定作出的，也就是说该证据是法庭通过庭外调查所取得的证据。根据刑事诉讼法和司法解释的规定，法庭审理过程中，合议庭对证据有疑问的，可以宣布休庭。对证据进行调查核实。在对证据调查核实时，审判人员有权走出法庭进行勘验、检查、扣押、鉴定和查询、冻结等活动，也可以向有关单位和个人收集、调取证据材料。在进行上述活动时，审判人员认为必要的，可以通知检察人员和辩护人到场共同参加。对于法院庭外调查所取得的证据应当经何种程序进入诉讼成为定案根据，有人认为，鉴于法院直接获取的证据在法庭上再出示并听取各方意见，难以避免法官受质询的尴尬，因此，只要取证时通知控辩双方到场，就不需要再于法庭举证、质证，而可以直接作为定案的根据。我们认为，法院庭外调查所取得的证据同样必须经过质证，才能作为定案的根据。刑事诉讼法规定证据必须经过查证属实，才能作为定案的根据。司法解释则规定得更为明确，"证据必须经过当庭出示、辨认、质证等法庭调查程序查证属实，否则不能作为定案的根据。"法院采取庭外调查的手段获取证据并非庭审，所取证据应当接受法庭的审查，即使法官庭外调查核实时控辩双方已到场也不例外（庭审还要求对社会公开）。因为此系获取新证据而非对庭审已出示并经质证的证据进行核实，因此庭审质证是必经程序。至于如何对这些证据进行质证，我们认为，由于证据是由法官所取，由法官宣读出示即可，法官还应当听取控辩双方的意见。法官认证时应当考虑控辩双方的意见，并综合全案证据决定这些证据的价值和取舍，不宜在庭上与控方或辩方就这些证据进行辩论。法官应当摆正自己的位置，遵守"控审分离"原则。法官行使的是审判职能，担当

---

① 此处所引《刑事诉讼法》第 191 条第（三）项为 1996 年《刑事诉讼法》中的内容。——编者注

法庭听证者和裁判者的角色，法官不承担任何举证责任，切不可混淆控诉和审判职能，充当"第二公诉人"。法官应尽量将自己的活动集中到法庭上进行。法官在不得不亲自进行庭外调查时，应尽量通知控辩双方同时到场参与进行，法官在庭外调查中收集得到的任何新证据都必须提交法庭，并允许控辩双方对证人、鉴定人提问，否则不能作为定案的根据。总之，质证是司法证明的一个基本环节，是法官在认证之前的一个必经程序。未经质证，不得认证，这是我们必须坚持的一个原则。

公诉实践中，对于后抓获共同犯罪被告人的审判程序中，已经先行判决的先抓获共同犯罪被告人的判决文书是重要的控诉证据之一，实践中公诉人、法官和辩护人一般都认为文书中已经采信的证据无须再经质证程序，直接可以用作后抓获被告人的定案根据。这种观点有违案件证据全面质证的原则，侵犯了被告人的辩护权，可能导致案件的不公正处理，而合乎程序正义和实体公正的做法应当是公诉人对已判决文书中用于指控后抓获被告人的证据重新进行逐一举证和质证。

案例[①]：共同犯罪案件中已判决被告人的生效裁判文书的质证

云南省玉溪市人民检察院以被告人何永国犯抢劫罪，向玉溪市中级人民法院提起公诉。检察机关指控：被告人何永国与其弟何永盛（已执行死刑）预谋抢劫，2002年12月24日16时许，何永国的女友李乔会（已判刑）向何永国、何永盛提供了被害人周再芬、陈建梅有钱的情况，并指认了二被害人租住的元江县红河街65号206房间。何永国、何永盛以找人为由进入206房间内，将二被害人杀死，抢走人民币5900余元。后逃离现场。2003年10月13日，李乔会向公安机关投案自首。同月19日，何永盛在普洱县被抓获。2006年11月14日，何永国在四川省金堂县被抓获。

认定上述事实的证据有：先到案共同犯罪人何永盛、李乔会抢劫案的一审判决书和二审裁定书，何永国指认现场的笔录，公安机关出具的抓获何永国经过的说明材料，何永国的户籍证明，被告人何永国的供述。

玉溪市中级人民法院认为，被告人何永国以非法占有为目的，采用暴力手段抢劫他人财物，其行为构成抢劫罪，并具有入户抢劫、抢劫致人死亡的情节，罪行极其严重，应依法惩处。在共同犯罪中，何永国与何永盛分别杀害一名被害人，何永国清扫现场，何永盛劫取现金，二人作用相当。依法判决被告

---

① 参见中华人民共和国最高人民法院刑事审判第一、二、三、四、五庭主办：《中国刑事审判指导案例》（危害国家安全罪、危害公共安全罪、侵犯财产罪、危害国防利益罪），法律出版社2009年版，第479～482页。

人何永国犯抢劫罪，判处死刑，剥夺政治权利终身，并处没收财产人民币一万元。

一审宣判后，被告人何永国以事实不清、量刑过重为由提出上诉。

云南省高级人民法院经开庭审理认定的事实与一审相同。二审裁定书采纳的证据，有何永盛、李乔会抢劫案的一审判决书和二审裁定书，证人杨继良、李银会、周永梅的证言，陈拾保的辨认笔录，现场勘验、检查笔录，尸体检验报告，共同犯罪人何永盛、李乔会的供述，被告人何永国的供述。云南省高级人民法院认为，上诉人何永国以非法占有为目的，采用暴力手段入户抢劫他人财物并致人死亡的行为构成抢劫罪。其在与何永盛共同抢劫犯罪过程中，有预谋地选择抢劫对象，入户抢劫财物并共同采用暴力手段致死二人，犯罪情节特别恶劣，后果特别严重。何永国提出预谋抢劫不属实、无抢劫杀人故意的辩解和辩护人提出的相同辩护意见，与在案证据证实的事实不符，不能成立。何永国提出两名被害人均是何永盛打死的，移尸和拿钱亦系何永盛所为，其在犯罪中作用较小，是从犯的上诉理由，与其在公安机关所作供述及何永盛供述的二人在入室后即各自对一名被害人实施暴力打击，移尸后翻找钱物和打扫现场的事实不符，何永国、何永盛均起了主要作用，该上诉理由亦不能成立。原判根据本案的事实、情节和社会危害程度所作的判决，定罪准确，量刑适当，审判程序合法。据此，依法裁定驳回上诉，维持原判，并依法报请最高人民法院核准。

最高人民法院经复核认为，玉溪市中级人民法院和云南省高级人民法院在部分证据的举证、质证和认证方面违反法定诉讼程序，可能影响公正审判。依法裁定不核准对被告人何永国的死刑裁判，将该案发回重新审判。

本案的主要问题是共同犯罪案件中，被告人到案有先后，审判后到案被告人时，对先到案被告人的生效裁判文书所采信的证据如何进行质证？

共同犯罪案件中，如部分犯罪嫌疑人在逃，为防止案件久拖不决，对已到案的被告人先行起诉、审判，是实践中的惯常做法。本案就是这种情形，被告人何永国与前案已判决的罪犯何永盛、李乔会系共同犯罪人，何永盛、李乔会先到案，何永国后到案，审理何永国时，对何永盛、李乔会的前案判决已经生效。在这种分案审理的情况下，对于已决共同犯罪人的生效裁判文书所采信的证据，在后案审理中应以何种方式进行质证，刑事诉讼法和相关司法解释均没有明确规定。实践中对此有不同认识和做法：一种意见认为可直接对前案的裁判文书进行质证，无须再对其中所采信的证据单独逐项质证；另一种意见认为前案的裁判文书虽可作为证据使用，但还须对其中所采信的证据逐项质证，否则不能作为认定案件事实的证据。

这种认识分歧的实质在于如何认识刑事审判中已生效裁判文书的证明效力。从实践情况看，民事、行政及刑事裁判文书均可能成为某一刑事案件裁判的证据，而刑事裁判文书用作刑事裁判证据时，主要指用来证明被告人的前科（系累犯或者再犯）或者共犯的判决情况。当用于证明被告人的前科时，该裁判文书的证明价值主要是被告人所犯前罪的罪名和刑罚，至于前罪的事实和证据，则不是在审案件裁判需重点关注的；当用于证明共犯的判决情况时，因认定共犯的犯罪事实必然涉及在审案件被告人在共同犯罪中的地位和作用，故实际上该裁判文书同时具有证明在审案件被告人罪行的作用，这样，在审理被告人时，不仅要关注该共犯裁判文书的定罪量刑结论，更要关注其中的事实认定和证据采信问题。

我们认为，在审理后到案共同犯罪被告人时，对先到案共犯的裁判文书所采信的证据，应当重新逐项质证，否则不能作为认定在审案件被告人犯罪事实的证据使用。主要理由如下：

《刑事诉讼法》第157条①规定，公诉人、辩护人应当向法庭出示物证，让当事人辨认，对未到庭的证人的证言笔录、鉴定人的鉴定结论、勘验笔录和其他作为证据的文书，应当当庭宣读。审判人员应当听取公诉人、当事人和辩护人、诉讼代理人的意见。该条所规定的就是证据应当质证的原则。最高人民法院《关于执行〈中华人民共和国刑事诉讼法〉若干问题的解释》第58条则明确规定，证据必须经过当庭出示、辨认、质证等法庭调查程序查证属实，否则不能作为定案的根据。共犯的生效裁判文书本身是一种证据，确切地说是一种书证，它所证明的是共同犯罪人因共同犯罪被定罪判刑的情况，而不能直接证明后到案被告人的犯罪事实。虽然该文书所采信的证据多将成为指控后到案被告人的证据，但对该文书本身的质证代替不了对其中具体证据的质证。因为对具体证据的质证，目的在于判断该证据能否成为后案中指控被告人犯罪的证据，它与质证该裁判文书本身的效用明显不同。同时，如果不对具体证据进行质证，被告人及其辩护人就没有机会针对该具体证据发表意见，实际上剥夺了被告人的辩护权，也不利于全面查明被告人的犯罪事实。因此，采纳未经质证的证据，是对法律和司法解释规定的审判程序的一种实质性的违反，可能影响到案件的公正审判。

具体到本案，在审理先到案共同犯罪人何永盛、李乔会时，经庭审质证并为裁判文书采信的证据，有证人李伟（李乔会之兄）、罗会英（李乔会之母）、

---

① 此处所引《刑事诉讼法》第157条为1996年《刑事诉讼法》中的内容。——编者注

王美蓉（二被害人的老板娘）、鲁峰（何永盛的前妻）、杨继良（被害人的房东）、李银会（被害人的同楼租户）、周永梅（被害人周再芬的表妹）等人的证言，陈拾保（陈建梅之父）的辨认笔录，被告人何永盛指认现场笔录，提取笔录，现场勘查报告，尸体检验报告，物证检验报告，被告人何永盛和李乔会的供述等。但在审理后到案被告人何永国时，一审裁判文书采信的证据只有先到案被告人何永盛、李乔会的一、二审裁判文书、何永国指认现场笔录、抓获何永国的经过、常住人口登记表、何永国的供述。即对于前案判决书已经采信的具体证据，一审均没有再单独质证，而是把前案裁判文书本身作为指控被告人何永国犯罪的证据使用。二审在未经庭审举证、质证的情况下，在裁定书中采纳了前案裁判文书中证人杨继良、李银会、周永梅的证言，陈拾保的辨认笔录，现场勘查报告，尸体检验报告，共同犯罪人何永盛和李乔会的供述等证据。这表明，在审理被告人何永国抢劫案时，一审过于看重先到案共同犯罪人何永盛、李乔会的生效裁判文书的证据效力，把对该文书的质证作为对具体证据的质证，忽视了具体证据的证明价值。二审虽认识到具体证据的证明价值，并在裁定书中作了部分引述，但这种引述不全面，且均未经庭审质证，也属于违反证据质证、采纳程序。并且，二审对质证程序的违反，使其没有切实发挥好死刑案件二审庭审应有的把关作用。最高人民法院、最高人民检察院《关于死刑第二审案件开庭审理程序若干问题的规定（试行）》第14条第（二）项规定，法庭调查的重点是，对原审判决提出异议的事实、证据以及提交的新的证据等；第（三）项规定，人民检察院、被告人及其辩护人对原审判决采纳的证据没有异议的，可以不再举证和质证。也就是说，二审法庭调查应当重点围绕争议事实和证据展开，对于有争议的证据应当进行质证。被告人何永国在上诉状和二审庭审中均对本案事实提出了异议，辩解无抢劫预谋，无杀人故意，杀人、移尸和拿钱行为均系何永盛所为，这与共同犯罪人何永盛的供述差别较大。二审庭审应当就相关证据进行举证、质证，解决争议问题，避免案件"带病"审结，发挥应有的把关作用。

此外，被告人何永国归案之后的新证据原本较少，仅包括何永国指认现场笔录，公安人员出具的抓获何永国的说明材料，何永国的户籍证明和何永国的供述。本案主要依靠言词证据定案，除被告人供述外的三项证据对于认定案件事实也有不同程度的作用，特别是何永国指认现场笔录所证实的内容与共同犯罪人何永盛的供述及指认现场笔录可以相互印证，是认定何永国犯罪的比较有力的证据。这三项证据虽已被一审采纳，但二审却未予采纳，也没有说明理由，这也属于二审在证据采信方面的问题，同时导致认定何永国抢劫犯罪事实的证据更为单薄。

上述程序违法问题，客观上剥夺了被告人的辩护权，也不利于查明被告人何永国参与共同犯罪的犯罪事实，可能影响了本案的公正审判。最高人民法院据此裁定不核准对被告人何永国的死刑裁判，将该案发回重新审判，是完全正确的。这对于促使一、二审法院切实履行好"一审是基础，二审是关键"的责任，严把死刑案件的程序关，确保死刑案件的审判质量，具有现实意义。

（二）质证的内容

质证的本质是对证据的证明能力和证明力的质疑和论证，是调查、核实证据能否成为定案根据以及对案件事实证明价值大小的过程。因此，质证必须紧紧围绕证据调查为中心，全面查证证据的客观性、相关性、合法性和证明力，不能将质证与法庭辩论混为一谈，甚至把案件事实和法律适用的辩论也纳入质证程序，使质证异化为法庭辩论，这就完全模糊和混淆了庭审阶段的不同任务。

由于不同证据种类的属性不同，因而质证的内容也不同，具体分析如下：

1. 对被告人的供述和辩解的质证

由于被告人在刑事诉讼中的特殊地位，决定了其供述和辩解在证据体系中的特殊地位：一方面，被告人供述和辩解与案件事实的联系更为紧密，一旦查证属实能够直接证明案件经过和结果；另一方面，被告人出于掩盖犯罪、对抗指控、违法取证或者其他原因，可能作出虚假的供述和辩解，成为法庭质证的隐患。

对被告人供述和辩解的质证主要集中在被告人供述的动机、讯问程序是否合法、供述和辩解是否合理、被告人供述是否前后一致及其原因、多名被告人之间的供述是否一致等。

2. 对证人证言的质证

主要集中在证人是否具备作证能力、询问程序是否合法、证人证言是否真实、证人与当事人是否有利害关系、证人的记忆力和表达能力是否可靠、证人的证言是否前后一致、证人证言与其他证据有无矛盾等。例如，对于具有下列情形的证人，人民法院应当通知出庭作证并接受控辩质证；经依法通知不出庭作证证人的书面证言经质证无法确认的，不能作为定案的根据：（1）人民检察院、被告人及其辩护人对证人证言有异议，该证人证言对定罪量刑有重大影响的；（2）人民法院认为其他应当出庭作证的。而证人在法庭上的证言与其庭前证言相互矛盾，而证人当庭能够对其翻证作出合理解释，并有相关证据印证的，应当采信庭审证言。

对未出庭作证证人的书面证言，应当听取出庭检察人员、被告人及其辩护人的意见，并结合其他证据综合判断。未出庭作证证人的书面证言出现矛盾，不能排除矛盾且无证据印证的，不能作为定案的根据。

3. 对被害人陈述的质证

主要是被害人陈述内容是否真实、陈述内容是否与其他证据相矛盾、被害人与被告人的关系、询问被害人程序是否合法等。

4. 对鉴定意见的质证

主要是鉴定人是否具有鉴定资质和鉴定能力、鉴定程序是否合法科学、结论是否科学、鉴定检材是否可靠等。

5. 对物证、书证的质证

对物证的质证主要是物证是否属原物、取证方法是否合法、物证的复制过程是否合法等；对书证的质证主要是书证内容是否真实、取证程序是否合法、书证是否是原件、复制书证的程序是否合法等。

物证、书证的质证重点是其鉴真问题，即必须要相关证据鉴别物证、书证的真伪、来源的可靠性、提取的合法性、收集的可靠性以及法庭上出示的可靠性。司法实践中，一般通过以下几种证据来完成物证、书证的鉴真证明过程：（1）勘验、检查笔录，它们最大的证据价值就是证明物证、书证的来源；（2）证据提取笔录，它们最大的证据价值就是证明物证、书证的来源和提取经过；（3）搜查笔录，它们是对国家强制性的搜查手段所作的记载，主要包括搜查的对象、搜查的经过以及搜查获得的相关物证、书证；（4）扣押清单，它们是搜查完毕制作的扣押物证、书证的清单，往往能够证明物证、书证的来源；（5）辨认笔录，对现场或物证、书证的辨认在一定程度上也是鉴真的过程。①

6. 对勘验、检查笔录的质证

主要是勘验、检查笔录的制作是否合法、勘验、检查人有无资质和能力、笔录的内容是否真实等。

7. 对视听资料的质证

主要是视听资料是否真实、取证程序是否合法等。

根据罪责刑相一致原则，公诉人既要重视定罪证据的质证，也要重视量刑证据的质证。对于辩护方提出的量刑证据，公诉人应当进行质证。辩护方对公诉人出示的量刑证据质证的，公诉人应当答辩。公诉人质证应紧紧围绕案件事实、证据进行，质证应做到目的明确、重点突出、逻辑清楚，如有必要，可以简要概述已经法庭质证的其他证据，用以反驳辩护方的质疑。

---

① 陈瑞华：《刑事证据的审查判断与运用》，载彭东主编：《刑事司法指南》2010 年（总第 44 集），第 93 页。

二、庭审质证技巧

公诉人在庭审质证中，应根据被告人及其辩护人所出示证据的内容以及对公诉方控诉证据提出的质疑，紧扣案件、证据和法律规定进行论证和辩驳。质证应当有目的、有条理、有重点，做到质疑有据、答辩到位、证明有力，在必要时可以简要概括已经法庭质证过的其他证据来质疑或反驳。

关于如何在法庭上进行质证，有学者从律师的角度提出了十种方法，这也从另一个侧面为公诉人质证提供了借鉴。这十种方法是：（1）质证前要认真查阅、研读控方及其他方面的证据材料。（2）出庭前要制定质证提纲，做好质证的预案。（3）要注意从证据的法定形式和种类上发现问题，进行质证。（4）要注意从证据的提供者、出具者的身份资格上发现问题进行质证。（5）要注意从证据的合法性上进行质证。（6）要注意从举证程序上发现问题进行质证。（7）要注意从证据的客观性上进行质证。（8）要注意从证据的关联性上进行质证。（9）要重视从证明标准上进行质证。（10）要注意对法院依职权调查核实取得的证据进行质证。[①]

根据刑事诉讼法的规定，庭审质证应当先由出示证据一方出示证据并就证据的来源、目的等作必要说明后，另一方再进行辨认并发表意见，然后控辩双方互相进行质证。

（一）公诉人对被告人质证的答辩技巧

被告人及其辩护人对公诉人当庭出示、宣读、播放证据的合法性、客观性、关联性提出的质证意见，公诉人应当进行答辩。为此，公诉人在出庭前要全面做好答辩准备，通过换位思考和集体讨论，预测答辩的争点和被告方的质证内容，制定答辩提纲。对被告人提出的与证据证明力无关、与公诉主张无关的意见，公诉人可以说明理由不予答辩，并提请法庭不予采纳。公诉人答辩一般应在辩护方提出质证意见后立即进行，也可以根据需要在法庭辩论阶段结合其他证据综合发表意见，但应向法庭说明。

1. 对被告人质疑证人证言、被害人陈述意见的答辩。公诉人可以根据证人证言和被害人陈述中被告人有异议的重点内容进行答辩，答辩主要结合证人、被害人陈述的任意性、询问程序的合法性、陈述内容的真实性以及对案件的证明作用来进行。当被告人及其辩护人询问证人或被害人有下列情形时，公诉人应当及时提出反对意见并提请审判长制止，必要时应当要求法庭对该项陈

---

① 顾永忠主编：《刑事辩护技能与技巧培训学习指南》，法律出版社 2010 年版，第 141～148 页。

述或证言不予采纳：（1）以诱导或威胁方式发问的；（2）前提虚假，违背证据客观性原则的；（3）意图使被害人、证人以推测或判断意见作为陈述或证言的；（4）发问不明确，足以使被害人、证人产生误解的；（5）发问内容与本案事实无关的；（6）对被害人、证人带有侮辱性发问的；（7）其他违反法律规定的。

2. 对被告人质疑物证、书证、勘验、检查笔录意见的答辩。公诉人可以从取证主体、程序、手段合法等方面进行答辩，论证物证、书证和勘验、检查笔录的真实性和合法性。公诉实践中，辩方常常要求公诉人出示物证、书证的原件或者原物，对此，公诉人要从出示原件原物有困难，或者原件原物不存在，或者有充分证据证明复制件、复制品与原件原物完全一致等方面进行答辩。

3. 对被告人质疑鉴定意见的答辩。公诉人可以从鉴定人的身份、鉴定资质、鉴定能力、鉴定程序、鉴定标准等方面进行答辩，论证鉴定意见来源合法、结论科学，足以证明案件的相关事实。

4. 对被告人质疑案件程序事实的答辩。辩方对案件的程序事实提出疑问的，公诉人应当出示、宣读有关诉讼文书、侦查或者审查起诉活动笔录予以证明。必要时，可以建议法庭通知负责侦查的人员以及搜查、勘验、检查等活动的见证人出庭陈述有关情况。

5. 对被告人指责性言语的答辩。在庭审质证中，如果被告人或其律师对公诉人进行指责或对司法机关、公诉人进行攻击，公诉人可以从以下方面进行驳斥：（1）指出被告人应当根据事实和法律提出被告人无罪、罪轻或者减轻、免除其刑事责任的质证意见，而不能对司法机关和公诉人进行指责攻击；（2）提请法庭当庭制止这种指责性言语；（3）当庭指出被告人指责司法机关和公诉人的意图。

在庭审质证中，公诉人对被告人及其辩护人断章取义，片面理解证据内容发表意见的，公诉人应立足证据认定的全面性、同一性原则，综合全案证据予以驳斥。对于被告人提出的质证意见，确实需要进行补充侦查的，公诉人可以建议延期审理。被告人及其辩护人建议未到庭证人、被害人到庭进行质证的，公诉人可以结合全案证据情况进行答辩，或者根据具体情况建议法庭休庭。被告人因对证据内容了解有误而质证的，公诉人可以对证据情况进行简要说明。对辩护方符合事实和法律的合理质证，公诉人应当实事求是地发表意见，或者不再就此进行答辩。

（二）公诉人对被告方所出示证据的质证技巧

1. 排除被告方出示证据的技巧。公诉人对被告方出示的以下证据，可以提请法庭予以排除：（1）辩护人违反法定取证程序获取的证据；（2）不符合证据的客观性、关联性、合法性要求的证据；（3）辩护人在侦查阶段调取的证据；（4）辩护人出示的证据违背本案客观事实的；（5）辩护人提供的证据明显有悖常理的；（6）其他需要提请法庭排除的情况。如果被告人出示的以上证据对定罪量刑有重大影响，当庭又难以准确判断，符合延期审理条件的，公诉人应当及时建议法庭延期审理。

2. 对被告方提请出庭证人的质证技巧。公诉人可以针对证人证言中的疑问从以下方面进行质证：（1）证人与案件事实的关系；（2）证人与被告人、被害人的关系；（3）证人证言与其他证据的关系；（4）证人证言的内容及其来源；（5）证人感知案件事实时的环境、条件和精神状态；（6）证人的感知力、记忆力和表达力；（7）证人作证是否受到外界的干扰或影响；（8）证人的年龄以及生理上、精神上是否有缺陷；（9）证人证言前后是否矛盾。对证人未出庭的，公诉人应当围绕取证主体是否为辩护律师、取证是否征得证人同意、是否告知证人权利、是否单独询问证人等方面进行质证。公诉人如果通过对比分析证人证言与其他证据发现证人证言是虚假的，或者证人证言前后矛盾，或者证人证言与案件事实无关联性的，应当建议法庭不予采信。从公诉实践看，被告人辩护律师宣读未出庭证人证言的问题主要是单独一人询问证人（部分证言笔录中的两人签名系伪造或事后补签）、证人未在笔录上签字、证词涂改处证人未签字或按指纹、同时询问多名证人、威胁或利诱证人虚假作证等。

3. 对被告方出示的鉴定意见和提请出庭鉴定人的质证技巧。公诉人可以从以下方面进行质证：（1）鉴定人的资格；（2）鉴定人有无应当回避的情形；（3）鉴定程序是否合法；（4）鉴定人与案件的关系；（5）鉴定人是否受到外界的干扰或影响；（6）鉴定的依据和材料是否全面客观，有无影响鉴定结论正确性的情形；（7）鉴定的设备和方法；（8）鉴定意见与其他证据的关系；（9）鉴定意见是否有科学依据。

4. 对被告方出示的物证、书证的质证技巧。对物证的质证主要是查清提取物证的程序是否合法，物证是否与案件有关联性。对书证的质证主要包括：（1）书写人是否受到利诱、欺诈或其他违背真实意愿因素的影响，内容是否反映其真实意思；（2）内容是否明确，前后是否矛盾；（3）是否与案件事实有联系，是否能证实案件真实情况。

5. 对被告方出示的视听资料的质证技巧。主要包括：（1）收集过程是否合法，来源及制作目的是否清楚；（2）所要证明的问题是否与案件事实有关；（3）制作是否受到暴力、胁迫或利诱，是公开制作还是秘密制作，是直接制作还是转录以及转录是否完整等；（4）内容是否被剪辑、篡改、伪造。

6. 对被告方出示的通过计算机处理和保存的证据的质证技巧。主要包括：（1）计算机系统硬件是否完好，存储介质是否完整；（2）计算机软件是否可靠；（3）计算机运行是否正常，是否受到过病毒侵袭；（4）是否具有被人为改动的可能；（5）收集过程是否合法，来源及制作目的是否清楚；（6）所要证明的问题是否与案件事实有关；（7）电子数据制作过程中是否受到暴力胁迫和引诱因素的影响；（8）是公开制作还是秘密制作，是直接制作还是从原件进行复制；（9）内容是否完整，有无剪辑、篡改、伪造等问题。

公诉人要对被告方提出的证据进行有理有据的质证，就必须全面审查案件事实，充分掌握证据情况，夯实质证根基。同时，要准确预测被告人可能提出的证据内容和证明目的，制作有针对性的质证预案，这样才能在质证中胸有成竹，冷静应对。对被告人证据及证明目的的预测，可从以下方面着手：一是重视庭前提审中被告人的意见，认真听取被告人的供述和辩解，重点是被告人有异议的事实证据；二是重视辩护律师的庭前意见，在与辩护律师的庭前接触过程中，了解辩护律师对案件的基本看法和主要依据；三是重视案件证据、事实和法律适用上的争议问题尤其是与定罪量刑有关的问题，将很可能成为提出新证据进行辩护的重点内容。

（三）公诉人与被告人进行对质的技巧

控辩双方针对同一事实出示的证据出现矛盾的，公诉人可以提请法庭通知相关人员到庭对质。被告人、证人对同一事实的陈述存在矛盾需要对质的，公诉人可以建议法庭传唤有关被告人、证人同时到庭对质。各被告人之间对同一事实的陈述存在矛盾需要对质的，公诉人可以在被告人全部陈述完毕后建议法庭当庭进行对质。

被告方质疑物证、书证、勘验、检查笔录、鉴定意见时，公诉人应对证据材料的有效性和证明作用发表意见。确有必要的，公诉人可以提请法庭通知侦查人员、勘验、检查人员、勘验、检查活动的见证人、鉴定人出庭说明有关情况，被告方仍有异议的，公诉人应结合具体情况展开辩论。

对被告人出示的鉴定意见和提请出庭的鉴定人，公诉人在必要时可以要求专业技术人员出庭，与辩护方提供的鉴定人对质。

在对质过程中，公诉人应突出证据之间的矛盾点进行发问并适时运用其他证据揭露虚假的证据材料。

第五章 多媒体示证技巧

随着刑事诉讼中被告人权利意识、法律意识和抗辩能力的不断提升，刑事审判的对抗性越来越强。在犯罪事实更复杂、犯罪手段更隐蔽的背景下，检察机关指控犯罪和证实犯罪的难度也越来越大。如何运用高科技手段，提高公诉能力，确保案件质量，是检察机关必须直面的现实课题，多媒体示证就是提升公诉效率、增强庭审效果的有效手段之一。

第一节 多媒体示证概述

一、多媒体示证的内涵

多媒体示证是指公诉人按照出庭公诉的需要，将证明案件事实的证据材料编辑整理后转换为数字化信息，并在庭审过程中运用多媒体技术予以出示，以证明被告人有罪或无罪、犯此罪或彼罪、罪重或罪轻的举证方法。

现代科学技术在刑事诉讼中运用越来越广并发挥着越来越大的影响力。多媒体示证是现代公诉制度改革的需要，它运用计算机技术对文字、图表、物体、声像等证据载体进行处理并在庭审中通过多样化手段清晰、生动地展示在大屏幕上，全面提高公诉人的综合举证能力和指控犯罪能力，体现审判公开和诉讼公平原则，有助于圆满完成公诉任务。

针对1996年《刑事诉讼法》施行后卷宗中心主义庭审方式盛行的状况，2012年《刑事诉讼法》对证人、鉴定人和警察出庭作证作出了明示性强制规定，公诉人应当提高当庭讯问、询问、质证和辩论能力才能满足指控犯罪的需要。但是，言词证据全部当庭陈述并质证既不可能也无必要，可以预见，出示卷宗材料在很长一段时间内仍将是公诉人的重要举证方式。我国《刑事诉讼法》第190条规定，公诉人应当向法庭出示物证，让当事人辨认，对未到庭的证人的证言笔录、鉴定人的鉴定意见、勘验笔录和其他作为证据的文书，应当当庭宣读。在犯罪事实清晰明了的简单案件中，受到新《律师法》保障的被告人及其律师可以充分阅卷并在庭审中为被告人权益抗辩，公诉人可以在卷宗材料中快速查找并宣示证据来证明公诉主张，控辩对抗的实现比较容易。但在案情纷繁复杂、证据纠缠纷乱的疑难案件中，仅仅通过孤立出示宣读卷宗材料难以清楚地表达公诉意图，尤其是难以完整展现证据链条；由于抗辩双方对卷宗材料的理解不一致，辩论焦点往往迥异，因而庭审的对抗性不强，出现你诉你的、我辩我的的抗辩不接驳局面。此外，即使是案情清晰的简单案件，如果完全依赖于通过宣读卷宗材料的方式来举证，也会部分削弱证据的证明力。而多媒体示证则可以通过生动直观的证据展示来再现犯罪事实，促进诉讼透明公开，加强抗辩对抗的双向对应，在一目了然地反映检察机关公诉主张的同时，有利于被告人更有针对性地为自身权利而辩争。

充分利用现代科学技术和设备来提高公诉水平，丰富公诉手段，增强公诉效果是公诉制度发展的趋势。凭借多媒体技术，公诉人可以多样化地提取、固定和展现证据信息，应对被告人辩护并说服法官采信指控证据。多媒体手段在出庭公诉中的运用，改变了传统举证手段的呆板枯燥，示证生动，证明有力，说理透彻，保障了公诉的社会效果和法律效果。

多媒体示证是公诉人在不改变证据内容的前提下，运用进行数字化编辑后各种证据之间的逻辑关系来出示证据，从而形成证据体系来实现证明主张。多媒体示证必须具备必要的技术装备：一是证据的载入编辑装备，主要包括载入证据的录音录像设备、照相扫描设备等，以及编辑证据的计算机及应用软件等；二是证据的存储展示设备，主要包括存储提取证据的手提电脑和展示数字化证据的多媒体播放设备等。

多媒体示证的运用可以分为庭前编辑证据和庭审展示证据两个阶段：在庭前编辑阶段，公诉人根据出庭预案和举证思路，紧紧围绕起诉书提出的公诉主张，使用载入编辑设备将被告人供述、被害人陈述和证人证言等书面笔录、书证物证、鉴定意见、视听资料等证据载入计算机并进行梳理、编辑，形成信息连贯、逻辑严密、环环相扣的证据锁链，在不改变证据内容的前提下，公诉人还可以用应用软件对证据进行标注，如画圈、上色、画直线、放大缩小、改变字体等，以更加直观地展示证据；在庭审展示阶段，公诉人按照庭前确定的举证思路次第展示证据，并根据庭审变化适时调整示证顺序和示证重点，以更生动全面地向法官、被告人及其辩护人、旁听者展示证据，从而使公诉人举证更加真实、直接、高效和有力。

多媒体技术强大的信息收集处理功能丰富了检察机关指控犯罪的手段，这种手段的丰富不仅仅体现在由人工举证向多媒体举证的形式转换上，更体现在多媒体示证的多种实用功能上：一是投影功能，即将书面化言词证据（被告人供述、被害人陈述、证人证言）、物证书证、现场勘查笔录及照片等证据展示在屏幕上，并可以根据庭审需要对关键性证据尤其是证明罪与非罪的证据进行重点展示，以更加清晰有力地指控犯罪；二是视频播放功能，即将反映案发经过的监控录像、记录被告人供述、被害人陈述和证人证言的同步录音录像等在法庭上播放，生动再现案件事实，以证明证据的真实性、关联性和合法性，发挥证据的最佳证明效果；三是备查功能，即将庭前编辑的可能在庭审中无须使用的证据存储在电脑中，并根据庭审变化随时提取展示，以满足公诉需要；四是即时通信功能，即将手提电脑与检察机关接通，保持即时通信，公诉人可以及时反馈庭审情况，检察机关也可以同步监控法庭并指挥公诉人调整公诉方案，用集体智慧应对庭审变化，以适应公诉人指控难度和举证责任越来越大的诉讼现实，这一功能在特别重大敏感案件的出庭公诉中有特殊作用。

二、多媒体示证的性质

从本质上说，多媒体示证是公诉人在出庭支持公诉过程中借助多媒体技术出示证据的一种方法，即多媒体示证本身并非证据而仅仅是公诉人向法庭展示证据的一种方法。经多媒体技术展示在法庭之上的各种证据的性质也未发生任何变化，例如，被告人供述无论是以同步录音录像或书面供述的方式展示在大屏幕上，其性质仍然是被告人供述。因此，多媒体示证仅仅是支持公诉的辅助手段，它并不产生新的证据事实，只是对侦查机关提取、固定的证据进行形式转换，以实现提起公诉的目的。

必须认识到，多媒体示证不是证据的种类之一，原因在于它不具备证据的基本特征：一是多媒体证据不具备证据的客观性。虽然多媒体证据的内容是真实存在的案件事实，但其展示的逻辑、证明的对象和表达的目的却体现公诉人的指控意图，是公诉人在证据基础上"加工"而成的产品。二是多媒体证据不具备证据的相关性。从整体上看，多媒体证据是公诉人为直观展示证据、全面控诉犯罪而制作的数字化证据（既非原始证据也非传来证据），这种仅仅是为诉讼快捷、证明有力服务的数字化技术与案件事实不具有内在关联性。三是多媒体证据不是法定的证据种类之一。2012年《刑事诉讼法》第48条规定的证据种类包括：物证；书证；证人证言；被害人陈述；犯罪嫌疑人、被告人供述和辩解；鉴定意见；勘验、检查、辨认、侦查实验等笔录；视听资料、电子数据。多媒体证据应当归属于电子证据。司法实践中，多媒体证据较易与视听资料混淆，但实际上两者区别泾渭分明。视听资料是以声音、图像、视频或电子资料来证明案件事实的证据，它虽然可以通过多媒体技术进行出示，但视听资料是随着案件的发生发展而形成的这一本质属性完全与在审查起诉中制作完成的多媒体证据相区分。正因为多媒体示证本身不是证据而是举证方式，因此在庭审前不应纳入律师阅卷的内容，庭审结束后也无须移送审判机关。

多媒体示证的合法性不容置疑。在科学技术与社会生活结合更加紧密的今天，利用科学技术提高刑事诉讼庭审效率和效果是大势所趋并在各国刑事审判中广泛运用。多媒体示证作为一种基于证据本原内容基础之上的向法庭出示证据的方法，科技含量更高，证明效果更佳，由于多媒体示证与法庭审理进程同步，更有利于法庭审判的公开、公正、公平。当然，制作多媒体证据的前提是案件证据的客观、关联和合法性经过了审查批准逮捕和审查起诉的审查并能证明案件事实，且这种证明达到了案件事实清楚、证据确实、充分的程度。在这个基础上，公诉人通过多媒体硬件设备和软件系统对案件证据进行信息筛选、技术制作和重新展示，从而将案件证据及其反映的事实真相在法庭上显现出来。

三、多媒体示证的功用

（一）增强刑事审判的对抗性，提高庭审对法庭判决的影响力

刑事审判实践中，由于直接言词原则贯彻不到位，侦查人员和证人出庭率差强人意，以卷宗为载体的书面言词证据通行无忌，公诉人主要通过照卷摘读被告人供述、被害人陈述、证人证言的方式出示证据，示证过程冗长，证明重点模糊，被告人及其辩护人难以进行有针对性的抗辩，庭审过程往往异化为控方强势主导，辩方被动防御的一边倒局面，庭审对抗性较差，因而不能对法庭裁判施加强有力的影响，法官多是通过庭后的办公室阅卷作出裁判，当庭判决率较低。而多媒体示证在大屏幕上同步显示公诉人展示的证据，通过字体变更、颜色显示、重点标注等技术手段，使得证据内容、证明重点和案件焦点清晰显现，辩方可以有选择性、有针对性地进行反驳和抗辩，增强庭审的对抗性。同时，案件事实在多媒体示证和控辩对抗中渐次清楚，有利于法庭当庭作出裁决，改变法官办公室裁决、庭审流于形式的弊病。

（二）规范刑事执法程序，保障被告人诉讼权益

多媒体示证的目的是通过直观形象地出示证据，提高证据的证明力，促使被告人悔罪认罚，说服法庭接受公诉主张。由于多媒体证据是以声音、图像、视频等方式表现，证据的形式和内容一览无遗，这就要求在制作多媒体证据时要高度重视证据的合法性和规范性，公诉人必须对证据的证明能力和证明力严格把关，例如取证主体是否合法、讯问时间是否合法、笔录更改是否有当事人确认等，从而排除非法获取的证据，完善证据之间的逻辑关系，最终得出唯一结论。因此，多媒体示证要求侦查机关和检察机关要提高刑事执法的程序性和

合法性，严格按照刑事法律的规定行使权力，依法办案，规范取证。多媒体示证不仅保障被告人在侦查阶段和审查起诉阶段的诉讼权益不受非法侵害，而且有利于被告人在庭审阶段积极维护自身权利。公诉实践中，常常存在被告人由于法律知识有限、辩护能力不足和心理素质较差等原因，对公诉人宣读的证据听不清、听不懂或者记不住但又不知如何提问和质疑的情形，被告人质证答辩无从着手，辩护效果不佳。而多媒体示证以大屏幕展示被告人构成犯罪的各类证据，被告人及其辩护人可以清楚地看清证据的内容，充分行使质证权、辩护权和最后陈述权：在法庭调查阶段，被告人可以就每一份证据的来源、形式和内容一一进行辩驳，随时提问，全面质证；在法庭辩论阶段，被告人可以结合多媒体证据对案件和证据发表自己的意见、阐述辩护根据和理由并与公诉人展开辩论；在被告人最后陈述阶段，被告人可以针对多媒体示证显示的公诉意图，综合陈述自己的观点，请求法庭作出有利于己的判决。

（三）突出公诉效果，促进司法公正

公诉人出庭支持公诉的基本任务是运用事实、证据和法律来证明犯罪，反驳被告人的无理辩解，维护法律尊严。多媒体示证使得公诉人可以按照证明思路自如地组织和运用证据指控犯罪，多媒体技术的科学直观性可以确保公诉人证明过程逻辑脉络清晰，关键证据凸显，指控方向明确，用事实和证据迫使被告人认罪服法。多媒体示证的公诉效果主要表现在：一是有利于公诉人指控犯罪。公诉人通过多媒体能够灵活掌握证据展示的时间和示证次序，强化证据内容的系统性和证据之间的印证性，使案件证据与证明对象的关联性更强，直接将被告人的犯罪证据生动形象地呈现在法庭上，现场说明，当庭展示，是非曲直、罪责轻重毕现无遗，克服了语言表达的不连贯性和可能的漏洞，使法庭真切地感受到确凿证据揭示的事实真相。法庭在生动全面地了解检察机关提供的指控证据后，对案件事实有了更直观具体的掌握，证据的感染力大大增强，更易于当庭确认检察机关的公诉主张。例如，在一起交通肇事后将伤者抛入长江的故意杀人案中，被告人辩称是在发现被害人确已死亡后才将其抛入长江的；公诉人利用多媒体系统出示了被告人所驾出租车车头损坏状况以及第一现场勘查情况及有关照片，证明在第一现场的撞击事故中是不足以致被害人死亡的；接着出示了被告人在将被害人撞倒后曾三次想把被害人送往医院抢救，其中两次已到医院门口又折回的证明材料，又出示了被告人将被害人抛入长江的石料码头现场照片，证实被告人在三次想到救人又放弃的情况下将被害人抛入一个方位偏僻、水深浪急的废弃石料码头，足见被告人是知道被害人还活着，其这样做主观心理只有一种，就是逃避罪责、杀人灭口；在严密的驳斥和印证有力的图片面前，被告人的辩解显得苍白无力。① 二是有利于提高诉讼效率。多媒体技术具有信息容量大、切换灵活的特点，公诉人可以事先编辑，提前演练，在出庭时按举证需要出示证据，提高诉讼效率。由于出示证据更加快捷直观，减少了查找翻阅、逐一展示、传阅审查的时间，化烦琐为简单，变混杂为清晰，出庭的文案工作量显著减少，公诉人能够集中更多精力来控制和应对庭审变化。多媒体示证还可以使公诉人将各种内容繁杂的证据作类型化处理后配合使用，环环相扣，便捷灵活，直接证明或交叉印证某一案件事实。例如，对被告人众多、事实纠缠不清的重大复杂经济案件，由于书证堆积交错，诸多会计凭证、账本、发票、货单不仅查找、使用困难，也难以直接用于证明犯罪，但用多媒体技术转换后，这些书证可以通过连续出示和分类证明的方法有力配合公诉人指控。多媒体示证同样也有利于被告人辩护和法庭采信，大量节省庭审时间。三是有利于公诉人应对庭审变化。多媒体示证的使用，可以帮助公诉人有效应对被告人翻供、证人改变证言、被害人改变陈述、被告人证据突袭等庭审突发情况，防止庭审意外。例如，在被告人突然翻供的情况下，公诉人可以通过多媒体调取被告人作有罪供述时的录音录像来显示其供述时的动作、表情、精神状态和讯问环境，从而证明被告人作出有罪供述的任意性，可以通过展示其亲笔供述或供述笔录的签名、手印证明其认罪的非强迫性，还可以立刻从多媒体证据中调取被害人陈述、证人证言、同案犯指证、鉴定意见等其他证据进行驳斥，用体系化的证据和事实击碎被告人的侥幸心理。又如在一起故意杀人案庭审中，辩护人认为被告人只有伤害被害人的故意而无杀害被害人的故意，发生被害人死亡的后果在被告人的故意之外，应当以故意伤害（致死）罪而不是故意杀人罪追究刑事责任，公诉人即当庭在多媒体证据中提取出被告人杀害被害人的单刃匕首照片和鉴定意见，说明被告人手持匕首连续猛刺被害人胸部、腹部十余刀致被害人右肺上叶贯通创、大出血急性开放性血气胸死亡的事实，从伤人的刀具、伤人的部位、刺杀的次数、刺杀的深度等客观方面来充分论证了被告人故意杀人的主观故意。

多媒体示证对促进司法公正作用明显：一是促进侦查和审查起诉活动公正进行，多媒体示证对证据的直接展示，让证据的合法性、关联性和真实性接受法庭、当事人和旁听者的质询，体现了检察机关按照客观公正原则公正履行法律监督职能的态度，推动检察机关和侦查机关公正执法。二是促进审判公正。多媒体示证将证据详尽展示，公诉人举证有力，被告人辩解充分，法庭居中裁

---

① 董建新、吴道枫：《三见面·三结合·三延伸——运用多媒体示证系统的几点做法》，载《人民检察》2001年第10期。

判，司法的权威和公信力进一步提升。

（四）放大庭审效应，强化法制宣传

多媒体示证使得案件事实以生动形象的方式呈现在法庭审判中，证据的展示方式更吸引普通人，审判氛围活跃，公诉指控容易被接受，旁听群众随着公诉人的举证节奏思索被告人的犯罪成因，反思案件得出的经验教训，有利于提高公诉案件的法律效果和社会效果，尤其是对提高判决的公众认同度和旁听群众的法律意识效果明显。被告人和旁听群众在多媒体证据中看到了被告人犯罪行为造成的严重社会危害，促使被告人真诚悔罪，反省改过，促使群众提高警觉，约束自己，远离犯罪，从而实现刑罚的特殊预防和一般预防功能。

四、多媒体示证的原则

（一）真实合法原则

真实合法是多媒体示证必须坚持的首要原则。由于多媒体示证出示的是数字化证据而非原始证据，且公诉人编辑多媒体证据是以举证思路为中心，体现着公诉人的个体意见，因而原始证据包含的信息存在一定的剪裁、取舍和减少，导致多媒体证据具有既扩大证据的感染力又可能伤及证据的原始证明力的两面性。公诉人在制作多媒体证据时，必须严格按照刑事法律的规定，不得对原始证据的内容作任何修饰和改动，充分保障证据的本原形式和内容，忠于事实，忠于证据，禁止恶意篡改或断章取义，力求"原汁原味"地展现案件事实，每一份多媒体证据都必须注明原始出处，确保多媒体证据与诉讼证据的同一性。

多媒体示证要坚持真实合法原则，必须要注意多媒体技术手段和证据原始内容的平衡，证据的数字化绝非对证据的修改，公诉人可以采用形象生动的多媒体技术来展示证据但不得损害证据原貌，唯有如此，才能实现公诉效果和诉讼目的。有些检察机关为形象说明犯罪过程或危害后果，在多媒体示证中采用三维图像或动画模拟的方式进行演示，虽然说服、宣传效果颇佳，但这种三维图像或动画并非证据的数字转换，完全是公诉人自主创造，显然不属于多媒体示证的内容，应当予以纠正。

（二）限制使用原则

多媒体示证虽然形式新颖，论证有力，但作为一种举证方式，它并非普遍适用于所有公诉案件，也并非普遍适用于一个案件的所有证据。例如，在被害人、证人、鉴定人出庭的案件中，按照直接言词原则和最佳证据原则，采用多媒体示证反而削弱了这些言词证据的证明力；对于案件事实清楚、证据简明充分的案件，运用多媒体示证反而增加公诉人工作量，降低了诉讼效率；对于内容明确的单份或数份书证、体积较小的物证等，采用多媒体示证也不是唯一选择。因此，要选择最适合多媒体示证功能的合适案件、合适证据和合适场合，才能达到多媒体示证形式、内容和效果的最佳统一。

（三）辅助使用原则

归根结底，多媒体示证是一种举证方法，是为支持公诉服务的，它不可能脱离证据而存在，也不可能取代证据，这就决定了刑事审判中仍然是以传统方式为主流、多媒体示证为补充的举证格局。公诉人应当全面掌握案件的事实和证据，做好当事人质疑多媒体证据客观真实性时的应对准备。

第二节　多媒体示证的适用

一、适用多媒体示证的案件范围和证据类型

如前所述，多媒体示证并非适用于所有案件，也并非适用于一个案件的所有证据。就案件而言，对于事实清楚、证据简单、被告人作有罪答辩的案件，适用多媒体示证反而增加公诉人庭审工作量，降低诉讼效率；对于关乎国家秘密、商业秘密、个人隐私的案件，例如危害国家安全类案件和性侵犯案件，多媒体示证也不适合。就一个具体案件而言，被告人供述、确定出庭的证人证言和被害人陈述、体积不大的物证、页面较小且数量较少的清晰书证、法律文书（如起诉书、扣押凭证等）、控辩双方无异议的其他证据，也无须转换为多媒体证据。当然，对于被告人可能翻供的案件，有必要制作其庭前有罪供述的多媒体证据，以利用供述中的关键情节或细节予以驳斥。公诉人在多媒体示证时，要注意繁简结合，详略得当，无须将所有多媒体证据一一宣读，而应当突出关键证据和重点事实并做好证据分析小结，揭示证明对象，对次要证据则快速出示简要展示基本全貌即可。

选择适当的案件和证据进行多媒体示证，可以充分发挥多媒体示证的功用，实现生动展示和有力证明的结合。根据公诉实践，适合使用多媒体示证的案件主要有：一是证据数量繁杂，尤其是同一类证据（如书证、证人证言）众多的案件。这类案件的证据既难以用通读的方式全面展示，也难以用摘读的方式重点展示。而采用多媒体示证可以将众多同一类证据整合编辑后连续、全面地向法庭出示，同时对其中的重点部分尤其是证明犯罪的部分作标注后予以解释说明，从而证实犯罪。例如，在被告人张某某涉嫌强迫交易一案中，张某某以终止经营合同相威胁，强行揽下某综合市场 60 余家经营户的档位装修工

程（价格与市场价基本相同），由于被害人达 50 多人，公诉人在出庭公诉前将被害人陈述编辑为一组证据，在庭审中连续播放被害人的陈述，并摘读了做好标注的被害人指控被告人张某某强迫交易的陈述，充分展现被害人陈述这一控诉证据的全貌，有力地证明了被告人的犯罪事实，庭审效果极佳。二是直接证明犯罪的视听资料较多的案件。随着社会综合治理工作的推进，视频监控的覆盖面越来越广，这也为指控犯罪提供了充足的多媒体资源。在确保证据客观合法性的前提下，利用视听资料可以直接驳斥被告人辩解，直指犯罪行为的实施过程。例如，在韦某强、韦某亮、黄某等三人团伙在公交车上盗窃一案中，被人赃俱获的韦某强供认不讳，但掩护盗窃并阻挡被害人和群众抓捕的韦某亮和黄某拒不供认，公诉人通过播放市公安局公交分局在公交站台、公交车上提取的多个监控录像多角度展现三名被告人互相配合、共同实施盗窃的全过程，韦某亮和黄某瞠目结舌，哑口无言，被迫承认了犯罪事实。三是社会舆论强烈关注或有典型教育作用的案件。利用多媒体示证不仅形式新颖，指控有力，而且可以使旁听群众领悟到犯罪的严重危害，受到深刻的法制教育。四是证据事实或法律适用争议较大、被告人在庭前提审中翻供或作无罪辩护的案件。通过有针对性地制作多媒体证据，可以有效反驳被告人的辩解，论证案件事实和法律适用原理，实现公诉主张。

运用多媒体出示的证据，应当说明证据的出处和在卷宗内的页码，做到示证有据，论证合法，并注重保持证据原貌，维护证据原意。例如，出示书证时不仅要阐述书证的内容和证明对象，还要说明书证的来源并显示书证提供者和取证者的签名，字迹模糊的可以放大；又如出示物证时应当说明原物不便搬运、不易保存或者依法返还事主等情况，照片应当能够清晰展示物证特征并证明案件事实。

二、多媒体证据的编辑和出示

（一）编辑多媒体证据的准备

多媒体示证包括庭前编辑和庭审展示两个阶段，其中庭前编辑是基础，庭审展示是目的。只有充分做好编辑多媒体证据的准备，才能实现多媒体示证的功用和公诉意图。

多媒体证据的编辑是指公诉人按照指控思路和证明路径将证明犯罪的证据材料转换为数字化的多媒体证据的过程。多媒体证据的庭前编辑质量的好坏直接影响示证质量的高低，也直接影响控诉犯罪的成败。编辑多媒体证据的过程就是模拟公诉的过程，这就要求公诉人在编辑多媒体证据之前要完全掌握证据事实，对证据的内容、证据之间的逻辑关系和印证程度、证明的对象和证明程度、被告人的可能变化、证据的出示顺序和时机等问题要烂熟于心，这样才能在编辑多媒体证据时胸有成竹，合理组合指控证据，灵活调配信息资源，确保多媒体示证的连贯性和整体性。

编辑多媒体证据要求做到：一是要全面细致阅卷，吃透案情，对证据了然于胸，否则编辑的多媒体证据就可能重点模糊、逻辑混乱、主次不清，导致示证的效果不佳，证据的证明力和感染力大打折扣；二是要审查多媒体证据的真实合法性，确保其证据能力和证明力，例如，被告人供述或证人作证的同步录像应明确显示讯问（询问）的侦查人员不能少于两人，连续讯问（询问）的时间要符合法律规定；三是要制作好起诉书和出庭预案，明确举证思路，确定多媒体示证的重点；四是要重视被告人及其辩护人的意见，准确预测庭审变化以有针对性地编辑应对证据；五是要掌握多媒体示证技能，能够熟练制作和出示证据，既要防止因技能不足导致编辑的证据简单粗糙，又要防止因过分追求多媒体效果导致干扰、遮掩甚至破坏证据的证明力。

（二）多媒体证据的编辑和出示

多媒体证据的编辑不是各类证据的简单转换，也不是证据与证据的数量叠加，而是公诉人以案件事实和证据为基石，以举证和质证预案为纽带，从而揭露犯罪、证明犯罪和控诉犯罪的动态过程。多媒体证据的出示也绝非单纯的数字化证据连贯播放，而是公诉人统筹证据播放时间和示证次序，连续播放与停顿论证相结合，有选择、有重点、有意图地推进公诉主张一步步实现的过程。

多媒体证据的具体编辑和出示方法有：

1. 按照犯罪构成要件编辑和出示。犯罪构成就是按照我国刑法的规定，决定某一具体行为的社会危害性及其程度而为该行为构成犯罪所必需的一切客观和主观要件的有机统一。① 按照犯罪客体、犯罪客观方面、犯罪主体、犯罪主观方面等犯罪构成要件编辑多媒体证据，有利于公诉人准确区分重点证据，全面证明犯罪，也有利于法庭掌握犯罪事实和证据，将证据事实与法律规定一一对应起来，从而做出公正裁判。按照犯罪构成要件编辑和出示多媒体证据，可以突出证明犯罪的关键性证据，如主体身份、犯罪数额、作案手段、危害后果等，以有力地指控犯罪。

2. 按照证据类别编辑，即依照刑事诉讼法规定的八类证据归类编辑和出示。公诉人按照证据的类别即物证、书证、证人证言、被害人陈述、犯罪嫌疑人、被告人供述和辩解、鉴定意见、勘验、检查、辨认、侦查实验笔录、视听

---

① 高铭暄、马克昌主编：《刑法学》，北京大学出版社、高等教育出版社2000年版，第52页。

资料、电子证据等编辑多媒体证据，不仅契合传统举证方法和诉讼习惯，而且有利于发挥多媒体技术的类型化功能，将各类证据整合后多角度证明犯罪事实，体现各类证据之间的关联性和互相印证性，使法庭和被告人全方位理解证据事实。

3. 按照被告人编辑和出示。对于共同犯罪案件，公诉人可以对各个被告人逐一编辑证明其犯罪事实的多媒体证据，将每一个被告人的犯罪事实依次证明清楚并直接或间接证明同案犯的犯罪事实，以确立被告人属于主犯、从犯还是胁从犯，区分被告人在共同犯罪中的作用，确保各负其责，罪责相当。

4. 按照犯罪的过程编辑和出示。任何案件都会经历起因、经过和结果的完整过程。按照犯罪发生发展的不同阶段，分组编辑证据并出示，可以循序渐进地证明被告人实施犯罪的全过程。例如，在 2006 年被评为全国十佳公诉庭的被告人谭春生等 27 人故意伤害案中（由河北省邯郸市人民检察院提起公诉），被告人谭春生等人携带工具强行进入对土地征用补偿款有异议的河北定州市开元镇绳油村，殴打驻守村民造成村民 6 人死亡、12 人重伤、38 人轻伤、93 人轻微伤的严重后果。针对案情复杂，人员众多，27 名被告人责任划分难度大等问题，出庭支持公诉的 4 名公诉人在吃透案情基础上，确立了以犯罪阶段为主，以证据种类为辅的举证思路，将全案 2 万余页证据转换为多媒体证据并分组编辑为预谋阶段的证据、准备作案工具的证据、事件参与人员关于现场打斗的证据、被害人陈述、刑事科学技术鉴定的证据等，还辅助制作了被告人聚集的线路图；在庭审中，公诉人紧扣证据事实和各被告人在犯罪中的具体作用出示多媒体证据，并对证据与证据之间、证据与事实之间的关系进行了论证和说明，整个庭审次序井然，详略得当，公诉效果突出。

5. 按照控辩双方分歧焦点编辑和出示。公诉人在庭前审查案卷、提审被告人、接待辩护人的过程中，对控辩双方在法律适用、案件事实、证据合法性等方面的争议分歧有较充分的了解，为保障庭审质量，公诉人可以针对争议分歧制作多媒体证据，以形象具体、无可辩驳的证据事实支持公诉。例如，在 2006 年由广东省深圳市福田区人民检察院提起公诉的被告人朱军明等 4 人假冒思科公司注册商标案中，被告人朱军明等 4 人未经思科系统（中国）网络技术有限公司的委托或授权，在深圳市和东莞市从事假冒思科公司的注册商标犯罪活动，实行产、销、维修一条龙，涉案金额 1000 余万元。公诉人通过审阅案卷，对庭审中可能出现的被告人的主观故意、主从犯认定、本案商标所有权归属、价格鉴定等争议问题做了准确预测和多媒体技术准备，确立了整体出示、分组质证、多媒体辅助的方式举证；在庭审中以多媒体示证为手段，对被告人假冒、非法制造、销售的行为是否得到思科公司的授权，在犯罪中如何分工负责、犯罪主观方面是否明知等问题向法庭出示证据并与辩护律师展开辩论，直观地再现了4名被告人犯罪行为的社会危害性。由于公诉人庭前预测准确、多媒体示证有力，辩护律师均放弃原先做无罪辩护的立场转而作罪轻辩护，4名被告人在最后陈述中也当庭认罪，合议庭休庭合议后当庭认定检察机关指控的罪名成立，分别以假冒注册商标罪，非法制造、销售非法制造的注册商标标识罪判处4名被告人有期徒刑。该案公诉庭先后被广东省和最高人民检察院评为十佳公诉庭。还有些案件公诉人经过庭前审查，可以预测到被告人或证人会改变之前的言词证据，直接影响案件定罪量刑并成为庭审的辩论焦点，因此做好多媒体证据准备辅助阐明公诉主张十分必要。例如，在2000年安徽省蚌埠市人民检察院提起公诉的原交通银行蚌埠支行行长吴增荣、海南泰丰实业贸易公司经理黄惠彦、海南荣基实业有限公司和海南国际招标投资有限公司经理李亚民挪用公款、受贿、贪污、行贿、玩忽职守一案中，面对被告人吴增荣翻供改变有罪陈述、否认犯罪事实的局面，早有准备的公诉人胸有成竹，利用多媒体证据进行了有力回击，在法庭调查阶段在大屏幕出示被告人吴增荣向检察机关交代第一笔犯罪事实的录像，被告人吴增荣看到自己着装整齐、打着手势、晃动着身体的交代哑口无言，只好向法庭承认了自己的交代；面对被告人李亚民当庭否认挪用公款犯罪事实的局面，公诉人出示其向检察机关交代的讯问笔录和讯问录像，在活生生的证据面前，李亚民苍白无力的抵赖狡辩引起庭下一阵哄笑；当被告人李亚民的辩护律师断章取义向法庭出示某证人证言时，公诉人反驳指出其歪曲了证人原意不能作为证据使用，同时使用多媒体出示了证人的完整证言，该证人的"如果我的证言与其他地方说的有冲突的话，请以我在检察机关的证言为准"的证词用下划红线清晰标注出来，法官、被告人及其辩护人、旁听群众均看得清清楚楚，辩护律师再也无话可说。[①]

6. 按照犯罪的社会危害性编辑和出示。对于社会关注度高或者具有典型教育意义的案件，在确保指控犯罪的前提下，可以针对被告人走上犯罪道路的原因、经过和犯罪后果编辑和出示证据，这样不仅可以揭示其社会危害性的犯罪本质，而且启迪旁听群众深思，扩大法制宣传效果。例如，在2009年由福建省将乐县人民检察院提起公诉的被告人吴某某等4人聚众冲击国家机关、非法拘禁案中，被告人吴某某等4人因对镇政府处理的林地承包纠纷不服，聚众冲击镇政府和派出所，并将一林地承包商扣押；庭审中公诉人运用多媒体技术，向法庭和旁听群众出示大量被冲击后镇政府和派出所被严重破坏的现场图片，在活生生的证据事实面前，拒不认罪的被告人吴某某等人心理防线崩溃，

---

① 参见彭剑：《多媒体示证："阳光下的作业"》，载《检察日报》2000年8月9日。

当庭认罪，并以深深鞠躬的方式表达了忏悔之意，旁听群众也上了一堂生动形象的法制教育课。

多媒体证据的编辑制作，要求公诉人必须审慎审阅案件事实和证据，厘清证据与证据之间的关系，排除证据与证据之间的矛盾，用直观形象的多媒体证据论证被告人犯罪行为与犯罪后果之间的因果关系，证明犯罪行为的社会危害性，这大大增加了公诉人的庭前准备工作量。公诉人必须在全面阅卷、吃透案情的基础上，注意多媒体证据制作与起诉书和公诉意见书制作的协调，注意多媒体证据与举证、质证预案的统一，统筹安排时间，注重证据整体一致，共同服务于公诉任务。

为更好发挥多媒体示证的功用，公诉人应当做到：一是要紧跟公诉改革步伐，树立科技强检理念。司法活动和科学技术相结合是社会发展的趋势，利用科技手段提升公诉质量，提高公诉效果是公诉改革的重要内容之一，公诉人要更新办案观念，掌握传统和现代相结合的出庭支持公诉办案方式，用包括多媒体技术在内的现代科技手段促进公诉工作。二是要提高学习新知识、新技术的能力，熟练掌握多媒体示证技术。多媒体示证具有一定科技含量，对计算机专业技术有较高要求，部分检察机关的多媒体证据制作和出示往往交由专门的检察技术人员而非公诉人本人承担，这既不利于多媒体示证功能的实现，也不利于公诉人水平的综合提高，甚至可能造成示证与举证、质证的脱节，影响公诉指控的效果。公诉人要克服学习新技术、新知识和新事物的畏难心理，积极参加多媒体示证技术培训，初步掌握计算机技术知识和基本操作技能，直至能够独立、规范地开展多媒体示证工作，达到证明思路明确、辅助手段得力的双赢。三是要推动规范化多媒体示证系统运用软件的开发，使用统一标准和格式的示证软件来支持公诉。

必须看到，随着刑事诉讼改革的深入，全面对抗的庭审格局并非遥不可及，被害人、证人、鉴定人不出庭情况正在逐渐改善，司法实践中被架空的直接言词原则的贯彻力度越来越大，当庭提供和审查言词证据将越来越普遍，多媒体示证在言词类证据上的适用空间将越来越小。检察机关需要在公诉实践中不断挖掘多媒体示证的技术功能和服务功能，对适合多媒体示证的案件以及物证书证类证据、技术资料类证据灵活运用，用科学技术来提升公诉案件质量，提高指控犯罪水平。

第六章　法庭辩论技巧

第一节　发表公诉意见技巧

一、公诉意见书概述

（一）公诉意见书的功能

公诉意见书又被称为公诉词，是公诉人代表人民检察院，为揭露犯罪，在总结法庭调查的事实、证据和适用法律的基础上，集中阐明人民检察院对追究被告人刑事责任的意见。其重点是阐明指控被告人犯罪的根据和理由，指出犯罪的危害后果，说明犯罪的根源，提出有建设性的预防措施和意见，以达到支持公诉、宣传法制、教育群众的目的。[①] 公诉词是公诉人揭露犯罪、指控犯罪和证明犯罪的全面论述，是公诉人在法庭辩论阶段率先发表的第一轮控诉意见，它在起诉书的基础上再次明确阐述了公诉主张，当庭揭露和指控被告人犯罪事实。

公诉意见书是公诉人在法庭辩论开始时论述控诉主张的总结性意见，涵盖了犯罪构成、量刑情节、法律适用、法制教育等诸多内容，是出庭公诉法律效果和社会效果相结合的重要表现形式。发表公诉意见书的效果直接奠定法庭辩论的基础和基调，决定法庭辩论的质量。因此，公诉意见书必须紧紧围绕公诉主张，全面分析案件事实证据，客观揭露被告人犯罪行为，充分论证追究被告人刑事责任的依据和理由。

如果说起诉书载明了出庭支持公诉的主旨和共性的话，那么公诉意见书则是公诉人个性和风采的充分展现。饱含论证性和感染力的公诉意见书是法庭辩论的号角，直接表现公诉人代表国家支持公诉和控诉犯罪的形象和能力，关系到公诉人能否掌握法庭辩论的节奏和主动权，因而在刑事审判中具有诸多

[①]　陈光中主编：《刑事诉讼法》，北京大学出版社、高等教育出版社 2009 年版，第 331 页。

功能：

1. 确认功能。公诉意见书再次对起诉书提出的公诉主张进行了确认，认为已经达到犯罪事实清楚、证据确实充分的证明标准，人民法院应当对被告人作出公正判决。

2. 总结功能。公诉意见书对法庭调查中经过控辩双方举证、质证的事实证据进行梳理总结，阐述证明被告人涉嫌犯罪的各个证据均具备客观性、相关性、合法性并形成逻辑严密的证据体系，指向唯一的证明结论。

3. 补充功能。起诉书是公诉主张的载体，主要阐明检察机关的定罪请求，而公诉意见书则是通过补充说明被告人犯罪行为的定性和量刑意见的发表进一步完善公诉主张。通过法庭调查，被告人的悔罪表现、量刑情节、社会危害等都一一查清，这也为公诉人补充发表定罪量刑意见打下基础，尤其是可以通过提出量刑建议使公诉主张更为全面，也更具有针对性和说服力。

4. 论证功能。公诉意见书是通过对案件事实证据的分析和指控犯罪法律依据的论证来阐明公诉立场。公诉人在公诉意见书中阐述案件事实经过，分析各个证据的证明对象和证明内容，论证公诉主张的正确性和合法性，促使审判人员排除合理怀疑地确信被告人实施了起诉书指控的犯罪事实。

5. 说服功能。证明责任理论认为，公诉人除了承担证明被告人有罪的责任外，还承担着说服法庭接受公诉主张并作出公正判决的责任。公诉意见书就是通过对事实证据的总结分析，论证检察机关提起公诉的客观性和必要性，说服法庭依法惩处被告人的犯罪行为。

6. 感化功能。公诉意见书通过分析被告人走上犯罪道路的原因和对社会、被告人造成的严重危害，以法服人，以情感人，促使被告人认识到自己犯罪行为的不可饶恕性，从而真诚悔罪，改过自新，实现刑罚的特殊预防功能。

7. 教育功能。由于公诉意见书包含了指控犯罪、论证法理、分析原因、阐述危害等丰富内容，因而具有很强的教育功能。从某种意义上说，公诉意见书就是具有强大法律说服力和情理感染力的法治演讲词，能够使被告人和旁听群众受到法律教育和洗礼，使群众避免重蹈被告人失足犯罪的覆辙，实现刑事诉讼的社会效果和刑罚的一般预防功能。

应当指出的是，公诉意见书的核心内容和主要任务是论证起诉书提出的公诉主张，阐述支持公诉主张的事实证据的真实可靠性，因此公诉意见书主要体现确认、总结、补充、论证和说服功能，而体现感化教育功能的内容要适度，不能主次颠倒，以情压法，弱化法庭辩论的对抗性，影响指控犯罪的力度和质量。

（二）公诉意见书与起诉书的关系

起诉书作为检察机关指控犯罪的基本法律文件，是公诉人出庭支持公诉的指南，是法庭审判的中心，公诉人的诉讼活动必须紧紧围绕起诉书进行，全面揭露被告人犯罪事实及其应当承担的刑事罪责。就起诉书与公诉意见书的关系而言，两者法理相连，观点一致，起诉书是公诉意见书的根据，公诉意见书是起诉书的延展；起诉书载明并经过控辩双方质证的事实、证据和法律适用意见是公诉意见书的前提和基础，公诉意见书不能超越起诉书另行提出新的主张；公诉意见书通过对起诉书提出的定罪量刑理由展开论述，补充和完善起诉书提出的起诉理由和指控依据。

起诉书的法定性和规范性，决定了起诉书具有行文严谨、内容简洁、用语讲究等特点，也决定了起诉书对公诉主张的论证不可能详细展开，这就需要公诉人在发表公诉意见时要结合法庭调查情况进行深入论述，阐明提起公诉的事实基础和法律依据，说明请求法庭定罪量刑的理由，以说服法庭接受公诉主张并作出追究被告人刑事责任的判决。

起诉书是检察机关提起公诉和发动刑事审判程序的根据，具有严格的文书格式和内容要求，而公诉意见书则通过对指控的事实证据和法律适用的分析论述，强化公诉主张的说服力，其形式和内容较为灵活，公诉人可以根据庭审情况适时调整内容。

（三）公诉意见书的内容

公诉意见书应当明确检察机关指控的犯罪事实成立，被告人已构成犯罪并应追究其刑事责任。公诉意见书的目的是强化公诉主张，有力指控犯罪，从而进一步掌控法庭辩论的主动权，为此公诉人发表公诉意见时要深入揭露犯罪，阐明控诉根据，分析犯罪根源，客观提出意见并适时进行法制教育。由于公诉意见书的受众面涉及被告人、审判人员和旁听群众等多种人群，因此公诉意见书要实现感化、说服和教育功能，就必须要做到说理充分、逻辑严密、内容丰富、有理有据。

一般来说，公诉意见书要根据法庭调查情况、被告人个人特点和案件性质的不同而有所侧重，其基本内容应当包括：

1. 案件基本情况。主要说明案由、案件定性和适用的法律条文，说明公诉人出庭支持公诉的法律依据和法律监督职责。

2. 法庭调查情况。主要是简要概括法庭调查阶段通过讯问被告人、询问证人、被害人和鉴定人、出示物证、书证、现场勘验、检查笔录、播放视听资料并经控辩双方质证、辨认和法庭采信的情况，论述各证据的证明能力和证明力，说明各证据的证明作用，阐明证据之间的逻辑关系并形成证据锁链，达到了证明被告人的犯罪事实清楚、证据确实充分的证明标准，指向被告人构成犯罪这一唯一结论。

3. 法律适用分析。主要是根据被告人的犯罪事实和涉嫌的罪名，论证应适用的法律条款和法理依据，指出被告人的犯罪行为构成何罪。

4. 量刑建议。即结合被告人的犯罪情节，发表量刑建议，提出对被告人依法从重、从轻、减轻或者免除处罚的意见。公诉人可以先对定性问题发表意见，后对量刑问题发表意见，也可以对定性与量刑问题一并发表意见。

5. 法制教育宣传。这是公诉意见书的选择性内容而非必备要件，主要根据案件的具体情况和庭审情况，通过分析被告人走上犯罪道路的各种原因，揭露被告人犯罪行为给被害人和社会造成的巨大危害来提醒旁听群众要引以为戒，不要以身试法，追悔莫及。

虽然公诉意见书对支持公诉主张、揭露指控犯罪的作用不容置疑，但在公诉实务和公诉文书制作中却常常容易被忽略。有的公诉人认为案件事实清楚、犯罪证据简单而不愿意制作公诉意见书；有的公诉人制作公诉意见书前没有吃透案件事实证据，对证据的归纳总结简单凌乱，不能发挥公诉意见书的总结、论证和说服作用；有的公诉意见书对法庭调查情况的总结不到位，对犯罪事实和控诉证据的论证不充分，或者对举证质证中的控辩异议说理不彻底，从而将法庭辩论的主动权拱手让给被告人及其辩护人。这都需要公诉人全面提升总结、概括、提炼和表达能力，以全面发挥公诉意见书支持公诉的重要作用。

（四）公诉意见中的量刑建议

1. 量刑建议的功能和内容

量刑建议是公诉权的重要内容，是指人民检察院对提起公诉的被告人，依法就其适用的刑罚种类、幅度及执行方式等向人民法院提出的建议。公诉人在发表公诉意见中发表量刑建议，是依法履行法律监督职能的重要内容，有利于全面提高公诉能力，保障被告人合法权益，加强量刑监督，防止量刑专横，促进量刑公正。

公诉人要更新执法理念，牢固树立定罪与量刑同等重要的理念，切实提高检察机关指控犯罪的能力。公诉人在庭前审查案件事实证据时，既要注重审查定罪证据，也要注重审查量刑证据；既要注重审查法定量刑情节，也要注重审查酌定量刑情节；既要注重审查从重量刑情节，也要注重审查从轻、减轻、免除处罚量刑情节。检察机关对于提出量刑建议的案件，认为判决、裁定量刑确有错误、符合抗诉条件的，要依法及时向法院提出抗诉。

公诉人提出量刑建议，应当遵循以下原则：一是依法建议原则，即应当根据犯罪的事实、性质、情节和对于社会的危害程度，依照法律规定提出量刑建议。二是客观公正原则，即应当从案件的实际情况出发，客观、全面地审查证据，严格以事实为根据，公正地提出对被告人有利或者不利的量刑建议。三是宽严适度原则，即应当贯彻宽严相济刑事政策，在综合考虑案件从重、从轻、减轻或者免除处罚等各种情节的基础上，提出量刑建议。四是注重效果原则，即提出量刑建议时，既要依法行使检察机关的法律监督职权，也要尊重人民法院独立行使审判权，争取量刑建议的最佳效果。例如，检察机关对涉嫌轻微犯罪的未成年被告人建议适用缓刑的法律效果和社会效果就十分突出。《人民检察院办理未成年人刑事案件的规定》指出，对于具有下列情形之一，依法可能判处拘役、3年以下有期徒刑，悔罪态度较好，具备有效监护条件或者社会帮教措施、适用缓刑确实不致再危害社会的未成年被告人，人民检察院可以建议人民法院适用缓刑：（1）犯罪情节较轻，未造成严重后果；（2）主观恶性不大的初犯或者胁从犯、从犯；（3）被害人同意和解或者被害人有明显过错的；（4）其他可以适用缓刑的情节。

公诉人提出量刑建议的案件应当具备以下条件：一是犯罪事实清楚，证据确实充分；二是提出量刑建议所依据的各种法定从重、从轻、减轻等量刑情节已查清；三是提出量刑建议所依据的重要酌定从重、从轻等量刑情节已查清。适用量刑建议的公诉案件范围主要包括：（1）法定刑幅度较大的案件；（2）适用普通程序简化审理的案件；（3）适用简易程序审理的案件；（4）未成年人犯罪案件；（5）社会影响较大和社会关注的案件；（6）其他具有法定量刑情节的案件；（7）老年被告人、患有严重疾病、正在怀孕或哺乳自己婴儿的妇女等被告人，具有认罪悔过、赔礼道歉、积极赔偿损失并得到被害人谅解或双方达成和解并切实履行等重要酌定情节的轻微刑事案件。人民检察院指控被告人犯有数罪的，应当对指控的各罪分别提出量刑建议，可以不再提出总的建议。对于共同犯罪案件，人民检察院应当根据各被告人在共同犯罪中的地位、作用以及应当承担的刑事责任分别提出量刑建议。不宜提出量刑建议的公诉案件范围包括：（1）涉外案件；（2）危害国家安全案件；（3）缺乏审判实践的新类型案件；（4）认定事实和证据有较大争议的案件；（5）法律适用有分歧的案件；（6）提出量刑建议可能会造成工作被动的案件。对不宜提出具体量刑建议的特殊案件，可以提出依法从重、从轻、减轻处罚等概括性建议。

公诉人在审查案件时，应当对犯罪嫌疑人所犯罪行、承担的刑事责任和各种量刑情节进行综合评估，并提出量刑的意见。量刑评估应当全面考虑案件所有可能影响量刑的因素，包括从重、从轻、减轻或者免除处罚等法定情节和犯罪嫌疑人的认罪态度等酌定情节。一案中多个法定、酌定情节并存时，每个量刑情节均应得到实际评价。除有减轻处罚情节外，量刑建议应当在法定量刑幅度内提出，不得兼跨两种以上主刑；涉及有期徒刑的，不提绝对刑期；涉及缓刑适用的，应当明确提出是否适用缓刑的建议。一般来说，提出量刑建议的基本方法是：（1）建议判处死刑、无期徒刑的，应当慎重；（2）建议判处有期徒刑的，一般应当提出一个相对明确的量刑幅度，法定刑的幅度小于 3 年（含 3 年）的，建议幅度一般不超过 1 年；法定刑的幅度大于 3 年小于 5 年（含 5 年）的，建议幅度一般不超过 2 年；法定刑的幅度大于 5 年的，建议幅度一般不超过 3 年。根据案件具体情况，如确有必要，也可以提出确定刑期的建议；（3）建议判处管制的，幅度一般不超过 3 个月；（4）建议判处拘役的，幅度一般不超过 1 个月；（5）建议适用缓刑的，应当明确提出；（6）建议判处附加刑的，可以只提出适用刑种的建议。

人民检察院提出量刑建议，一般应制作量刑建议书，根据案件具体情况，也可以在公诉意见书中提出。量刑建议书一般应载明检察机关建议人民法院对被告人处以刑罚的种类、刑罚幅度、可以适用的刑罚执行方式以及提出量刑建议的依据和理由等。在庭审过程中，公诉人应当根据庭审情况调整量刑建议，发现拟定的量刑建议不当需要调整的，可以根据授权作出调整；但对刑种建议不当、是否适用缓刑建议不当以及宣告刑可能超出建议刑期幅度较大的案件，需要报检察长决定调整的，应当依法建议法庭休庭后报检察长决定。出现新的事实、证据导致拟定的量刑建议不当需要调整的，可以依法建议法庭延期审理。

人民检察院收到人民法院的判决、裁定后，应当对判决、裁定是否采纳检察机关的量刑建议以及量刑理由、依据进行审查，认为判决、裁定量刑确有错误、符合抗诉条件的，经检察委员会讨论决定，依法向人民法院提出抗诉。人民检察院不能单纯以量刑建议未被采纳作为提出抗诉的理由。人民法院未采纳人民检察院的量刑建议并无不当的，人民检察院在必要时可以向有关当事人解释说明。因为量刑建议与法院量刑结果不一致既是一种客观现象，也是一种正常现象。导致这一现象产生的根本原因在于，量刑建议或意见是诉讼一方根据己方掌握的量刑材料及其对刑法的理解所提出的主张，而法院的量刑则是在综合考虑控辩双方的意见和全案的量刑材料以及可能影响量刑的各种因素后所得出的结论。[①]

2. 量刑建议书的格式

量刑建议书是检察机关正式向人民法院提出量刑意见的法律文书，应当行

---

① 李玉萍：《程序正义视野中的量刑活动研究》，中国法制出版社 2010 年版，第47 页。

文规范，内容严谨，用语规范。为此，最高人民检察院公诉厅 2010 年 9 月 2 日发布了《人民检察院量刑建议书格式样本（试行）》和《量刑建议书制作说明》，其具体格式要求如下：①

人民检察院量刑建议书

被告人：

案由：

起诉书文号：

被告人×××一案，经本院审查认为，被告人×××的行为已触犯《中华人民共和国刑法》第×条（款、项）之规定，犯罪事实清楚，证据确实充分，应当以××罪追究其刑事责任，其法定刑为×××。

因其具有以下量刑情节：

1. 法定从重处罚情节

2. 法定从轻、减轻或者免除处罚情节

3. 酌定从重处罚情节

4. 酌定从轻处罚情节

5. 其他

故根据×××（法律依据）的规定，建议判处被告人×××（主刑种类及幅度或单处附加刑或免予刑事处罚），×××（执行方式），并处×××（附加刑）。

此　致

×××人民法院

检察员：××

××××年×月×日（院印）

制作量刑建议书应严格按照以下格式和内容进行：一是量刑建议书的格式样本供地方各级人民检察院对提起公诉的案件拟以专门的量刑建议书的形式向人民法院提出量刑建议时使用。拟在公诉意见书中提出量刑建议的，格式同公诉意见书样本。二是上述格式包括首部、被告人姓名、案由、起诉书文号、行为触犯的法律、涉嫌罪名、法定刑、量刑情节、建议的法律依据、建议的主刑种类及幅度、执行方式、附加刑种类、尾部等。具体要求是：（1）首部中人民检察院的名称前应写明省（自治区、直辖市）的名称；对涉外案件提起公

---

① 参见《最高人民检察院公诉厅关于印发〈人民检察院量刑建议书格式样本（试行）〉的通知》（〔2010〕高检诉发 82 号）。

诉时，人民检察院的名称前均应注明"中华人民共和国"的字样。（2）法定刑为依法应适用的具体刑罚档次。（3）量刑情节包括法定从重、从轻、减轻或者免除处罚情节和酌定从重、从轻处罚情节。如果有其他量刑理由的，可以列出。（4）建议的法律依据包括刑法、相关立法和司法解释等。（5）建议的内容包括建议的主刑属于必填项，如果主刑是拘役、管制、有期徒刑，则一般应有一定的幅度。执行方式和并处附加刑属于选填项。执行方式指是否适用缓刑。附加刑可以只建议刑种种类。如果建议单处附加刑或免予刑事处罚的，则不再建议主刑、执行方式和并处附加刑。（6）尾部包括：量刑建议书应当署具体承办案件公诉人的法律职务和姓名；量刑建议书的年月日，为审批量刑建议书的日期。三是对于被告人犯有数罪的，应分别指出触犯的法律、涉嫌罪名、法定刑、量刑情节、建议的内容，确有必要提出总的量刑建议的，再提出总的建议。四是一案中有多名被告人的，可分别制作量刑建议书。五是对于二审、再审案件需要制作量刑建议书的，可以此格式样本为基础作适当调整。

二、发表公诉意见书技巧

俗话说：水无常势，兵无常形。公诉意见书的发表没有一成不变的格式和套路，而是要根据公诉案件的不同特点和法庭调查的具体情况灵活调整，做到以法服人、以情感人。如果公诉人能够紧扣公诉主张，讲究发表技巧，就能更好地实现公诉意见书的法律效果和社会效果。

1. 要客观全面。即制作和发表公诉意见书必须客观真实地阐述案件事实证据，按照法律规定论证各个犯罪构成要件和适用法律的原理，提出公正的量刑建议。同时，在分析被告人的犯罪根源时也要客观全面，既要说明被告人自身的原因，也要说明社会、家庭或被害人的原因（如故意伤害案件中常见的被害人有过错在先）；在论述被告人犯罪行为的危害后果时也不能凭空猜想，不能夸大其词，而要以事实为依据。此外，公诉意见书要客观对待有利于被告人的量刑信息，可以提出从轻、减轻或免除处罚的意见。

2. 要适时调整。虽然公诉人在庭前审查阶段，可以结合案件事实证据情况事先制定公诉意见书预案，但是庭审进程千变万化，公诉意见书预案不可能涵盖所有的庭审变化。因此，即使公诉意见书预案预测到大部分法庭调查情况，也不能在法庭辩论时不做变动，照本宣科。公诉意见书本质上是公诉人当庭临场发挥的控诉演讲，公诉人应当根据庭审实际和控诉需要，适时调整预案，概括控诉证据，阐明控诉目的，灵活机动地顺应庭审变化，力求达到指控犯罪的最佳效果。

3. 要重点突出。公诉意见书的主要任务是强化公诉主张，因此其重点应当论证被告人构成犯罪并处以相当刑罚。因此，公诉意见书应当把主要内容集中在对定罪量刑证据的论述上。对于被告人不认罪的案件，公诉意见书要紧扣犯罪构成，以清晰的事实和有力的证据证明被告人的行为构成犯罪；对于被告人认罪的案件，在简要概述控诉证据后，重点内容应当是阐述量刑证据，以对被告人作出罪责一致的处罚；对于控辩双方对定罪量刑无异议但社会影响广泛、有典型社会意义的案件，则可以重点阐述被告人的犯罪原因及社会公众应当汲取的经验教训。总之，公诉意见书应当在论证内容上有所倾斜，要紧扣重点问题，确定主攻方向，避免面面俱到，勉力求全，造成主题分散，结构松散，弱化了公诉意见书的感染力和说服力。

4. 要紧扣辩点。公诉意见书是公诉人在法庭辩论阶段的第一轮发言，是法庭辩论的基石。公诉人通过庭前预测和法庭调查，可以基本掌握被告人及其辩护人的主要异议点和辩点，因而可以在公诉意见书中有针对性地分析问题和解决问题，夯实控诉基础，既表明公诉立场，又埋下反驳伏笔，为下一轮辩论打下基础。

5. 要情理结合。如前所述，公诉意见书的本质是公诉人指控犯罪的当庭演讲。因此，公诉意见书不仅要论证法律透彻，而且要饱含深情地维护社会秩序和公民法益。公诉人要时刻牢记自己正义使者的身份，冷静指控犯罪，激情宣传法律。公诉意见书不仅应当是法律运用的论述，也应当是法理和情感的集中展现。优秀的公诉意见书可以敦促被告人悔罪自新，引发旁听群众的强烈共鸣，取得良好的公诉效果。当然，情理服人应当控制必要的限度，不能无上限地空洞说教，也不能无止休地情感轰炸，归根到底，公诉意见书应当以严谨扎实的证据架构为根本。例如，在 2011 年 6 月 2 日广东省东莞市第一人民法院开庭审理的受社会各界广泛关注的被告人韩群凤故意杀人案中，公诉人针对被告人韩群凤辞职照顾因早产脑瘫的双胞胎儿子 13 年，四处寻医问药未果陷入绝望后溺毙两个儿子，自己吞老鼠药和农药自杀的情况，在公诉意见书的结尾阶段发表了情理法相结合的意见，被告人及其亲属听后失声痛哭，旁听群众无不动容，收到了较好的法制宣传教育效果，其内容如下：

今天，公诉人的心情是沉重的。一方面，我们应当高举法律的利器，为无辜逝去的生命伸张正义，另一方面，我们无法漠视隐藏在命案后面的原因。我们不能忘记一位 13 年来饱含辛酸、强忍哀伤的母亲为一对脑瘫儿所付出的心血，不能忘记那些挣扎在生死边缘为生存苦苦抗争的人们。被告人韩群凤并不是不想独善其身，而是想着不再拖累丈夫及其家人，想着与孩子一起离开这个痛苦的世界，是不得已而为之。

公诉人相信，杀死孩子，自己服毒后却被救活，韩群凤心灵上所受的煎熬，远远大于其将要受到的刑事处罚。

面对被告人韩群凤的遭遇，大家都会问什么才是正义？如何才是公平？

公诉人认为，严格执行法律的目的，并不是要再一次去破坏已经遭到破坏的社会关系，而是希望通过法律的调整，实现社会利益的平衡。鉴于本案的特殊情况，公诉人建议法庭根据被告人实施犯罪的背景、行为，对社会的危害程度，以及被告人的刑事责任能力和在法庭上的认罪态度，对被告人从轻或减轻处罚，给被告人改过自新的机会，实现法律效果和社会效果的统一。①

第二节　法庭辩论技巧

一、法庭辩论概述

法庭辩论是指在审判长主持下，公诉人和被告人、辩护人就案件的事实证据和法律适用各自提出意见并互相反驳、论辩，使法庭对被告人公正定罪量刑的诉讼活动。2012 年《刑事诉讼法》第 193 条规定："法庭审理过程中，对与定罪、量刑有关的事实、证据都应当进行调查、辩论。经审判长许可，公诉人、当事人和辩护人、诉讼代理人可以对证据和案件情况发表意见并且可以互相辩论。"按照法律规定，法庭辩论的顺序是：（1）公诉人发表公诉意见书；（2）被害人及其诉讼代理人发言；（3）被告人自行辩护；（4）辩护人辩护；（5）控辩双方互相辩论。

法庭辩论是控辩双方在法定时空范围内关于被告人刑事责任问题的直接对话，是关系到诉讼目的能否实现、诉讼利益有无保障的争辩。法庭辩论是整个审判活动的高潮，公诉人在辩论中的表现，不仅影响出庭公诉的效果和检察机关的形象，而且直接影响公诉主张的实现和法庭采信、裁判的结果。公诉人在法庭辩论中，要围绕起诉书载明的公诉主张，紧扣定罪量刑的关键事实和关键证据发表意见和反驳辩方，而对于与定罪量刑无关或关系不大的细枝末节问题，在辩论时点到为止即可，无需耗费过多精力。

公诉人作为法律监督职能的履行者，追求胜诉不是唯一的诉讼目标，而应当以全面查清案件事实，准确适用法律，公正处罚被告人为己任。因此，在法庭辩论中，对被告人及其辩护人发表的有利于被告人的意见，不能一味地全盘否认，而应当客观审查，认真对待，只要符合案件事实并经相关证据证实的，

---

① 载《南方日报》2011 年 6 月 3 日。

都应当予以确认，以维护被告人的合法权益。

公诉人在法庭辩论中的任务主要是通过质疑和反驳，证明被告人的犯罪事实清楚、证据确实充分，依法应当追究刑事责任；辩护人的任务主要是按照案件事实证据，提出证明被告人无罪、罪轻或者减轻、免除处罚的意见。控辩双方通过互相辩论，使案件真相越辩越明，有利于法庭作出公正合理的判决。公诉人在辩论中要注意攻守平衡，既要大力揭露被告人犯罪行为，反驳辩护人无理意见，又要充分发挥辩论对法庭的说服作用，辩论与说理相结合，实现公诉目的。在法庭辩论阶段，公诉人和被告人及其辩护人的主要辩点集中在犯罪行为是否是被告人所为、犯罪事实是否全部查清、被告人是否应当承担刑事责任及承担何种刑事责任等方面。控辩双方具有平等的诉讼地位，可以自由地对案件事实证据独立发表意见。公诉人在辩论中要以事实为基础，以证据为依据，有理有据，有礼有节，讲事实，讲道理，尊重被告人人格尊严，不能信口开河，任意发言，更不能动辄呵斥指责被告人或有其他侵犯被告人合法诉讼权利的言语行为。

二、法庭辩论的基本技巧

公诉人在法庭辩论中灵活运用各种辩论技巧不仅有利于展开论证公诉主张，消除被告人及其辩护人的无理质疑和诘难，而且可以全面阐述事实真相和证据证明力，说服法庭接受公诉意见。公诉人辩论要尊重客观事实，以事实、证据、法律服人。要注意语言规范文明，力求简明、准确、严谨；要注意运用归纳、推理、演绎等逻辑方法，用理性的论证来揭露和证明犯罪。公诉人在法庭辩论中主要运用论证和反驳两种方式来阐明观点和反驳异议：论证是公诉人对事实的陈述、证据的分析和法律适用的说明，从正面角度证明公诉主张的正确性和公正性；反驳是针对辩方意见中的错误或者矛盾之处，从反面进行驳斥的方法。法庭辩论中，公诉人与被害人、诉讼代理人意见不一致的，公诉人应当认真听取被害人及其诉讼代理人的意见，不应与被害人及其诉讼代理人发生正面冲突。

法庭辩论技巧的运用要因案而异，适时调配：有时需要针锋相对，寸步不让，有时需要引君入瓮，以退为进；有时需要正面对攻，强势出击，有时需要侧面迂回，攻其不备。公诉人要紧扣案件事实、证据和适用法律发表意见和反驳异议，冷静应对辩论中出现的各种新问题，牢牢把握法庭辩论的主动权。通常而言，公诉人要掌握以下基本辩论技巧：

1. 制作法庭辩论预案并及时调整。公诉人要将包括法庭辩论在内的全部诉讼活动建立在全面审查案件事实证据的基础上。公诉人经过细致阅卷、庭前提审被告人、接待辩护人（重大复杂案件还需要经过集体讨论）等活动，可以比较确定地掌握控辩双方分歧的重点和案件事实证据的疑点，相对确切地预测被告人及其辩护人对公诉主张的态度意见及在法庭辩论中可能采用的辩护策略。据此，公诉人可以制作出有深度、有力度并具有针对性的法庭辩论预案。公诉人应当全面掌握涉及本案法律适用的法学理论和法律条文，了解与案件定罪量刑相关的各种专业知识。由于辩论预案在手，准备充分，公诉人在法庭辩论时胸有成竹，镇定自若，化解辩方进攻，强化己方意见，实现公诉目的。同时，要及时根据庭审变化调整预案，一旦遭遇事先没有预测到的新问题或新证据，公诉人应冷静思考，沉着应对，根据辩论预案对案件基本事实和主要证据的论述，作出合适理性的答辩；如果辩方提出的新证据和新事实确实具有客观真实性，可能影响对被告人定罪量刑，公诉人根据现有证据材料又不能当庭答辩的，应当要求法庭延期审理，以进行补充侦查或补充提供证据。

2. 紧扣公诉主张。公诉主张是法庭辩论的中心，公诉人要用事实、证据和法理来统摄控方意见，紧紧围绕公诉主张来组织和反驳辩论意见。一旦发现辩护人为混淆事实、搅乱证据而远离辩论主题，偏离了起诉书载明的公诉主张甚至提出新的辩护观点，公诉人就应该及时指出辩护人意见与本案无关，并说明法庭辩论必须围绕对被告人定罪量刑的事实证据进行。这样不仅可以防止辩方偷换概念、转移辩点或扰乱视线等可能诡辩，提高诉讼效率，而且占据法庭辩论的制高点，使庭审回到公诉人熟悉的轨道，获得法庭辩论的优势。

3. 寓问于辩。在法庭辩论中在耐心听取辩方意见、捕捉辩方谬误的基础上，运用时机恰当、内容有力的提问或反问不仅可以展开己方观点，使辩方无可辩驳，而且可以抵御辩方攻击，提升反驳力度。具体包括：一是用提问来阐明公诉主张，即通过对被告人的步步设问，迫使被告人自行揭露犯罪事实和经过，自然而然地导出公诉指控的正确性和必要性；二是用反问反驳辩方意见，即针对辩方意见，有针对性地反问辩方，用问题和答案击破辩方质疑；三是通过论证反问的答案来反驳辩方观点，即根据辩方观点，设计答案有利于树立公诉主张的问题，一旦辩护人作出回答，就以回答为索引，步步推进，迫使辩方无法自圆其说或自相矛盾，从而推翻辩方观点。

4. 从正反两方面反驳辩方意见。对辩方提出的辩护意见，可以从正反两方面予以化解：一方面可以通过无可争辩的事实、相互印证的证据组合、论证充分的法律适用来强化公诉主张的正确性和说服力，以正面立论的方式粉碎一切辩解，以事实证据取胜，这种直接论证、正面强攻的方法主要适用于经法庭调查后控诉证据优势明显的案件。如在被告人廖某某故意杀人案中，辩护人辩称被告人目的是砍伤被害人而没有杀害被害人的故意，公诉人立刻结合被告人一手持菜刀一手持尖刀、砍击被害人头部猛刺胸腹部、追杀距离300多米等事实予以驳斥，使辩护人无言以对。另一方面，公诉人可以通过揭示辩方观点的错误来反驳，或者直接指出辩方观点中存在的自相矛盾、有悖事实、不符合法理等问题而证明其错误，或者用形式逻辑上的归谬法将辩方看似正确的意见演绎至极端而归于谬误。

5. 重视归纳概括。法庭辩论中控辩双方普遍存在的问题是过度重视辩论本身而忽略了对控方和辩方观点的归纳概括。公诉人如果在辩论的中间和结尾阶段，能够及时简要概括辩方的主要意见并予以逐条答辩或综合答辩，不仅可以使得答辩条理清晰，而且可以掌握辩论节奏，赢得辩论的主动权，增强公诉观点的说服力。

6. 重视辩护人意见。辩护人发表辩护意见，不仅是维护被告人诉讼权利，而且有利于查清案件事实，全面再现事实真相。公诉人既要认真听取和吸收辩护人的合理意见，也要有针对性地及时反驳无理的辩护意见。一般来说，辩护人为被告人作无罪辩护的意见主要有：（1）检察机关指控的证据不足，不能认定被告人有罪；（2）被告人行为情节显著轻微，危害不大，不认为是犯罪；（3）被告人行为系合法行为；（4）被告人没有实施检察机关指控的犯罪行为。辩护人作有罪辩护的重点是案件定性和从轻、减轻或者免除处罚等情节。公诉人在庭审中要根据庭前预测和庭审情况，对辩护意见作出及时、准确、有力的答辩。

7. 认真听取被告人最后陈述。法庭宣布法庭辩论终结后，被告人进行最后陈述是其享有的重要诉讼权利，被告人最后陈述的内容应当与案件事实、案件处理有关，法庭必须保障被告人最后陈述权，公诉人必须尊重被告人最后陈述权。如果被告人在最后陈述中提出了新的事实、证据，法庭认为可能影响正确裁判的，应当恢复法庭调查；如果被告人提出新的辩解理由，法庭认为确有必要的，可以恢复法庭辩论。因此，被告人最后陈述可能导致案件庭审程序倒流至法庭调查和法庭辩论阶段，因此公诉人应当认真听取被告人最后陈述，做好应对准备。

三、法庭辩论的主要内容

无论被告人及其辩护人是作无罪辩护、轻罪辩护还是罪轻辩护，其立论点或者攻击点都着落在案件的事实、证据和适用法律上，公诉人必须紧扣案件事实、证据和法律来论证公诉主张、反驳辩方意见。

（一）关于定罪事实和证据的辩论

关于定罪事实和证据的辩论是对罪与非罪、此罪与彼罪的辩论，控辩双方的辩点主要集中在犯罪构成要件事实上，具体包括：

1. 关于犯罪主体要件事实的辩论

（1）被告人是否具有特定主体身份

根据我国刑法分则部分条文规定，犯罪嫌疑人必须具有特定的主体身份才能构成特定的犯罪，如果犯罪嫌疑人不具有法定的特定主体身份，其行为就不构成特定犯罪。特定身份主要是指具有特定职务、特定职责、特定义务、特定关系或从事特定行业。例如伪证罪只有具有特定职责的证人、鉴定人、记录人和翻译人员才能构成，非法行医罪只能由未取得医生职业资格的人才能构成，贪污贿赂犯罪、渎职犯罪也只能由具有特定公务身份的人员才能构成。就贪污罪而言，贪污罪主体包括三类特定身份人员：一是国家工作人员，即根据《刑法》第93条之规定，国家工作人员，是指国家机关中从事公务的人员，包括在各级国家权力机关、行政机关、司法机关和军事机关中从事公务的人员，以及参照国家公务员条例进行管理的中国共产党的各级机关、人民政协机关中从事公务的人员。二是准国家工作人员，即以国家工作人员论的人员，包括在国有公司、企业、事业单位、人民团体中从事公务的人员；国家机关、国有公司、企业、事业单位委派到非国有公司、企业、事业单位、社会团体从事公务的人员；依照法律从事公务的各级人民代表大会代表、人民陪审员和协助乡镇人民政府、街道办事处从事行政管理工作的村民委员会、居民委员会和城市基层组织人员。三是受国家机关、国有公司、企业、事业单位、人民团体委托管理经营国有财产的人员。

行为人的身份在一定条件下会发生转换，例如，行为人与国家工作人员勾结，利用国家工作人员的职务便利，共同侵吞、窃取、骗取或者以其他手段非法占有公共财物的，以贪污罪共犯论处；对于在公司、企业或者其他单位中不具有国家工作人员身份的人与国家工作人员勾结，分别利用各自的职务便利，共同将本单位财物非法占为己有的，按照主犯的犯罪性质定罪。

特定身份决定了被告人是否构成特定犯罪以及其刑事责任的轻重。如在北京市人民检察院第一分院提起公诉的被告人梁汉钊涉嫌签订、履行合同失职被骗罪一案中，由于被告人梁汉钊系国有公司、企业、事业单位直接负责的主管人员，因而其行为构成签订、履行合同失职被骗罪而被一审、二审人民法院判处有期徒刑6年。

案例①：1998 年，被告人梁汉钊担任中国国际企业合作公司（国有公司）进出口五部经理，在进出口五部与香港鹏昌公司签订进口合同，通过中国建设银行北京分行开立 19 单信用证，开证金额 941 万余美元（折合人民币 7791 万余元）；通过北京市商业银行开立 4 单信用证，开征金额 175 万余元（折合人民币 1454 万余元）的过程中，严重不负责任，不认真审查合同真伪、进口是否落实，盲目签约，致使信用证项下资金 1116 万余元（折合人民币 9245 万余元）被骗，无法追回，给国有财产造成重大损失。北京市第一中级人民法院一审判决认为，被告人梁汉钊系国有公司直接负责的主管人员，在签订、履行合同过程中，严重的不负责任被诈骗，致使国家利益遭受特别重大损失，构成签订、履行合同失职被骗罪，判处有期徒刑 6 年。被告人梁汉钊不服判决提出上诉，辩护人提出被告人不是公司直接负责的主管人员，其主观上没有失职的故意，也没有失职的行为，认定犯罪的证据不足，二审法院裁定驳回上诉，维持原判。从本案看，签订、履行合同失职被骗罪的犯罪主体是单位直接负责的主管人员。所谓主管人员，应具有管理人员身份，行使实际管理职权，并对合同的签订、履行负有直接责任；主管人员应不限于单位的法定代表人，单位的分管副职领导、部门、分支机构的负责人等均属管理人员；直接责任在于对合同的签订和履行有无法律及职务上的责任，不在于是否具体参与合同的签订和履行，尤其是不履行或者不正确履行职责的渎职等过失犯罪中，不要求具有决定、批准、授意等参与合同的签订、履行行为。本案被告人梁汉钊担任国企公司进出口五部经理，负责五部的全面工作，在系列被骗合同签订过程中代表五部签字、盖章，且合同的签订和履行本属合同行为不可分割的共同组成部分，其理应对合同被骗后果承担管理失职之责任。因为保证合同的真实履行是其职务上的既定责任，而合同履行过程中不履行职责被骗，正是其失职所致。故被告人梁汉钊不属于单位直接负责的主管人员的辩解意见不能成立。

（2）被告人是否达到刑事责任年龄

刑事责任年龄是指刑法规定的行为人应当为自己的犯罪行为承担刑事责任必须达到的年龄。我国刑法将行为人承担刑事责任的年龄分为三个阶段：一是完全负刑事责任年龄阶段，即已满 16 周岁的人犯罪，应当负刑事责任。二是相对负刑事责任年龄阶段，即已满 14 周岁不满 16 周岁的人，犯故意杀人、故意伤害致人重伤或者死亡、强奸、抢劫、贩卖毒品、放火、爆炸、投毒罪的，应当负刑事责任，不满 16 周岁的行为人犯上述之罪以外罪行的，不负刑事责

---

① 参见中华人民共和国刑事审判第一、二、三、四、五庭主办：《中国刑事审判指导案例》（破坏社会主义市场经济秩序罪），法律出版社 2009 年版，第 112～115 页。

任。三是完全不负刑事责任年龄阶段，即不满 14 周岁的人，不管实施何种危害社会的行为，都不负刑事责任。我国刑法还规定，已满 14 周岁不满 18 周岁的人犯罪，应当从轻或者减轻处罚。

由于被告人的年龄直接决定是否构成犯罪，又间接决定被告人的量刑，因此被告人年龄是关于犯罪主体要件事实辩论的重要内容，公诉人要予以认真对待，尤其是对是否已满 14、16、18 周岁的临界年龄，要在庭前审查中作为关键事实予以查清。

认定被告人刑事责任年龄的主要证据有：一是书证。书证是认定被告人刑事责任年龄的基本证据，包括身份证、户籍证明、出生证、学籍卡等，但是由于部分地方户籍管理不规范、医院填写发放出生证不规范等原因，部分家长因各种原因而更改子女年龄的案例屡见不鲜，给年龄的准确认定带来困难。因此，在依据书证判断被告人年龄时不能简单作结论，而应当综合其他事实进行认定。二是被告人供述。可以结合被告人关于其出生时间、生肖属相、兄弟姐妹年龄等问题的陈述来认定其刑事责任年龄。三是证人证言。主要通过被告人父母、产科医护人员、邻居、亲属、所在村民委员会或者居民委员会工作人员的证言来认定。四是鉴定意见。即通过对被告人的骨龄、牙齿的鉴定来判断其年龄，最高人民检察院《关于"骨龄鉴定"能否作为确定刑事责任年龄证据使用的批复》指出，"犯罪嫌疑人不讲真实姓名、住址，年龄不明的，可以委托进行骨龄鉴定或其他科学鉴定，经审查，鉴定结论能够准确确定犯罪嫌疑人实施犯罪行为时的年龄的，可以作为判断犯罪嫌疑人年龄的证据使用。如果鉴定结论不能准确确定犯罪嫌疑人实施犯罪行为时的年龄，而且鉴定结论又表明犯罪嫌疑人年龄在刑法规定的应负刑事责任年龄上下的，应当慎重处理。"

公诉实践中，如果被告人年龄确实无法查清又影响定罪量刑的，应当作出有利于被告人的处理：一是无法确定被告人是否达到刑事责任年龄的，应当认定其没有达到刑事责任年龄；二是无法确定被告人是否年满 18 周岁的，应当认定其不满 18 周岁；三是尽管无法确定被告人的准确出生日期或者实施犯罪的日期，但有充分证据能够证明被告人实施犯罪时已年满 14 周岁、16 周岁或者 18 周岁的，应当要求法庭依法定罪量刑。

（3）被告人是否具有刑事责任能力

刑事责任能力，是指行为人的行为构成犯罪并承担相应刑事责任的能力，包括行为人的辨认能力和控制能力。辨认能力是指行为人对自己行为的原因、后果和影响的识别能力，控制能力是指行为人通过思维和意志支配约束自己行为的能力。如果行为人不具有辨认能力和控制能力，就不具有刑事责任能力，则该行为人实施的危害他人或者社会的行为不构成犯罪。

行为人是否具有刑事责任能力，首先与其是否达到刑事责任年龄相结合。按照刑事责任年龄的划分，刑事责任能力也相应划分为完全刑事责任能力、相应无刑事责任能力和完全无刑事责任能力三类。我国刑法还对几类特殊人群的刑事责任能力作出了明确规定：

关于醉酒者的刑事责任能力。《刑法》第18条第4款规定："醉酒的人犯罪，应当负刑事责任。"因为醉酒是行为人可以辨认和控制的行为，却放纵了醉酒后果的发生，因而要对行为承担责任。同理，吸毒者在吸食毒品后影响其控制、辨别能力而实施犯罪行为的，也要对其行为承担刑事责任。

案例①：吸食毒品后影响辨认和控制能力的被告人的刑事责任

福建省福州市人民检察院以被告人彭崧犯故意杀人罪向福建省福州市中级人民法院提起公诉。被告人彭崧及其辩护人提出，被告人彭崧是在一种病理性动机的支配下作案，其对自身的辨认和控制能力已丧失，属于无刑事责任能力人，不应负刑事责任。

检察机关指控：2005年5月5日凌晨，被告人彭崧因服食摇头丸药性发作，在其暂住处福州市鼓楼区北江里新村6座204室内，持刀朝同室居住的被害人阮召森胸部捅刺，致阮召森抢救无效死亡。当晚9时许，被告人彭崧到福建省宁德市公安局投案自首。经精神病医学司法鉴定认为，彭崧系吸食摇头丸和K粉后出现精神病症状，在精神病状态下作案，评定为限定刑事责任能力。

福州市中级人民法院认为，被告人彭崧故意非法剥夺他人生命，并致人死亡，其行为已构成故意杀人罪。被告人彭崧作案后能主动投案，并如实供述自己的罪行，可认定为自首，可以从轻处罚。被告人关于其行为不构成故意杀人罪的辩解不能成立。据此，依法于2006年5月10日判决被告人彭崧犯故意杀人罪，判处无期徒刑，剥夺政治权利终身。

一审宣判后，被告人彭崧不服，提出上诉。其上诉理由和辩护人的辩护意见为彭崧作案时属于无刑事责任能力人，即使构成犯罪，也只构成过失致人死亡罪，且具有自首情节，被害人本身有过错，应对其从轻、减轻处罚。

福建省高级人民法院审理认为，上诉人彭崧吸食毒品后持刀捅刺他人，致一人死亡，其行为已构成故意杀人罪。上诉人作案后能主动投案，如实供述自己的罪行，具有自首情节，可以从轻处罚。吸毒是国家法律所禁止的行为，上诉人在以前已因吸毒产生过幻觉的情况下，再次吸毒而引发本案，其吸毒、持

---

① 参见中华人民共和国最高人民法院刑事审判第一、二、三、四、五庭主办：《中国刑事审判指导案例》（侵犯公民人身权利、民主权利罪），法律出版社2009年版，第143～145页。

刀杀人在主观上均出于故意，应对自己吸毒后的危害行为依法承担刑事责任，其吸毒后的责任能力问题不需要作司法精神病鉴定。因此，上诉人及其辩护人认为上诉人作案时是无刑事责任能力人，要求重新进行司法精神病鉴定，以及认为上诉人仅构成过失致人死亡罪的辩解、辩护意见不能成立，不予采纳。原判认定事实清楚，证据确实、充分，定罪准确，量刑适当，审判程序合法。依法裁定驳回上诉，维持原判。

本案的主要问题是被告人吸食毒品后影响其控制、辨别能力而实施犯罪行为的，是否要承担刑事责任以及是否应当对此类被告人作司法精神病鉴定。

吸毒是国家法律所禁止的行为，被告人彭崧在以前已因吸毒产生过幻觉的情况下，再次吸毒而引发本案，其对自己吸毒后的杀人行为应当依法承担刑事责任。

第一，彭崧的杀人行为可以归责为他吸食毒品的行为。具有辨认、控制能力的行为人，故意或者过失使自己一时陷入丧失或者尚未完全丧失辨认、控制能力的状态，并在该状态下实施了符合犯罪构成的行为，依法应当承担刑事责任，刑法理论称此为"原因自由行为"。使自己陷入丧失或者尚未完全丧失辨认、控制能力状态的行为，称为原因行为；在该状态下实施的犯罪行为，称为结果行为。由于行为人可以自由决定自己是否陷入上述状态，故称为"原因自由行为"。由上述定义，根据实施原因行为时的主观心态，原因自由行为可以分为故意陷入丧失或尚未完全丧失辨认、控制能力状态的情形与过失陷入丧失或尚未完全丧失辨认、控制能力状态的情形。虽然本案被告人彭崧在杀人时控制、辨认能力已经减弱，但这种状态的出现是由于他吸毒所致，因此，其杀人行为可以归责为其吸食毒品的行为。而且在本案中，彭崧在以前已因吸毒产生过幻觉的情况下，明知自己吸食后会出现幻觉仍故意吸食，进而出现精神障碍将阮召森杀死，主观上应当认定为故意使自己陷入该状态，其应承担故意杀人罪的刑事责任。

第二，吸食毒品后犯罪应负刑事责任不违反罪刑法定原则。首先，从刑法总则的规定看，行为人实施了犯罪行为，除非法律明文规定不负刑事责任的，都要承担刑事责任。《刑法》第3条规定，"法律明文规定为犯罪行为的，依照法律定罪处刑；法律没有明文规定为犯罪行为的，不得定罪处刑"。罪刑法定原则有两个方面的含义：一方面在于法无明文规定不定罪、不处罚；另一方面在于法有明文规定的，要定罪、要处罚。如果法律已经明确为犯罪行为的如故意杀人、故意伤害等，除法律明确规定不负刑事责任外，应当依法定罪处罚。我国刑法对不负刑事责任的情形作了明文的列举规定，即《刑法》第15条第2款规定，过失犯罪，法律有规定的才负刑事责任；《刑法》第17条规定，不满 16 周岁的人，除已满 14 周岁犯八种犯罪外，不予刑事处罚；第 18 条规定，精神病人在不能辨认或者不能控制自己行为的时候造成危害结果，经法定程序鉴定确认的，不负刑事责任；第 20 条规定，正当防卫不负刑事责任；第 21 条规定，紧急避险不负刑事责任。可见，刑法并没有规定被告人吸食毒品后影响其控制、辨别能力而实施犯罪行为的，不负刑事责任。其次，根据举轻以明重的解释方法，吸毒的人犯罪，应当负刑事责任。我国《刑法》第 18 条规定，醉酒的人犯罪，应当负刑事责任。吸食毒品在我国属于违法行为，吸食毒品后犯罪，比醉酒的人犯罪，性质更严重。依此原理，可以认为，法律虽然只规定醉酒的犯罪应当负刑事责任，但举轻以明重，吸毒的人犯罪，也应当负刑事责任。

第三，吸食毒品而致精神障碍的，不属刑法意义上的精神病人。《刑法》第 18 条规定，精神病人在不能辨认或者不能控制自己行为的时候造成危害结果，经法定程序鉴定确认的，不负刑事责任。该条规定对不负刑事责任设定了三个条件：一是精神病人，即行为人在实施危害行为前就已经是精神病人；二是精神病人实施危害行为时不能辨认或者不能控制自己的行为，也即说如果实施危害行为时该精神病人能够辨认或者控制自己的行为，亦应当负刑事责任；三是程序条件即须经法定程序鉴定。本案情况表明，被告人彭崧是一个心智正常的人，其实施杀人行为时虽在辨认、控制能力上与其没吸食毒品时有区别，但其当时出现精神障碍，并非精神病发作的原因，而显然是受吸食毒品的影响，故被告人彭崧并非刑法意义上的精神病人。

第四，吸食毒品后犯罪的，不需要作司法精神病鉴定。鉴于被告人吸食毒品后实施犯罪行为，其犯罪行为归责于吸食毒品的行为，且吸食毒品后出现的精神障碍并不属于刑法意义上的精神病人，所以，对吸毒后犯罪的被告人作司法精神病鉴定对本案的处理不产生任何影响。换言之，被告人吸食毒品后的责任能力问题，不影响其对自己吸食毒品后的危害社会行为依法承担刑事责任，故对被告人吸食毒品后的责任能力不需要作司法精神病鉴定。

关于又聋又哑的人和盲人的刑事责任能力。聋哑人和盲人具有辨认或者控制自己行为的能力，属于完全刑事责任能力人，但是，由于生理缺陷限制了他们接触、了解和掌握各种知识的范围，其身心健康、智力情商、社会实践等发展不平衡，因此他们的辨认和控制自己行为能力较正常人弱，因此基于人道主义精神对其相应从轻处罚。《刑法》第 19 条规定："又聋又哑的人或盲人犯罪，可以从轻、减轻或免除处罚。"

关于精神病人的刑事责任能力。一是完全无刑事责任能力的精神病人。我国《刑法》第 18 条第 1 款规定："精神病人在不能辨认或者控制自己行为的时候造成危害结果，经法定程序鉴定确认的，不负刑事责任，但是应当责令他的家属或者监护人严加看管和医疗；在必要的时候，由政府强制医疗。"即经过鉴定属不能辨认或者控制自己行为的精神病人不具有刑事责任能力。二是具有完全刑事责任能力的精神病人。《刑法》第18条第2款规定："间歇性的精神病人在精神正常的时候犯罪，应当负刑事责任。"即具有辨认或者控制自己行为能力的间歇性精神病人具有完全刑事责任能力，其危害社会行为构成犯罪。三是相应无刑事责任能力的精神病人，即具有限制行为能力的精神病人。《刑法》第18条第3款规定："尚未完全丧失辨认或者控制自己行为能力的精神病人犯罪的，应当负刑事责任，但是可以从轻或者减轻处罚。"即具有部分辨认能力和控制能力的精神病人，应当承担刑事责任，但可以从轻或者减轻处罚。

例如，在被告人阿古敦故意杀人案中，最高人民法院基于被告人阿古敦属限制行为能力人，将其刑罚有死刑改判为无期徒刑。

案例①：1999年10月29日下午4时20分许，被告人阿古敦在其家中见被害人冯延红到其对面邻居乌日娜家敲门，因无人开门返身下楼。阿古敦遂乘乌日娜家无人之机，用事先配制的钥匙打开乌日娜家房门，进入室内翻找现金。阿古敦行窃时在乌日娜家阳台上看到冯延红骑摩托车返回，便虚开房门持擀面杖藏在门后。当冯延红进入乌日娜家，阿古敦持擀面杖朝冯头部猛击两下，因冯戴头盔未被打倒，阿古敦便逃回自己家中。后阿古敦准备外出时，在楼道内听到冯延红正在乌日娜家打电话，误认为冯已认出自己，即返回家拿了一把杀牛单刃弯刀进入乌日娜家，持刀将冯延红逼到卧室，朝冯腰、腹、头部连捅数刀，将冯刺倒在地，随后又朝冯颈部连捅数刀，致冯延红气管、双侧颈动脉被割断，因失血性休克而死亡。锡林郭勒盟中级人民法院认为，被告人阿古敦私自配制他人家门钥匙行窃，并杀害他人，其行为已构成故意杀人罪。鉴于阿古敦系在校学生，认罪态度较好，有悔罪表现，其亲属能积极赔偿被害人经济损失，予以从轻处罚，于2000年6月26日判决被告人阿古敦犯故意杀人罪，判处死刑，缓期2年执行，剥夺政治权利终身。内蒙古自治区人民检察院锡林郭勒盟分院以被告人阿古敦犯罪情节特别恶劣，手段极其残忍，一审判决量刑畸轻为由，向内蒙古自治区高级人民法院提出抗诉。内蒙古自治区高级人民法院经审理认为，原审被告人阿古敦私自配制他人家门钥匙行窃并持械对他

---

① 参见中华人民共和国最高人民法院刑事审判第一、二、三、四、五庭主办：《中国刑事审判指导案例》（侵犯公民人身权利、民主权利罪），法律出版社2009年版，第69～71页。

人行凶，为掩盖罪行，又持刀杀害他人，其行为已构成故意杀人罪。犯罪情节恶劣，手段残忍，罪行极其严重。被告人阿古敦虽具有认罪态度较好和其亲属积极赔偿被害人经济损失等酌定情节，但不足以从轻处罚，应依法从重惩处。原审判决定罪准确，审判程序合法。被告人及其辩护人提出的辩解和辩护意见不予采纳。检察机关提出的抗诉理由成立，应予采纳。内蒙古自治区高级人民法院于 2000 年 11 月 13 日判决被告人阿古敦犯故意杀人罪，判处死刑，剥夺政治权利终身。内蒙古自治区高级人民法院依法将此案报送最高人民法院核准。最高人民法院经复核认为：被告人阿古敦持刀杀死被害人冯延红的行为，已构成故意杀人罪。犯罪情节恶劣，后果严重，应依法惩处。鉴于被告人阿古敦患有分裂型人格障碍，系限制责任能力人，依法可从轻处罚，判决被告人阿古敦犯故意杀人罪，判处无期徒刑，剥夺政治权利终身。

本案审判的主要问题就是对限制刑事责任能力的精神病人从轻处罚的问题。刑事责任能力的内容包括行为人的辨认能力和控制能力，行为人只有在具备辨认和控制自己行为能力的情况下，有意识地实施危害社会的行为，才能构成犯罪并对自己的行为负刑事责任。通常情况下，行为人是否具备刑事责任能力以其是否达到法定刑事责任年龄为前提，但并非达到法定刑事责任年龄的人，就一定具备了刑事责任能力。因为这种能力还会受到个体精神、智力、健康等因素的影响，先天或后天丧失或减弱。从立法原意上看，对刑法规定的精神病人这一限制行为能力人应作广义的理解，即应理解为司法精神病学中所说的精神障碍或精神疾患。它既包括医学上通常所说的精神病，如精神分裂症、躁狂抑郁性精神病、偏执型精神病这些明确诊断的精神疾病，还应包括精神发育迟滞、精神发育不全以及非精神病性精神障碍，如神经官能症（包括疮症、强迫症、焦虑症、神经衰弱等）、人格障碍（又名变态人格）、性心理障碍（又名性变态）等。司法实践中，判断行为人是否患有精神病，患有何种精神病及其轻重程度，有无刑事责任能力，要经过司法精神病学专家鉴定和司法人员审查才能确认。一般来说，司法精神病学专家的鉴定结论是在广泛收集行为人大量有关言行材料的基础上依据医学标准作出的，因此具有相当的可靠性。但也不排除有的鉴定人员由于不负责任或者专业水平欠缺以及不具有相应的法学专业知识等因素的影响而使作出的鉴定结论不准确甚至错误的情况。因此，司法人员应当依据刑事诉讼法的有关规定，对司法精神病学专家作出的鉴定结论进行认真的审查判断，以确定其真实性、正确性。只有经过司法人员审查确定的鉴定结论，才能够作为认定行为人是否应当负刑事责任，或者负何种程度的刑事责任的证据使用。对限制刑事责任能力的精神病人，一般情况下都应该予以从轻或减轻处罚。

本案被告人阿古敦在潜入邻居家行窃中看到被害人冯延红去而复返，见冯延红在邻居家打电话而误认为冯已认出自己，意欲杀人灭口，持刀将冯延红杀害。阿古敦故意杀人的犯罪情节恶劣，后果严重，应予依法惩处。但最高人民法院在复核中，发现阿古敦有精神病家族史，遂委托内蒙古自治区精神疾病司法鉴定委员会对阿古敦犯罪时的精神状态进行鉴定。经鉴定，阿古敦犯罪时患有分裂型人格障碍，属限制责任能力人。据此，最高人民法院认为，被告人阿古敦犯罪时具有辨认和控制能力，应当对其所犯罪行承担刑事责任。但鉴于其犯罪时因精神障碍导致辨认能力、控制能力削弱，属于限定刑事责任能力人，根据其犯罪的事实、情节和后果，结合其精神障碍的类别和辨认、控制行为能力的程度，依照《刑法》第18条第3款的规定，对其可予从轻处罚。遂判决撤销一、二审判决中对被告人阿古敦的量刑部分，以故意杀人罪判处被告人阿古敦无期徒刑，剥夺政治权利终身。

（4）是否属于首要分子

首要分子在查清犯罪主体要件事实中有重要作用，犯罪嫌疑人是否属于首要分子，直接影响定罪量刑。按照我国刑法规定，首要分子是指在犯罪集团或者聚众犯罪中起组织、策划、指挥作用的犯罪分子。犯罪集团中的首要分子，同时也是共同犯罪中的主犯。而聚众犯罪中的首要分子的认定有两种后果：一是只有首要分子才构成犯罪，如冲击国家机关罪、聚众扰乱公共秩序或交通秩序罪等；二是首要分子和一般参与人构成共同犯罪，如聚众斗殴罪。

主犯和首要分子是既有联系又有区别的两个概念。犯罪集团中的首要分子一定是主犯，但并非主犯都是首要分子；聚众犯罪中的首要分子如与一般参加者构成共同犯罪则是主犯，但在仅追究首要分子刑事责任时则不存在主从犯之分。

我国刑法关于首要分子的规定有：组织、策划、实施武装叛乱或者武装暴乱的，对首要分子或者罪行重大的，处无期徒刑或者10年以上有期徒刑；对积极参加的，处3年以上10年以下有期徒刑；对其他参加的，处3年以下有期徒刑、拘役、管制或者剥夺政治权利（第104条）。组织、策划、实施颠覆国家政权、推翻社会主义制度的，对首要分子或者罪行重大的，处无期徒刑或者10年以上有期徒刑；对积极参加的，处3年以上10年以下有期徒刑；对其他参加的，处3年以下有期徒刑、拘役、管制或者剥夺政治权利。以造谣、诽谤或者其他方式煽动颠覆国家政权、推翻社会主义制度的，处5年以下有期徒刑、拘役、管制或者剥夺政治权利；首要分子或者罪行重大的，处5年以上有期徒刑（第105条）。聚众扰乱社会秩序，情节严重，致使工作、生产、营业和教学、科研无法进行，造成严重损失的，对首要分子，处3年以上7年以下有期徒刑；对其他积极参加的，处 3 年以下有期徒刑、拘役、管制或者剥夺政治权利。聚众冲击国家机关，致使国家机关工作无法进行，造成严重损失的，对首要分子，处 5 年以上 10 年以下有期徒刑；对其他积极参加的，处 5 年以下有期徒刑、拘役、管制或者剥夺政治权利（第 290 条）。聚众扰乱车站、码头、民用航空站、商场、公园、影剧院、展览会、运动场或者其他公共场所秩序，聚众堵塞交通或者破坏交通秩序，抗拒、阻碍国家治安管理工作人员依法执行职务，情节严重的，对首要分子，处 5 年以下有期徒刑、拘役或者管制（第 291 条）。聚众斗殴的，对首要分子和其他积极参加的，处 3 年以下有期徒刑、拘役或者管制；有下列情形之一的，对首要分子和其他积极参加的，处 3 年以上 10 年以下有期徒刑：多次聚众斗殴的；聚众斗殴人数多，规模大，社会影响恶劣的；在公共场所或者交通要道聚众斗殴，造成社会秩序严重混乱的；持械聚众斗殴的（第 292 条）等。

（5）是单位犯罪还是个人犯罪

在繁荣复杂的市场经济活动中，公司、企业的市场交易行为需要通过具体行为人的行为来实现，因而呈现出单位行为和个人行为交错纠结的状况。一旦某一行为构成犯罪，那么认定是单位犯罪还是个人犯罪，可能影响行为人是否承担刑事责任或者承担多大的刑事责任，因而常常成为法庭辩论的焦点。例如，在 2010 年全国瞩目的国美电器有限公司总裁黄光裕涉嫌非法经营、内幕交易、单位行贿案中，关于黄光裕行为是单位犯罪还是个人犯罪就是庭审的主要辩点之一。

单位犯罪是指公司、企业、事业单位、机关、团体实施的危害社会而应当被追究刑事责任的行为。根据法律规定，公司、企业、事业单位既包括国有、集体所有的公司、企业、事业单位，也包括依法设立的合资经营、合作经营企业和具有法人资格的独资、私营等公司、企业、事业单位；个人为进行违法犯罪活动而设立的公司、企业、事业单位实施犯罪的，或者公司、企业、事业单位设立后，以实施犯罪为主要活动的，不以单位犯罪论处；盗用单位名义实施犯罪，违法所得由实施犯罪的个人私分的，依照刑法有关自然人犯罪的规定定罪处罚。

此外，当单位这一社会组织与黑社会性质组织这一犯罪组织发生重叠时，应当以黑社会性质组织犯罪来追究自然人犯罪，而不应以单位犯罪来追究单位的刑事责任，以解决在合法的"单位"外衣遮掩下的黑社会性质组织犯罪问题，实现刑罚的罪责自负和罪责刑相统一原则。例如，在徐甲、徐乙等人涉嫌组织、领导、参加黑社会性质组织罪、行贿罪一案中，检察机关即破除了单位犯罪的面纱，提出了应由被告人个人承担刑事责任的公诉主张，并得到人民法院的支持。

案例①：被告人徐甲、徐乙、徐丙等人都是来沪打工人员，从 1996 年陆续开始进入上海黄浦江三林、吴径水域从事浮吊过驳生意。为了寻求靠山，他们专门备有公关经费，腐蚀拉拢政府官员，以多种形式实施贿赂。在安徽省含山县运漕镇政府个别官员的包庇、纵容下，逐渐形成了以徐乙、徐丙、陈某某、张某某号称"四大家族"为首的安徽省含山县运漕运输装卸有限责任公司和以徐甲为首的上海林浦装卸服务有限公司。2000 年 4 月，含山县运漕镇政府派员来沪协调，将上述两家公司合并，在安徽省含山县注册成立安徽省含山县振运装卸公司，并在上海以振运公司上海分公司名义经营浮吊过驳生意。经过几年的发展，振运公司逐渐形成有固定人员百余人，内部结构严密的组织体系。徐甲、徐乙等人以该公司为掩护，聘请黑道所谓"五大司令"作为打手，长期豢养。所有持股者均签订生死协议，规定严格的内部纪律。另外，振运公司还组建"拦船队"，强行拦截沙船到公司卸货，以强买强卖等非法手段聚敛钱财。为达到独占黄浦江浮吊行业的目的，他们采取暴力威胁等手段排挤同行，吞并其他浮吊，多次聚集众人、持械闹事、欺压残害群众，称霸一方。

振运公司积极谋求所谓"政府资源"，每年上交安徽省含山县运漕镇政府25 万元管理费，在沪非法设立办事处，由含山县公安局民警越域来公司"维护"秩序。徐甲等人还以请吃、旅游、行贿等手段拉拢、腐蚀上海海事局吴径海事处部分工作人员，为其违法行为提供保护，号称要"黑白两道，双管齐下"，社会影响极其恶劣。

该案的主要争点有二：一是涉案公司虽然是政府参与协调并依法成立的单位，但成立之后单位的性质已经发生了转变，应以黑社会性质组织认定。二是徐甲等人为公司利益而实施的行贿行为，个人并未直接获得利益，应认定为个人行贿罪而非单位犯罪。

认定理由分析如下：一是徐甲等人应认定为组织、领导、参加黑社会性质组织罪。本案要正确定性，就必须将单位与黑社会性质组织之间的界限梳理清晰，撕开单位身份的表象，剔除单位概念在认定黑社会性质组织犯罪中的混淆作用，从而达到真正揭示犯罪本质的目的。黑社会性质组织的产生和存在对于我国的经济和社会生活秩序构成了潜在的威胁，为了有效地将带有黑社会性质的组织犯罪消灭在萌芽状态，2002 年 4 月 28 日全国人大常务委员会通过了《关于〈中华人民共和国刑法〉第二百九十四条第一款的解释》。该《解释》

①　案情和评析理由参见李培龙主编：《案例精选与法律适用》，中国检察出版社 2007年版，第 45～48 页。

认为,《刑法》第 294 条第 1 款规定的"黑社会性质的组织"应当同时具备以下特征:形成较稳定的犯罪组织,人数较多,有明确的组织者、领导者,骨干成员基本固定;有组织地通过违法犯罪活动或者其他手段获取经济利益,具有一定的经济实力,以支持该组织的活动;以暴力、威胁或者其他手段,有组织地多次进行违法犯罪活动,为非作恶,欺压、残害群众;通过实施违法犯罪活动,或者利用国家工作人员的包庇或者纵容,称霸一方,在一定区域或者行业内,形成非法控制或者重大影响,严重破坏经济、社会生活秩序。因此,无论涉案主体是否具有合法的单位身份,对于符合四个特征的犯罪组织就应当依法认定,防止其滋长蔓延。在充分考虑到立法本意的前提下,结合本案案情进行如下分析:第一,该犯罪组织较为稳定,分工明确,骨干成员基本固定。在政府的参与下,徐甲等人从最初的个体分散经营,发展到以公司名义出现的集团势力,最终逐步形成有固定成员 130 余人的、以振运公司形式存在的犯罪集团。该公司成立后,完全脱离了政府的控制,在个别政府官员的纵容下,蜕变成犯罪嫌疑人追求权益的聚合,谋取暴利的工具。公司制定了严格的内部协议,要求入股者必须服从公司的一切安排,否则铲除股份。另外,公司长期聘请打手负责保卫,规定了打死、打伤、被抓均由公司负责赔偿,等级明确。整个体系框架的形成有明显的领导者和组织者,其成员也以股东的形式加入,骨干相对固定。第二,该组织有明确的牟利目的和经济实力。公司决策层为谋取暴利,利用股东会决议等方式,有组织地指使其成员通过强迫交易、偷税、行贿、寻衅滋事、排挤竞争对手等犯罪活动为公司谋取经济利益。仅振运公司不完全审计就已实现营业收入 2000 余万元,并以此维系该组织的基本运作。第三,该组织欺行霸市、为非作恶,欺压、残害群众。犯罪组织存续期间,在徐甲、徐乙等人的指使及公司决议精神的鼓动下,其成员多次采用暴力、威胁等手段大肆进行聚众斗殴、寻衅滋事、强迫交易等犯罪活动,欺压、残害群众,大部分都是为了实现该组织称霸一方的目的而实施的。第四,该组织腐蚀官员、寻求庇护,建立了强大的保护网,并垄断行业经营权。林浦、运漕、振运公司存续期间,通过请吃、送礼、行贿等手段,腐蚀、拉拢国家工作人员。目前查证属实并已追究刑事责任的就有上海港监、含山县运漕镇政府数名国家机关工作人员。正是在他们的庇护下,该犯罪组织逐渐在黄浦江水域做大成势,许多中、小浮吊经营户因屡受威胁、排挤,被迫退出竞争,并以暴力为后盾来控制和垄断浮吊行业的经营权,严重破坏了经济、社会生活秩序。综上,虽然振运公司在设立伊始是经过合法程序的,但是在运作过程中,徐甲等人以这种合法"单位"身份作为掩护,一方面从事正常经营,另一方面又多次大肆进行违法犯罪活动。随着时间的推移,该公司已由合法"单位"逐渐蜕变成为犯罪组织。因此，在认定其性质的时候有一定的迷惑性。绝不能被合法主体的假象所干扰，通过现象透析本质，振运公司完全符合"黑社会性质组织"的四个特征，应当认定为黑社会性质组织犯罪。

二是徐甲等人的行贿行为应认定为个人行贿而非单位行贿。本案是单位行贿还是个人行贿，也必须要对"犯罪单位"和"黑社会性质组织"两个概念加以区别。首先，二者的性质不同。"单位"的组织机构是有合法身份的团体，虽然因实施某种犯罪活动而成为犯罪主体，但是其仍然以从事正常经营活动为主业；而"黑社会性质组织"自机构建立就以从事犯罪活动为其存在的基础，某种意义上来看，这种组织表面上从事的合法经营也是为了非法目的。其次，二者在刑事责任承担方式上不同。"单位犯罪"中的单位是一种犯罪，"单位"具有拟制人格，可以对经营过程中的违法活动承担责任，但是考虑到这种主体资格的特殊性，刑法对于犯罪单位规定了"双罚制"或"代罚制"，追究单位直接责任人的刑事责任，但事实上责任人并不是犯罪主体，只是犯罪单位的刑事责任承担者；而"黑社会性质组织"是以单位为掩护而组织起来的犯罪群体，不具有法律意义上的主体资格。因此，"单位"就不再成为责任承担的主体，而应将自然人作为该犯罪的主体，追求其应负的刑事责任。为了从重打击黑社会性质的组织，《刑法》对该种犯罪的法律适用作了专门的规定："犯本罪，又有其他犯罪行为的，依照数罪并罚的规定处罚。"在认定本案为"黑社会性质组织"这个大前提下，刑事责任的承担者应该是"行为人"而不再是表面合法化的"单位"。徐甲、徐乙是实行了行贿行为的自然主体，应以个人身份承担刑事责任。对徐甲、徐乙二人除了追究其"组织、领导、参加黑社会性质组织罪"外，还应该以行贿罪论处，实行数罪并罚。

一审法院经审理作出判决支持检察机关的指控，判处被告人徐甲、徐乙等人组织、领导黑社会性质组织罪和行贿罪，判处相应有期徒刑。一审判决后，徐甲、徐乙提出上诉，二审法院终审裁定维持原判。

我国刑法关于行为构成单位犯罪的规定主要有：资助恐怖活动罪（第120条）；非法制造、买卖、运输、邮寄、储存枪支、弹药、爆炸物罪（第125条）；违规制造、销售枪支罪（第126条）；非法出租、出借枪支罪（第128条）；工程重大安全事故罪（第137条）；生产、销售伪劣商品罪（第140—148条）；走私罪（第151—153条）；虚假出资、抽逃出资罪（第159条）；违规披露、不披露重要信息罪（第161条）；妨害清算罪（第162条）；高利转贷罪（第175条）；非法吸收公众存款罪（第176条）；伪造、变造金融票证罪（第177条）；逃汇罪（第190条）；洗钱罪（第191条）；保险诈骗罪（第198条）；偷税罪（第201条）；侵犯知识产权罪（第213—219条）；扰乱市场秩序罪（第221—230条）；强迫劳动罪（第244条）；非法出售、私赠文物藏品罪（第327条）；采集、供应血液、制作、供应血液制品事故罪（第334条第2款）；走私、贩卖、运输、制造毒品罪（第347条）；非法提供麻醉药品、精神药品罪（第355条）；制作、贩卖、传播淫秽物品罪（第363—365条）；单位受贿罪（第387条）；对单位行贿罪（第391条）；单位行贿罪（第393条）；私分国有资产罪、私分罚没财物罪（第396条）等。

2. 关于犯罪主观方面要件事实的辩论

（1）被告人的行为是出于故意还是过失

在行为人实施的具体犯罪中，行为人的主观认识通过一系列行为表现出来。在判定构成犯罪的要件事实中，行为人的主观方面要件是固定的，有的犯罪是故意犯罪，有的犯罪是过失犯罪，即主观方面的内容可以决定罪与非罪、此罪与彼罪。

犯罪主观方面包括犯罪故意和犯罪过失。根据我国刑法规定，行为人明知自己的行为会发生危害社会的结果，并且希望或者放任这种结果发生，因而构成犯罪的，是故意犯罪；行为人应当预见自己的行为可能发生危害社会的结果，因为疏忽大意而没有预见，或者已经预见而轻信能够避免，以致发生这种结果的，是过失犯罪。根据犯罪过失的认识因素和意志因素，犯罪过失可以分为过于自信的过失和疏忽大意的过失：前者是指行为人已经预见到自己的行为可能发生危害社会的结果，但轻信能够避免，以致发生这种结果的心理态度；后者是行为人应当预见自己的行为可能发生危害社会的结果，因为疏忽大意而没有预见，以致发生这种结果的心理态度。

根据犯罪故意的认识因素和意志因素，可以将犯罪故意分为直接故意和间接故意：前者是指行为人明知自己的行为会发生危害社会的结果，并且希望这种结果发生的心理态度，后者是指行为人明知自己的行为可能发生危害社会的结果，并且放任这种结果发生的心理态度。在共同犯罪中，要求被告人具有共同的犯罪故意。关于犯罪故意中的明知，明知不等于确知，既可以是确定性认识，也可以是可能性认识。

案例①：可能性认识可以认定为主观明知

广州市海珠区人民检察院指控：被告人汪照在明知区伟能、区丽儿（均另案处理）从事毒品犯罪并想将其违法所得转为合法收益的情况下，仍建议

---

① 参见中华人民共和国最高人民法院刑事审判第一、二、三、四、五庭主办：《中国刑事审判指导案例》（破坏社会主义市场经济秩序罪），法律出版社2009年版，第145～147页。

并参与将其毒品犯罪所得资金以投入企业经营的方式转为合法收益的犯罪活动。2002 年 8 月，汪照同区伟能、区丽儿在本市黄埔区明皓律师事务所，以区伟能、区丽儿的毒品犯罪所得港币 520 万元（折合约人民币 550 万元），购入广州市百叶林木业有限公司的 60% 股权。后将该公司更名为广州市腾盛木业有限公司，由区丽儿任该公司法定代表人，汪照任该公司董事长，以经营木业为名，采用制造亏损账目的手段，掩饰、隐瞒违法所得的来源与性质。被告人汪照的行为触犯了《中华人民共和国刑法》第 191 条第（五）项之规定，已构成洗钱罪。被告人汪照辩称不知道区伟能的投资款是毒资，也不清楚区丽儿做虚假报账。其辩护人提出本案的证据不足，被告人不构成洗钱罪；构成洗钱罪须以被告人对于毒品犯罪的违法所得具有明知为前提，根据被告人的供述，被告人仅仅是基于分析和判断而认为投资款是毒资，所以不能认定被告人具有主观明知，而且只有被告人的供述也不足以认定被告人犯洗钱罪；如本案有同案人，应属共同犯罪，在其他同案人未被认定的情况下不能就此认定被告人构成洗钱罪。

广州市海珠区人民法院经公开审理查明：被告人汪照于 2001 年年底认识区丽儿（另案处理）后，在明知区丽儿的弟弟区伟能（另案处理）从事毒品犯罪并想将其违法所得转为合法收益的情况下，于 2002 年 8 月伙同区丽儿、区伟能到本市黄埔区广东明皓律师事务所，以区伟能、区丽儿的港币 520 万元（其中大部分为区伟能毒品犯罪所得），购入广州百叶林木业有限公司的 60% 股权。被告人汪照并协助区伟能运送毒资作为股权转让款。在取得公司控股权后，区丽儿、区伟能安排将该公司更名为广州市腾盛木业有限公司，由区丽儿任该公司法定代表人，直接管理财务。被告人汪照挂名出任该公司董事长，除每月领取人民币 5000 元以上的工资外，区丽儿、区伟能还送给被告人汪照一辆越野奔驰小汽车。之后，腾盛木业有限公司以经营木业为名，采用制造亏损账目的手段，掩饰、隐瞒其违法所得的来源与性质，意图将区伟能的毒品犯罪所得转为合法收益。2003 年 3 月 16 日，被告人汪照及同案人被公安人员抓获。

广州市海珠区人民法院认为，被告人汪照受他人指使，为获得不法利益，明知是他人毒品犯罪的违法所得，仍伙同他人以毒资投资企业经营的方式，掩饰、隐瞒该违法所得的非法性质及来源，其行为妨害了我国的金融管理秩序，已构成洗钱罪。惟被告人汪照在共同犯罪中起辅助作用，是从犯，依法应当从轻处罚。被告人汪照的辩解及其辩护人的辩护意见因依据不足，本院不予采纳。依法判决。被告人汪照犯洗钱罪，判处有期徒刑 1 年 6 个月，并处罚金人民币 27.5 万元；没收被告人汪照的违法所得越野奔驰小汽车一辆。

本案的争点主要在于被告人主观明知的确定。犯罪故意中的明知，并不要求一定是确知，既可以是确定性认识，也可以是可能性认识。被告人汪照对于本案所涉资金系毒赃存在可能性认识，应认定其具有主观明知。

根据《刑法》第191条及《刑法修正案（三）》第7条的规定，洗钱罪的构成需以行为人对作为洗钱对象的毒品犯罪、黑社会性质的组织犯罪、恐怖活动犯罪、走私犯罪（以下称四类上游犯罪）的违法所得及其产生的收益具有主观明知为要件。可见，主观明知是成立洗钱罪的一个前提条件。应当说，对于洗钱罪中明知要件的理解，理论和实务界在其对象内容及程度要求上均存在一定的分歧。比如，在明知的对象内容方面，就存在一切犯罪所得及收益、概括的四类上游犯罪所得及收益、具体的四类上游犯罪所得及收益等不同意见；在明知的程度方面，也存在确定性认识、可能性认识等不同意见。对此，我们认为应当结合我国洗钱罪的刑事立法及刑法一般理论来加以理解和把握。具体言之，对于洗钱罪中明知的对象内容，行为人对属于四类犯罪的违法所得及其产生的收益具有概括性认识即告充足。首先，这是由我国刑事立法的特点决定的，不同于将是否属于特定的上游犯罪所得作为客观要件，以认识到系非法所得为主观要件的国外一些立法例，我国刑事立法对洗钱罪的明知对象作出了清楚的表述，在现有的立法框架内不存在将明知的对象扩大至所有犯罪所得的理解空间。其次，将明知对象内容严格限定为四类上游犯罪中的具体类别犯罪的违法所得及其产生的收益，与我国刑法关于认识错误的一般理论不符。行为人在四类上游犯罪的范围内将此类犯罪所得及收益误认为彼类犯罪所得，因两者在法律性质上是一致的，不属对犯罪构成要件对象的认识错误，故不应影响案件的定性。相反，如行为人将四类上游犯罪所得及收益误认为系其他犯罪所得及收益的，因存在法定构成要件的认识错误，则不应以洗钱罪定罪处罚。对于明知的程度，我们认为，明知不等于确知，尽管确定性认识和可能性认识存在程度上的差异，但两者都应纳入明知的范畴。只要证明行为人在当时确实知道或者根据事实足可推定行为人对于所经手的财产系四类上游犯罪所得的赃钱的可能性有所认识，都可成立明知。同时应注意避免以应当知道的证明取代对于可能性明知的证明，后者属于实然层面上的心理状态，前者属于应然层面上的注意义务，两者不可混为一谈。至于明知的具体认定，一般可以综合行为人的主观认识，接触赃物的时空环境，赃物的种类、数额、赃物交易、运送的方式、方法及行为人的一贯表现等主、客观因素进行具体判断。

在本案中，主观方面，被告人汪照明知区丽儿的弟弟区伟能从事毒品犯罪，基于自己的分析和判断，其主观上对二区的投资款系毒资的可能性具有一定认识；客观方面区伟能、区丽儿一次性支付港币520万元股权转让款，数额巨大且全部为现金支付，期间无偿赠与其越野奔驰高档小汽车一辆，结合被告人汪照曾因犯偷税罪被判处有期徒刑4年的前科历史，故认定其对520万元投资款属于毒品犯罪所得具有主观明知，是符合客观实际的。

此外，对被告人主观明知的认定，不仅可以根据案件事实和证据予以直接确认，而且可以在没有直接证据证明被告人主观明知时运用推定规则予以认定。

案例①：运用推定规则认定被告人主观明知

上海市浦东新区人民检察院以被告人严静犯收购赃物罪，向浦东新区人民法院提起公诉。支持公诉的证据有：一是被告人的供述，严静被取保候审后，在公安机关共作过5次讯问笔录，内容基本一致，均证实该桑塔纳2000型轿车系其从他人处购得，未办理任何过户手续，且事后无法与卖车人取得联系。二是报案陈述及赃车照片，证实严静驾驶的该桑塔纳2000型轿车系被盗赃车。三是扣押物品清单，证实该桑塔纳2000型轿车系从严静处扣押。

浦东新区人民法院经公开审理查明：2002年3月29日下午6时许，被告人严静驾驶一辆桑塔纳2000型轿车，行至浦东新区杨高南路成山路路口时，因违章行为被民警拦阻并接受检查，验证时发现该车行驶证有伪造嫌疑，且车辆未经年审，后经网上查询，发现该车牌照属另一辆奥拓小客车，并据车架钢印查证该车系在浦东新区被盗的车辆，失窃时间为2001年6月26日，民警遂将桑塔纳车扣押。当日，严静谎称该车是从其丈夫的朋友处借得，并承诺将朋友带来讲清事实。2002年4月3日，严静至公安机关供述该车系其私下从他人处购得。具体情况如下，2001年12月底某日下午，严静携带10万元现金至本市武宁路机动车交易市场，欲购买一辆二手桑塔纳轿车，恰逢一自称"刘峰"的中年男子向其兜售该车，双方经商讨以人民币8万元成交。因严静提出要求试车，对方答应先预收5万元押金，试车完毕后支付余款并办理过户手续，"刘峰"遂将当场书写的收条一张和车辆行驶证交与严静。后严静将车开至杨高南路一汽车修理厂，检验证实车辆性能良好。后严静曾多次打电话并前往交易市场寻找"刘峰"，但均未找到，严静遂一直使用该车至案发。庭审中，严静对公诉机关指控其购买使用赃车的事实没有异议，但辩解其主观上并未"明知"。辩护人提出严静虽有购买赃车的行为，但本案没有证据证实其有"明知"的犯意，从其购车地点和约定价格看，可推断出严静主观上不具备"明知"，故严静的行为不构成收购赃物罪。

---

① 参见中华人民共和国最高人民法院刑事审判第一、二、三、四、五庭主办：《中国刑事审判指导案例》（妨害社会秩序罪），法律出版社2009年版，第93～98页。

上海市浦东新区人民法院审理后认为本案除被告人供述外，虽无直接证据证实"明知"的故意，但依据最高人民法院、最高人民检察院、公安部、国家工商行政管理局联合发布的《关于依法查处盗窃、抢劫机动车案件的规定》第17条的规定：当机动车证件手续不全或明显违反规定时，可视为被告人应当知道。据此，本案被告人主观上具备"明知"的犯意，客观上有购买赃车的行为，公诉机关指控的罪名成立。依法判决被告人严静犯收购赃物罪，判处管制1年，罚金人民币1000元。

该案的审查要点如下：

第一，本案被告人严静对涉案车辆系被盗赃车这一事实是明知的。

根据《刑法》第312条的规定，收购赃物罪的构成，在主客观两方面必须具备如下要件：客观上，行为人实施了买赃行为，亦即行为人以相应的对价购买了他人通过犯罪所得的赃物；主观上，行为人有买赃故意，亦即行为人明知其所购买的对象是犯罪所得的赃物而仍购买。在这类案件的处理过程中，相对而言，对行为人的行为是否符合收购赃物罪的客观要件，即涉案物品是否系犯罪所得赃物、行为人在获得该物品时是否曾支付相应对价等事实的查证和认定，通常并不太困难，因为这些事实一般可通过诸如原来物主的购物发票、涉案物品的某些特征（如机动车的发动机号）、买赃者与售赃者的交易凭证等一些较易采集和审核认定、行为人难以否认的证据予以证明。由于在这类案件中，被告人通常会提出其对所购物品系赃物这一事实缺乏"明知"的辩解，而"明知"又属于人内心的主观活动范畴，为其本身性质所决定，其认定与否必须、只能借助于某些客观事实、证据予以印证，因此，这类案件处理的难点和重心往往聚焦于收购赃物罪的主观要件，尤其是"明知"的查证和认定上。本案即属于这种情况。

在本案中，已有充分、确实的证据证明被告人严静所驾驶的车辆是被盗赃车，对此，被告人严静及其辩护人均不持异议。但被告人严静及其辩护人提出，涉案的桑塔纳2000型二手轿车，是被告人严静在机动车交易市场，以人民币8万元的价格，从一自称"刘峰"的男子处购得，本案没有证据证实严静有"明知"赃物而购买的犯意；从购车地点和约定价格看，可推断出严静主观上不具备"明知"，严静的行为不构成收购赃物罪。

经审理，有关人民法院最终认定，公诉机关指控的罪名成立，被告人严静犯收购赃物罪。《关于依法查处盗窃、抢劫机动车案件的规定》第17条规定："本规定所称的'明知'，是指知道或者应当知道。有下列情形之一的，可视为应当知道，但有证据证明属被蒙骗的除外：（一）在非法的机动车交易场所和销售单位购买的；（二）机动车证件手续不全或者明显违反规定的；（三）机动车发动机号或者车架号有更改痕迹，没有合法证明的；（四）以明显低于市场价格购买机动车的。"在本案中，涉案车辆既无经工商行政机关验证盖章的交易凭证，又未办理登记、过户手续，显属"证件手续不全"，符合《关于依法查处盗窃、抢劫机动车案件的规定》第17条第（二）项的规定。这样，适用该条规定认定本案被告人严静有买赃"明知"的前提条件已经成就，接下来便应当解决是否有证据证明被告人严静"属被蒙骗"这一问题。而结合本案案情和证据材料，解决这一问题的关键显然又在于正确审查和判断被告人严静关于其购车经过的有关辩解的真实性。在本案中，被告人严静在归案后，公安机关曾对其作过5份讯问笔录。在该5份笔录中，被告人严静对其购车经过的交代基本一致。本来，由于该5份笔录主要内容基本一致，通常应认为有较高的可信性；由于被告人严静称其是在机动车交易市场、以并不是明显低于市场价格（应当认为，如果被告人严静确实是以人民币8万元的价格购得该二手桑塔纳2000型轿车，那么，该车的购买价并不是明显低于市场价格的）购得涉案车辆，通常应排除其有"明知"赃物而购买的故意，亦即可以认定有证据证明被告人严静"属被蒙骗"。但是，审判机关不采信被告人的上述辩解是正确的，理由有：一是为核实被告人严静关于购车经过辩解的真实性，本案侦查、起诉机关进行了相应调查，结果发现，在上海市武宁路机动车交易市场并未发现一个名叫"刘峰"的男子；在该交易市场也没有任何可以证明被告人严静与"刘峰"买卖车辆的交易凭证。这说明，被告人严静关于其是在机动车交易市场购得涉案车辆的辩解，无证据印证，不能成立。二是据被告人严静辩解，在她与"刘峰"商定以8万元价格成交后，她提出试车，"刘峰"答应先收5万元押金，试车完毕后再支付余款并办理过户手续，"刘峰"遂当场书写收条一张，并将行驶证交给她。但在被告人严静提出上述辩解的同时，她又称该收条已"不知放到哪里去了"，因而在本案诉讼中自始至终未能提交。严静的这一辩解，首先，有悖于商品交易规则和常理。严静从事的并非一般商品交易，其本人亦非无商品交易知识、无生活阅历、无判断能力的未成年人，在对方不能提供从事机动车交易凭证、交付的机动车是否存在权利或质量瑕疵也不明确时，严静不可能仅凭一张"收条"而放心地将巨额价款交付对方。其次，这一辩解也有悖常情。因为即便严静仅凭一张"收条"而将巨额价款交付对方，作为证明交易存在的惟一凭证，严静也不可能不妥善保管；本案案发（2002年3月29日）与被告人严静自称的购车时间（2001年12月底）间隔并不是很长，其关于"收条"已找不到的辩解，无法不令人称疑。总之，本案被告人严静关于以8万元价格购得车辆的辩解，同样难以成立。三是2002年3月29日，当涉案车辆被确认为系被盗赃车而被交警部门扣押后，当日，被告人严静曾向交警部门称该车是从其丈夫的朋友处借得，并承诺将该朋友带来讲清事实，但在侦查阶段，被告人严静又改变了上述说法，辩称她是在上海市武宁路机动车交易市场，以人民币 8 万元的价格，从一自称"刘峰"的男子处购得该车辆。如此前后矛盾的辩解，不能不让人对被告人严静后来的 5 次基本一致的辩解的真实性产生怀疑。换句话说，如果确如被告人严静后来的辩解，该车是在机动车交易市场以 8 万元的价格购得，那么，其不在第一时间如实向有关机关说明有可能洗脱其罪责的这一事实，也不符合常理；其在案发之初作虚假陈述，应可推定有掩盖事实真相的故意和目的。综合以上三点事实、证据和理由，应当认为，本案被告人严静关于其购车经过、价格的辩解，不能成为可证明其"属被蒙骗"的有效反驳。进而，《关于依法查处盗窃、抢劫机动车案件的规定》第 17 条但书所规定的除外情形，在本案中就并不存在；人民法院适用《关于依法查处盗窃、抢劫机动车案件的规定》第 17 条的规定，认定被告人严静是"明知"赃车而购买，相应就有了充分的事实和法律依据。

第二，如何在刑事诉讼中运用推定规则。

作为一项法律术语，所谓推定，是指依照法律规定或者经验法则，基于某一已知、确定的事实（基础事实），而推知、确定另一不明的、无直接证据予以证明的事实（推定事实）的存在。依据不同，推定有法律推定和事实推定之分。所谓法律推定，是指根据法律规定（这里的法律规定，宜作广义理解。鉴于司法解释在裁判文书中可以直接援引，故应当将司法解释规定的推定也视为"法律规定"的推定），当确认某一事实存在时，就应当据以认定另一事实的存在，而无需再运用证据加以证明。所谓事实推定，是指基于经验法则，由某一事实的存在而推定出其他不明事实。在刑事诉讼中，推定是认定某些案件事实，特别是犯罪主观要件事实的一种重要方法。在我国刑法和有关司法文件中，已有了一些法律推定的范例。例如，《刑法》第 395 条的规定（不能说明合法来源的巨额财产推定为非法财产）；《全国法院审理金融犯罪案件工作座谈会纪要》（2001 年 1 月 21 日）关于"根据司法实践，对于行为人通过诈骗的方法非法获取资金，造成数额较大的资金不能归还，并具有下列情形之一的，可以认定为具有非法占有的目的：（1）明知没有归还能力而大量骗取资金的……但是，在处理具体案件的时候，对于有证据证明行为人不具有非法占有目的的，不能单纯以财产不能归还就按金融诈骗罪处罚"的规定；等等。从司法实务的情况来看，事实推定则一直被大量地运用着，在机理上，法律推定和事实推定均是基于两个以上事实的常态联系，即人们通过长期的、反复的实践所取得的一种因果关系经验（经验法则）。这种经验被反复证明，绝大多数情况下是真实的，具有高度的盖然性，而只有在非常特殊的情况下才产生例外。

在运用推定规则认定案件事实时，应当注意以下一些问题：

一是推定规则运用的辅助性。亦即相对于通过证据直接证明有关案件事实的认定方法而言，推定只是认定案件事实的一种辅助方法，只能限定在特定的条件下运用。这是各国刑事司法的通例。由于我国刑事诉讼法规定实行的是"客观真实"的证明标准，加之律师参与刑案诉讼的比率尚不是很高等现实状况，推定规则的运用更应当受到严格限制。具体而言，就法律推定而言，其适用的辅助性主要体现在：一方面，其适用必须以法律有明文规定为前提条件，对于法律未作明文规定的，绝不能"类推"适用。例如，《刑法》第395条仅就巨额财产来源不明罪作了推定规定，该规定就不能"类推"适用于其他贪污贿赂罪的认定。另一方面，即便对法律明文规定的推定，其适用也应遵循严格的条件限制。例如，在巨额财产来源不明案件中，只有在公诉机关已经证明被告人的财产或支出明显超出其合法收入且差额巨大，同时无法查清该财产的合法或非法来源，而被告人自己也不能提出该差额部分财产来源合法的有效反驳时，才能推定该差额部分财产为非法。另外，通常而言，在立法和司法文件中，关于法律推定的规定总是例外性的，不可能普遍存在（我国刑法上只有第395条规定属于推定，司法文件中规定的推定也为数寥寥）。就事实推定规则而言，其适用的辅助性主要体现在：在能够通过收集其他证据直接证明待证事实的情况下，就不允许运用推定方式认定该事实；基础事实与推定事实之间的因果联系必须是已为长期的司法实践所反复证明了的。此外，无论是法律推定还是事实推定，一般只能用于认定案件的某一方面事实，而不能直接用来推定被告人有罪。

二是推定事实的可反驳性。由于推定只是对相关事实之间高度盖然性联系的一种确认，并不具有绝对性，而刑事诉讼的证明标准又极为严格，因此，在运用推定规则认定案件时，应当赋予被告人反驳的权利。就事实推定而言，由其尚未经立法确认的自身特点所决定，一律允许被告人反驳，此为各国通例；就法律推定而言，尽管在英美刑事诉讼中，有可反驳的推定与不可反驳的推定之分，但从我国刑法及有关司法文件关于法律推定的规定看，为可反驳的推定。在办理实际案件时，正确认识和处理被告人所提出的反驳，是准确运用推定规则的关键。对此，主要应当注意的是：被告人的反驳，既可以通过反证（即举出证明推定事实的基础事实不真实的证据）方式提出，也可以通过反论（即通过推理说明基础事实与推定事实之间的高度盖然性的因果联系并不存在或并不可靠），但无论是反证还是反论，只有在达到可以对控方所推定的事实形成合理怀疑，从而动摇审判人员对推定事实的内心确信的程度时，方能认为是有效的、可否认推定事实的反驳。这是为刑事案件系事关重大法益的特点、刑事诉讼的对抗式诉讼模式所决定和要求的。例如，在我们所探讨的严静收购赃物一案中，被告人虽然提出其系从机动车交易市场、以8万元价格购得涉案车辆的辩解，但是她并未能提出能够证明其上述辩解真实性的任何证据，且经侦查、公诉机关查证，也无法收集到可资证明其上述辩解真实性的相关证据，因此，应当认为，其上述辩解并未能形成对推定事实的有效反驳。

三是基础事实的真实性、确定性。存在已有充分、确实的证据证明的真实可靠的基础事实是进行推定的前提；如果基础事实并不存在，或者基础事实的真实性、确定性尚有难以排除的合理疑点（例如，证明基础事实的证据不充分、不确实，或者是通过非法方式获得等），那么，就不能作为推定的依据。此外，根据基础事实推定的事实，由于其自身有某种不确定性，一般不能用来进行进一步推定。

四是基础事实与推定事实之间因果联系的高度盖然性。由于在法律推定的情况下，该种高度盖然性已为立法所确认，因此可以相应免除控方就之进行说明的义务，相关的裁判文书一般也无需对其作论证；但在法律推定的情况下，控方则负有这样的义务，相关的裁判文书也必须对其作出有说服力的论证。

刑事诉讼中对犯罪的主观方面一般情况下只能通过间接证据来证明。除了被告人供述，犯罪人犯罪时主观心理状态没有任何直接的信息载体。因为被告人的供述存在避重就轻的可能性，所以对主观方面的证明应坚持间接证据优于直接证据原则。[①]

（2）是否属于意外事件或不可抗力事件

意外事件和不可抗力事件均属于无罪过事件。我国刑法规定，行为在客观上虽然造成了损害结果，但是不是出于故意或者过失，而是由于不能抗拒或者不能预见的原因所引起的，不是犯罪。

意外事件是指行为在客观上虽然造成了损害结果，但是不是出于行为人故意或者过失，而是由于不能预见的原因所引起的事件。意外事件的基本内容包括：一是行为人的行为造成了客观损害结果；二是行为人主观方面既没有故意也没有过失；三是损害结果的发生是由于不能预见的原因所致。所谓不能预见，是指根据行为人的能力，行为人不可能预见到损害结果的发生。

不可抗力事件是指行为在客观上虽然造成了损害结果，但是不是出于故意或者过失，而是由于不可抗拒的原因所引起的事件。不可抗力事件的成立需具备两个条件：一是行为人在客观上造成了损害结果；二是导致损害结果的发生

---

① 刘品新：《刑事证据疑难问题探索》，中国检察出版社2006年版，第189页。

不是因为行为人的故意或者过失，而是由于不能抗拒的原因。所谓不能抗拒的原因，是指行为人无法控制的原因。

公诉实践中，疏忽大意的过失与意外事件的表面相似性使得许多过失犯罪被告人寄望于以意外事件为突破的无罪辩护，公诉人必须要在法律法理上做好应对准备。虽然疏忽大意的过失与意外事件的相近之处在于行为人都没有预见到损害结果的发生，但是，两者具有根本性差异也是一目了然：意外事件中行为人是不可能预见到损害后果的，而疏忽大意的过失中行为人则是应当预见却没有预见。公诉人必须根据案件具体情况和法律规定，反驳辩方关于意外事件的辩护意见。例如，在被告人朱家平在建房中因疏忽大意致两死两伤案中，被告人及其辩护人均提出其主观上无过失、无法预见到死伤后果，系意外事件的辩护意见，公诉人反驳认为，被告人朱家平应当预见到自己的行为可能造成他人死亡而没有预见，导致两人死亡、两人轻微伤的结果发生，应以过失致人死亡罪追究其刑事责任。

案例①：疏忽大意的过失与意外事件的区分

被告人朱家平为了拆迁，从拆迁市场购买回来旧砖头、旧钢筋、旧楼板交给无建筑资质的于全门建两层楼房，并吩咐于全门为其节省资金。2004年5月中旬的一天，于全门带领王顶玉、王顶宝、王玉喜、王桂莲等人进行施工，在施工过程中，未采取安全防范措施。2004年5月28日下午2时许，当被告人朱家平经于全门同意将两桶烂泥浆吊到二楼廊檐顶部不久，在楼板自重和施工操作等负荷作用下，导致挑梁断落，致使王顶玉被砸当场死亡，王顶宝被砸伤后抢救无效死亡，王玉喜、王桂莲被砸成轻微伤。经鉴定，该房建造标准很低，泥浆强度为0，主要承重构件构造连接和整体性很差，挑梁不符合现行建筑结构设计规范的有关要求。江苏淮安市淮阴区人民法院认为，被告人朱家平建设两层楼房，购买的是旧材料，为了拆迁，吩咐于全门尽量节省，其由于疏忽大意没有预见到后果发生的可能性，并且亲自用吊车将两大桶烂泥浆吊到二楼，最终导致楼房崩塌，进而致两死两伤的后果，被告人主观上具有疏忽大意的过失，客观上其行为与两死两伤的后果有因果关系，其行为符合过失致人死亡罪的法律特征。考虑到被告人朱家平在整个事故中起次要作用，其犯罪情节轻微，不需要判处刑罚，可以免除刑事处罚，判决被告人朱家平犯过失致人死亡罪，免予刑事处罚。

---

① 参见中华人民共和国最高人民法院刑事审判第一、二、三、四、五庭主办：《中国刑事审判指导案例》（侵犯公民人身权利、民主权利罪），法律出版社2009年版，第201～202页。

本案辩点主要是被告人朱家平的行为是疏忽大意的过失还是意外事件。

意外事件与疏忽大意的过失有相似之处，表现在行为人事实上都没有预见到自己行为的危害结果，客观上又都发生了危害结果。但是，在意外事件中，行为人是不应当预见、不能够预见危害结果的发生，而疏忽大意的过失的行为人是应当预见、能够预见危害结果的发生，只是由于疏忽大意才没有预见。因此，二者区分的关键是判断行为人是否应当预见、能够预见。

疏忽大意的过失通常被称为无认识的过失，行为人没有预见到自己的行为可能发生危害社会的结果，没有预见并非行为人不能预见危害结果，而是在应当预见的前提下由于疏忽大意才没有预见，如果行为人小心谨慎、认真负责，那么就会预见到危害结果的发生。因此，有注意能力未尽注意义务是疏忽大意过失的行为人承担刑事责任的根据。在司法实践中，判断疏忽大意的过失，不是判断行为人是否疏忽大意，而是判断行为人是否应当预见、能够预见，如果应当预见、能够预见而没有预见就表明行为人疏忽大意了。

疏忽大意过失中的注意义务是为一般人所设定的，不需要考虑具体情况。注意义务不仅来源于法律、法令、职务和业务方面的规章制度所确定的义务，而且包括日常生活准则所提出的义务，即"社会生活上必要的注意"。在本案中，被告人为了拆迁而建房，购买的是旧的建筑材料，委托的是无建房资质的人员，明显违反了房屋建设一般活动所应遵循的义务。

预见能力因人而异，有高低大小之分，需要进行具体的判断：一是判断的基础，应当把行为人的智力水平、行为本身的危险性和行为时的客观环境结合起来。二是判断的方法，要坚持从客观到主观，把对一般人的注意义务与具体行为人的智能水平结合起来。三是判断的标准，应当在考察一般人的预见能力基础上充分考虑行为人的具体智能情况。详言之，首先考察行为人所属的一般人能否预见结果的发生，其次再考虑行为人的智能水平是高于一般人还是低于一般人。如果一般人能够预见，但行为人智能水平低，则不宜认定过失；如果行为人的智能水平不低于一般人，则可以认定过失；如果一般人不能预见，而行为人的智能水平明显高于一般人，则可以认定为过失。

在本案中，被告人朱家平购买旧建筑材料，委托无建筑资质的于全门，还嘱咐于全门尽量少用水泥以节省资金，同时，在施工过程中没有采取任何安全防范措施，因此朱家平的建房行为是一种容易导致施工人员伤亡的危险行为。对此，普通人都能够加以认识，而朱家平一方面具有完全刑事责任能力，其智能水平不低于普通人，另一方面，由于他平时用自家的吊车帮别人上下楼板，朱家平对建房安全性的认知应高于普通人，所以对自己行为可能导致施工人员伤亡的危险性是完全能够认识的。在客观归责方面，尽管是由于楼板自重和施工操作等荷载作用直接导致挑梁断落，进而发生4人伤亡的危害后果，但是朱家平在建房时违反房屋建设所必需的安全要求，使得房屋安全性极差，是导致挑梁断落的根本原因。因此，案件中两人死亡、两人轻微伤的后果与朱家平的建房行为存在因果关系。

综上，朱家平主观上有注意义务、预见能力，客观上伤亡后果与其建房行为有因果关系，因此认定朱家平构成过失致人死亡罪是正确的。

（3）被告人是否具有特定犯罪目的

犯罪目的是被告人通过实施危害社会行为来实现危害社会结果的意图。我国刑法分则部分条款对犯罪主观方面要件的规定除了必须具备故意或过失的罪过外，还必须具备特定的犯罪目的。在法庭辩论中，被告人是否具有特定犯罪目的，是影响罪与非罪、此罪与彼罪的主要因素。例如，被告人主观上是否以牟利为目的，就决定了其行为是构成传播淫秽物品牟利罪还是传播淫秽物品罪。再如，侵财类犯罪一般要求被告人具有"非法占有"的目的，公诉人就必须从财产所有人或者管理人丧失财产所有权和管理权、被告人将非法取得的财物作为自有财物进行处置的角度论证被告人非法占有财物的目的，同时，公诉人还可以结合被告人取得财物的手段和获得财物后的处理等客观行为来分析判断被告人的非法占有目的；又如，挪用公款罪中被告人没有将公款非法据为己有的目的，而是私用、移用、占用、借用公款，包括挪用公款归个人使用、挪用公款进行非法活动和挪用公款进行营利活动，其中对被告人挪用公款归个人使用的判断可以依照2002年4月28日全国人大常委会发布的《关于〈中华人民共和国刑法〉第三百八十四条第一款的解释》进行，主要指下列情形：一是将公款供本人、亲友或者其他自然人使用的；二是以个人名义将公款供其他单位使用的；三是个人决定以单位名义将公款供其他单位使用，谋取个人利益的。

（4）被告人是否属于认识错误

刑法上的认识错误是指被告人对自己危害行为的事实及其违法性没有正确的认识，包括法律上的认识错误和事实上的认识错误。法律上的认识错误是指行为人对自己的行为的事实情况具有正确的认识，只是行为人自己对这种行为在法律上的评价上产生了误解；而事实上的认识错误是行为人对自己行为的事实情况没有正确的认识。对法律认识的错误，在某些情况下影响犯罪的成立，而对事实上的认识错误，通常不影响犯罪的成立。只有当行为人的认识上的错误使行为人违背了行为人的意志从而造成危害结果时，认识上的错误才能影响罪过成立或者改变罪过形式。① 因此，被告人是否对案件事实或者法律适用产生认识错误，将可能影响对其定罪量刑，因而认识错误也常常成为被告人的辩护突破口。例如。认为将抓获的小偷打死打伤不负刑事责任，将他人价值千金的古董误认为是普通艺术品故意毁坏等。

案例②：对事实产生重大认识错误案件的处理

某市某区人民检察院以被告人沈某某犯盗窃罪向某市某区人民法院提起公诉。公诉机关指控：2002 年 12 月 2 日晚 12 时许，被告人沈某某在某市高明区"皇家银海大酒店"3614 房与潘某某进行完卖淫嫖娼准备离开时，乘潘不备，顺手将潘放在床头柜上的嫖资及一只"伯爵牌"18K 黄金石圈满天星 G2 连带男装手表拿走，后藏匿于其租住的某市某区荷城甘泉街 9D 号二楼的灶台内。次日上午，潘某某醒后发现自己的手表不见，怀疑系沈所为，便通过他人约见了沈某某。潘询问沈是否拿了他的手表，并对沈称：该表不值什么钱，但对自己的意义很大，如果沈退还，自己愿意送 2000 元给沈。沈某某坚决否认自己拿走了该表。潘某某报案后，公安机关遂将已收拾好行李（手表仍在灶台内，被告人未予携带或藏入行李中）准备离开某市的沈某某羁押。沈某某在被羁押期间供述了自己拿走潘手表的事实及该手表的藏匿地点，公安人员据此起获了此手表，并返还给被害人。另经查明，在讯问中，沈某某一直不能准确说出所盗手表的牌号、型号等具体特征，并认为该表只值六七百元；拿走潘的手表是因为性交易中潘行为粗暴，自己为了发泄不满。经某市某区价格认证中心鉴定：涉案手表价值人民币 123879.84 元。

某市某区人民法院审理后认为：被告人沈某某秘密窃取他人数额较大以上的财物，其行为已构成盗窃罪。虽然被害人将手表与嫖资放在一起，但被害人并未申明手表亦是嫖资的一部分，该手表仍为被害人所有；被告人拿走嫖资同时顺手拿走手表时，被害人虽没有睡着，但被害人对此并未察觉，故被告人的行为仍然符合"秘密窃取"的特征。因此，公诉机关指控被告人犯盗窃罪的罪名成立，应予支持。被告人沈某某关于其行为并非"秘密窃取"的辩解和其辩护人关于被告人沈某某不具有非法占有目的的辩护意见，均无事实根据，不予采纳。被害人将价值巨大的手表与嫖资放在一起，一方面足以使对名表缺

---

① 刘芳等编著：《刑法适用疑难问题及定罪量刑标准通解》，法律出版社 2004 年版，第 57 页。

② 参见中华人民共和国最高人民法院刑事审判第一、二、三、四、五庭主办：《中国刑事审判指导案例》（危害国家安全罪、危害公共安全罪、侵犯财产罪、危害国防利益罪），法律出版社 2009 年版，第 543～547 页。

乏起码认识的被告人产生该表价值一般（而非巨大）的错误认识；另一方面也可能让一个以卖淫为生计的被告人产生谋小利的贪念。被告人在被羁押后、知悉其所盗手表的实际价值前，一直误认为其所盗取的只是一只价值数百元的普通手表。结合被告人的出身、年龄、职业、见识、阅历等状况来看，被告人误认所盗手表的价值是真实可信的，并非被告人故意规避。此节也可以从被告人始终不能准确说出该表的牌号、型号等能体现价值巨大的特征以及在盗得手表后没有马上逃走或者将财物及时处理掉，乃至收拾好行李准备离开某市时手表仍在灶台内并未随身携带或藏入行李中得到验证。被害人在向被告人追索手表的过程中，虽表示愿意用 2000 元换回手表，但仅称该表"对自己意义重大"，并未明确表明该表的实际价值，相反却明确表示该表并不太值钱。此节事实，并不足以使被告人对所盗手表的实际价值产生新的认识，相反更可能加深被告人对该表价值的误认。综上，被告人顺手拿走他人手表的行为，主观上虽有非法占有他人财物的目的，但被告人当时没有认识到其所盗手表的实际价值，其认识到的价值只是"数额较大"，而非"数额特别巨大"。也就是说，被告人主观上只有非法占有他人"数额较大"财物的故意，而无非法占有"数额特别巨大"财物的故意。由于被告人对所盗物品价值存在重大误解（或者认识错误），其所认识的数额远远低于实际数额，根据主客观相统一的刑法原则，故不能让其对所不能认识的价值数额承担相应的刑事责任，而应按其盗窃时所能认识到的价值数额作为量刑标准。鉴于被告人犯罪后主动坦白其盗窃事实，且所盗手表已被追缴并退还失主，属犯罪情节轻微。依法判决被告人沈某某犯盗窃罪，免予刑事处罚。

本案主要问题是对所盗物品的价值有重大认识错误的应如何处罚？

行为人对所盗物品价值是否存在重大认识错误，不能仅凭被告人的供述或辩解来认定，否则，行为人均可以自称对所盗物品价值有重大认识错误，来规避或逃脱其应负的法律责任。判断行为人是否对所盗物品价值存在重大认识错误，主要应从行为人的个人情况及其行为前后的表现来综合分析：本案被告人沈某某出生于贫困山区，从没有见过此类手表，也不知道或者听说过有此类名贵手表；沈某某年龄不大，从偏远农村来到城市时间不长，其工作环境又是一普通发廊，接触外界人、事、物相当有限，基本上无从接触到带有如此昂贵手表的人；案发地附近的市场上也没有此类名表出售，最好的商场内出售的最好的手表也不过千元左右。因此，以本案沈某某的出身、作案时的年龄、职业、见识、阅历等状况来看，其对所盗手表的实际价值没有明确的或概括的认识是有可信基础的。被害人将价值如此巨大的手表与几百元的嫖资随便放在一起，也有使对手表本来就缺乏认识的沈某某产生该表价值一般（而非巨大）错误认识的客观条件。被告人沈某某到案后，在历次讯问中，始终不能准确说出该表的牌号、型号等具体特征，而且一直认为该表只值几百元钱。这表明其对名表确实一无所知，也不关心该表的实际价值。在盗得手表后，沈某某既没有马上逃走，也没有将财物及时处理掉，乃至收拾好行李准备离开某市时手表仍在灶台内，未予随身携带或藏入行李，也说明被告人对该表的实际价值既没有明确的认识，也没有概括的认识。如果被告人对该表的实际价值有所认识，按常理是不可能不随身带走或转卖的。被害人在追索手表的过程中，虽表示愿意以2000元换回手表，但其仅称该表"对自己意义重大"，并未明确表明该表的实际价值，而只表示该表并不太值钱。此节事实，并不足以使被告人对所盗手表的实际价值产生新的认识，相反却更可能加深被告人对该表价值的误认。综上，被告人顺手拿走他人手表的行为，主观上虽有非法占有他人财物的目的，但被告人当时确实没有认识到（包括概括的认识）其所盗手表的实际价值。其认识到的所盗手表的价值只是"数额较大"而已，而非事实上的"数额特别巨大"。也就是说，被告人主观上只有非法占有他人"数额较大"财物的故意内容，而无非法占有"数额特别巨大"财物的故意内容。因此，被告人对其所盗手表存在重大的认识错误，是可以确认的。

行为人对所盗物品价值有重大认识错误，属于刑法理论中所讲的一种对象认识错误。刑法上的认识错误，包括事实认识错误和法律认识错误。事实认识错误，是指行为人主观认识的事实与客观的事实认识不一致，主要包括对象认识错误、行为性质和手段认识错误、因果关系认识错误等。法律认识错误，是指行为人主观认识的行为对象与其行为所实际侵害的对象不相一致。

本案属于对所盗物品价值的对象认识错误。这种认识错误，包括对价值有无和高低的认识错误。对无价值的东西误认为是有较大、巨大或特别巨大价值的东西而盗走的，实践中一般可不作犯罪处理。对有较大、巨大或特别巨大价值的东西误认为是无价值的东西而随手拿走，如将别人所有的名家手迹或名画误认为是无价值的普通书画作品拿走，如果当其发现具有价值后，若没有继续非法占有，一般不应作犯罪处理；对于盗窃对象价值高低的认识错误，一般应当按照盗窃对象的实际价值定罪处罚；但对于将价值高的东西误认为价值低的东西拿走是否全部按实际价值定罪呢？我们认为，个别情况也应因具体案情而定。因为行为人认为无价值的东西很少被拿走，绝对无价值的东西也是少之又少的。多数行为人可能是认为价值低而拿走，而很少认为该物品无任何价值。如陕西一农民为方便将邻居一"瓦盆"偷回家用来喂猪，数月后才发现该"瓦盆"是一地下出土的文物，实际价值数万元，该农民知道后即将该物退还邻居。

本案中，被告人沈某某对事实存在严重的认识错误，其所认识的数额远远低于实际数额，不能让其对行为所不能认识的财物数额承担犯罪的责任。从对犯罪构成主客观统一的原则来看，被告人所认识的数额即使接近"数额较大"的起点，但因其行为也造成了严重后果（手表的实际价值特别巨大等），根据最高人民法院《关于审理盗窃案件具体应用法律若干问题的解释》（以下简称《解释》）第6条的规定，被告人的行为亦构成盗窃罪。

对此类案件认定为事实认识错误并不放纵犯罪。持反对意见的人主要是担心，在行为人既有盗窃故意又有盗窃行为，事实上也盗窃到了所想盗窃的财物时，如果行为人都辩解说对财物的价值数额有错误认识，不就都可以从轻甚至免除处罚吗？出现上述意见分歧，主要是因为在司法实践中，认定具有盗窃罪的明知，只要求行为人认识到盗窃他人财物会造成他人财物损失并希望这种危害结果发生就够了，并不要求行为人当时明知所盗财物是否达到"数额较大"的标准，更不要求行为人对财物的实际价值有准确认识，而且在许多情况下，要求其认识到所盗财物价值已达到"数额较大"或对所盗财物价值有准确认识也是不现实的。

就本案而言，我们认为，只要被告人认识到是在盗窃他人手表就够了，其意图非法占有的是他人的手表，实际上非法占有的也是该手表，该手表的价值在被非法占有前后并无任何变化，被告人预见到的犯罪结果与其追求并实际发生的犯罪结果是一样的，至于该表的具体价值多少，则不需要强求其认识到，而应以鉴定结论为依据。对此类带有特殊性的盗窃，应从以下几方面予以把握：一是从主观上进行考察，即行为人是否认识到或应当认识到。除考察其供述、个人情况外，还要综合分析其行为的时间、地点、条件、行为人与被害人的关系等。同时，应从一般人的角度来分析，一般人均能认识的，应视为行为人认识到，以避免行为人推脱责任。对于那些抱着"能偷多少偷多少，偷到什么算什么"心态的行为人来说，其主观故意属于概括性的犯罪故意，因为无论财物价值多少都不违背行为人的本意，自应以实际价值论。二是从手段上进行考察，即行为人采取特定手段进行盗窃即视为具有概括性的故意，犯罪数额以实际价值论。如惯窃、扒窃、入室盗窃、撬锁盗窃、团伙犯罪等，因其行为的严重性，推定其为概括性的犯罪故意，以实际价值认定其盗窃数额。在推定为概括性犯罪故意时，需要注意的是当行为人辩称其不知财物的真实价值，也有充分理由相信其辩解的，而行为人又主动退回的，则应对退回部分不作犯罪处理。三是从场合特定性上进行考察，即只能发生在行为人有合法（合理）机会接触被盗物品的顺手牵羊场合。被盗物品价值大又容易被误以为小的时候，才会产生认识错误问题。应当注意的是，事实认识错误只影响到刑事责任的承担与否，而不影响责任的大小。因此，只有在特定环境和条件下才能认定被告人是否对盗窃对象的价值存在严重的认误错误，避免出现客观归罪或主观归罪的现象。

根据《刑法》第264条的规定，数额是盗窃罪定罪量刑的重要标准，但不是惟一的依据。处理本案，一要对被告人按事实认识错误来对待，根据主客观相一致原则来认定盗窃数额；二要考虑其行为的社会危害程度是否达到了应当追究刑事责任的程度。从本案看，被告人沈某某虽然对所盗手表的价值有重大认识错误，但其确实盗走了他人数额特别巨大的财物。根据《解释》第6条关于盗窃公私财物接近"数额较大"的起点，但造成严重后果或者具有其他恶劣情节的，可以追究刑事责任的规定，对被告人沈某某的行为应认定为犯罪。因此，公诉机关指控被告人的罪名成立。被告人沈某某辩解其拿走潘某某手表时，潘并没有睡觉，但当时被害人没有察觉，因此，该辩解并不影响盗窃罪中"秘密窃取"要件的构成。其辩护人辩称被告人没有非法占有的目的，也没有事实和法律依据。但对被告人的处罚应按其盗窃时主观认识的数额作为量刑标准。

关于本案的处刑，有一种观点认为，鉴于本案中被告人犯罪情节的特殊性，可以对被告人在10年以下量刑，但应依照《刑法》第63条第2款，犯罪分子虽然不具有本法规定的减轻处罚情节，但是根据案件的特殊情况，经最高人民法院核准，也可以在法定刑以下判处刑罚。我们认为，该条规定主要是解决具有特殊情节的个别案件的"法律适用"问题，而本案主要是对"案件事实"即被告人盗窃数额的认定问题，因此不宜适用此规定。结合本案具体情况，根据《刑法》第37条"对于犯罪情节轻微不需要判处刑罚的，可以免予刑事处罚"的规定，鉴于被告人沈某某对所盗手表的价值有重大认识错误，且所盗手表已追缴并退还失主，其行为属犯罪情节轻微的犯罪，对被告人沈某某免予刑事处罚是适当的。

3. 关于犯罪客观方面要件事实的辩论

（1）危害行为是否是被告人所为

无行为则无犯罪，危害行为是一切行为构成犯罪的必备要件，危害行为是决定犯罪成立的前提，没有危害行为就没有犯罪构成。关于危害行为控辩争论的重点是围绕被告人是否实施和怎样实施危害行为。

危害行为的基本表现形式有二，即作为和不作为：前者是积极地实施法律禁止的行为，后者是指行为人能够履行法定义务而不履行该义务的行为。关于不作为犯罪，其成立要具备下列条件：一是行为人负有实施特定法定行为的义务，包括法律法规明文规定的义务、职务或者业务要求的义务、法律行为引起的义务和先前行为引起的义务等。二是行为人能够履行该特定义务。三是行为人不履行特定义务。四是行为人不履行义务已经造成或者可能造成危害结果。

案例①：杨某某不作为故意伤害案

检察机关指控：被告人杨某某因与被害人张某某谈恋爱而产生矛盾，杨某某即购买两瓶硫酸倒入喝水的杯中，随身携带至其就读的洛阳市第一中学。2004年10月23日21时40分许，被告人杨某某在该校操场遇到被害人张某某，两人因恋爱之事再次发生激烈争执，杨某某手拿装有硫酸的水杯对张某某说"真想泼到你脸上"，并欲拧开水杯盖子，但未能打开。被害人张某某认为水杯中系清水，为稳定自己情绪，接过水杯，打开杯盖，将水杯中的硫酸倒在自己的头上，致使其头、面、颈、躯干及四肢等部位被硫酸烧伤。经法医鉴定其伤情为重伤，伤残程度为一级。人民法院认为，被告人杨某某明知自己的行为会造成他人身体伤害，仍放任伤害结果的发生，致他人严重残疾，其行为已构成故意伤害罪。判决被告人杨某某犯故意伤害罪，判处有期徒刑10年。一审宣判后，杨某某不服，提起上诉。其上诉理由是：其主观上只想拿硫酸吓唬被害人，无伤害故意；被害人受伤后，还追着让其赶紧去医院；本案起因是违反中学生早恋规定引发，被害人在案件起因上有过错；其系未成年人，原判对其量刑过重。请求二审减轻处罚。河南省洛阳市中级人民法院经审理认为，上诉人杨某某在谈恋爱的过程中，因被害人提出分手而心怀恼恨，即购买危险品硫酸随身携带。当二人为恋爱发生争执，被害人误将上诉人预备的硫酸倒向本人身上时，上诉人明知该行为会造成被害人的人身伤害，仍放任伤害结果的发生，致被害人重伤并造成严重残疾，其行为已构成故意伤害罪，且后果严重。原审法院鉴于上诉人犯罪时未满18周岁，其行为系间接故意犯罪，主观恶性相对较小，又系初犯、偶犯，其亲属能赔偿附带民事诉讼原告人的部分经济损失等情节，对其从轻判处有期徒刑10年并无不当。原判认定事实和适用法律正确，量刑适当，审判程序合法。上诉人杨某某提出减轻处罚的上诉意见，不予采纳。依法裁定驳回上诉，维持原判。

本案涉及的主要问题就是被告人为报复被害人，购买硫酸后带至案发现场，当被害人从其手中拿走装有硫酸的杯子，打开杯盖，将硫酸当做清水倾倒在本人身上时，被告人既不告诉被害人实情，也不采取措施予以阻止，而是放任被害人向自己泼倒硫酸的行为，造成被害人严重伤残的结果，其主观上对被

---

① 参见中华人民共和国最高人民法院刑事审判第一、二、三、四、五庭主办：《中国刑事审判指导案例》（侵犯公民人身权利、民主权利罪），法律出版社2009年版，第356～359页。

害人伤害后果持放任态度，系间接伤害故意；客观上未履行其因先行行为而产生的避免或排除危害结果发生的特定义务，其行为属于不作为犯罪，构成故意伤害罪。

被告人明知其先行行为可能引发严重危害后果，能采取而不采取积极有效措施予以防止，其行为系不作为犯罪。犯罪行为是指违反刑法规定，其社会危害性达到刑法规定的严重程度的危害行为。根据表现形式的不同，危害行为可以分为作为和不作为两种基本形式。作为是危害行为中最为基本和常见的一种形式，指实施刑法禁止实施的危害行为，即"不应为而为"。不作为是指行为人负有刑法要求必须履行的某种特定义务，能够履行而没有履行的行为，即"应为而不为"。本案被告人杨某某在案件过程中并没有积极主动地去实施刑法禁止实施的危害行为，因此其行为显然不属于作为犯罪。

从不作为犯罪的构成要件分析，被告人构成不作为犯罪：其一，被告人由于先前实施的行为，而使刑法所保护的某种法益处于危险状态时，行为人负有采取积极有效措施来排除危险或防止危害结果发生的特定义务。行为人如果不履行这种义务，情节严重或造成严重后果的，就是以"不作为"形式实施的犯罪行为。先行行为的义务是由行为人先前实施的行为派生出来的，至于先前实施的行为是否违法，并不要求。本案被告人杨某某购买硫酸带至学校，持盛有高度危险品硫酸的杯子与被害人发生争执，争执中有"真想泼到你脸上"的语言表露，被害人接过盛有硫酸的杯子、打开杯盖，杨某某上述一系列行为使被害人的人身安全处于一种极度危险的状态，此时，杨某某负有因其先行行为而产生的告诉被害人真相、防止危险发生的义务。其二，本案被告人杨某某虽然没有直接实施积极伤害被害人身体健康的行为，但在被害人接过盛有硫酸的杯子、拧开硫酸杯盖、将硫酸向自己泼倒的过程中，杨某某对其持硫酸与被害人争执的先行行为，负有告知被害人真实情况、阻止被害人泼倒硫酸以及在泼倒后采取积极有效抢救措施的义务。在此三个阶段中，杨某某完全有时间、有能力履行上述义务，但杨某某采取消极态度不予履行，任由危害后果发生。其三，被告人的不作为与危害后果间有因果关系。不作为犯罪与危害后果的因果关系在于不作为人的作为能否防止结果的发生。因此，要判断不作为与危害后果间是否有因果关系，应作如下分析：当危害后果即将发生时，如果行为人实施一定的"作为"，即可以防止危害后果发生；而其不实施"作为"来防止此后果的发生，那么该"不作为"就与危害后果的发生有了必然的因果联系。本案被害人就是在被告人杨某某不告诉其真相的情况下，误将硫酸当做清水向自己泼倒，造成了严重的伤害后果。因此，应当认定杨某某的"不作为"是导致本案危害后果的必然原因，其"不作为"与危害后果有刑法意义上的必然因果关系。

本案被告人因被害人提出断绝恋爱关系而心生怨恨，购买了硫酸随身携带，以此吓唬被害人，其在校学过化学知识，清楚地知道硫酸会对人体造成严重伤害。所以，从认识因素上分析，杨某某对硫酸可能造成严重的人身伤害后果是明知的。当被害人拿过水杯打开杯盖的时候，杨某某明知杯中盛有硫酸，有可能会发生伤人的危害后果，却故意不告知被害人，将被害人置于危险境地；杨某某购买硫酸同时又购买碳酸钠，其在准备犯罪工具时，知道如何防止或减小硫酸对人体伤害的程度，但在被害人倾倒硫酸后，行为人并未用预先准备的碳酸钠对其施救，也未采取其他措施以防止或减小危害后果。所以，从意志因素上分析，杨某某对危害结果的发生持放任态度。因此可以判断，被告人杨某某在认识因素和意志因素上均符合间接故意犯罪的主观特征。

综上所述，本案被告人杨某某主观上具有间接伤害他人的犯罪故意，客观上不履行采取积极有效措施以防止危害后果发生的义务，给他人造成了严重的伤害后果，其行为符合不作为的间接故意伤害罪特征。

在共同犯罪中，行为人共同承担共同实施的犯罪行为是应有之义，但是，对共同犯罪中的个别被告人的实行过限行为，则应审查该行为是否在共同犯罪故意之内，如果各行为人在共同犯罪故意之内共同实施了犯罪行为则应当共同承担刑事责任，如果个别行为超出共同犯罪意图另行实施了其他犯罪则应罪责自负。

案例①：共同犯罪中实行过限行为的判断

山东省青岛市人民检察院以被告人王兴佰、韩涛、王永央等人犯故意伤害罪向山东省青岛市中级人民法院提起公诉。公诉机关指控：2003 年，被告人王兴佰与被害人逢孝先各自承包了本村沙地售沙。被告人王兴佰因逢孝先卖沙价格较低影响自己沙地的经营，即预谋找人教训逢孝先。2003 年 10 月 8 日 16 时许，被告人王兴佰得知逢孝先与妻子在地里干活，即纠集了被告人韩涛、王永央及崔某某、肖某某、冯某某等人。在地头树林内，被告人王兴佰将准备好的 4 根铁管分给被告人王永央等人，并指认了被害人逢孝先。被告人韩涛、王永央与崔某某、肖某某、冯某某等人即冲入田地殴打被害人逢孝先。其间，被告人韩涛掏出随身携带的尖刀捅刺被害人逢孝先腿部数刀，致其双下肢多处锐器创伤致失血性休克死亡。被告人王永央看到韩涛捅刺被害人并未制止，后与

①　参见中华人民共和国最高人民法院刑事审判第一、二、三、四、五庭主办：《中国刑事审判指导案例》（侵犯公民人身权利、民主权利罪），法律出版社 2009 年版，第 347～349 页。

韩涛等人一起逃离现场。2003 年 10 月 15 日，被告人王兴佰被抓获归案。2004 年 1 月 16 日，被告人韩涛投案自首。2004 年 4 月 1 日，被告人王永央被抓获归案。崔、肖、冯等人仍在逃。

被告人韩涛对指控事实无异议。被告人王兴佰及其辩护人辩称，被告人王兴佰只是想教训逢孝先，没有对被害人造成重伤、致残或者剥夺生命的故意。被告人韩涛持刀捅伤被害人致其死亡，完全超出了被告人王兴佰的故意范围，属于实行过限，应由韩涛个人负责。被告人王永央亦辩称致人死亡的后果应由被告人韩涛一人承担。

山东省青岛市中级人民法院认为，被告人王兴佰因行业竞争，雇用纠集人员伤害他人；被告人韩涛、王永央积极实施伤害行为，致被害人死亡，其行为均构成故意伤害罪。虽有证据证实，被告人韩涛持刀捅刺的行为是导致被害人逢孝先死亡的主要原因，但证据同时证实，被告人王兴佰事先未向参与实施伤害者明示不得使用尖刀等锐器，被告人王永央实施伤害行为时，发现被告人韩涛持刀捅刺被害人也未予以制止，故被告人韩涛的持刀捅刺行为并非实行过限的个人行为，被告人王兴佰、韩涛、王永央应共同对被害人逢孝先的死亡后果负责。被告人王兴佰、韩涛在犯罪中起主要作用，系主犯。被告人王永央在犯罪中起次要作用，系从犯，依法予以减轻处罚。被告人王兴佰有立功表现且积极赔偿被害人的经济损失，依法予以从轻处罚；被告人韩涛犯罪时不满 18 周岁且有自首情节，依法予以从轻处罚；依法判决被告人王兴佰犯故意伤害罪，判处有期徒刑 10 年，剥夺政治权利 3 年。被告人韩涛犯故意伤害罪，判处有期徒刑 12 年。被告人王永央犯故意伤害罪，判处有期徒刑 3 年，缓刑 4 年。

本案是一起故意伤害的共同犯罪案件，个别犯罪人的实行行为造成了被害人的死亡后果，其他共同犯罪人是否对这一死亡结果共同承担责任，判定这一问题的关键是看个别犯罪人的实行行为是否属于实行过限。

实行过限是指共同犯罪人实施了超出共同犯罪故意的行为。如果某一行为属于实行过限行为，实行过限犯罪人应当对其犯罪行为引起的后果承担刑事责任，而其他共同犯罪人则一般不对过限行为引起的后果承担责任。如果不属于行为过限，则各共同犯罪人须对该危害结果共同承担责任。所以，判定行为是否实行过限，直接影响共同犯罪人的定罪与量刑，属于共同犯罪案件审理中的重要审查判断内容。

共同犯罪中有共同实行犯罪、教唆犯罪、帮助犯罪等几种情形，每种情形的实行过限都有不同的判定原则。就本案而言，被告人王兴佰与被告人韩涛、王永央之间是一种雇佣犯罪关系，属于教唆犯罪的一种。被告人王兴佰为雇用者，系教唆犯，实施伤害行为者韩涛、王永央及其他在逃犯属于被雇用者，系实行犯。被告人韩涛与王永央间又形成共同实行犯罪关系。所以本案涉及教唆犯罪和共同实行犯罪两种情形下实行过限的判定。

第一，教唆犯中的实行过限认定。

教唆犯是犯意的发起者，没有教唆犯的教唆，就不会有该犯罪行为的发生，特别是使用威胁、强迫、命令等方法的教唆犯，因此教唆犯在共同犯罪中往往起主要作用。在教唆犯罪的情形下，判定实行行为过限的基本原则是看被教唆人的行为是否超出了教唆的范围。在教唆内容较为确定的情况下，认定被教唆人的行为是否属于实行过限较为容易，但如果教唆犯的教唆内容较为概括，由于教唆内容不太明确，确定被教唆人的行为是否实行过限就较为困难。尤其是在一些教唆伤害的案件中，教唆者出于教唆伤害他人的故意往往使用诸如"收拾一顿"、"整他一顿"、"弄他"、"摆平他"、"教训"等内涵外延较为模糊的言语，在不同的语言环境中，不同阅历背景的人理解的含义往往是有分歧的。对于这种盖然性教唆，实际的危害结果取决于实行行为的具体实施状况，轻伤、重伤甚至死亡的危害结果都可能发生，但无论哪一种结果的出现都是由教唆犯的授意所引起，均可涵盖在教唆犯的犯意中。因此，在这种情况下，由于教唆犯的盖然性教唆而使被教唆人产生了犯意，实施了教唆故意范围内的犯罪行为，只要没有明显超出教唆范围的，都不应视为实行过限。

司法实践中，对于教唆故意范围的认定，主要看教唆者的教唆内容是否明确，即教唆犯对被教唆人的实行行为有无明确要求，或正面明确要求用什么犯罪手段达到什么犯罪后果，如明确要求用棍棒打断被害人的一条腿；或从反面明确禁止实行犯采用什么手段，不得达到什么犯罪结果等，如在伤害中不得使用刀具、不得击打被害人头部，不得将被害人打死等。如果教唆内容明确，则以教唆内容为标准判断实行者行为是否过限。如果教唆内容不明确，则属于一种盖然的内容，一般情况下不应认定实行行为过限，除非实行行为显而易见地超出教唆内容。

第二，实行犯中的实行过限认定。

在共同实行犯罪的情形下，判定实行行为过限的基本原则是看其他实行犯对个别实行犯所谓的"过限行为"是否知情。如果共同实行犯罪人中有人实施了原来共同预谋以外的犯罪，其他共同实行犯根本不知情，则判定预谋外的犯罪行为系实行过限行为，由实行者本人对其过限行为和后果承担责任；如果其他实行犯知情，除非其有明确、有效的制止行为，则一般认为实行犯之间在实施犯罪当场临时达成了犯意沟通，其他人对实行者的行为予以了默认或支持，个别犯罪人的行为不属于实行过限，其行为造成的危害结果由各实行犯共同承担责任。

具体到本案而言，王兴佰预谋找人教训一下被害人，至于怎么教训，教训到什么程度，并没有特别明确的正面要求，同时，王兴佰事前也没有明确禁止韩涛、王永央等人用什么手段、禁止他们教训被害人达到什么程度的反面要求。所以，从被告人王兴佰的教唆内容看属于盖然性教唆。在这种情形下，虽然王兴佰仅向实行犯韩涛、王永央等提供了铁管，韩涛系用自己所持的尖刀捅刺的被害人，且被害人的死亡在一定程度上也确实超乎王兴佰等人意料，但因其对韩涛的这种行为事前没有明确禁止，所以仍不能判定韩涛这种行为属于过限行为，教唆者王兴佰仍应对被害人的死亡承担刑事责任。对于共同实行犯王永央而言，虽然被告人韩涛持刀捅刺被害人系犯罪中韩涛个人的临时起意，但被告人王永央看到了韩涛的这一行为并未予以及时和有效地制止，所以，对于王永央而言，也不能判定韩涛的行为属于实行过限，王永央也应对被害人的死亡结果负责。

（2）危害后果是否严重

危害结果是指危害行为给法益造成的损害程度或者可能的危险。危害结果是绝大多数犯罪构成的必要要件但不是必备要件，但是危害后果对最终量刑有重大影响。例如，过失犯罪一般要造成一定危害结果才会追究刑事责任。因此，法庭辩论中，关于被告人是否构成犯罪、犯罪行为有无造成危害后果、危害后果有多大等也是辩方试图避免或者减轻自己刑事责任的重要辩护观点。

（3）危害行为和危害后果之间有无因果关系

危害行为和危害结果之间的因果关系，即刑法上的因果关系，是指行为人实施的危害行为与危害结果之间存在的引起与被引起的关系。公诉人在庭审辩论中要注意在充分论证危害行为和危害结果时，详细阐述危害行为和危害后果之间的因果关系，进而证明行为人已经构成犯罪。

刑法上的因果关系是客观存在的，是客观事物在相互作用中发生联系的体现，其发生顺序一般是原因在前，结果在后，并呈现出一因一果、多因一果、一因多果、多因多果、同因异果、异因同果等复杂形态。刑法上的因果关系要在刑法限定的时空界限内才发生效力，因而仅限于危害行为引发危害结果这一特定的发展路径。认定行为人的行为和结果之间的因果关系，其条件有三：一是行为人实施危害社会的行为；二是发生了危害社会的结果；三是危害结果是危害行为所致。

因果关系具有条件性、客观性和复杂性，判断行为人的危害行为和危害结果之间是否存在因果关系要紧密结合上述特征来审查：一是因果关系具有条件性，即因果关系必须具备一定的条件才能发生。每一个因果关系都是特定的，只有在相关条件齐备下，原因才能产生作用，结果才会发生；同一个原因在不同条件下可能会产生不同的结果，也可能不会发生危害结果。二是因果关系具有客观性，即危害行为和危害结果之间的相互关系和内在作用是不以人的意志转移而存在的，并且通过一定的外在形式表现出来，因此；通过各种相互印证的证据可以发现和确定行为人危害行为和危害结果之间的因果关系。三是因果关系的复杂性，即危害结果的发生可能是一个原因造成的，也可能是多个原因造成的，这就要求公诉人在审查案件时，要细心判别这些原因中哪些是直接原因，哪些是间接原因；哪些是主要原因，哪些是次要原因，在此基础上确定行为人是否需要承担刑事责任以及承担多大的刑事责任。公诉实践中部分故意伤害案件的因果关系判断较为困难，即行为人实施了诸如推搡、辱骂、掌掴等较轻微的伤害行为，却发生了因为被害人的身体特质、生理反应或者患有诸如心脏病等易发性严重疾病而死亡的结果。公诉人就必须细致审查行为人伤害行为的程度和被害人死亡的真正原因，确定两者之间是否存在引起与被引起的因果关系。

在存在介入因素的案件中，要必须认真审查介入因素的干扰性对因果关系的影响，判断介入因素是否隔断了因果关系的参照标准主要是先前行为决定案件结果的力度大小、介入因素是否显属异常、介入因素决定案件结果的力度大小等。

案例①：介入因素与因果关系认定中的陈美娟投放危险物质案

江苏省南通市人民检察院以被告人陈美娟犯投放危险物质罪，向南通市中级人民法院提起公诉。南通市中级人民法院经公开审理查明：被告人陈美娟与被害人陆兰英两家东西相邻。2002 年 7 月下旬，两人因修路及其他琐事多次发生口角并相互谩骂，陈美娟遂怀恨在心，决意报复。2002 年 7 月 25 日晚 9 时许，陈美娟从自家水池边找来一支一次性注射器，再从家中柴房内的甲胺磷农药瓶中抽取半针筒农药后，潜行至陆兰英家门前丝瓜棚处，将农药打入瓜藤上所结的多条丝瓜中。次日晚，陆兰英及其外孙女黄金花食用了被注射有甲胺磷农药的丝瓜后，出现上吐下泻等中毒症状。其中，黄金花经抢救后脱险；陆兰英在被送往医院抢救后，因甲胺磷农药中毒引发糖尿病高渗性昏迷低钾血症，医院对此诊断不当，而仅以糖尿病和高血压症进行救治，陆兰英因抢救无效于次日早晨死亡。陆兰英死后，其亲属邻里在门前瓜棚下为其办理丧事中，发现未采摘的丝瓜中有的有小黑斑，遂怀疑他人投毒，故向公安机关报案。经

---

① 参见中华人民共和国最高人民法院刑事审判第一、二、三、四、五庭主办：《中国刑事审判指导案例》（危害国家安全罪、危害公共安全罪、侵犯财产罪、危害国防利益罪），法律出版社 2009 年版，第 41 ~ 44 页。

侦查，陈美娟被抓获。南通市中级人民法院认为，被告人陈美娟因与被害人发生口角而心怀不满，故意在被害人所种植的丝瓜中投放甲胺磷农药，危害公共安全，造成两人中毒、其中一人死亡的严重后果，其行为已构成投放危险物质罪。陈美娟归案后，认罪态度较好，可酌情从轻处罚。对被告人及其辩护人关于被害人的死因并非被告人投放甲胺磷必然导致的辩解及辩护理由，经庭审查明，被害人系因有机磷中毒诱发糖尿病高渗性昏迷低钾血症，在两种因素共同作用下死亡，没有被告人的投毒行为在前，就不会有被害人死亡结果的发生，故对该辩解和辩护理由不予采纳。于2002年12月24日判决被告人陈美娟犯投放危险物质罪，判处死刑，缓期2年执行，剥夺政治权利终身。一审判决宣告后，被告人陈美娟没有上诉，检察机关没有抗诉。

确定被告人陈美娟的行为与被害人陆兰英的死亡结果之间是否具有刑法上的因果关系具有重要意义：一方面，它直接影响着对被告人的刑罚适用；另一方面，它对本案的最终定性也有相当的影响。具体而言，如果上述两者之间存在刑法上的因果关系，则意味着陈美娟应当对陆兰英的死亡结果依法承担刑事责任，陈的行为属于投放危险物质罪的结果加重犯与故意杀人罪的基本犯既遂的想象竞合，依照"从一重处断"的原则，就应当对陈以投放危险物质罪论处，并在"十年以上有期徒刑、无期徒刑或者死刑"的刑度内裁量适用刑罚；相反，如果上述两者之间并不存在刑法上的因果关系，则意味着陈无须对陆的死亡结果承担刑事责任，陈的行为就属于投放危险物质罪的危险犯与故意杀人罪未遂的想象竞合，依照"从一重处断"的原则，对陈可能就应当以故意杀人罪（未遂）论处，进而，即使决定对其适用故意杀人罪的基本刑度，也应当同时适用刑法总则有关未遂犯"可以比照既遂犯从轻或者减轻处罚"的规定。由此可见，准确判断陈美娟的投毒行为与陆兰英的死亡结果之间是否存在刑法上的因果关系，是审理本案首先要加以解决的问题。

对这一问题，在本案审理过程中认识并不统一。陈美娟及其辩护人提出，被告人使用一次性注射器向数条丝瓜中注射半筒农药，其毒性有限，被害人因农药中毒诱发其自身患有的高血压和糖尿病，引起高渗性昏迷低钾综合征，加之医院诊断不准，贻误救治时机，故被告人的投毒行为与被害人的死亡结果之间并不存在刑法上的因果关系。而人民法院则认为，"被害人系因有机磷中毒诱发糖尿病高渗性昏迷低钾血症，在两种因素共同作用下死亡，没有被告人的投毒行为在前，就不会有被害人死亡结果的发生"，因此，被告人的投毒行为与被害人死亡结果之间具有刑法上的因果关系，陈美娟及其辩护人的上述意见不能成立。按照刑法理论，人民法院认定本案被告人的投毒行为与被害人的死亡结果之间存在刑法上的因果关系，是正确的。

对于本案被告人的投毒行为与被害人的死亡结果之间是否存在刑法上的因果关系之所以产生上述认识分歧，无非是因为在上述行为和结果之间还存在如下两项事实：一是被害人陆兰英自身患有糖尿病，正是因为陆患有这一疾病，才导致其在食用有毒丝瓜后诱发高渗性昏迷低钾血症；二是陆兰英因中毒昏迷被送往医院救治后，院方未能正确诊断出其病因，仅以糖尿病和高血压症进行救治，结果导致陆因抢救无效于次日死亡。鉴此，要讨论被告人的投毒行为与被害人的死亡结果之间究竟是否存在刑法上的因果关系，主要应当围绕下列问题展开，即上述两项事实能否切断被告人的投毒行为与被害人的死亡结果之间的刑法意义上的联系？对此问题，分析如下：

第一，被害人陆兰英自身患有糖尿病，并不能成为否认被告人陈美娟的投毒行为与其死亡结果之间存在刑法上的因果关系的事由。这是因为，因果关系具有条件性和具体性。一种行为能引起什么样的结果，得取决于行为时的具体条件，并没有一个固定不变的模式。申言之，即便在通常情况下，某一行为并不足以导致某种看似异常的结果，但若因行为时的具体条件特殊，最终造成该异常结果出现的，则并不能以行为时所存在的特殊的具体条件为由，否定行为与结果之间的因果关系，相反，仍然应当肯定两者之间存在刑法意义上的因果关系。通过类比，也许更容易说明这一问题。在刑法论著中，我们经常会看到这样的案例：甲轻伤乙，乙因流血不止而死亡。后经查乙是血友病患者。如果暂不考虑本案中的医院诊治失误这一情节，则本案在基本构造上与上述案例就十分类似。而对于上述案例，现在一般均认为乙的特异体质并不影响甲的轻伤行为与其死亡结果之间的刑法意义上的因果关系的成立。鉴此，基于相同的道理，也应当认为，被告人的投毒行为与被害人死亡结果之间所存在的因果联系，并不因被害人自身患有糖尿病这一事实而受到任何影响。

第二，从本案的具体案情看，医院在抢救被害人陆兰英过程中所存在的诊治失误这一介入因素，并不足以切断被告人的投毒行为与被害人死亡结果之间的因果关系。在刑法理论上，一般认为，在因果关系发展过程中，如果介入了第三者的行为、被害人的行为或特殊自然事实等其他因素，则应当考察介入情况的异常性大小、对结果发生的作用力大小、行为人的行为导致结果发生的可能性大小等情形，进而判断前行为与结果之间是否存在因果关系。其中，如果介入情况并非异常、对结果发生的作用力较小、行为人的行为本身具有导致结果发生的较大可能性的，则应当肯定前行为与结果之间存在刑法上的因果关系；反之，则应当认定前行为与结果之间不存在刑法上的因果关系，或者说因果关系已经断绝。据此分析，应当认为，在本案中，尽管有医院诊治失误这一介入因素，但被告人的投毒行为与被害人的死亡结果之间仍存在刑法上的因果关系。主要理由是：首先，被害人因被告人投毒行为所诱发的糖尿病高渗性昏迷低钾血症是一种较为罕见的疾病，这种疾病通常都是基于某种外在诱因而引发，一旦患有后，往往就很难正确诊断。这说明，医院在抢救被害人的过程中，出现诊治错误，是较难避免的。其次，在本案中，被告人共投放了半针筒甲胺磷农药，剂量不大，而且是向数条丝瓜中分别注射的。被害人在食用有毒丝瓜后，并未出现非常强烈的中毒症状，这就加大了医院准确诊断其病因的难度。此外，本案被害人中毒后，对其进行施救的是当地的镇医院。由于该医院的医疗条件和医疗水平有限，在遇有这样一个罕见病症时，出现诊治失误，从某种意义上说，也是可以理解的。综上可见，本案被告人的投毒行为与被害人的死亡结果之间出现医院诊治失误这一介入情况并非异常，该介入情况对死亡结果发生的作用力较小，被告人本身的投毒行为具有导致被害人死亡的较大可能性，因此，仍然应当认定被告人的投毒行为与被害人的死亡结果之间存在刑法上的因果关系。

（4）犯罪的时间、地点和手段

犯罪的时间、地点和手段有时可以成为罪与非罪的关键事实，例如《刑法》第343条非法采矿罪中擅自进入国家规划矿区、对国民经济具有重要价值的矿区和他人矿区等特定地点采矿就是犯罪的客观方面要件事实之一；《刑法》第340条非法捕捞水产品罪也是指在禁渔区、禁渔期或使用禁用的工具、方法非法捕捞水产品的行为。

此外，犯罪的时间、地点和手段还暴露出被告人的主观恶性、社会影响等，因而是对被告人公正量刑的重要情节。例如，盗窃生活困难的残疾人或者孤寡老人财物的主观恶性显然要高于普通盗窃。

4. 关于犯罪客体要件事实的辩论

作为犯罪构成的必备要件之一，犯罪客体是指受刑法所保护但被犯罪行为所侵害的社会关系。犯罪客体直接决定行为人涉嫌的罪名及其行为的危害性，即危害行为侵犯了何种具体社会关系，就决定了其触犯了刑法规定的具体罪名；行为人的行为不侵犯任何社会关系也就没有社会危害，就不构成犯罪；危害行为侵犯的社会关系越重要，或者对社会关系的侵害程度越深，其社会危害性就越大。控辩双方关于犯罪客体的辩论，主要是被告人的行为是否破坏国家主权或者国家安全、是否危及公共安全、是否侵犯市场秩序和社会秩序、是否违反国家法律法规、是否侵犯公民个人的财产权利或人身权利、是否侵犯国家机关的职权或义务等。当控辩双方对被告人触犯的罪名有不同认识，尤其是辩方作轻罪辩护时，关于犯罪客体的辩论往往是辩论的重点。

5. 关于是否属于正当防卫的辩论

根据刑法规定，为了使国家、公共利益、本人或者他人的人身、财产和其他权利免受正在进行的不法侵害，而采取的制止不法侵害的行为，对不法侵害人造成损害的，属于正当防卫，不负刑事责任。正当防卫明显超过必要限度造成重大损害的，应当负刑事责任，但是应当减轻或者免除处罚。对正在进行行凶、杀人、抢劫、强奸、绑架以及其他严重危及人身安全的暴力犯罪，采取防卫行为，造成不法侵害人伤亡的，不属于防卫过当，不负刑事责任。

正当防卫的确立初衷是鼓励和支持公民与犯罪行为作斗争，维护社会公平正义。构成正当防卫的条件有：一是防卫目的主观条件，即正当防卫必须是为了使国家、公共利益、本人或者他人的人身、财产和其他权利免受正在进行的不法侵害，防卫目的具有正当性。二是防卫的起因条件，是指正当防卫针对的是正在进行的不法侵害。三是防卫的时间条件，即不法侵害正在进行且还未结束。四是防卫的对象条件，即正当防卫只能针对实施不法侵害的行为人本人，不能伤及与侵害行为无关的第三人。五是防卫的限度条件，即正当防卫不能明显超过必要限度造成重大损害。实践中关于正当防卫的辩论主要是被告人行为是否构成正当防卫、防卫行为有无超出必要限度、是否属于行使无过当特殊防卫权等。

例如，在被告人李明故意伤害案中，被告人为预防不法侵害而携带防范性工具可以实施正当防卫，但应控制防卫的限度，明显超过必要限度造成重大损害的，应当追究刑事责任。

案例①：正当防卫和防卫过当的认定

检察机关指控：2002 年 9 月 17 日凌晨，被告人李明与其同事王海毅、张斌（另案处理）、孙承儒等人在北京市海淀区双泉堡环球迪厅娱乐时，遇到本单位女服务员王晓菲等人及其朋友王宗伟（另案处理）等人，王宗伟对李明等人与王晓菲等人跳舞感到不满，遂故意撞了李明一下，李明对王宗伟说"刚才你撞到我了"。王宗伟说"喝多了，对不起"。两人未发生进一步争执。被告人李明供称其感觉对方怀有敌意，为防身，遂返回其住处取尖刀一把再次来到环球迪厅。其间王宗伟打电话叫来张艳龙、董明军等三人（另案处理）帮其报复对方，三人赶到环球迪厅时李明已离去，张艳龙等人即离开迪厅。李明取刀返回迪厅后，王宗伟即打电话叫张艳龙等人返回迪厅，向张艳龙指认了李明，并指使张艳龙等人在北沙滩桥附近的过街天桥下伺机报复李明。当日凌

---

　　① 案例和裁判理由参见中华人民共和国最高人民法院刑事审判第一、二、三、四、五庭主办：《中国刑事审判指导案例》（侵犯公民人身权利、民主权利罪），法律出版社 2009 年版，第 360～363 页。

晨 1 时许，李明、王海毅、张斌、孙承儒等人返回单位，当途经京昌高速公路辅路北沙滩桥附近的过街天桥时，张艳龙、董明军等人即持棍对李明等人进行殴打。孙承儒先被打倒，李明、王海毅、张斌进行反击，其间，李明持尖刀刺中张艳龙胸部、腿部数刀。张艳龙因被刺伤胸部，伤及肺脏、心脏致失血性休克死亡。孙承儒所受损伤经鉴定为轻伤。李明作案后被抓获。北京市第一中级人民法院认为，被告人李明故意伤害他人身体，致人死亡，其行为已构成故意伤害罪，犯罪后果特别严重，依法应予惩处。被告人李明的辩护人提出的李明的行为本身是正当防卫，只是由于没有积极救治被害人导致李明承担间接故意伤害的法律后果的辩护意见，经查正当防卫成立的要件之一即防卫行为的直接目的是制止不法侵害，不法侵害被制止后不能继续实施防卫行为，而被告人李明持刀连续刺扎被害人张艳龙要害部位胸部数刀，在被害人倒地后还对其进行殴打，故李明具有明显伤害他人的故意，其行为符合故意伤害罪的犯罪构成，辩护人的此项辩护意见不能成立，不予采纳。根据被告人李明犯罪的事实、犯罪的性质、情节和对于社会的危害程度，判决被告人李明犯故意伤害罪，判处有期徒刑 15 年，剥夺政治权利 3 年。一审宣判后，李明不服，提出上诉。李明上诉称，其在遭到不法侵害时实施防卫，造成被害人死亡的结果属于防卫过当，原判对其量刑过重，请求从轻处罚。北京市高级人民法院认为，上诉人李明为制止正在进行的不法侵害而故意伤害不法侵害者的身体，其行为属于正当防卫，但其防卫明显超过必要限度，造成被害人死亡的重大损害后果，其行为构成故意伤害罪，依法应予减轻处罚。李明及其辩护人所提李明的行为属于防卫过当，原判对其量刑过重的上诉理由和辩护意见成立，予以采纳。原审人民法院认定李明犯故意伤害罪正确且审判程序合法，但对本案部分情节的认定有误，适用法律不当，对李明的量刑过重，依法改判上诉人李明犯故意伤害罪，判处有期徒刑 5 年。

本案的主要争点有二：一是被告人为预防不法侵害而携带防范性工具的行为，是在察觉到王宗伟可能对其侵害的情况下所采取的防卫准备，被告人只有防卫的意图，而无伤害他人的故意，其预先携带防范性工具，在遭遇不法侵害时使用该工具展开防卫的行为，仍成立正当防卫。二是要正确区分互殴与正当防卫。

关于为预防不法侵害而携带防范性工具的定性。刑法规定正当防卫的目的在于抵制正在发生的不法侵害，保护合法权益。本案被告人李明在与他人发生摩擦后，为防对方报复，返回住所携带刀具防身，这是一种预防措施，是行为人为了防范自己的合法权益遭受不法侵害，在侵害发生之前作防范的准备，预先采取必要的防范措施，其目的也是防卫。但这种预防措施并不是针对"正在进行的不法侵害"，而是"可能发生的不法侵害"。与刑法所规定的正当防卫的产生条件并不完全一致。被告人只是意识到不法侵害有可能发生，为预防不法侵害的发生，携带防范性刀具。而事态的发展则是动态的，可能发生防范效果，也可能不发生，防范效果是否发生取决于行为人是否遭受不法侵害。因此，如果没有不法侵害的发生，被告人的刀也不会派上用场，更不会杀死被害人。而在不法侵害发生时，被告人使用它反击不法侵害，其行为及结果均表明他携带刀具的目的是抵御不法侵害，而不是针对和伤害某一特定人。因此，不能因为其携带管制刀具是违法的，就否定其行为的防卫性质。所以，本案被告人为预防不法侵害的发生携带防范性刀具，不能阻却其在遭遇不法侵害时运用该刀具实施的防卫行为成立正当防卫。只要其行为对不法侵害者所造成的损害与其保护的合法权益的价值之间不明显失衡，且防卫的效果又是针对正在进行的不法侵害，就应当认定为正当防卫。当然，也只有在预防措施的效果是针对不法侵害的发生而进行时，方成立正当防卫。在预先采取防范措施的场合，防范的对象一般是不特定的，在有的情况下，其行为是针对不法侵害人发生作用，而在有的情况下，则会损害无辜者的合法权益。因此，如果该行为不是对不法侵害发生了效果，而是造成其他无辜人员的伤亡或者财产损失，也不能成立正当防卫，应依具体情况对该危害行为追究相应的刑事责任。

关于互殴与正当防卫的区分。区分正当防卫和互殴的关键在于有无防卫意图。所谓防卫意图，是指防卫人在实施防卫行为时对其防卫行为以及行为的结果所应具有的心理态度。防卫意图包括防卫认识和防卫目的两方面内容，其中，防卫认识是产生防卫意图的前提，防卫目的是防卫意图的核心。所谓防卫认识，是指行为人在面临不法侵害时，对与防卫有关的诸多事实因素的认识。一般而言，防卫认识包括以下基本内容：其一，认识侵害合法权益的不法侵害的存在。行为人只有认识到存在不法侵害，才能产生防卫意图，如果行为人认识到不存在不法侵害而实施所谓的反击行为的，不属于正当防卫，而属于加害行为。至于不法侵害的性质，不要求行为人认识，因为在紧迫的情况下，不法侵害是犯罪行为还是一般违法行为，行为人没有时间也没有义务加以判断。至于不法侵害所侵害的合法权益的性质，行为人也无须确认。因为，根据刑法的规定，无论是国家利益、集体利益，还是本人利益、他人利益，只要是合法权益，任何人都有权加以保护。其二，认识到某种合法权益受到正在进行的不法侵害的危害，并确定不法侵害人。如果行为人明知不法侵害尚未发生或者已经结束，而对侵害者实施加害行为的，表明行为的意图是不正当的，不成立正当防卫；如果行为人明知他人没有实施不法侵害，却对其实施了加害行为，也不能构成正当防卫。所谓防卫目的，是指行为人在防卫认识的基础上，在防卫动机的促使下，实施防卫行为所希望达到的结果。正当防卫要求必须以保护合法权益、制止不法侵害为目的，这是由正当防卫的法律属性决定的。刑法设立正当防卫的宗旨在于及时有效地制止不法侵害，保护合法权益，并不是以加害不法侵害人为目的。因此，如果行为人在防卫的过程中追求危害社会的结果，便失去了防卫的目的，同时也违背了正当防卫的宗旨。防卫目的是确定防卫意图的关键，它决定着防卫意图的正当性，如果行为人以加害他人为目的，那么，其主观意图也就是非法的，当然不能成立正当防卫。互殴行为之所以不能构成正当防卫，正是因为斗殴双方缺乏防卫意图。在互相斗殴中，斗殴双方都具有殴打、伤害对方的故意，双方都以侵害对方为目的，并在此意图支配下积极实施侵害对方的行为，根本不存在正当防卫所要求的防卫意图，因此斗殴双方的任何一方均不得主张正当防卫的权利。在互殴场合下，可能是一方先动手，另一方后动手，但是这并不能改变互殴的法律性质，只要双方都有着互相侵害对方的犯罪意图而故意互相侵害，就不能成立正当防卫。当然，如果一方本无侵害对方的故意，完全是由于对方的不法侵害而被迫还手，则不能认定为互殴。此外，如果一方已经退出互殴现场，而另一方仍穷追不舍，并加大了侵害力度，在此情况下，对于退出一方来说，对方的攻击行为就变成一种正在进行的不法侵害，退出一方则有权实行正当防卫。由于互殴行为和正当防卫行为在其主观构成上有着显著的区别，因此，在司法实践中，判断某一行为属于互殴还是正当防卫，可以从行为人主观上的认识因素和意志因素两方面来进行。从认识因素来说，互殴行为一般多具有预谋性，行为人对互殴的时间、地点、相对人比较明确，有相对具体的计划，往往为之作出充分准备，并很可能携带互殴所需凶器等。而正当防卫行为一般多具有突发性，侵害事件突然发生，行为人对该侵害事件发生的时间、地点以及相对人事先往往并不明知，为了保护自己的合法权益，被迫采取措施进行抵御或者反击。从意志因素看，互殴行为具有主动性和不法侵害性，互殴行为人主观上都有侵害对方的故意，在此侵害对方的故意意图支配下，其行为往往表现出明显的主动性，斗殴双方一般会主动地采取促使其侵害意图达成的多种措施以使对方遭受侵害，并积极追求或放任对方伤害结果的发生。正当防卫行为则具有被动性和防卫性。在突遭他人不法侵害的情况下，防卫人往往没有选择的余地，只能被动地采取措施，加入到事件中。其可能被动地防御，也可能主动地反击，但不管以何种方式，行为人的主观目的在于制止不法侵害，保护合法权益，行为往往表现出防卫性和一定的节制性。

就本案而言，被告人李明在与王宗伟发生冲突后，返回单位住处取刀并再次回到迪厅，但既未主动伤害王宗伟，也未对在场的同事讲述曾与王宗伟有过冲突一事，可见其取刀的主观目的正如其所说的，是在察觉到王宗伟可能对其侵害的情况下所采取的防卫准备，其主观上并无非法侵害他人的意图，而且其事先对此后所发生的事件也不确知，因此，被告人的行为不属于互殴。被害人张艳龙等人在王宗伟的预谋和指使下，预先埋伏在李明返回住处的途中，事先没有任何言语表示，即对正常行走的李明等人进行殴打，当即将孙承儒打倒在地，又殴打李明等人，张艳龙等人的行为属于对公民身体健康所实施的不法侵害。李明在突遭他人不法侵害时，为保护自身合法权益，被动地加入到伤害事件中，在李明使用所携带的防范刀具展开防卫之时，张艳龙正在对其实施不法侵害行为，其另两名同伙又分别在殴打张斌和王海毅，不法侵害正在进行，张艳龙所受致命伤为刀伤，此伤亦形成于李明进行防卫的过程中。因此，依据《刑法》第20条第2款的规定，本案被告人的行为构成正当防卫。但是，张艳龙在对李明实施不法侵害时，并没有持凶器，而是徒手进行，李明却持刀对张艳龙连刺数刀，并在张艳龙停止侵害且身受重伤的情况下，继续追赶并踢打张艳龙，其行为明显超过了制止不法侵害所需要的必要限度，并最终直接造成张艳龙死亡的严重后果。因此，李明的防卫行为过当，依照刑法的规定，构成故意伤害罪，但是应当减轻处罚。

公诉实践中，关于行为人的行为是否属于特殊防卫权也是辩论的重要内容。特殊防卫权作为正当防卫权的特殊表现形式，不仅必须具备正当防卫的条件，还必须具备自身的特殊条件。所谓特殊防卫权是指防卫人对正在进行行凶、杀人、抢劫、强奸、绑架以及其他严重危及人身安全的暴力犯罪，采取的造成不法侵害人伤亡的防卫行为。特殊防卫权不属于防卫过当，不负刑事责任。其中对于"行凶"的理解争议较大，从立法原意和法理逻辑看，"行凶"应当是指与杀人、抢劫、强奸、绑架严重程度相当的危及人身安全的暴力犯罪，而"杀人、抢劫、强奸、绑架"也不应仅限于四种具体罪名而应当包括采用该四种犯罪手段的暴力犯罪。"其他严重危及人身安全的暴力犯罪"应当包括所有暴力形式和暴力内容都严重危及人身安全的犯罪。

根据正当防卫的起因条件，正当防卫针对的是正在进行的不法侵害，如果行为人误认为有不法侵害发生而实施了防卫行为，即属于假想防卫，应当以过失犯罪追究刑事责任。

案例①：被告人王长友假想防卫案

1999 年 4 月 16 日晚，被告人王长友一家三口入睡后，忽听见有人在其家屋外喊叫王与其妻子的名字。王长友便到外屋查看，见一人已将外屋窗户的塑料布扯掉一角，正从玻璃缺口处伸进手开门。王即用拳头打那人的手一下，该人急抽回手并跑走。王长友出屋追赶未及，亦未认出是何人，即回屋带上一把自制的木柄尖刀，与其妻一道，锁上门后（此时其 10 岁的儿子仍在屋里睡觉），同去村书记吴俊杰家告知此事，随后又到村委会向大林镇派出所电话报警。当王与其妻报警后急忙返回自家院内时，发现自家窗前处有俩人影，此二人系本村村民何长明、齐满顺来王家串门，见房门上锁正欲离去。王长友未能认出何、齐二人，而误以为是刚才欲非法侵入其住宅之人，又见二人向其走来，疑为要袭击他，随即用手中的尖刀刺向走在前面的齐满顺的胸部，致齐因气血胸，失血性休克当场死亡。何长明见状上前抱住王，并说"我是何长明！"王长友闻声停住，方知出错。内蒙古自治区通辽市中级人民法院认为，被告人王长友因夜晚发现有人欲非法侵入其住宅即向当地村干部和公安机关报警，当其返回自家院内时，看见齐满顺等人在窗前，即误认为系不法侵害者，又见二人向其走来，疑为要袭击他，疑惧中即实施了"防卫"行为，致他人死亡。属于在对事实认识错误的情况下实施的假想防卫，其行为有一定社会危害性，因此，应对其假想防卫所造成的危害结果依法承担过失犯罪的刑事责任，其行为已构成过失致人死亡罪，判处有期徒刑 7 年，没收其作案工具尖刀一把。

第一，本案被告人王长友的行为属假想防卫。根据《刑法》第 20 条的规定，只有对正在进行的不法侵害行为才能实施正当防卫。所谓"正在进行的不法侵害"，实际上包括两层意思：一是客观实际存在真实的侵害，而不是行为人主观想象或者推测的侵害；二是已经着手实施或直接面临的侵害，而不是尚未开始或者已经结束了的侵害。如果不法侵害并不真实存在，只是行为人主观上想象或者推测认为发生了某种不法侵害，进而对误认的"侵害人"实行了"防卫"行为，这种情形，刑法理论上称为"假想防卫"。假想防卫不是正当防卫，且多发生在以下两种场合：一是发生在根本不存在不法侵害的场合，如夜间误认为来访的客人为强盗而实行的"防卫"；二是在对不法侵害实行正当防卫的过程中，对在场的与不法侵害无关的人实行"防卫"。由此，假想防

---

① 参见中华人民共和国最高人民法院刑事审判第一、二、三、四、五庭主办：《中国刑事审判指导案例》（侵犯公民人身权利、民主权利罪），法律出版社 2009 年版，第 185 ~ 187 页。

卫有四个基本特征：一是行为人主观上存在正当防卫意图，以为自己是对不法侵害人实施的正当防卫；二是防卫对象的"不法侵害"在实际上并不存在；三是防卫行为人的"防卫"行为在客观上侵害了未实施不法侵害人的人身或其他权利，具有社会危害性；四是行为人的防卫错误，产生了危害社会的结果。

假想防卫是过失犯罪还是故意犯罪，是司法实践中必须要搞清楚的一个问题。首先，我们应该对"故意犯罪"有个正确的理解，不能把刑法理论上讲的故意与心理学理论上所讲的故意等同、混淆起来。根据《刑法》第14条的规定，故意犯罪是指行为人明知自己的行为会发生危害社会的结果，并且希望或者放任这种结果发生，而假想防卫则是建立在行为人对其行为性质及其行为不具有社会危害性的错误认识的基础上发生的。假想防卫虽然是故意的行为，但这种故意是建立在对客观事实错误认识的基础上的，自以为是在对不法侵害实行正当防卫。行为人不仅没有认识到其行为会发生危害社会的后果，而且认为自己的行为是合法正当的，而犯罪故意则是以行为人明知自己的行为会发生危害社会的后果为前提的。因此，假想防卫的故意只有心理学上的意义，而不是刑法上的犯罪故意。这也就是说，假想防卫的行为人，在主观上是为了保护自己的合法权益免遭侵害，其行为在客观上造成的危害是由于认识错误所致，其主观上没有犯罪故意，因此，假想防卫中是不可能存在故意犯罪的。

需要指出的是，假想防卫对并不存在的"不法侵害"或"不法侵害人"，是基于行为人主观想象或推测，但这种主观想象或推测，绝不是脱离实际情形的任意想象，而是需要一定的客观前提，也就是说，假想防卫人在实行假想防卫时，主观上误认为发生了某种实际并不存在的不法侵害，是要有一定合理的根据的。本案中，被告人王长友家位置较偏僻，由于夜间确有人欲非法侵入其住宅的前因发生，被告人是在极其恐惧的心态下携刀在身，以防不测的。因此，当被告人返回家时，看见齐满顺等人又在自家院内窗前，基于前因的惊恐，对室内孩子安危的担心，加之案发当晚夜色浓、风沙大，无法认人，即误认为系不法侵害者，又见二人向其走来，疑为要袭击他，被告人的"假想"当然有其合乎情理的一面。疑惧中被告人实施的"防卫"行为，完全符合假想防卫的特征，应认定为假想防卫行为。

第二，被告人王长友的假想防卫是过失犯罪，不能以故意犯罪论处。被告人王长友正是在这种错误认识的基础上，自以为是为了保护本人人身或财产的合法权益而实施的所谓的正当防卫，因此，他主观上根本不存在明知其行为会造成危害社会结果的问题，被告人王长友主观上既不存在直接故意，也不存在间接故意。被告人王长友假想防卫行为造成他人无辜死亡的结果，在客观上虽有一定的社会危害性，但不成立故意杀人或伤害罪，而仅成立"应当预见自己的行为可能发生危害社会的结果，因为疏忽大意而没有预见，以致发生这种结果的"过失致人死亡罪。因此，应以过失致人死亡罪对被告人王长友定罪量刑。

6. 关于是否属紧急避险的辩论

紧急避险是指为了使国家、公共利益、本人或者他人的人身、财产和其他权利免受正在发生的危险，不得已采取的给第三者造成损害的行为。紧急避险行为不负刑事责任，紧急避险超过必要限度造成不应有的损害的，应当负刑事责任，但是应当减轻或者免除处罚。关于避免本人危险的规定，不适用于职务上、业务上负有特定责任的人。关于紧急避险的辩论，也主要集中在是否属于紧急避险、有无超过必要限度造成不必要损害、行为人有无紧急避险权等。

案例①：紧急避险的认定及避险后的行为人义务

重庆市江北区人民检察院以被告人王仁兴犯破坏交通设施罪向重庆市江北区人民法院提起公诉。检察机关指控：位于江北区五宝镇段长江红花碛水域的"红花碛2号"航标船，标示出该处的水下深度和暗礁的概貌及船只航行的侧面界限，系国家交通部门为保障过往船只的航行安全而设置的交通设施。2003年7月28日15时许，被告人王仁兴驾驶机动渔船至该航标船附近时，见本村渔民王云等人从渔船上撒网致使"网爬子"（浮于水面的网上浮标）挂住了固定该航标船的钢缆绳，即驾船前往帮助摘取。当王仁兴驾驶的渔船靠近航标船时，其渔船的螺旋桨被该航标船的钢缆绳缠住。王仁兴为使渔船及本人摆脱困境，持刀砍钢缆绳未果，又登上该航标船将钢缆绳解开后驾船驶离现场，致使脱离钢缆绳的"红花碛2号"航标船顺江漂流至下游两公里的锦滩回水沱。17时许，重庆航道局木洞航标站接到群众报案后，巡查到漂流的航标船，并于当日18时许将航标船复位，造成直接经济损失人民币1500元。同年8月19日，公安机关将王仁兴抓获归案。江北区人民法院认为被告人王仁兴为自身利益，竟不顾公共航行安全，故意破坏交通设施航标船，致其漂离原定位置，其行为已构成破坏交通设施罪。公诉机关指控的罪名成立。鉴于被告人认罪态度较好，未造成严重后果，可从轻处罚。依法判决被告人王仁兴犯破坏交通设施罪，判处有期徒刑3年。

一审宣判后，王仁兴不服，以其行为属紧急避险，不负刑事责任为由，提

---

① 参见中华人民共和国最高人民法院刑事审判第一、二、三、四、五庭主办：《中国刑事审判指导案例》（危害国家安全罪、危害公共安全罪、侵犯财产罪、危害国防利益罪），法律出版社2009年版，第54～56页。

出上诉。

重庆市第一中级人民法院经审理查明，上诉人王仁兴驾驶的机动渔船上除王外还有王的妻子胡美及帮工王仁书，王仁兴是在渔船存在翻沉危险的情况下，才解开航标船的钢缆绳。上诉人王仁兴在其渔船存在翻沉的现实危险下，不得已解开航标船钢缆绳来保护其与他人人身及渔船财产的行为，虽系紧急避险，但在危险消除后，明知航标船漂离会造成船舶发生倾覆、毁坏危险，应负有采取相应积极救济措施消除危险状态的义务，王仁兴能够履行该义务而未履行，属不作为，其行为构成了破坏交通设施罪，应负刑事责任。原判认定事实清楚，审判程序合法。鉴于本案未发生严重后果，上诉人王仁兴认罪态度较好，对其适用缓刑不致再危害社会，可适用缓刑。于2004年4月1日判决上诉人王仁兴犯破坏交通设施罪，判处有期徒刑3年，宣告缓刑3年。

被告人王仁兴解开航标船钢缆绳的行为属于紧急避险行为。就本案而言，被告人王仁兴与其妻及帮工王仁书驾驶渔船前往帮助同村渔民王云等人时，其渔船的螺旋桨被航标船的钢缆绳缠住，造成其渔船失去动力。当时系7月份，属长江流域的涨水季节，水流较湍急，在渔船存在翻沉（这有王仁书、王云等人的证词及王仁兴的供述证实渔船要翻沉）的危险情况下，王仁兴为了保护渔船上的人的人身安全及渔船，不得已解开航标船钢缆绳致使航标船漂流。虽然航标船流失会造成其他过往船舶在通过该流域时发生倾覆、触礁等危及人身及财产损害的危险，且可能发生的损害的权益要大于王仁兴所保护的权益，但这种损害的权益是期待权益，不是现实权益。本案中从航标船流失至复位期间，未发生其他过往船舶在通过该流域时发生倾覆、触礁等严重后果，所损害的现实权益仅是为使航标船复位及正常工作，航道管理部门为此用去了人民币1500余元，这比王仁兴等3人的生命权益要小得多。因此，被告人王仁兴解开航标船钢缆绳的行为符合紧急避险的要件，属紧急避险行为。

但是，被告人王仁兴不履行因紧急避险行为所引起的作为义务，造成交通设施被破坏的结果，属不作为犯罪，构成破坏交通设施罪。就本案而言，被告人王仁兴解开航标船钢缆绳的行为即是先行行为，该先行行为在消除其自身危险的同时又造成了对交通安全设施的破坏，从而使其他船舶航行处于危险状态，此时该先行行为就引起了被告人王仁兴在其正当权益得以保全的情况下，负有采取积极救济措施消除危险状态的作为义务。王仁兴有条件、有能力履行这一义务，却采取放任的态度，听之任之，符合刑法不作为的特征。本案中，被告人王仁兴不履行该作为义务是否构成不作为犯罪是争议的焦点。我们认为，第一，被告人王仁兴是一名长期在长江航道上打鱼的渔民，其明知解开航标船钢缆绳的破坏交通安全设施的行为会给其他船舶航行安全造成危险，却在自我紧急避险实施后驾船回到家里，在有能力及时向航道管理部门报告以消除危险的情况下，未采取任何救济措施，放任危险状态继续存在，主观上属间接故意。第二，虽然本案危险状态的发生是由于紧急避险的合法行为所引起，但是本案从紧急避险行为实施完毕后到航标船复位这个时段危险状态仍一直持续存在，这足以使其他过往的船舶存在发生倾覆、毁坏等严重的后果，而这种危险状态的持续存在与被告人王仁兴在紧急避险的情形消失后，不采取任何积极救济措施的不作为行为有直接的因果关系。第三，司法实践中，不作为行为一般要造成实际的损害后果才构成犯罪。但破坏交通设施是一种危害公共安全的犯罪，是危险犯，只要行为人的破坏行为使船只存在发生倾覆、毁坏等危险状态即可构成犯罪，实际造成的损害后果只是作为量刑时加重处罚的情节。虽然被告人王仁兴解开航标船钢缆绳的破坏交通安全设施行为属紧急避险，但其在实施紧急避险后，客观上又造成其他过往船舶处于发生倾覆、毁坏的危险状态，王不履行消除危险状态的作为义务，已经构成破坏交通设施罪。王仁兴的不作为行为可能发生两种危害后果：一是航标船可能发生倾覆、毁坏；二是其他过往船只可能发生触礁倾覆或毁坏。本案虽只造成人民币 1500 余元的航标船复位实际损失，但也应同时看到，只是由于群众及时报案和重庆航道局木洞站及时将航标船复位，才避免了可能的严重后果的发生。第四，先行行为是不是合法行为并不能免除行为人因其先行行为所引起的作为义务。行为人只要有能力履行而不履行该先行行为所引起的作为义务就可以构成不作为犯罪，先行行为是合法行为也不能免除行为人的作为义务。

综上，行为人因实施紧急避险行为造成交通设施被损坏，在紧急避险结束后，行为人有义务采取积极的救济措施消除危险，如果行为人有条件能够履行而不履行，应构成不作为的破坏交通设施罪。

7. 关于法律适用的辩论

包括认定的犯罪性质和罪名是否准确、引用的法律条文是否准确等。

关于定罪事实的答辩，公诉人应从以下方面应对：一是要阐明公诉人提出的证明被告人有罪的证据均已经举证、质证和法定程序查证属实，各个证据均具有证明能力，能够证明各个犯罪构成要件事实；二是说明各个或各类证据之间、证据与案件事实之间能够相互印证，不存在互相矛盾或者矛盾已被合理排除；三是证明案件事实的过程逻辑严密，证据之间前后连贯、环环相扣，形成紧密咬合的证据锁链，明确清楚地证明各个事实和全案事实；四是根据证据得出的结论是唯一的，具有排他性。

（二）关于量刑事实和证据的辩论

在法庭辩论中嵌入独立的量刑辩论环节，实现量刑程序的公开公正，是当前我国司法改革中推进量刑规范化的重要内容。最高人民法院、最高人民检察院、公安部、国家安全部、司法部 2010 年 9 月联合颁布的《关于规范量刑程序若干问题的意见（试行）》，对规范量刑辩论和裁量程序，促进量刑均衡具有重要意义。该《意见》明确指出，人民法院审理刑事案件，应当保障量刑活动的相对独立性。对于公诉案件，人民检察院可以提出量刑建议，量刑建议一般应当具有一定的幅度且一般应当载明人民检察院建议对被告人处以刑罚的种类、刑罚幅度、刑罚执行方式及其理由和依据。在诉讼过程中，当事人和辩护人、诉讼代理人可以提出量刑意见，并说明理由。在法庭调查过程中，人民法院应当查明对被告人适用特定法定刑幅度以及其他从重、从轻、减轻或免除处罚的法定或者酌定量刑情节。人民法院、人民检察院、侦查机关或者辩护人委托有关方面制作涉及未成年人的社会调查报告的，调查报告应当在法庭上宣读，并接受质证。在法庭审理过程中，审判人员对量刑证据有疑问的，可以宣布休庭，对证据进行调查核实，必要时也可以要求人民检察院补充调查核实。人民检察院应当补充调查核实有关证据，必要时可以要求侦查机关提供协助。当事人和辩护人、诉讼代理人申请人民法院调取在侦查、审查起诉中收集的量刑证据材料，人民法院认为确有必要的，应当依法调取。人民法院认为不需要调取有关量刑证据材料的，应当说明理由。

　　根据对量刑结果的影响不同，可以将量刑事实分为罪重事实、罪轻事实或从轻、减轻、免除处罚与从重处罚事实。[①] 公诉人在庭审中针对案件的不同，可以分别采用不同的量刑辩论方法：（1）对于适用普通程序审理的被告人认罪案件，在确认被告人了解起诉书指控的犯罪事实和罪名，自愿认罪且知悉认罪的法律后果后，法庭审理主要围绕量刑和其他有争议的问题进行。（2）对于被告人不认罪或者辩护人做无罪辩护的案件，在法庭调查阶段，应当查明有关的量刑事实；在法庭辩论阶段，公诉人可以先就定罪问题发表意见和展开论辩，然后再就量刑问题进行辩论，发表量刑建议或意见，并说明理由和依据。人民法院的刑事裁判文书中应当说明量刑理由，量刑理由主要包括：一是已经查明的量刑事实及其对量刑的作用；二是是否采纳公诉人、当事人和辩护人、诉讼代理人发表的量刑建议、意见的理由；三是人民法院量刑的理由和法律依据。公诉人可以根据人民法院采纳（或者不采纳）量刑建议的情况和理由进行审查，认为量刑失衡的应当提出抗诉意见。

　　量刑辩论活动按照以下顺序进行：（1）公诉人、自诉人及其诉讼代理人发表量刑建议或意见；（2）被害人（或者附带民事诉讼原告人）及其诉讼代

---

　　① 胡云腾、李玉萍：《量刑事实及其证明责任的分担初论》，载龙宗智主编：《刑事证明责任与推定》，中国检察出版社 2009 年版，第 238～239 页。

理人发表量刑意见；（3）被告人及其辩护人进行答辩并发表量刑意见。在法庭辩论过程中，出现新的量刑事实，需要进一步调查的，应当恢复法庭调查，待事实查清后继续法庭辩论。

控辩双方关于量刑事实和证据的辩论主要集中在对量刑情节的辩论上：

1. 法定减轻或者免除处罚情节

我国刑法规定了以下减轻或者免除处罚的情节：在国外犯罪已在国外受过刑罚处罚的（第10条）；有重大立功表现的（第68条）；正当防卫行为超过必要限度的（第20条第2款）；紧急避险行为超过必要限度的（第21条第2款）；中止犯（第24条第2款）；胁从犯（第28条）。

例如，按照刑法规定，对中止犯，没有造成损害的，应当免除处罚；造成损害的，应当减轻处罚。在被告人邵文喜涉嫌抢劫、故意杀人案中，因为其实施了有效防止犯罪结果发生的犯罪中止行为，因而被减轻处罚。

案例①：2002年6月6日，被告人王元帅主谋并纠集被告人邵文喜预谋实施抢劫。当日10时许，二人携带事先准备好的橡胶锤、绳子等作案工具，在北京市密云县鼓楼南大街骗租杨某某（女，29岁）驾驶的松花江牌小型客车。当车行至北京市怀柔区大水峪村路段时，经王元帅示意，邵文喜用橡胶锤猛击杨某某头部数下，王元帅用手猛掐杨的颈部，致杨昏迷。二人抢得杨某某驾驶的汽车及诺基亚牌移动电话机1部、寻呼机1个等物品，共计价值人民币42,000元。王元帅与邵文喜见被害人杨某某昏迷不醒，遂谋划用挖坑掩埋的方法将杨某某杀死灭口。杨某某佯装昏迷，趁王元帅寻找作案工具，不在现场之机，哀求邵文喜放其逃走。邵文喜同意掩埋杨时挖浅坑、少埋土，并告知掩埋时将杨某某的脸朝下。王元帅返回后，邵文喜未将杨某某已清醒的情况告诉王。当日23时许，二人将杨某某运至北京市密云县金巨罗村朱家峪南山的土水渠处。邵文喜挖了一个浅坑，并向王元帅称其一人埋即可，便按与杨某某的事先约定将杨掩埋。王元帅、邵文喜离开后，杨某某爬出土坑获救。经鉴定，杨某某所受损伤为轻伤。

北京市第二中级人民法院认为被告人王元帅、邵文喜以非法占有为目的，使用暴力抢劫他人财物，均已构成抢劫罪；二人在结伙抢劫致被害人受伤后，为了灭口共同实施了将被害人掩埋的行为，均已构成故意杀人罪。二人虽然杀人未遂，但王元帅所犯罪行情节严重，社会危害性极大，不足以从轻处罚。考

---

① 参见中华人民共和国最高人民法院刑事审判第一、二、三、四、五庭主办：《中国刑事审判指导案例》（侵犯公民人身权利、民主权利罪），法律出版社2009年版，第91～93页。

虑到邵文喜在故意杀人过程中的具体作用等情节，对其所犯故意杀人罪酌予从轻处罚。二人均系累犯，应当从重处罚。故判决被告人王元帅犯故意杀人罪，判处死刑，剥夺政治权利终身；犯抢劫罪，判处无期徒刑，剥夺政治权利终身，并处没收个人全部财产；决定执行死刑，剥夺政治权利终身，并处没收个人全部财产。被告人邵文喜犯故意杀人罪，判处无期徒刑，剥夺政治权利终身；犯抢劫罪，判处有期徒刑 15 年，剥夺政治权利 3 年，并处罚金人民币 3 万元；决定执行无期徒刑，剥夺政治权利终身，并处罚金人民币 3 万元。

一审宣判后，王元帅不服，提出上诉。北京市高级人民法院经二审审理认为原审被告人邵文喜的行为构成故意杀人罪的犯罪中止，应对其减轻处罚，故改判邵文喜犯故意杀人罪，判处有期徒刑 7 年，剥夺政治权利 1 年，犯抢劫罪，判处有期徒刑 15 年，剥夺政治权利 3 年，并处罚金人民币 3 万元；决定执行有期徒刑 20 年，剥夺政治权利 4 年，并处罚金人民币 3 万元；驳回王元帅的上诉，维持原判。

本案的争议焦点是邵文喜的行为是否属于犯罪中止。《刑法》第 23 条规定："已经着手实行犯罪，由于犯罪分子意志以外的原因而未得逞的，是犯罪未遂"。《刑法》第 24 条规定："在犯罪过程中，自动放弃犯罪或者自动有效地防止犯罪结果发生的，是犯罪中止。"犯罪中止是一种比较特殊的犯罪形态，有两种类型，即自动放弃犯罪的犯罪中止和自动有效地防止犯罪结果发生的犯罪中止。犯罪未遂和犯罪中止都是没有完成犯罪的行为状态，二者在以下几个方面均有不同：一是发生的时间不同。犯罪未遂发生在已经着手实施犯罪以后，犯罪预备阶段不存在犯罪未遂。犯罪中止则要求必须在犯罪过程中放弃犯罪，即在实施犯罪预备或者在着手实施犯罪以后，达到既遂以前放弃犯罪，均能构成犯罪中止。二是未能完成犯罪的原因不同。在犯罪未遂中，犯罪未能得逞是由于行为人意志以外的原因，犯罪的实际结果违背行为人的本意，即欲为而不能为。在犯罪中止中，行为人出于自己的意志而主动放弃当时可以继续实施和完成的犯罪，即能为而不为。这是犯罪中止与犯罪未遂的根本区别。三是行为结果不同。犯罪未遂的结果是犯罪未遂，是指行为人没有完成某一犯罪的全部构成要件，并不等于不发生任何损害结果。犯罪中止要求行为人必须彻底放弃犯罪。自动有效地防止犯罪结果发生的犯罪中止还要求行为人必须有效地防止他已经实施的犯罪行为之法定犯罪结果的发生。四是刑事责任不同。根据我国刑法的规定，对于犯罪未遂，可以比照既遂犯从轻或者减轻处罚；对于中止犯，没有造成损害的，应当免除处罚，造成损害的，应当减轻处罚。对中止犯的处罚轻于未遂犯，其目的是鼓励犯罪分子不要把犯罪行为进行下去，从而有效地保护国家和人民的利益免遭犯罪的侵害。

　　本案被告人王元帅与邵文喜预谋抢劫后杀人灭口，在犯罪过程中，二人将被害人打昏并决定采用挖坑掩埋的方法杀人灭口。被害人苏醒后，乘王元帅不在现场之机，哀求邵文喜留其性命，并要求邵文喜挖浅坑、少埋土。邵文喜同意，因害怕王元帅，邵要求被害人与其配合。为了掩埋时不堵住被害人的口鼻，让被害人能够呼吸，以便事后逃走，邵文喜又告诉被害人掩埋时会将其身体翻转为面朝下的姿势。王元帅回到现场后，被害人继续佯装昏迷，邵文喜未将被害人已经苏醒的情况告诉王，并挖了一个深 30 厘米的浅坑，并向王元帅提出自己埋人即可，后一人将被害人脸朝下、手垫在脸部埋进坑里。被害人在二人离开后，爬出土坑获救。根据以上情节可以看出，在当时的环境、条件下，邵文喜能够完成犯罪，但其从主观上自动、彻底地打消了原有的杀人灭口的犯罪意图。因惧怕王元帅，邵文喜未敢当场放被害人逃跑，而是采取浅埋等方法给被害人制造逃脱的机会，其从客观上也未行使致被害人死亡的行为。邵文喜主观意志的变化及所采取的措施与被害人未死而得以逃脱有直接的因果关系，邵文喜有效地防止了犯罪结果的发生，其行为属于自动有效防止犯罪结果发生的犯罪中止。邵文喜在犯罪开始时曾用橡胶锤将被害人打昏，给被害人的身体已经造成损害，根据我国刑法的规定，对于中止犯，造成损害的，应当减轻处罚，故对邵文喜减轻处罚是正确的。相形之下，王元帅所犯故意杀人罪的犯罪形态显然有所不同。王元帅杀人灭口意志坚定，其主观故意自始至终未发生变化，被害人未死、逃脱完全是其意志以外的原因造成的，王元帅构成故意杀人罪犯罪行为实施终了的未遂。

　　需要说明的是，构成共同犯罪，各行为人在主观方面必须具有共同的犯罪故意，在客观方面实施了共同的犯罪行为。但这并不等于说各行为人在共同犯罪中的犯罪形态就必然是一致的。正如共同犯罪中各行为人的地位、作用会有所不同一样，共同犯罪中各行为人对犯罪后果的心态也有可能有所不同。这种差异既可能发生在犯意形成的初始阶段，也可能发生在犯罪实施过程中。例如本案，王元帅与邵文喜在共同抢劫行为实施终了后，又预谋共同杀人灭口。但在实施共同杀人行为过程中，因被害人的哀求，邵文喜的主观心态发生了变化，决定放弃杀死被害人，并采取了相应的措施，有效地避免了犯罪结果的发生。而王元帅继续实施杀人行为，并最终误以为犯罪目的已经实现。因此，王元帅和邵文喜在共同故意杀人犯罪中各自表现为不同的犯罪形态。一审法院未能准确区分共同犯罪中不同的犯罪形态，其错误的成因值得吸取。

　　由于犯罪形态的不同，就共同故意杀人而言，王元帅和邵文喜所应承担的刑事责任依法亦应有所不同。《刑法》第 23 条规定："对于未遂犯，可以比照既遂犯从轻或者减轻处罚"；《刑法》第 24 条规定："对于中止犯，没有造成损害的应当免除处罚，造成损害的，应当减轻处罚。"法律对未遂犯和中止犯分别规定了不同的处罚原则，对前者是"得减原则"，对后者则是"必减原则"。所谓"必减原则"，就是无论何种情由，都必须依法给予从宽处罚，不容许有例外。就本案而言，二审对邵文喜的处罚，就准确体现了《刑法》第24条的规定。所谓"得减原则"，不是说任意地可以从宽，也可以不从宽。根据立法精神、刑事政策和司法实践，应当是指除个别情形外，原则上应予以从宽处罚。与"必减原则"相比较，审判实践中，较难把握的是"得减原则"，尤其是何为可以不予从宽处罚的个别"特殊情形"。由于犯罪情形的多样性和复杂性，要给出一个普遍适用的标准显然不大可能，只能就个罪或者个犯的具体情况而论。就本案故意杀人这样的结果犯而言，判断的标准除主观恶性程度外，犯罪所造成的实际后果大小，与法定后果的程度差异以及原因等，也是必须要予以考虑的。例如，虽杀人未遂，但手段残忍致人重伤或者严重残疾的，就可以成为不予从宽处罚的理由。总之，对法律规定可以从轻或者减轻处罚而决定不予从轻或者减轻处罚的，一定要审慎把握，应当贯彻罪刑相适应原则。

2. 法定从轻或者减轻处罚情节

包括：已满14周岁不满18周岁的人犯罪（第17条第3款）；限制行为能力的精神病人犯罪的（第18条第3款）；未遂犯（第23条第2款）；被教唆的人没有犯被教唆之罪的教唆犯（第29条第2款）；有立功表现的（第68条）。

例如，关于被告人是否年满18周岁属于未成年人就直接关系能否从轻处罚。一般来说，关于被告人实施犯罪时是否已满18周岁的量刑辩论，一般应当以户籍证明为依据；对户籍证明有异议，并有经查证属实的出生证明文件、无利害关系人的证言等证据证明被告人不满18周岁的，应认定被告人不满18周岁；没有户籍证明以及出生证明文件的，应当根据人口普查登记、无利害关系人的证言等证据综合进行判断，必要时，可以进行骨龄鉴定，并将结果作为判断被告人年龄的参考。未排除证据之间的矛盾，无充分证据证明被告人实施被指控的犯罪时已满18周岁且确实无法查明的，不能认定其已满18周岁。

3. 法定从轻、减轻或者免除处罚情节

包括：又聋又哑的人或者盲人犯罪（第19条）；预备犯（第22条第2款）；从犯（第27条第2款）；自首（第67条第1款）。行贿人在被追诉前主动交代行贿行为的（第164条第4款）；个人贪污数额在5000元以上不满1万元，犯罪后有悔改表现、积极退赃的（第383条第1款第3项）；个人受贿数额在5000元以上不满1万元，犯罪后有悔改表现、积极退赃的（第386条）；介绍贿赂人在被追诉前主动交代介绍贿赂行为的（第392条第2款）。

4. 法定免除处罚情节

包括：自首且犯罪较轻的（第67条第1款）；非法种植罂粟或者其他毒品原植物，在收获前自动铲除的（第351条第3款）。

5. 法定从重处罚情节

包括：教唆不满18周岁的人犯罪的（第29条第1款）；累犯（第65条第1款）；武装掩护走私的（第157条第1款）；伪造货币并出售或者运输伪造的货币的（第171条第3款）；奸淫不满14周岁的幼女的（第236条第2款）；猥亵儿童的（第237条第3款）；非法拘禁，具有殴打、侮辱情节的（第238条第1款）；国家机关工作人员利用职权犯非法拘禁罪的（第238条第4款）；国家机关工作人员犯诬告陷害罪的（第243条第2款）；司法工作人员滥用职权，犯非法搜查、非法侵入住宅罪的（第245条第2款）；刑讯逼供、暴力取证致人伤残、死亡，因而构成故意伤害、故意杀人罪的（第247条）；虐待被监管人，致人伤残、死亡，因而构成故意伤害、故意杀人罪的（第248条）；邮政工作人员私自开拆邮件窃取财物，因而构成盗窃罪的（第253条第2款）；冒充人民警察招摇撞骗的（第279条第2款）；引诱未成年人参加聚众淫乱活动的（第301条第2款）；司法工作人员犯妨害作证罪，帮助毁灭、伪造证据罪的（第307条第3款）；盗伐、滥伐国家级自然保护区内的森林或者其他林木的（第345条第4款）；利用、教唆未成年人走私、贩卖、运输、制造毒品，或者向未成年人出售毒品的（第347条第6款）；缉毒人员或者其他国家机关工作人员掩护、包庇走私、贩卖、运输、制造毒品的犯罪分子的（第349条第2款）；引诱、教唆、欺骗或者强迫未成年人吸食、注射毒品的（第353条第3款）；因走私、贩卖、运输、制造、非法持有毒品罪被判过刑，又犯毒品犯罪的（第356条）；单位的主要负责人利用本单位的条件，组织、强迫、引诱、容留、介绍他人卖淫的（第361条第2款）；向不满18周岁的未成年人传播淫秽物品的（第364条第4款）；战时破坏武器装备、军事设施、军事通信的（第369条第3款）；挪用用于救灾、抢险、防汛、优抚、扶贫、移民、救济款物归个人使用的（第384条第2款）；索贿的（第386条）；国有公司、企业、事业单位的工作人员，徇私舞弊，犯失职罪、滥用职权罪的（第168条第3款）。

6. 酌定量刑情节

酌定量刑情节是指法律没有明确规定，由法庭在审判时裁量决定是否采用的情节。由于法定情节的内容和适用已有法律的具体规定，因此辩论的空间不大，但酌定情节范畴较广，种类数量繁杂，反而常常成为法庭辩论的重要辩点之一。酌定情节主要是关于被告人人身危险性和社会危害性的情节，如犯罪原因、犯罪动机、犯罪数额、犯罪手段、犯罪对象、一贯表现、认罪态度等，以及被告人是否道歉赔偿、被害人是否饶恕、被害人有无过错等情节。

公诉人关于量刑事实和证据的辩论应当紧紧围绕公诉意见书中的量刑建议（或正式的量刑建议书）进行，结合案件事实、被告人具体情况和法律法理，用单独的或附属于定罪事实的量刑证据来证明量刑建议。如深圳市罗湖区人民检察院提起公诉的被告人韦某某等三人盗窃案，公诉人根据案件事实证据及各个被告人在共同犯罪中的地位作用，提出了分别判处被告人韦某某有期徒刑6个月至1年，被告人黄某有期徒刑6个月至10个月，被告人韩某8个月以下有期徒刑或拘役，并均应并处罚金的量刑建议，而被告人韦某某的辩护人提出其行为属于犯罪未遂，可以从轻或者减轻处罚，不应适用有期徒刑而应适用拘役，被告人韩某的辩护人则提出不应判处刑罚而应免除刑罚。针对辩方的量刑意见，公诉人结合被告人在共同犯罪中的具体分工和刑法对法定、酌定量刑情节的规定进行了论证和答辩，辩方也进行了回应，整个量刑辩论过程热烈有序，罗湖区人民法院最后采纳了公诉人量刑建议，判决韦某某有期徒刑7个月，并处罚金2000元，判处黄某有期徒刑6个月，并处罚金2000元，判处韩斌拘役4个月，并处罚金1000元。

7. 量刑情节的综合运用

在绝大多数案件中，一般都同时存在多种多个量刑情节，公诉人在发表量刑建议意见和量刑辩论中，要从案件整体入手，逐一分析各个量刑情节后综合提出量刑意见。公诉人既要重视不利于被告人的量刑情节，又要重视有利于被告人的量刑情节，具体情况具体分析，对各个量刑情节不作重复评价，为法庭对被告人公正量刑奠定基础。

例如，在被告人阎某某、黄某故意杀人案中，对被告人同时具备多种法定从轻、减轻、免除处罚情节和其他酌定情节的具体量刑就体现了对量刑情节要全面审查、综合量刑的原则。

案例①：多种量刑情节的综合适用

1983年被告人黄某被人贩子拐骗到河南省南乐县与被告人阎某某结婚。1989年5月2日晚10时许，被告人黄某被本村村民阎建某强奸，阎某某发觉后与阎建某厮打，被阎建某用匕首刺伤。阎建某作案后潜逃。为给阎某某治伤，阎某某的家人牵走阎建某家的耕牛，卖得900元钱以充抵医疗费。阎建某

_____

① 案例和裁判理由参见中华人民共和国最高人民法院刑事审判第一、二、三、四、五庭主办：《中国刑事审判指导案例》（侵犯公民人身权利、民主权利罪），法律出版社2009年版，第35～37页。

被抓获归案后，南乐县人民法院以强奸罪、故意伤害罪数罪并罚，判处阎建某有期徒刑 10 年。阎建某为此怀恨在心。1997 年 11 月阎建某出狱后，以讨要耕牛为名，多次向阎某某及其兄弟勒索钱财，还多次拦截、威胁被告人黄某。1999 年 2 月，经人调解，阎某某之兄阎聚某给付阎建某现金 1900 元，但阎建某不肯罢休，以其母牛每年可生一头牛犊为借口，另索要现金 8000 元，阎某某下跪求饶亦无济于事，阎建某扬言如不给钱就要杀阎某某全家。为此阎某某一家终日提心吊胆，不敢在家居住，将子女寄住于他人家中，二被告人则躲藏在阎某某母亲家中。2000 年 1 月 12 日凌晨 6 时许，阎建某来到阎某某夫妇临时住所威胁、索要钱财，阎某某用事先准备好的粪叉将阎建某打倒在地后并将阎建某按住，黄某则持菜刀朝阎建某身上砍，刀被阎建某夺走后，黄某又拿起粪叉把打了阎建某数下。阎某某让黄某拿来其事先准备好的杀猪刀，阎某某朝阎建某背部、胸部、头、面部猛刺十余刀，阎建某被刺破心脏，因失血性休克而死亡。二被告人作案后即向公安机关投案自首。河南省濮阳市中级人民法院认为：被告人阎某某、黄某非法剥夺他人生命，其行为已构成故意杀人罪。在共同犯罪中，阎某某起主要作用，系主犯，黄某起次要作用，系从犯。被害人阎建某因犯强奸罪、故意伤害罪被判处有期徒刑 10 年，出狱后不思悔改，向被告人阎某某及其亲属无理勒索钱财，多次拦截被告人黄某。在被告人阎某某的亲属被迫交出 1900 元钱之后，继续向被告人阎某某勒索钱财 8000 元，并扬言不给钱就杀其全家，致使被告人阎某某、黄某一家终日为此提心吊胆，不敢在家居住。在被告人一家被迫躲避时，阎建某闯入二被告人的临时住所，威胁二被告人的人身安全。被害人阎建某实属有极大过错，二被告人之行为属激愤杀人，又具有防卫性质，且在作案后能主动投案自首，应予从轻、减轻处罚。最后判决被告人阎某某犯故意杀人罪，判处有期徒刑 6 年；被告人黄某犯故意杀人罪，判处有期徒刑 2 年，缓刑 3 年。

　　本案中，被害人有严重过错，被告人同时具有法定从轻、减轻处罚情节和其他酌定情节的，需要综合案件情况进行量刑。我国刑法规定，人民法院在对犯罪分子决定刑罚时，应当根据犯罪的事实、犯罪的性质、情节和对于社会的危害程度，依照刑法的有关规定判处。同一性质的行为，由于情节不同，其社会危害性也有差异，因而是否构成犯罪、构成犯罪的如何判处刑罚也就有所不同。从犯罪情节对量刑的影响来说，有些犯罪情节也是量刑情节，法院对犯罪分子裁量刑罚时，对于决定刑罚轻重或者免除处罚的各种事实情况，都应当综合加以考虑。

　　在审判实践中，对于被告人只具有一个量刑情节的，决定刑罚时，一般不会产生分歧，但对于被告人同时具备两个以上的量刑情节，如被告人同时具备一个法定可以从轻处罚情节、一个法定应当从轻处罚情节和一个法定应当减轻处罚情节，或者还有酌定从轻情节时，如何具体决定刑罚，比较难以准确裁量，没有也不可能有一个具体把握的原则，只能综合案件的具体情况，综合考虑案件的各种因素，慎重作出决定。

本案被告人阎某某、黄某犯故意杀人罪，造成一人死亡的后果，依照《刑法》第232条的规定，有两个量刑档次，即死刑、无期徒刑、10年以上有期徒刑和3年以上10年以下有期徒刑。具体确定哪一个量刑档次，是本案首先应当解决的问题。被告人阎某某、黄某是出于激愤杀人，又具有防卫性质，且被害人有严重过错，故其杀人犯罪应与严重危害社会治安的故意杀人案件有所区别。最高人民法院《全国法院维护农村稳定刑事审判工作座谈会纪要》对此已作了明确的阐述。因此，应当认定被告人阎某某、黄某犯罪的情节较轻，应当在3年以上10年以下有期徒刑的幅度内量刑。被告人阎某某作案后投案自首，依照《刑法》第67条第1款的规定，可以从轻、减轻处罚或者免除处罚；被害人阎建某在案件的起因上有严重过错，是量刑的酌定情节，对被告人可酌情考虑从轻处罚。故对被告人阎某某不应顶格判处10年有期徒刑，但被告人阎某某持刀刺死被害人阎建某，系主犯，也不应对被告人阎某某免除或者减轻处罚。综合全案的具体情况，濮阳市中级人民法院对被告人阎某某以故意杀人罪，判处有期徒刑6年，是适宜的。被告人黄某系从犯，依照《刑法》第27条的规定，应当从轻、减轻处罚或者免除处罚；作案后即投案自首，依照《刑法》第67条第1款的规定，可以从轻、减轻处罚或者免除处罚；再考虑被害人阎建某的行为对本案的发生具有严重过错这一酌定情节，在量刑时应考虑对被告人黄某减轻处罚或者免除处罚。鉴于被告人黄某伙同阎某某非法剥夺他人生命，其所犯故意杀人罪历来是我国刑法打击的重点，为了保护公民的人身安全，维护社会稳定，也不应对被告人黄某免除处罚。濮阳市中级人民法院根据本案的具体情况，对被告人黄某减轻处罚，在法定最低刑3年有期徒刑以下量刑，以故意杀人罪判处被告人黄某有期徒刑2年，缓刑3年，完全符合法律规定，也符合本案实际。

（三）关于程序性事实和证据的辩论

关于程序性事实的辩论是指控辩双方就公安司法机关在侦查、起诉和审判程序中有无违反刑事诉讼法规定和侵犯被告人基本权利的行为，并就该行为的有效性或者获取证据的合法性进行辩论的诉讼活动。如果说实体性事实的辩护是控攻辩守传统模式的话，那么程序性事实的辩护则是攻防逆转，公诉人承担更多的防御证明责任。

程序性事实的辩论要求公安司法机关必须严格规范执法，保证侦查、起诉和审判程序在法律规定的空间内运行，尤其是公诉人在庭前准备中既要注重定罪量刑事实证据的审查，又要重视侦查机关侦查程序的审查，对严重侵害公民基本权利获取的犯罪嫌疑人供述和辩解、被害人陈述、证人证言要依法排除，对其他违法程序行为要督促侦查机关予以补正，确保程序正义的实现。

当前，辩护人通过揭示司法机关在侦查、起诉、审判阶段的违反法定程序行为，进而排除某一证据或否定某一诉讼行为等程序性辩护策略开始盛行，尤其是新《律师法》和2010年最高人民法院、最高人民检察院、公安部、国家安全部和司法部联合发布《关于办理死刑案件审查判断证据若干问题的规定》和《关于办理刑事案件排除非法证据若干问题的规定》实施后，程序性事实和证据的辩论开始成为法庭辩论的重要内容之一。关于辩方提出司法机关严重违反法定程序要求排除相关证据的意见，属于公诉人应对法庭变化的内容，本书将在后文予以专章论述。

一般来说，法庭辩论中的程序性事实辩点主要有：

1. 司法机关是否对案件有管辖权

辩论内容主要包括公安机关、检察机关和审判机关的立案受理案件是否正确、不同级人民法院受理审判案件是否与其级别相当、同级人民法院受理审判案件是否符合地区管辖规定、优先管辖和移送管辖是否合理、指定管辖是否得当等。

2. 相关人员是否应当回避

辩点主要有：相关人员是否与案件有利害关系、相关人员是否属应回避人员、当事人申请回避的理由是否充分、驳回申请回避的决定是否正确等。

3. 强制措施的适用是否符合法律规定

强制措施是指公安司法机关为保证刑事诉讼的顺利进行，而依法对犯罪嫌疑人、被告人以及重大嫌疑分子的人身自由进行临时限制或者剥夺的强制性方法。按照刑事诉讼法规定，强制措施包括拘传、取保候审、监视居住、拘留、逮捕。拘传是公安司法机关对未被羁押的犯罪嫌疑人、被告人强制其到案接受讯问的强制措施。取保候审是公安司法机关责令符合条件的犯罪嫌疑人、被告人提出保证人或者交纳保证金并保证随传随到的强制措施。监视居住是公安司法机关责令犯罪嫌疑人、被告人不得离开其住处或者指定的居所，并对其行为进行监视的强制措施。拘留是公安机关或者检察机关在紧急情况下对现行犯或重大嫌疑分子依法剥夺其人身自由的强制措施。逮捕是公安司法机关为保障诉讼秩序，或者防止发生社会危险，而依法剥夺犯罪嫌疑人、被告人人身自由并将其羁押的强制措施。

由于强制措施直接在一定时间内限制或者剥夺犯罪嫌疑人、被告人的人身自由，关乎公民基本权利的保障，因此强制措施的适用要慎之又慎。我国刑事诉讼法对各种强制措施的适用条件作出了明确严格的规定，公安司法机关必须严格遵照执行。例如，作为最严厉强制措施的逮捕的适用就需要具备严格的条件：一是证据条件，即有证据证明有犯罪事实，包括：有证据证明发生了犯罪事实；有证据证明犯罪事实是犯罪嫌疑人实施的；证明犯罪嫌疑人实施犯罪行为的证据已有查证属实的。二是刑罚条件，即犯罪嫌疑人可能判处徒刑以上刑罚，而不是可能被判处管制、拘役、独立适用附加刑等较轻刑罚或者可能被免除刑事处分的。三是必要性条件，即采取取保候审、监视居住等方法，尚不足以防止发生社会危险性，而有逮捕必要的才予以逮捕。根据最高人民检察院和公安部联合发布的《关于依法适用逮捕措施有关问题的规定》第 1 条第 2 项规定，下列情形即为有逮捕必要：可能继续实施犯罪行为，危害社会的；可能毁灭、伪造证据、干扰证人作证或者串供的；可能自杀或者逃跑的；可能实施打击报复行为的；可能有碍其他案件侦查的；其他可能发生社会危险性的情形。该《规定》还指出，对有组织犯罪、黑社会性质组织犯罪、暴力犯罪和多发性犯罪等严重危害社会治安和社会秩序以及可能有碍侦查的犯罪嫌疑人，一般应予逮捕。对下列违反取保候审规定的犯罪嫌疑人，应当予以逮捕：企图自杀、逃跑、逃避侦查、审查起诉的；实施毁灭、伪造证据或者串供、干扰证人作证行为，足以影响侦查、审查起诉工作正常进行的；未经批准，擅自离开所居住的市、县，造成严重后果，或者两次未经批准，擅自离开所居住的市、县的；经传讯不到案，造成严重后果，或者经两次传讯不到案的；在取保候审期间故意实施新的犯罪行为的。对下列违反监视居住规定的犯罪嫌疑人应当予以逮捕：故意实施新的犯罪行为的。企图自杀、逃跑、逃避侦查、审查起诉的；实施毁灭、伪造证据或者串供、干扰证人作证行为，足以影响侦查、审查起诉工作正常进行的；未经批准，擅自离开住处或者指定的居所，造成严重后果，或者两次未经批准，擅自离开住处或者指定的居所的；未经批准，擅自会见他人，造成严重后果，或者两次未经批准，擅自会见他人的；经传讯不到案，造成严重后果，或者经两次传讯不到案的。

在法庭辩论中，关于强制措施的适用主体、条件、内容、时间等问题以及是否侵犯被告人申请变更强制措施诉讼权利的问题是程序性事实辩论的重要内容。

4. 讯问、询问程序是否合法

主要辩点有：讯问、询问的时间、地点和人数是否符合法律规定；讯问、询问是否个别进行；有无告知诉讼权利；是否刑讯逼供或者以引诱、欺骗等非法方法取证；询问未成年人有无通知其法定代理人到场；讯问、询问笔录是否经当事人核实确认等。

5. 有无妨碍被告人及其辩护人行使辩护权

主要是关于辩护律师的会见权、通信权、阅卷权、调查取证权等诉讼权利有无受到侦查机关或者公诉机关的限制或者剥夺。

6. 是否超出法定办案期限

主要是侦查、逮捕、起诉和审判的时间是否遵从法律规定，有无超期羁押行为等。

（四）关于法律适用的辩论

1. 关于罪名的辩论

即控辩双方均对被告人行为构成犯罪没有异议，但是对被告人构成何罪发生分歧和争论。由于被告人行为的多样性、复杂性，以及人们对法律理解的差异性，因而对被告人行为具体触犯何罪名产生不同意见是正常的，公诉人要基于罪名的罪状描述，遵照法律条文的立法原意，结合被告人的具体行为，从犯罪构成的主体、客体、主观方面和客观方面等四个要件出发来正确认定和阐述指控罪名。

案例①：正确区分盗窃罪与侵占罪

海南省海口市新华区人民检察院以被告人罗忠兰犯盗窃罪向海口市新华区人民法院提起公诉。检察机关指控：1998 年 2 月 18 日晚，被告人罗忠兰进入海口市金夜娱乐广场 851 包厢陪伴客人唱卡拉 OK。当晚 10 时许，在此消费的客人陈某某将装有现金等物的黑色手提包置于电视机上，到包厢外打电话。嗣后，包厢内其他客人结账后离开娱乐广场。罗忠兰送客人走后返回 851 包厢，趁正在打扫卫生的服务员未注意之机，将陈某某的手提包拿进包厢的卫生间，盗走包内现金 12000 元，将手提包及包内其他物品弃于卫生盆下，熄灭卫生间的灯，锁上卫生间的门后逃离现场。陈某某打完电话回到 851 包厢欲取包时，发现手提包不见。经与打扫卫生的服务员共同寻找，发现手提包被丢弃在卫生间内卫生盆下。罗忠兰于次日用所盗钱款以其男友的姓名购买诺基亚移动电话机一部、STM 卡一张、备用电池一块、充电器一个；另将 7000 元现金存入银行，800 元现金随身携带。案发后，公安机关已追回全部赃款赃物并退还失主。

被告人罗忠兰及其辩护人辩称，其行为性质是在公共场所拾得客人遗忘的

①　参见中华人民共和国最高人民法院刑事审判第一、二、三、四、五庭主办：《中国刑事审判指导案例》（危害国家安全罪、危害公共安全罪、侵犯财产罪、危害国防利益罪），法律出版社 2009 年版，第 521～523 页。

物品，虽有非法侵占他人财物的目的，但并无盗窃的故意，也没有秘密窃取的行为，不构成盗窃罪。因亦未拒不交出拾得的财物，也不构成侵占罪。

新华区人民法院认为，被告人罗忠兰以非法占有为目的，秘密窃取他人财物，数额巨大，其行为已构成盗窃罪。公诉机关指控的犯罪事实清楚，证据充分，足以认定。被告人及其辩护人关于"罗忠兰不构成盗窃罪"的辩解和辩护意见与事实不符，不能成立。依法判决被告人罗忠兰犯盗窃罪，判处有期徒刑3年，并处罚金3000元。

一审宣判后，被告人罗忠兰不服，以"一审判决定性不准、量刑过重"为理由提起上诉。海口市中级人民法院经审理后认为，原判认定事实清楚，证据确实、充分，定罪准确，量刑适当。审判程序合法。罗忠兰的上诉理由及其辩护人的辩护意见与事实不符，不予采纳。依法裁定驳回上诉，维持原判。

本案的主要问题是如何正确区分盗窃罪与侵占罪。

《刑法》第270条规定的侵占罪，是指以非法占有为目的，将代为保管的他人财物非法占为己有，数额较大，拒不退还；或者将他人的遗忘物、埋藏物非法占为己有，数额较大，拒不交出的行为。《刑法》第264条规定的盗窃罪，是指以非法占有为目的，秘密窃取公私财物数额较大或一定时间内多次秘密窃取公私财物的行为。侵占罪和盗窃罪均属侵犯财产类犯罪，两罪的犯罪对象都是他人的财物，主观上都具有非法占有他人财物的目的，但两者又有显著的区别，这表现在：（1）犯罪的前提不同。侵占罪的行为人在侵占他人财物之前，必须已经实际持有或控制他人财物。实际持有或者控制他人财物的方式以刑法规定的方式为限，即代为保管他人财物、拾得他人的遗忘物和发现他人的埋藏物三种方式。而盗窃罪的行为人在实施盗窃他人财物时，并不具备实际持有或者控制他人财物的前提条件。易言之，在实施盗窃行为前，被盗财物仍处于物主的实际持有或直接控制之下，由于盗窃罪的秘密窃取行为才使被盗财物脱离物主的实际持有或控制。（2）犯罪目的产生的时间不同。侵占行为人的非法占有目的发生在实际持有或控制他人的托管物以及拾得他人的遗忘物和发现他人的埋藏物之后；而盗窃行为人的不法占有目的，则发生在秘密窃取他人财物之前，即行为人是为了非法占有才去秘密窃取他人持有的公私财物的。（3）犯罪客观方面不同。侵占罪的行为，是对自己已实际持有的或控制的他人的托管物、拾得的他人的遗忘物和发现他人的埋藏物，拒不退还或者拒不交出，从而实现非法占有。手段上可以是秘密的，也可以是公开或半公开的。如没有拒不退还或者拒不交出的行为，则不能构成侵占罪。盗窃罪的行为则是对他人持有和控制的公私财物，采取秘密窃取的方法，使其脱离所有人的控制，从而实现非法占用。其手段只能是秘密的，且窃取他人财物后又主动退还的不影响盗窃罪的成立。

根据上述区分，结合本案具体情况，我们认为本案被告人罗忠兰的行为符合盗窃罪的特征。理由如下：（1）本案发生地点在歌舞厅的包厢内，这里虽属公共娱乐场所，但系专人经营管理，具有空间上的封闭性和使用上的独占性，与人人皆可自由往来的广场、道路、海滩等公共场所有所区别。如同旅馆的客房一样，消费者在使用包厢期间，该包厢原则上即由消费者暂时控制，消费者对存放在包厢内的自有物品具有实际的控制权。在消费者独占使用包厢期间，即便消费者因故临时离开，其对放在包厢内的随身携带的物品仍具有实际的控制权。期间任何人进入该独占空间以非法占有为目的取走消费者存放在此的财物的行为，均属盗窃行为。当消费者正式结账离开包厢后，包厢内的一切物品包括消费者遗留的物品，又复归经营者的控制之下，经营者对消费者遗留的物品负有清点、保管、退还的义务。如经营者对消费者的遗留物拒不退还，属侵占行为。但经营者之外的其他人如以非法占有为目的擅自进入该包厢取走消费者遗留财物的，则仍属盗窃行为，而非侵占行为。本案被害人陈某某离开包厢外出打电话，后遇上熟人在过道谈话，大约40分钟后返回，第一件事就是到电视机前取手提包，可见手提包并非物主陈某某的"遗忘物"。陈某某将手提包放在包厢内外出打电话，并不能作出该手提包已脱离物主陈某某实际控制的结论。相反，由于包厢在空间上的封闭性及其使用上的独占性，该手提包实际上并未脱离物主的有效控制。另外，歌舞厅经营者在客人离去后，负有清点客人的遗留物、遗忘物并及时归还物主的义务。陈某某因故暂时离开851包厢后，与陈某某同来的客人又自顾结账离开。此时，851包厢内的一切财物也应归由经营者（具体为经营者雇用的有权代为打扫、清点包厢的服务员）的暂时保管及控制之下，被告人罗忠兰非歌舞厅包厢经营者雇用的服务员，对此无权保管或控制。可见，被告人罗忠兰的行为性质，并非是拾得他人的遗忘物。既然如此，侵占他人遗忘物的辩解，也就不能成立。（2）被告人罗忠兰在送走客人后一反常态地返回851包厢，趁服务员没发现、没注意之机，将陈某某放在电视机上的手提包拿到包厢的卫生间内，紧扣门，从包内窃取现金，后将包及证件等物弃于卫生盆下，灭掉灯，锁好卫生间的门离开。这一系列行为说明：罗忠兰在送走客人前已发现了电视机上的手提包；返回包厢后，罗既想取得包内物品，又怕服务员发现，才趁包的主人不在场，且在场的服务员没发现和没注意之机，悄悄将手提包拿进卫生间实施盗窃。可见，罗忠兰在主观上以非法占有他人财物为目的，在客观上以趁人不觉秘密窃取为手段，其行为符合盗窃罪的特征。（3）案发后公安机关根据失主及歌舞厅服务员提供的线索，于财物被盗次日传讯罗忠兰，查清赃款去向，随即依法搜查罗的住处，提取了罗用赃款购买的移动电话机、存单等物及剩余的赃款，后退还失主。公安机关的这种依法追赃是侦查过程中履行职务的行为，它与犯罪嫌疑人的主动退还性质完全不同。由于本案不属侵占遗忘物的性质，因此，这种追赃行为，不能作为犯罪嫌疑人没有"拒不交出"的无罪辩解的理由。

综上，一审、二审法院对被告人罗忠兰以盗窃罪定罪处罚是正确的。

2. 关于一罪与数罪的辩论

被告人的一个行为或者数个行为是构成一罪或者数罪，也是法庭辩论激烈碰撞的重要问题，这也直接影响对被告人的定罪量刑。公诉人应当根据被告人行为和犯罪构成要件，准确区分一罪与数罪的界限，在构成数罪时是同种数罪还是异种数罪。通常而言，被告人基于一个罪过，实施一个行为，符合一项犯罪构成的，即认定为一罪；被告人基于两个以上罪过，实施两个以上行为，符合两项以上犯罪构成的，即认定为数罪。

根据刑法学的罪数理论和司法实践，可以将一罪与数罪的具体形态分类如下：（1）单纯的一罪，指行为人实施法律规定的某种犯罪行为，具备一个犯罪构成，构成一罪的情况，包括继续犯和法条竞合犯；（2）实质的一罪，指行为人实施数个行为，或实施一个行为产生加重形式，形式上具备数个犯罪构成，实质上构成一罪的情况，包括惯犯、结合犯、结果加重犯、吸收犯等；裁判上的一罪，指行为人实施一个犯罪行为，而触犯数个罪名，或者实施数个犯罪行为，具备数个犯罪构成但作为一罪处理的情况，包括连续犯、牵连犯、想象竞合犯等。[①] 公诉人必须掌握罪数理论，已在法庭辩论中阐明一罪或数罪。

公诉实践中，经常遭遇法条竞合问题，并常常成为法庭辩论的焦点，直接影响对被告人的定罪处罚。法条竞合是指一个犯罪行为，同时与多个法条规定的犯罪构成相符合，但法律适用逻辑规定只能适用一个法条，排除适用其他法条的情形。

案例[②]：法条竞合的法律适用

安徽省合肥市包河区人民检察院以被告人梁其珍犯招摇撞骗罪向合肥市包河区人民法院提起公诉。检察机关指控：2001 年 11 月，被告人梁其珍与王某相识，梁谎称自己是安徽省公安厅刑警队重案组组长，骗得王与其恋爱并租房同居。其间，梁又先后对王谎称自己任省公安厅厅长助理、池州市公安局副局

---

① 刘芳等编著：《刑法适用疑难问题及定罪量刑标准通解》，法律出版社 2004 年版，第 258 页。

② 参见中华人民共和国最高人民法院刑事审判第一、二、三、四、五庭主办：《中国刑事审判指导案例》（妨害社会管理秩序罪），法律出版社 2009 年版，第 47～51 页。

长等职。为骗取王及其家人、亲戚的信任，梁其珍先后伪造了安徽省公安厅文件、通知、荣誉证书、审查登记表；印制了职务为池州市公安局副局长的名片和刑警执法证；购买了仿真玩具手枪等；2001 年 10 月至 2002 年 8 月梁多次从合肥、池州等地公安机关盗取数件警服、警帽、持枪证以及相关材料；多次租用出租车，冒充是省公安厅为其配备。在骗取王某及其家人、亲戚的信任后，2002 年 4 月至 2002 年 8 月期间梁以种种谎言骗得王家人及亲戚现金 39750 元，并挥霍。

2002 年 5 月，梁其珍又冒充安徽省公安厅刑警，骗取另一受害人张某与其恋爱并发生性关系。后以请人吃饭为由，骗取张现金 500 元。

2002 年 8 月初，梁其珍冒充池州市公安局副局长前往潜山县，骗取了该县人大、公安局有关领导的信任，陪同其游玩。

包河区人民法院审理后认为被告人梁其珍伪造公安机关的文件、印章，盗取警服、警帽，多次冒充人民警察招摇撞骗，骗取多名受害人钱款 40250 元，并骗取了其他非法利益，严重妨害了国家机关的正常管理活动，侵犯了公民的合法权益，情节严重，其行为已构成招摇撞骗罪。依法判决被告人梁其珍犯招摇撞骗罪，判处有期徒刑 10 年。

本案的主要问题有二：一是法条竞合的法律适用原则；二是如何区分招摇撞骗罪与诈骗罪。

1. 法条竞合的法律适用原则

对于法条竞合，既可以从静态方面加以研究，即分析哪些刑法分则条文之间存在竞合关系；也可以从动态方面研究，即在具体案件中实际分析行为人的行为是否属于同时触犯数个存在竞合关系的法条，并进而决定案件的法律适用（在此意义上，亦不妨将法条竞合称为"法条竞合犯"）。从静态方面看，法条竞合的基本特征在于数个刑法分则条文的竞合性；从动态方面看，法条竞合具有如下主要特征：其一，行为人基于一个罪过实施了一个犯罪行为。其二，行为人的一个犯罪行为同时触犯了数个刑法分则条文。该数个刑法分则条文，既可以为同一法律所规定，如《刑法》第 264 条（盗窃罪）和第 127 条（盗窃枪支、弹药、爆炸物罪）；也可以为不同法律所规定，如泄露国家秘密罪和《中华人民共和国惩治军人违反职责罪暂行条例》第 4 条第 1 款。其三，行为人一行为同时触犯的数个刑法分则条文，所规定的必须是性质不同的犯罪构成（即罪名相异）。同种犯罪的未完成形态与完成形态之间不存在所谓法条竞合关系，同种犯罪的实行犯与教唆犯、组织犯、帮助犯之间，结果加重犯与基本犯之间，实害犯与行为犯、危险犯之间，也无所谓法条竞合问题。认为同种犯罪的不同形态、构成之间亦存在法条竞合的观点，既混淆了法条竞合与犯罪停止形态、共同犯罪形态以及犯罪基本构成和加重构成等刑法范畴之间的界限，又没有实际意义，并不科学。其四，行为人一行为同时触犯的数个性质相异的刑法分则条文，在逻辑上存在竞合关系。

具体何谓法条之间的"竞合"关系，或者说法条竞合可以表现为哪些形态，这在刑法理论上一直久有争论。对此，我们的基本观点是：法条竞合中数法条之间的竞合关系，不仅可以表现为包容竞合（即数法条所规定的犯罪构成要件在外延上存在包容与被包容的关系），也可表现为交叉竞合（即数法条所规定的犯罪构成要件在外延上存在部分交叉、重叠关系）；交叉竞合客观存在，如《刑法》第254条（报复陷害罪）与第255条（打击、报复会计、统计人员罪）之间、第266条（诈骗罪）与第279条（招摇撞骗罪）之间、第275条（故意毁坏财物罪）与第276条（破坏生产经营罪）之间以及第275条（故意毁坏财物罪）与第299条（侮辱国旗、国徽罪）之间等等，均存在交叉关系。否认交叉竞合的存在，不符合立法实际；将交叉竞合排除在法条竞合之外，一方面势必将导致此类法律现象在理论研究上无所归属，另一方面也不利于相关案件的正确处理。

法条竞合的法律适用原则，是法条竞合理论与实践的最为重要的问题。由于法条竞合是因一个犯罪行为同时符合数个刑法条文所引起的法律现象，因此，其法律适用的一个总的原则是对行为人只能选择适用竞合数法条中的一个法条进行定罪量刑，而不能重复适用数法条，不能实行数罪并罚。对此，不存在任何疑义。但是，究竟应当以什么样的标准来具体确定竞合数法条的选用呢？这在理论上尚有颇多争议，在实践中也多有困惑。基于我国刑法立法现状，结合我们关于法条竞合形态的基本观点，我们认为，在法条竞合情形下，应当按以下原则选择适用法律：第一，刑法已对竞合法条的法律适用已作明确规定的，应当按照刑法规定。例如，《刑法》第149条第2款规定："生产、销售本节第一百四十一条至第一百四十八条所列产品，构成各该条规定的犯罪，同时又构成本节第一百四十条规定之罪的，依照处罚较重的规定定罪处罚"；再如，《刑法》第233条（过失致人死亡罪）后半段、第234条（故意伤害罪）第2款后半段、第235条（过失致人重伤罪）后半段、第266条（诈骗罪）后半段以及第397条（玩忽职守罪、滥用职权罪）第1款后半段均规定有"本法另有规定的，依照规定"，在办理相关案件时，应当按照上述有关刑法条文的明确规定选择所应适用的法律。第二，对刑法未明确规定法律适用原则的竞合法条，通常情况下应当按照特殊法优于普通法的原则选择适用法律，在例外情况下，如果按照特殊法优于普通法的原则适用法律将导致罪刑明显有失均衡，则应当按照重法优于轻法原则选择适用法律。需要特别指出的是，在数法条交叉竞合时，仍存在特别法与普通法之别，因此，对交叉竞合，原则上仍应首先考虑适用特别法优于普通法原则，只有在按该原则定罪量刑将明显有违罪责刑相适应原则时；才应考虑适用重法优于轻法原则。以《刑法》第275条（故意毁坏财物罪）与第276条（破坏生产经营罪）为例。如果行为人故意毁坏的是用于生产经营的机器设备，且行为人毁坏这些财物是为了泄愤报复的，则相对于一般的故意毁坏财物罪行而言，其显然更为特殊。因此，应当认为第275条规定属于普通法条，第276条规定属于特殊法条；在二者交叉竞合的范围内，应当适用第276条规定而不是第275条规定。

2. 诈骗罪与招摇撞骗罪的选择适用

招摇撞骗罪与诈骗罪在构成要件上的区别并不难辨明，主要问题是刑法第266条（诈骗罪）与第279条（招摇撞骗罪）规定竞合的选择适用问题。两法条之间存在交叉竞合关系，而第266条后半段又明确规定有"本法另有规定的，依照规定"，据此，当行为人的行为同时符合该两法条规定的犯罪构成时，应当一律适用第279条规定，以招摇撞骗罪追究其刑事责任。过去乃至现在一直有一种观点认为，在招摇撞骗骗取数额较大的财物的情况下，招摇撞骗罪与诈骗罪之间存在法条竞合关系，应按照重法优于轻法的原则适用法条。这种观点似乎未能注意到《刑法》第266条后半段所明确规定的特别法优于普通法原则。

但是，能否认为无论行为人招摇撞骗了多少财物都符合招摇撞骗罪的构成，进而依照《刑法》第266条后半段的规定，均只能适用《刑法》第279条规定，对其以招摇撞骗罪论处呢？显然不能。否则便会导致罪刑明显有失均衡：骗取同样数额的财物，行为人以一般方式行骗的，最高得处无期徒刑，而行为人以冒充国家机关工作人员身份这一性质更为恶劣、危害性更为严重的方式行骗的，反倒最高只能处10年有期徒刑。那么究竟应当如何厘定招摇撞骗罪的构成要件、如何评价以冒充国家机关工作人员身份的方式骗取财物的行为？在我们看来，即便是冒充国家机关工作人员骗取数额巨大的财物，也宜认为符合招摇撞骗罪的构成条件，进而依照《刑法》第266条后半段所确立的特别法优于普通法原则，仍宜以招摇撞骗罪追究行为人的刑事责任；只有在冒充国家机关工作人员骗取数额特别巨大的财物的情况下，方宜认为此种行为已超出刑法第279条规定的招摇撞骗罪所能评价的范围，而只符合刑法第266条规定的诈骗罪的构成要件。主要理由是，在行为人冒充国家机关工作人员骗取财物，数额并非特别巨大的情况下，适用《刑法》第279条规定，以"情节严重"的招摇撞骗罪追究其刑事责任，并不存在罪刑明显失衡的问题（目前虽尚无关于招摇撞骗"情节严重"的司法解释，但通过比较招摇撞骗罪与诈骗罪，应当可以确认，招摇撞骗数额巨大公私财物的，属于招摇撞骗"情节严重"范畴。而招摇撞骗"情节严重"的法定刑是3年以上10年以下有期徒刑，诈骗"数额巨大"的法定刑是3年以上10年以下有期徒刑，并处罚金，二者区别仅在于是否并处罚金），且如此处理，更能全面地反映行为人行为的性质、特点。

上述分析论证进一步说明，对立法者在立法时的"无心之失"，是可以而且应当通过适当的刑法解释方式进行弥补；立法者在诈骗罪之外又专门设立招摇撞骗罪，似乎意味着对所有以冒充国家机关工作人员身份骗取财物的行为都应当以招摇撞骗罪论处，但立法者恐怕没有考虑到，以冒充国家机关工作人员身份方式行骗的所骗取的对象有可能是数额特别巨大的财物，而一旦出现这样的情况，如果严格遵循其表述欠妥的立法本意，并适用《刑法》第266条后半段规定，就会出现罪刑明显失衡现象，这显然不是立法者愿意看到的，不能体现其内心真意；通过对《刑法》第279条规定的招摇撞骗罪的构成要件作如上的适当解释，避免明显违背罪责刑相适应之刑法基本原则的定罪量刑结论，应当是恰当地反映了立法者的本来意思。

3. 本案的定性处理

我们认为，合肥市包河区人民法院认定被告人梁其珍构成招摇撞骗罪，从定性看是准确的：其一，从行为方式看，被告人梁其珍多次冒充人民警察的身份，这显然符合招摇撞骗罪的特点。其二，参照最高人民法院《关于审理诈骗案件具体应用法律的若干问题的解释》的有关规定，本案被告人梁其珍骗取他人40250元钱款，已超过个人诈骗之"数额较大"的标准（3万元），但尚远远未达到"数额特别巨大"的标准（20万元），因此，根据上面的论述，可以认为其行为在招摇撞骗罪的评价范围之内。进而，根据《刑法》第266条后半段的规定，就应当适用第279条，以招摇撞骗罪追究其刑事责任；从量刑看是适当的：首先，被告人梁其珍冒充人民警察，不仅骗取他人的爱情，还骗得了数额巨大的钱款；其次，被告人梁其珍系累犯，依照《刑法》第65条的规定应当对其从重处罚；再次，被告人梁其珍冒充的人民警察，依照《刑法》第279条规定，应当从重处罚；最后，为了进行招摇撞骗，被告人梁其珍伪造了公安机关的公文、证件，并盗窃警服、警帽，这些也是酌定从重处罚情节。综合以上事实、情节，有关人民法院从重判处其10年有期徒刑，体现了罪责刑相适应之刑法基本原则的要求。

最后需要说明的是：其一，在本案中，被告人梁其珍虽先后实施了数次招摇撞骗行为，但该数次行为均是在同一犯意支配下实施的，符合连续犯的特点，因此，应当将该数次行为作为一罪综合评价，而不能分割评价、实行数罪并罚。其二，梁其珍伪造公文、证件的行为，与其招摇撞骗行为之间存在手段和目的的牵连关系，而刑法并没有明确规定此种情形下必须实行数罪并罚，故应按牵连犯之"从一重处断"的一般原则，以其中重罪即招摇撞骗罪一罪论处。

（五）关于几个重点刑罚适用问题的辩论

公诉实践中，被告人及其辩护人作无罪辩护的情况比例不高，大多数案件是作轻罪和罪轻辩护，其中主要是罪轻辩护，因此，掌握常见多发的刑罚适用问题对公诉人娴熟应对法庭辩论帮助明显，这些刑罚适用问题集中在自首、立功、累犯和缓刑问题上。

1. 关于是否属于自首的辩论

刑事诉讼中的自首分为一般自首和特殊自首两种：前者指犯罪嫌疑人犯罪后，如实供述自己的罪行，并配合司法机关审查、接受司法机关审判的行为；后者指被司法机关采取强制措施的犯罪嫌疑人、被告人和正在服刑的罪犯，如实供述司法机关还未掌握的本人其他罪行，接受司法机关审查和审判的行为。

根据最高人民法院 1998 年 4 月 6 日通过的《关于处理自首和立功具体应用法律若干问题的解释》和 2010 年 12 月 22 日发布的《关于处理自首和立功若干具体问题的意见》的规定，一般自首的构成条件有三：一是犯罪以后自动投案；二是如实供述自己的罪行的；三是接受司法机关审查和审判。

所谓自动投案，是指犯罪事实或者犯罪嫌疑人未被司法机关发觉，或者虽被发觉，但犯罪嫌疑人尚未受到讯问、未被采取强制措施时，主动、直接向公安机关、人民检察院或者人民法院投案。自动投案的情形有：（1）犯罪嫌疑人向其所在单位、城乡基层组织或者其他有关负责人员投案的；（2）犯罪嫌疑人因病、伤或者为了减轻犯罪后果，委托他人先代为投案，或者先以信电投案的；（3）罪行未被司法机关发觉，仅因形迹可疑被有关组织或者司法机关盘问、教育后，主动交代自己的罪行的；（4）犯罪后逃跑，在被通缉、追捕过程中，主动投案的；（5）经查实确已准备去投案，或者正在投案途中，被公安机关捕获的，应当视为自动投案；（6）并非出于犯罪嫌疑人主动，而是经亲友规劝、陪同投案的；（7）公安机关通知犯罪嫌疑人的亲友，或者亲友主动报案后，将犯罪嫌疑人送去投案的，也应当视为自动投案；（8）犯罪后主动报案，虽未表明自己是作案人，但没有逃离现场，在司法机关询问时交代自己罪行的；（9）明知他人报案而在现场等待，抓捕时无拒捕行为，供认犯罪事实的；（10）在司法机关未确定犯罪嫌疑人，尚在一般性排查询问时主动交代自己罪行的；（11）因特定违法行为被采取劳动教养、行政拘留、司法拘留、强制隔离戒毒等行政、司法强制措施期间，主动向执行机关交代尚未被掌握的犯罪行为的；（12）其他符合立法本意，应当视为自动投案的情形。对于罪行未被有关部门、司法机关发觉，仅因形迹可疑被盘问、教育后，主动交代了犯罪事实的，应当视为自动投案，但有关部门、司法机关在其身上、随身携带的物品、驾乘的交通工具等处发现与犯罪有关的物品的，不能认定为自动投案，同样，对侦查人员从行为人身边或者住处找到证明行为人有犯罪嫌疑的证据，如赃物、作案工具或者其他物证书证，或者有目击证人直接指认，行为人已经因其较高的作案嫌疑而成为犯罪嫌疑人，此时也不能认定为自动投案。对于交通肇事后保护现场、抢救伤者，并向公安机关报告的，应认定为自动投案，构成自首的，因上述行为同时系犯罪嫌疑人的法定义务，对其是否从宽、从宽幅度要适当从严掌握。交通肇事逃逸后自动投案，如实供述自己罪行的，应认定为自首，但应依法以较重法定刑为基准，视情决定对其是否从宽处罚以及从宽处罚的幅度。对于犯罪嫌疑人被亲友采用捆绑等手段送到司法机关，或者在亲友带领侦查人员前来抓捕时无拒捕行为，并如实供认犯罪事实的，虽然不能认定为自动投案，但可以参照法律对自首的有关规定酌情从轻处罚。犯罪嫌疑人自动投案后又逃跑的，不能认定为自首。

所谓如实供述自己的罪行，是指犯罪嫌疑人自动投案后，如实交代自己的主要犯罪事实和姓名、年龄、职业、住址、前科等情况。对如实供述应结合以下情形认定：（1）犯罪嫌疑人供述的身份等情况与真实情况虽有差别，但不影响定罪量刑的，应认定为如实供述自己的罪行。犯罪嫌疑人自动投案后隐瞒自己的真实身份等情况，影响对其定罪量刑的，不能认定为如实供述自己的罪行。（2）犯罪嫌疑人多次实施同种罪行的，应当综合考虑已交代的犯罪事实与未交代的犯罪事实的危害程度，决定是否认定为如实供述主要犯罪事实。虽然投案后没有交代全部犯罪事实，但如实交代的犯罪情节重于未交代的犯罪情节，或者如实交代的犯罪数额多于未交代的犯罪数额，一般应认定为如实供述自己的主要犯罪事实。无法区分已交代的与未交代的犯罪情节的严重程度，或者已交代的犯罪数额与未交代的犯罪数额相当，一般不认定为如实供述自己的主要犯罪事实。（3）犯罪嫌疑人自动投案时虽然没有交代自己的主要犯罪事实，但在司法机关掌握其主要犯罪事实之前主动交代的，应认定为如实供述自己的罪行。（4）犯有数罪的犯罪嫌疑人仅如实供述所犯数罪中部分犯罪的，只对如实供述部分犯罪的行为，认定为自首。（5）共同犯罪案件中的犯罪嫌疑人，除如实供述自己的罪行，还应当供述所知的同案犯，主犯则应当供述所知其他同案的共同犯罪事实，才能认定为自首。（6）犯罪嫌疑人自动投案并如实供述自己的罪行后又翻供的，不能认定为自首，但在一审判决前又能如实供述的，应当认定为自首。

所谓接受司法机关审查和审判，是指行为人自动投案、如实供述自己的犯罪行为后，应当配合接受司法机关的侦查、起诉和审判，不能逃避诉讼程序，更不能有伪造证据、串供等妨碍诉讼行为。当然，行为人对自己犯罪行为性质的辩解、补正部分犯罪事实和证据，均属于行使辩护权的正常范畴，不能认为是不接受审查和审判。值得注意的是，虽然接受司法机关审查和裁判在1984年最高人民法院、最高人民检察院、公安部《关于当前处理自首和有关问题具体应用法律的解答》中明确规定为构成自首的条件，而1997年刑法修订时删除了这一条件，但是，这并不意味着对"接受司法机关审查和审判"条件的放弃，事实上，"接受司法机关审查和审判"是"自动投案"和"如实供述"的必备内容，从公诉实践看，如果被告人有在翻供，或者未被采取羁押措施的被告人逃避审判等不接受司法机关审查行为的，均不能认定为自首。

关于特殊自首中的"司法机关还未掌握的本人其他罪行"和"不同种罪行"应结合以下情形认定：（1）犯罪嫌疑人、被告人在被采取强制措施期间，向司法机关主动如实供述本人的其他罪行，该罪行能否认定为司法机关已掌握，应根据不同情形区别对待。如果该罪行已被通缉，一般应以该司法机关是否在通缉令发布范围内作出判断，不在通缉令发布范围内的，应认定为还未掌握，在通缉令发布范围内的，应视为已掌握；如果该罪行已录入全国公安信息网络在逃人员信息数据库，应视为已掌握。如果该罪行未被通缉，也未录入全国公安信息网络在逃人员信息数据库，应以该司法机关是否已实际掌握该罪行为标准。（2）犯罪嫌疑人、被告人在被采取强制措施期间如实供述本人其他罪行，该罪行与司法机关已掌握的罪行属同种罪行还是不同种罪行，一般应以罪名区分。虽然如实供述的其他罪行的罪名与司法机关已掌握犯罪的罪名不同，但如实供述的其他犯罪与司法机关已掌握的犯罪属选择性罪名或者在法律、事实上密切关联，如因受贿被采取强制措施后，又交代因受贿为他人谋取利益行为，构成滥用职权罪的，应认定为同种罪行。

公诉人审查的自首证据材料，应当包括被告人投案经过、有罪供述以及能够证明其投案情况的其他材料。投案经过的内容一般应包括被告人投案时间、地点、方式等。证据材料应加盖接受被告人投案的单位的印章，并有接受人员签名。

2. 关于是否属于立功的辩论

犯罪分子到案后有检举、揭发他人犯罪行为，包括共同犯罪案件中的犯罪分子揭发同案犯共同犯罪以外的其他犯罪，经查证属实；提供侦破其他案件的重要线索，经查证属实；阻止他人犯罪活动；协助司法机关抓捕其他犯罪嫌疑人（包括同案犯）；具有其他有利于国家和社会的突出表现的，应当认定为有立功表现。其中"协助司法机关抓捕其他犯罪嫌疑人"包括以下情形：（1）按照司法机关的安排，以打电话、发信息等方式将其他犯罪嫌疑人（包括同案犯）约至指定地点的；（2）按照司法机关的安排，当场指认、辨认其他犯罪嫌疑人（包括同案犯）的；（3）带领侦查人员抓获其他犯罪嫌疑人（包括同案犯）的；（4）提供司法机关尚未掌握的其他案件犯罪嫌疑人的联络方式、藏匿地址的等，但犯罪分子提供同案犯姓名、住址、体貌特征等基本情况，或者提供犯罪前、犯罪中掌握、使用的同案犯联络方式、藏匿地址，司法机关据此抓捕同案犯的，不能认定为协助司法机关抓捕同案犯。

根据《刑法》第 68 条的规定，犯罪分子有检举、揭发他人重大犯罪行为，经查证属实；提供侦破其他重大案件的重要线索，经查证属实；阻止他人重大犯罪活动；协助司法机关抓捕其他重大犯罪嫌疑人（包括同案犯）；对国家和社会有其他重大贡献等表现的，应当认定为有重大立功表现。"重大犯罪"、"重大案件"、"重大犯罪嫌疑人"的标准，一般是指犯罪嫌疑人、被告人可能被判处无期徒刑以上刑罚或者案件在本省、自治区、直辖市或者全国范围内有较大影响等情形。

关于立功线索来源的认定应结合以下情形进行：（1）犯罪分子通过贿买、暴力、胁迫等非法手段，或者被羁押后与律师、亲友会见过程中违反监管规定，获取他人犯罪线索并"检举揭发"的，不能认定为有立功表现。因为根据法律规定，立功的主体仅限于被采取强制措施的犯罪嫌疑人、被告人和罪犯，他人"代为立功"不符合立法精神和法律规定。但是，"代为立功"仍然是应当受鼓励的有益于社会的行为，鉴于他人帮助被告人减轻罪责的初衷，可以将"代为立功"作为酌定从轻处罚情节。（2）犯罪分子将本人以往查办犯罪职务活动中掌握的，或者从负有查办犯罪、监管职责的国家工作人员处获取的他人犯罪线索予以检举揭发的，不能认定为有立功表现。（3）犯罪分子亲友为使犯罪分子"立功"，向司法机关提供他人犯罪线索、协助抓捕犯罪嫌疑人的，不能认定为犯罪分子有立功表现。此外，犯罪分子通过有偿（包括许诺有偿）获取立功线索，或者通过教唆、引诱、指使、收买他人实施犯罪行为并予以检举、揭发的，也不能认定为立功。[①]

关于立功线索的查证程序和认定应按以下情形进行：（1）被告人在一、二审审理期间检举揭发他人犯罪行为或者提供侦破其他案件的重要线索，人民法院经审查认为该线索内容具体、指向明确的，应及时移交有关人民检察院或

---

① 参见黄曙、陈艳：《立功司法认定的若干疑难问题》，载《人民检察》2009 年第 20 期。

者公安机关依法处理。侦查机关出具材料，表明在三个月内还不能查证并抓获被检举揭发的人，或者不能查实的，人民法院审理案件可不再等待查证结果。（2）被告人检举揭发他人犯罪行为或者提供侦破其他案件的重要线索经查证不属实，又重复提供同一线索，且没有提出新的证据材料的，可以不再查证。（3）根据被告人检举揭发破获的他人犯罪案件，如果已有审判结果，应当依据判决确认的事实认定是否查证属实；如果被检举揭发的他人犯罪案件尚未进入审判程序，可以依据侦查机关提供的书面查证情况认定是否查证属实。检举揭发的线索经查确有犯罪发生，或者确定了犯罪嫌疑人，可能构成重大立功，只是未能将犯罪嫌疑人抓获归案的，对可能判处死刑的被告人一般要留有余地，对其他被告人原则上应酌情从轻处罚。（4）被告人检举揭发或者协助抓获的人的行为构成犯罪，但因法定事由不追究刑事责任、不起诉、终止审理的，不影响对被告人立功表现的认定；被告人检举揭发或者协助抓获的人的行为应判处无期徒刑以上刑罚，但因具有法定、酌定从宽情节，宣告刑为有期徒刑或者更轻刑罚的，不影响对被告人重大立功表现的认定。

公诉人审查的立功证据材料，一般应包括被告人检举揭发材料及证明其来源的材料、司法机关的调查核实材料、被检举揭发人的供述等。被检举揭发案件已立案、侦破，被检举揭发人被采取强制措施、公诉或者审判的，还应审查相关的法律文书。证据材料应加盖接收被告人检举揭发材料的单位的印章，并有接收人员签名。

关于对自首、立功的被告人的量刑建议，公诉人应当结合以下情形进行：（1）对具有自首、立功情节的被告人是否从宽处罚、从宽处罚的幅度，应当考虑其犯罪事实、犯罪性质、犯罪情节、危害后果、社会影响、被告人的主观恶性和人身危险性等。自首的还应考虑投案的主动性、供述的及时性和稳定性等。立功的还应考虑检举揭发罪行的轻重、被检举揭发的人可能或已经被判处的刑罚、提供的线索对侦破案件或者协助抓捕其他犯罪嫌疑人所起作用的大小等。（2）具有自首或者立功情节的，一般应依法从轻、减轻处罚；犯罪情节较轻的，可以免除处罚。类似情况下，对具有自首情节的被告人的从宽幅度要适当宽于具有立功情节的被告人。（3）虽然具有自首或者立功情节，但犯罪情节特别恶劣、犯罪后果特别严重、被告人主观恶性深、人身危险性大，或者在犯罪前即为规避法律、逃避处罚而准备自首、立功的，可以不从宽处罚。（4）对于被告人具有自首、立功情节，同时又有累犯、毒品再犯等法定从重处罚情节的，既要考虑自首、立功的具体情节，又要考虑被告人的主观恶性、人身危险性等因素，综合分析判断，确定从宽或者从严处罚。累犯的前罪为非暴力犯罪的，一般可以从宽处罚，前罪为暴力犯罪或者前、后罪为同类犯罪的，可以不从宽处罚。（5）在共同犯罪案件中，对具有自首、立功情节的被告人的处罚，应注意共同犯罪人以及首要分子、主犯、从犯之间的量刑平衡。犯罪集团的首要分子、共同犯罪的主犯检举揭发或者协助司法机关抓捕同案地位、作用较次的犯罪分子的，从宽处罚与否应当从严掌握，如果从轻处罚可能导致全案量刑失衡的，一般不从轻处罚；如果检举揭发或者协助司法机关抓捕的是其他案件中罪行同样严重的犯罪分子，一般应依法从宽处罚。对于犯罪集团的一般成员、共同犯罪的从犯立功的，特别是协助抓捕首要分子、主犯的，应当充分体现政策，依法从宽处罚。

3. 关于应否适用缓刑的辩论

在刑事诉讼中，适用缓刑的条件有二：一是适用对象条件，是被判处拘役、3 年以下有期徒刑的犯罪分子，且不是累犯；二是适用的实质条件，即根据其犯罪情节和悔罪表现，认为暂缓执行原判决刑罚确实不至于再危害社会。公诉人对提出缓刑意见，或者反驳辩护人的适用缓刑建议时，要从缓刑的适用条件着手进行论证，尤其是被告人的犯罪情节和悔罪态度，公诉人要结合案件的事实和证据，分析犯罪动机、性质、手段、后果等情况，阐明被告人到案后的认罪态度、从轻处罚情节、道歉赔偿、帮教条件等人身危险性表现，表明同意或者反对缓刑的意见。

第三节　法庭辩论的语言运用

一、法庭辩论中的语言运用

法庭辩论是以语言为载体的口语对抗，公诉人在辩论中有三忌：一是要切忌不能高高在上，盛气凌人，以居高临下的姿态批评指责被告人及其辩护人的辩护意见，动辄上纲上线；公诉人必须尊重被告人的辩护权和人格尊严，以平等心和平常心耐心冷静地听取辩方意见，既要针锋相对予以反驳，又要把握分寸，不搞人身攻击。二是要切忌不能对辩方意见不屑一顾，不理不睬，将"以不变应万变"演绎为"以不辩应万辩"，任凭辩方暴风骤雨般慷慨陈词，控方仍坚持沉默是金，或者以"公诉人已在公诉意见中阐明意见，无须重申观点，请法院依法裁判"作轻微抗争。法庭辩论不仅是被告人行使权利维护自身利益的重要程序，也是通过控辩对抗查清案件事实真相的关键环节，公诉人如果一味地抱无所谓、消极应对或者怯于应战的心态，将陷于对抗被动，影响指控成败。三是要切忌口不择言，冲动急躁，重口齿之争轻控辩之本，一旦遭遇庭审异变或者辩方不当言辞就心态失衡，锱铢必较，死抠细节，喋喋不休，寸步不让，有时还发表过激言辞甚至与辩方互相进行人身攻击；公诉人要树立整体辩论观念，从支持控诉主张的视角整理辩论思路和发表辩驳意见，面对庭审变化要不慌不忙，反驳辩方观点要有理有节，而对辩方的攻击言语可以要求法庭予以制止，对无关定罪量刑的枝节问题不必作过多纠缠，尤其是公诉人不能逞口舌之利，沉湎于攻击辩方话语错误，而应当紧扣公诉主张这一辩论主线，以扎实的事实证据、镇定的庭审表现、稳重的意见观点和强大的说服力、感染力来展现公诉人的论辩风采。

公诉语言是公诉人在出庭支持公诉过程中使用的语言，它具有以下特点：一是主体特定，即是公诉人发表控诉观点、陈述案件事实、反驳辩方意见中使用的语言；二是时空环境特定，即是公诉人在出席法庭审判过程中使用的语言；三是功能特定，即公诉语言的主要功能就是支持公诉主张，维护法律统一实施；四是内容特定，即公诉语言是着眼于惩罚犯罪和保障人权的法律语言，其内容应当仅限于案件的事实、证据和法律适用，这就要求公诉人表述事实要准确，评论犯罪要客观，引用法律要完整，阐述意见要规范，不能信口开河，出言无忌。

公诉人在发表辩论意见时，既要注意口语的通俗性，又要注意法庭语言的公文性，做到表达清楚，意见清晰，论述充分，反驳有力。

1. 用语要准确规范。选用准确规范的用词是表达清楚的基础。公诉人在发表意见前，要理解和辨别词语的内涵，用最恰当的词语表达控方观点。要做到用语准确规范，要求公诉人做到：一是用语要符合案件事实，能够准确还原被告人实施犯罪行为的起因、经过和结果的事实真相；二是用语的含义要服从法庭辩论的需要，每个词语都有特定的含义且随着上下文环境的不同而变化，因此要斟酌选用；三是用语的感情色彩要有利于强化公诉主张，一般要采用中性词来陈述公诉观点，避免使用褒义或贬义词。

2. 语气要严肃平和。虽然公诉人是以检察机关代表的身份出庭支持公诉，当然必须满怀深情地代表国家和人民指控犯罪，但法庭辩论不是纯粹的演讲或者诗朗诵，公诉人应当把这种感情谨记于心而不应当体现在语气中。因此，公诉人在法庭辩论中，论述己方意见要客观平实，无须声情并茂、高调陈词，也不应当故作深沉、痛心疾首，个人主观感情的表述要适度；当遭遇辩方过激言语时，公诉人也要平常对待，控制好自己情绪，不能意气用事，引起口舌之争或人身攻击。

3. 句式要长短结合。基于口语的交流功能，人们为清楚表达、传输信息和接收理解，通常多使用短句，长句的使用率较低，法庭辩论也是如此。一般而言，公诉人辩论中提问、反问、解释、论证时，主要是短句表述；在法理论证时，有时为全面深入表达的需要，会以长句解释法理内涵；而在阐述被告人犯罪危害、进行法制宣传时，适用排比短句则效果突出。

4. 语体要通俗严密。公诉人在法庭辩论中发表的意见，兼具口语语体和书面语体的特征，口语语体要求公诉人的观点要通俗易懂、内容简洁，书面语体则要求公诉人发言要讲究措辞，结构严谨。有鉴于此，公诉人的辩护发言必须朴实简练，重点突出，逻辑严密，要避免模糊不清，空话连篇，不使用方言俚语。

5. 论述要全面充分。公诉人辩论发言要简洁明了不等于删减省略，而应该当繁则繁，当简则简。在辩论中对辩方可能改变案件事实、影响定罪量刑、影响公诉主张是否成立的辩护意见，就应当充分论证，有力反驳。

二、法庭辩论和公诉能力

法庭辩论是融演讲、对抗、质疑、反驳于一体的综合艺术，要求公诉人具备较高的发现问题、分析问题和解决问题的能力，能够在辩论中保持清醒头脑、捕捉辩方错误、阐述己方观点。在法庭辩论中，公诉人要充分发挥逻辑思维能力和口头表达能力，攻防结合，抓住要害，维护和强化公诉主张。为提高法庭辩论水平，公诉人应着力提高以下能力：

1. 逻辑思维能力。逻辑思维是人们以概念、判断、推理等思维工具为中介反映客观世界的理性认识活动。经过逻辑思维，人们可以认识事物的本质特征。逻辑思维方法主要有归纳、演绎、分析、综合等。法庭辩论不同于一般辩论，它受到案件事实证据和法定程序的限制，更受到辩论的法律性特点的限制，需要公诉人运用逻辑思维将具体案件事实和辩方观点进行归纳整合后相应采取合理策略应对。公诉人必须对辩论中出现的问题，如对犯罪构成要件的成立、对证据证明能力和证明力的影响、对证据体系和证明结论的影响都必须有准确的评估，并能迅速调配经过法定程序查证属实的事实证据进行反驳和完善。逻辑思维能力可以帮助公诉人对辩方观点快速作出答辩，尤其是可以迅速发现辩方观点中的矛盾之处并予以驳斥。

2. 文字组织能力。选择恰当的句型句式，选用准确的词语，归纳清晰有序的要点，编排合理的论证结构，这是占据法庭辩论主动对公诉人文字组织能力的基本要求。公诉人在说明观点、反驳辩方时，必须要重点突出、详略得当、论证缜密、有条不紊。

3. 语言表达能力。人的思想只有借助语言为工具才能发挥交流和影响功能，表达是否流畅、意见是否清楚，都关系到公诉观点的说服力和感染力。公诉人在发表意见时，应当采用简明扼要、准确明白的语言来抓住辩论要点，掌控辩论进程，做到口齿清楚、表达标准，要尽量避免含混不清或拖泥带水。必须指出的是，流畅表达是成为优秀公诉人的基本条件，但言之有物更是成为优秀公诉人必不可少的最重要条件之一。因此，任何公诉活动都必须以事实、证据和法律为基础，公诉人在陈述意见、出示证据、质疑观点、展开论辩时，都应当紧扣案件本身事实证据进行，否则，即使公诉人滔滔不绝，口若悬河，也会给法庭空洞无物，底气不足之感，甚至留下诡辩的印象，不利于树立公诉形象和公诉权威。

4. 心理调适能力。公诉人要克服法庭辩论中的紧张、畏惧、敷衍和侥幸心理，时刻保持情绪稳定和心态平衡，认真听取和反驳辩方意见，全面证明公诉立场。只有具备坚强的心理承受能力和心理调节能力，公诉人才能在辩论中坚定支持公诉的责任心和自信心，冷静面对辩论中可能出现的各种问题和危机，随机应变，沉着化解，才能真实发挥公诉水平，在辩论中立于不败之地。

第七章 庭审应变技巧

第一节 庭审应变概述

一、庭审异常情况的发生

刑事审判活动是在法定时空限制下严格按照诉讼程序进行的，审判参与者的诉讼权利和诉讼义务相对固定，诉讼阶段有序演进，审判内容和证明方法已经明确。有鉴于此，审判活动的经过和结果具有规律性和可预测性，公诉人可以通过扎实细致的庭前工作掌握庭审活动的节奏和主动权。但是，作为一种始终处于动态运行状态的诉讼活动，多种内外因素交织干预，导致发生各种出乎公诉人意料或超出公诉人预测的特殊情况，对公诉人的指控犯罪和应对意外情况的能力提出了考验。公诉人在庭审中一旦遭遇突发变化，既不能放任不管，无所作为，也不能惊慌失措，自乱阵脚，而应当不慌不忙，冷静化解，运用案件事实、证据、法律和法学理论沉着应对，实现指控犯罪、证实犯罪的公诉目的，维护法律实施和司法权威。

庭审异常情况的发生有多重原因，表面上看具有特殊性和偶然性，实际上仍有一定规律可循。庭审变化主要因事实证据本身、被告人辩护策略、案外因素介入等而起，进一步加大了指控犯罪和证明犯罪的难度，使庭审活动结果难测甚至发生逆转。

但是，只要公诉人全面吃透案情，掌握证据的证明内容和相互联系，理解适用法律的内在法理，就能够以不变应万变，立于不败之地。通常而言，公诉人在出庭支持公诉中可能遇到的庭审变化主要有被告人翻供、被告人提出排除非法证据、证人翻证、被害人改变陈述、证据突袭等，需要公诉人在庭审中认真分析，快速反应，用恰当正确的方法技巧消除危机。

二、延期审理和公诉变更

延期审理是指庭审中由于发生法律规定的影响审判的原因，而择日再继续对案件进行审理的诉讼制度。延期审理的要求只能在法律审理过程中提出，延期审理前的审判活动具有法律效力。对庭审中因为案件事实证据发生重大变化，影响定罪量刑又需要予以调查核实、补充证据的，公诉人要果断提出延期审理，以查清案件事实，维护指控主张。根据法律规定，发生下列影响审判进行的情形时，可以对案件延期审理：（1）需要通知新的证人到庭，调取新的物证，重新鉴定或者勘验的；（2）检察人员发现事实不清、证据不足，或者遗漏罪行、遗漏同案犯罪嫌疑人，需要补充侦查或者补充提供证据的；（3）由于当事人申请回避而不能进行审判的；（4）检察人员发现遗漏罪行或者遗漏同案犯罪嫌疑人，虽不需要补充侦查和补充提供证据，但需要提出追加或者变更起诉的；（5）需要通知开庭前未向人民法院提供名单的证人、鉴定人或者经人民法院通知而未到庭的证人出庭陈述的；（6）变更、追加起诉需要给予被告人、辩护人必要时间进行辩护准备的；（7）抗诉案件中检察人员在庭审中发现证据出现重大变化，可能影响案件准确认定的。

庭审变化不仅可能导致案件延期审理，而且可能引发公诉主张的变更，包括变更起诉、追加起诉和撤回起诉。公诉人在人民法院宣告判决前（包括法庭审理中），发现被告人的真实身份或者犯罪事实与起诉书中叙述的身份或者指控的犯罪事实不符的，可以向人民法院提出变更起诉的要求；发现遗漏的同案犯罪嫌疑人或者罪行可以一并起诉或者审理的，可以要求追加起诉；发现不存在犯罪事实、犯罪事实并非被告人所为或者不应当追究被告人刑事责任的，可以要求撤回起诉。在法庭审理中，人民法院建议公诉人补充侦查或者变更、追加、撤回起诉的，公诉人应当审查有关理由，提出意见报检察长或者检察委员会决定；不同意人民法院建议的，可以要求人民法院就起诉指控的犯罪事实依法作出判决。

撤回起诉是指人民检察院在案件提起公诉后、人民法院作出判决前，因出现法定事由而决定对提起公诉的全部或者部分被告人撤回处理的诉讼活动。对庭审中发现下列情形的，公诉人可以撤回起诉：（1）不存在犯罪事实的；（2）犯罪事实并非被告人所为的；（3）情节显著轻微、危害不大，不认为是犯罪的；（4）证据不足或证据发生变化，不符合起诉条件的；（5）被告人因未达到刑事责任年龄，不负刑事责任的；（6）被告人是精神病人，在不能辨认或者不能控制自己行为的时候造成危害结果，经法定程序鉴定确认，不负刑事责任的；（7）法律、司法解释发生变化导致不应当追究被告人刑事责任的；（8）其他不应当追究被告人刑事责任的。案件提起公诉后出现如下情况的，不得撤回起诉，应当依照有关规定分别作出处理：（1）人民检察院发现被告人的真实身份或者犯罪事实与起诉书中叙述的身份或者指控犯罪事实不符的，可以要求变更起诉；发现遗漏的同案犯罪嫌疑人或者罪行可以一并起诉和审理的，可以要求追加起诉；（2）人民法院在审理中发现新的犯罪事实，可能影响定罪量刑，建议人民检察院追加或变更起诉，人民检察院经审查同意的，应当提出追加或变更起诉；不同意的，应当要求人民法院就起诉指控的犯罪事实依法判决；（3）人民法院认为不属于其管辖或者改变管辖的，由人民法院决定将案件退回人民检察院，由原提起公诉的人民检察院移送有管辖权的人民检察院审查起诉；（4）公诉人符合回避条件的，由人民检察院作出变更公诉人的决定；（5）因被告人患精神病或者其他严重疾病以及被告人脱逃，致使案件在较长时间内无法继续审理的，由人民法院裁定中止审理；（6）对于犯罪已过追诉时效期限并且不是必须追诉的，经特赦令免除刑罚的，依照刑法告诉才处理的犯罪没有告诉或者撤回告诉的，或者被告人在宣告判决前死亡的，由人民法院裁定终止审理。对于撤回起诉的案件，没有新的事实或者新的证据，人民检察院不得再行起诉。新的事实，是指原起诉书中未指控的犯罪事实，该犯罪事实触犯的罪名既可以是原指控罪名的同种罪名，也可以是异种罪名；新的证据，是指撤回起诉后收集、调取的足以证明原指控犯罪事实能够认定的证据。因为发现新的证据而重新起诉的，应当重新编号，制作新的起诉书。重新起诉的起诉书应当列明原提起公诉以及撤回起诉等诉讼经过。对于撤回起诉的案件，人民检察院应当在撤回起诉后7日内作出不起诉决定，或者书面说明理由将案卷退回侦查机关（部门）处理，并提出重新侦查或者撤销案件的建议。对于退回侦查机关（部门）提出重新侦查意见的案件，人民检察院应当及时督促侦查机关（部门）作出撤销、解除或者变更强制措施的决定。对于退回侦查机关（部门）提出撤销案件意见的案件，人民检察院应当及时督促侦查机关（部门）作出撤销强制措施的决定，依法处理对财物的扣押、冻结。

第二节　被告人翻供的应变技巧

一、被告人翻供的原因分析

被告人翻供是指被告人在法庭审判中当庭否认已供认的犯罪事实，拒绝承认检察机关指控的犯罪是其所为。被告人翻供包括全部推翻已认罪供述和部分否认原供认犯罪事实。由于被告人翻供实质性改变了定罪事实或量刑事实，直接影响被告人供述和辩解这一重要证据种类的证明能力和证明力，直接影响对被告人刑事责任的追究，因此公诉人要加强对被告人翻供的预先研判和充分准备，大力遏制和驳斥无理翻供行为，强化公诉主张。

被告人推翻在侦查阶段和审查起诉阶段供认不讳的犯罪事实，提出自己无罪的新事实或新证据，这是被告人行使辩护权自我保护的表现，不能简单认为是认罪态度不好或负隅顽抗，毕竟被告人没有承认有罪并协助公诉人证明自己有罪的义务。司法实践中因被告人的合理翻供，导致案件被重新定性甚至作撤案、不起诉或无罪判决的情形并不少见。从趋利避害的人性本能看，被告人为逃避法律惩罚、维护合法或者不合法利益，归案后经历从挣扎反抗到认罪交待再到试图翻供的心理变化，都直接与人的自我保护意识相连。

一般来说，被告人的以下供述变化不应一律认定为翻供：（1）对次要事实作不同供述不能视为翻供。翻供的本质特征是推翻对犯罪构成要件主要事实的有罪供述，而被告人否认次要事实，并不影响对是否构成犯罪及构成何罪的认定，其对次要事实的不同供述不是从根本上否认犯罪事实，不能认定是翻供。（2）对其危害行为的定性进行辩解不能视为翻供。被告人出于其朴素的法律认识或者带有明显倾向性的法律判断，认为自己实施的危害行为不构成犯罪，或者构成较轻微的犯罪，都是其本人的个人理解和行使辩护权的具体表现，刑事诉讼并不要求或者强求被告人的判断必须与司法裁断相一致。例如，最高人民法院《关于被告人对行为性质的辩解是否影响自首成立问题的批复》就明确指出，犯罪以后自动投案，如实供述自己的罪行的，是自首，被告人对行为性质的辩解不影响自首的成立。又如，在被告人林某故意杀人案中，被告人林某情急气愤之下将好吃懒做、滋扰乡邻的儿子一锄打死，其对打死儿子的行为供认不讳，但在庭上认为自己是大义灭亲、为民除害，不构成犯罪，这种辩解就不能认定为翻供。（3）对犯罪事实作庭前庭上不同的供述也不能一律视为翻供。由于受感知、记忆、表达能力的限制，亲身经历犯罪过程的被告人也不一定能够完全客观真实地供述案件事实，尤其是在突发性、场面混乱、光线不足、人员众多的犯罪中，被告人对犯罪事实作出不同的供述是正常的。因此，公诉人要秉持客观公正立场，对被告人的庭审翻供应当认真听取被告人辩解，分析其翻供内容的真实性和合法性，对合理合法的辩解要予以吸收，对无理狡辩要当场驳斥，使无罪者摆脱诉累，使有罪者承担罪责，确保审判的公平正义。

公诉实践表明，被告人翻供的主要原因有：

1. 刑讯逼供或者以暴力、威胁等非法方法取证。由于部分侦查人员侦破案件能力不高，人权保障意识和证据意识不强，加上行政化办案业绩考评制度强行将侦查办案与个人职业前景扭合在一起，导致部分侦查人员一旦案件侦查工作进展不顺就急功近利地诉诸暴力、威胁、欺骗等非法取证手段，迫使犯罪嫌疑人承认实施了犯罪事实。这种非法取证的恶因很容易在法庭审判中产生翻供的恶果，无辜者要争取证明自己无罪的最后机会，有罪者也要发泄对非法取证程序和非法取证者的不满。

2. 证据体系本身比较单薄。在有罪证据一对一且主要依靠被告人供述和证人证言、被害人陈述等口头证据定案的案件中，被告人在全面了解案件信息和"孤证不能定罪"的诉讼规则后，就存在翻供的可能性。例如，在翻供率较高的强奸案件中，由于直接证据一般只有被告人供述和被害人陈述，如果没有其他有力的间接证据佐证，被告人在获悉案件情况后容易推翻其原来的供述。如在被告人李某强奸案中，李某与被害人林某某系网友，两人相约见面相谈甚欢，李某以深夜回家不便为由提出到招待所开房休息继续聊天，并发誓不会有任何不轨行为，涉世未深的林某某轻易上当并用自己身份证与李某到某招待所开房，进入房间不久李某以匕首相威胁强行与林某某发生性关系，林某某乘李某熟睡后报警，李某到案后也供认不讳，但由于定罪证据不多，李某在庭审时翻供予以否认，声称两人是男女朋友关系，发生性关系时双方是自愿的，使得庭审过程发生变化。

3. 串供。有的被告人被抓获归案后，由于实施犯罪后的恐惧感或愧疚感，或者迫于被害人的当场指证及司法机关的强大压力，或者对抗侦查能力不足，对自己的犯罪事实供认不讳，但随着诉讼进程的推进，被告人通过各种渠道与同案犯订立攻守同盟，后者与证人、被害人达成私下交易，其当庭翻供的概率较高。特别是在被告人没有被适用羁押强制措施的案件中，被告人有大量机会会见同案犯辩护人、同案犯家属、证人和被害人，一旦串供得手，就可能否认其有罪供述。

4. 被告人对抗能力的提高。随着诉讼进程的逐步推进，被告人对案件事实和法律知识的了解越多，加上羁押场所的内部感染和他人的教唆鼓惑，被告人对抗检察机关指控的能力和心理也越来越强，加上辩护人的介入和帮助，被告人也可能推翻原有供述。此外，有些被告人具有较强的反侦查意识和能力，他们在实施犯罪前后就充分做好了逃避法律惩罚的准备，因此只要在法庭审理中稍有机会就立刻翻供。

5. 侥幸心理。有的被告人存有侥幸心理，认为矢口否认法庭就无法对其定罪量刑，希望通过抵赖或狡辩来减轻处罚或逃避法律惩罚。

被告人翻供对诉讼进程和诉讼结果具有重大影响，如果公诉人没有全面吃透案情，没有做好充分准备，就可能导致诉讼被动甚至是公诉失败。例如，在江苏省盐城市人民检察院以被告人王胜平犯抢劫罪、强奸罪和盗窃罪提起公诉一案中，虽然盐城市中级人民法院认定了强奸和盗窃的犯罪事实，但因被告人王胜平翻供后检察机关不能合理地推翻翻供理由，一审、二审人民法院均未认可指控抢劫的公诉主张。

案例①：被告人王胜平抢劫翻供案

江苏省盐城市人民检察院以被告人王胜平犯抢劫罪、强奸罪和盗窃罪，向盐城市中级人民法院提起公诉。

起诉书指控：

1999年10月某日夜，被告人王胜平伙同张海浪（已判刑）骑摩托车到滨海县大套乡大套村欲行盗窃时，王胜平发现该村一果园两间小屋内仅睡有两少女，即提议入室强奸。王、张二人遂拨开门锁入室，以"如敢喊就把你们杀掉"相威胁，被害人因害怕而未敢反抗，王胜平、张海浪分别对两女实施了奸淫。

2000年1月3日凌晨4时许，被告人王胜平伙同张海浪骑摩托车到滨海县天场乡陶河村五组境内窃得被害人蒋国友、孟来梅家共50余只鸡后，张海浪在偷自行车时被人追赶落塘逃跑，王胜平在大塘边等张海浪时，用随身携带刀具对追赶其的人刺戳一刀，致被害人蒋国友因胸部外伤致失血性休克抢救无效死亡。王、张二人在村外会合时，王将以刀戳人之事告诉张海浪，并将刀上血迹洗掉。

1999—2002年，被告人王胜平先后伙同张海浪、宋雅才等人在响水县盗窃作案12起，窃得各类财物价值人民币5691元。

被告人王胜平对公诉机关指控其强奸、盗窃犯罪的事实予以供认，但对于公诉机关指控被告人王胜平犯抢劫罪，王胜平辩称，其未去过本案抢劫犯罪的现场，在侦查期间对抢劫罪作有罪供述系刑讯逼供、诱供所致。其辩护人提出，作案凶器未找到，指控王胜平犯抢劫罪的证据基本上是间接证据，没有形成证据锁链，认定王胜平犯抢劫罪的证据不充分。

江苏省盐城市中级人民法院经审理认为，被告人王胜平的行为分别构成强奸罪、盗窃罪。但对于公诉机关就被告人王胜平犯抢劫罪的指控，因未能出示证明被告人王胜平实施抢劫作案的直接证据，且被告人王胜平又矢口否认，故认定其犯抢劫罪并致人死亡的证据不足，对公诉机关就被告人王胜平犯抢劫罪的指控不予支持。依法判决被告人王胜平犯强奸罪、盗窃罪，决定执行有期徒刑12年，剥夺政治权利3年，罚金人民币3000元。

---

① 参见中华人民共和国最高人民法院刑事审判第一、二、三、四、五庭主办：《中国刑事审判指导案例》（侵犯公民人身权利、民主权利罪），法律出版社2009年版，第407～411页。

宣判后，盐城市人民检察院以原判未认定被告人王胜平犯抢劫罪不当为由，向江苏省高级人民法院提出抗诉。江苏省人民检察院经审查，决定支持抗诉。

为证明被告人王胜平犯抢劫罪，抗诉机关及支持抗诉机关列举了以下证据和理由：（1）被告人王胜平在侦查期间多次所作与指控事实一致的供述。（2）证人张海浪的证言与指控事实相印证。（3）证人张胜林的证言证实，其曾听王胜平说，王在滨海有抢劫杀人行为。（4）证人黄龙英等10人的证言、张海浪对其在现场遗留衣服、鞋子进行辨认的笔录、现场勘查笔录等证据证实，案发时村民追赶的小偷之一就是张海浪。结合王胜平的供述、张海浪的证言，证实在案发现场盗窃作案者系王、张二人，被告人王胜平关于从未去过现场的辩解不能成立。（5）被告人王胜平供述抢劫犯罪事实中的许多细节，如听到有人喊"逮贼"后转身刺来人一刀、被害人倒地的方位、被害人的被刺部位及刀数、作案刀具系单刃、尺把长等事实、特征，都分别得到了证人证言、法医鉴定结论、被告人王胜平、证人张海浪所画刀具图形等证据的证明。（6）看守所管教干部王文华、看守所医生李道林的证言，被告人王胜平进入滨海县看守所时的健康检查表证实，王胜平入所时身体状况正常；同监犯吴恩贵、周一青的证言证实，王胜平入所后曾告诉他们，王在盗窃过程中戳人一刀；2003年4月26日、27日，王胜平在滨海县看守所分别与管教干部和侦查人员的谈话、审讯笔录中，均承认其犯有抢劫罪。王胜平以刑讯逼供为翻供理由不能成立。（7）被告人王胜平在对其抢劫犯罪作有罪供述时涉及的作案现场的部分细节，如现场所偷之鸡摆放位置、村里有砖路和土路、逃跑至村外会合后张海浪告诉其村内大喇叭在喊"有人偷鸡，各角各落找"等，均为王胜平首先供述，后经调查得以证实。王胜平以诱供为翻供理由不能成立。

江苏省盐城市人民检察院抗诉书及江苏省人民检察院出庭履行职务代理检察员在二审庭审中认为，证实被告人王胜平犯抢劫罪的证据锁链已经形成，确实、充分，足可认定。被告人王胜平以侦查期间受到刑讯逼供、诱供为翻供理由不能成立。原判对被告人王胜平抢劫犯罪并致人死亡的事实未予认定，导致判决结果错误，应当予以纠正。

江苏省高级人民法院经审理认为，原判认定被告人王胜平强奸、盗窃罪的事实清楚，证据确实、充分，定罪量刑正确；抗诉机关和支持抗诉机关指控被告人王胜平犯抢劫罪并致一人死亡的证据不足，不予认定。

本案证据不足以证明被告人翻供后涉嫌抢劫的犯罪事实。二审法院在对本案部分证据进行核实的基础上，对抗诉及支持抗诉机关列举的证明本案抢劫犯罪事实的证据及理由，进行了如下分析判断：

1. 认定被告人王胜平抢劫杀人使用刀具的特征不清，不能排除王胜平在侦查阶段所画的作案刀具图形系诱供的结果。控方试图将本案凶器特征的认定作为连结法医鉴定、被告人供述、证人证言之间相互关联一致的联结点，以通过证明作案凶器的真实性印证被告人实施抢劫行为的客观性。但是，第一，案发后侦查机关并未提取到本案的作案凶器；第二，案发后侦查机关出具的被害人蒋国友死亡鉴定书中，并未对死者致伤锐器单、双刃的特征作出推断；第三，被告人王胜平辩解，其在侦查阶段所画刀具形状系应侦查人员要求画出，其并没有该形状的刀具；第四，二审期间，法庭向张海浪调查核实证据时，张海浪翻证称，其是应侦查机关的要求，按侦查人员的提示画出了单刃刀具图形，事实上作案中使用的凶器是双刃匕首，并当场画出了双刃刀具图形。

由于本案存在着案发后侦查机关提取实物证据方面的困难、法医鉴定实际未能根据被害人致伤刀口创缘推断出凶器的刀刃特征等先天不足的问题，加之不能排除侦查人员对被告人、证人在刀刃特征问题上分别有诱供、诱证的可能，故通过对本案作案凶器特征的审查，不仅不能得出控方据以证明的事实结论，相反产生了对控方个别举证是否具有事实依据和对侦查机关相关取证行为合法性的质疑。现有证据不能证实被告人使用了公诉机关所指控的单刃刀具。

2. 控方的证据不能推翻被告人王胜平的翻供理由。刑事诉讼中被告人以刑讯逼供、诱供作为翻供理由的情形最为常见，其动机往往各不相同，依我国现有的刑事诉讼模式，其真实性一般难以查明。在仅有被告人口供及传来证据，没有其他客观证据直接证明被告人实施犯罪行为的情况下，被告人一旦翻供，则整个证据链条出现断裂，合议庭面临着审查被告人原口供是否具有证明效力（即合法性）的问题。本案中，被告人王胜平在本案进入审查起诉阶段后，翻供称，其在侦查阶段对抢劫罪的有罪供述是侦查机关刑讯逼供、诱供的结果。控方根据看守所管教干部王文华、李道林的证言，被告人王胜平进入滨海县看守所时的健康检查表，同监犯吴恩贵、周一青的证言，2003 年 4 月 26日、27 日王胜平在滨海县看守所分别与管教干部和侦查人员的谈话、审讯笔录，认为王胜平以刑讯逼供为翻供理由不能成立。但控方的证据不足以推翻王胜平的翻供理由：第一，王胜平换押入滨海县看守所时的健康检查表、证人王文华、李道林的证言，均证实滨海县看守所对被告人王胜平入所体检日期为2003 年 4 月 16 日。现有证据仅能证明王胜平从响水县看守所换押入滨海县看守所时做过体检。第二，在侦查期间，被告人王胜平先后 13 次对抢劫罪作了有罪供述，但滨海县公安局提讯证和审讯笔录证实，这 13 次有罪供述均在2003 年 4 月 16 日以后作出，且其中的 11 次是在看守所外形成的。由于王胜平于 2003 年 4 月 16 日从响水县看守所换押至滨海县看守所当日，即被滨海县公安局侦查人员从看守所提押出所，直至 27 日才还押回看守所。看守所的健康检查表和有关人员的证言不能证明侦查人员是否曾对王胜平刑讯逼供。第三，与被告人王胜平在滨海县看守所同号房关押的证人吴恩贵、周一青的证言，表明王胜平入所后曾告诉他们，王曾在盗窃过程中戳人一刀，但在二审庭审出庭作证时证实，控方在庭审中宣读的侦查机关询问其两证人的笔录内容不完整，王胜平从刑警大队还押回看守所后曾说，公安人员要王承认其有抢劫杀人行为，而王喊冤；王胜平还押回看守所后，两眼黑肿，双脚双手腕有伤，行走不便。

综上，结合被告人王胜平被提出看守所审讯达 11 天、看守所对王胜平的体检实施于王被提出看守所审讯之前、两同号房证人在二审庭审中所作与此前侦查机关向其二人取证所作笔录内容相反的证言，以及对王胜平被审讯还押后身体状况的描述等证据，即使尚不足以确认侦查机关对王胜平有刑讯逼供之行为，亦足以排除控方证明王胜平刑讯逼供翻供理由不存在的意见。

3. 侦查机关是在掌握案发现场相关细节后，又在审讯中取得被告人对案发现场细节一致的口供，因此，检察机关排除原审被告人王胜平关于诱供翻供理由的意见与事实不符。控方认为，被告人王胜平对抢劫犯罪某些细节的供述非其亲身经历不能作出，进而证明侦查机关对其无诱供的可能，本案抢劫犯罪系王胜平所为。在逻辑上，这种推理是可以成立的，但本案的证据证实：第一，公安机关是在本案抢劫致人死亡事实发生后，已对案发现场进行勘查、拍摄，对被害者尸体进行法医鉴定，对相关证人提取证言，且经张海浪检举的情况下，抓获并审讯被告人王胜平。第二，对案发时村里大喇叭在喊叫的细节，证人张海浪在 2002 年 4 月 15 日的证言中早已提及，并非由被告人王胜平首先供述。由于控方提供的证据与其论点明显矛盾，其意见不被法庭采纳，自然在所难免。

4. 现有证据不能证实被告人王胜平到过抢劫杀人犯罪现场。由于被告人王胜平已于审查起诉期间对其抢劫犯罪事实翻供，证人张胜林的证言属事后听说性质的传来证据，张海浪对现场遗留衣物的辨认笔录仅能证实案发时张海浪到过案发现场附近，认定王胜平到过抢劫杀人现场的证据，仅有证人张海浪一人的证言，尚不足以证明王胜平到过抢劫案件发生时的案发现场。

综上，根据认定被告人有罪，应当达到案件事实清楚，证据确实、充分，证据推断案件事实的过程符合逻辑规则，结论准确无疑，对案件事实的证明结论排除其他可能性的证据规则的要求，在不能排除被告人王胜平关于刑讯逼供、诱供之翻供理由，没有直接证据证明王胜平实施了抢劫犯罪行为，间接证据的锁链尚未闭合的情形下，二审法院作出了检方的抗诉及支持抗诉的意见不能成立的裁定。

二、被告人翻供的应对技巧

违背事实的被告人翻供必然要另外编造一套说辞来自圆其说，其中存在的违背客观实际或者事物逻辑的矛盾缺陷肯定难以完全遮掩，发现并驳斥被告人翻供中的矛盾，不仅可以排除不当干扰恢复诉讼秩序，而且可以更有力地证明被告人庭前有罪供述的可靠性，更真实地还原案件事实。

1. 要全面审查案件，掌握和完善定案证据。公诉人在庭前审查案件时，就要立足出庭公诉的立场，从公诉人和辩护人正反两个角度审视案件事实和证据，要紧扣犯罪构成要件和证据的证明能力、证明力全面审查案件，提高综合运用证据应对包括被告人翻供在内的各种庭审变化的能力，其中审查的重点是：一是审查犯罪构成要件事实，这是案件最基本、最关键的事实，确保公诉主张准确无误；二是审查稳定性较差的证据事实，如犯罪嫌疑人供述、被害人陈述和证人证言容易受到各种外在因素干扰而发生变化，尤其是被告人供述变化可能性更高，公诉人要通过审查、提审掌握被告人心理活动，预测其翻供的概率以进行有针对性的准备；三是审查证据单薄的事实，包括个别证据证明力较弱或证据体系薄弱两种情况，尤其是被告人供述是重要定案根据的案件要做好证据的补强工作。如前述被告人李某强奸案中，公诉人在受理案件后立刻针对证据薄弱的事实要求公安机关对李某补充讯问并进行同步录像，补充讯问的重点是案发当时细节，由于同步录像证明了讯问的合法性，李某供认中只有当事人才能知晓的细节又与被害人陈述相吻合，因此公诉人在庭审中面对李某翻供从容不迫地予以驳斥，最后法院以被告人李某犯强奸罪判处其有期徒刑4年。

2. 准确预测庭审辩点，精心准备出庭预案。要根据案件事实证据情况和被告人个人特征，研判庭审的主要辩点，包括被告人翻供的可能性、翻供的内容、翻供的理由及对定罪量刑的影响，做好相应准备。例如，对预测到被告人很可能以受到刑讯逼供为由翻供的，公诉人可事先要求侦查机关提供全部讯问笔录、原始的讯问过程录音录像、出入看守所的健康检查情况、看守管教人员的谈话记录以及讯问过程合法性的说明；必要时，可以询问讯问人员、其他在场人员、看守管教人员或者证人，调取驻所检察室的相关材料；发现犯罪嫌疑人有伤情的，应当及时对伤势的成因和程度进行必要的调查和鉴定，从而为庭审应对翻供打下基础。在庭审过程中，公诉人还要适时调整预案，及时反驳被告人翻供和辩解。

3. 认真听取被告人翻供理由，有针对性地进行讯问和答辩。2012年《刑事诉讼法》第53条规定："对一切案件的判处都要重证据，重调查研究，不轻信口供。只有被告人供述，没有其他证据的，不能认定被告人有罪和处以刑罚；没有被告人供述，证据确实、充分的，可以认定被告人有罪和处以刑罚。"当被告人全盘或部分推翻有罪供述时，公诉人应沉着冷静，认真听取被告人翻供的理由，结合案件事实证据判断其翻供是否有理有据，并重点根据其翻供理由进行讯问。对于公诉人经过审查判断和初步讯问，发现被告人的翻供理由基本成立，翻供内容基本真实的，如被告人被刑讯逼供的伤痕犹在、被告人系受利诱或威胁替人顶罪、犯罪事实不是被告人所为等，公诉人可以向法庭提出延期审理以作补充侦查进行核实。对于被告人翻供属于无根据的抵赖狡辩或者将责任推卸给他人的，由于其翻供必然存在诸多与事实不符或不能自圆其说之处，公诉人既可以直接用事实、证据、法律、法理和常识予以驳斥，揭示其翻供的虚假之处，也可以通过对被告人翻供理由尤其是翻供细节的延伸讯问，暴露其翻供的矛盾和漏洞，证明其翻供的荒谬。公诉人在讯问答辩中，还可以结合诉讼原则和刑事政策对被告人进行说服教育，指出被告人认罪态度决定其量刑情节（如自首）是否成立并影响其最终量刑，说明刑事诉讼即使没有被告人口供其他证据充分的一样可以定罪量刑，促使被告人打消侥幸心理而悔罪认罚。

案例[①]：被告人卞修柱抢劫案翻供理由的审查

上海市人民检察院第一分院以被告人卞修柱犯抢劫罪，向上海市第一中级人民法院提起公诉。被告人卞修柱及其辩护人对起诉书指控的罪名、主要事实和证据均无异议。但卞修柱辩称，系受刘某教唆、指使而抢劫杀人；其辩护人提出，卞修柱有自首情节，认罪态度较好，建议从轻处罚。

上海市第一中级人民法院经公开审理查明：2007年3月31日晚，被告人卞修柱为归还赌债而起意抢劫，并事先乘车选择了上海市南汇区东海农场附近为抢劫地点。同年4月2日20时许，卞修柱携带匕首拦乘了被害人顾某驾驶的黑色无牌照桑塔纳轿车到达上述地点后，趁顾某不备，对顾实施扼压颈部、刺戳胸腹部等行为，致顾因被扼颈及刺破左肺和胸主动脉而机械性窒息合并失血性休克死亡。卞修柱驾驶劫得的轿车逃离现场，欲向刘某出售该车，后被公安人员抓获。公安人员从卞修柱身上查获顾某的一部紫红色诺基亚8310型移动电话、驾驶证和一张中国建设银行龙卡以及卞作案时使用的匕首。经鉴定，

---

① 参见中华人民共和国最高人民法院刑事审判第一、二、三、四、五庭主办：《中国刑事审判指导案例》（侵犯公民人身权利、民主权利罪），法律出版社2009年版，第483～487页。

上述移动电话和桑塔纳轿车的价值分别为人民币 250 元和 74575 元，合计人民币 74825 元。

上海市第一中级人民法院认为，被告人卞修柱为图钱财，采用扼压颈部、持刀刺戳等暴力手段实施抢劫，其行为已构成抢劫罪。卞修柱抢劫财物数额巨大，且致一人死亡，又系累犯，应依法从重处罚。卞修柱所提受刘某指使抢劫杀人的辩解及其辩护人所提卞修柱有自首情节的辩护意见不能成立，不予采纳。依法判决被告人卞修柱犯抢劫罪，判处死刑，剥夺政治权利终身，并处没收个人全部财产。

一审宣判后，被告人卞修柱提出上诉，其上诉提出，没有因赌博欠债，也没有预谋抢劫，本案系因刘某与被害人发生争执时其上去劝架而用匕首误伤被害人。

上海市高级人民法院经二审审理认为，原判认定被告人卞修柱犯抢劫罪的事实清楚，证据确实、充分，适用法律正确，量刑适当，审判程序合法。依法裁定驳回上诉，维持原判，并依法报请最高人民法院核准。

最高人民法院复核后认为，被告人卞修柱以非法占有为目的，使用暴力手段劫取他人财物，其行为已构成抢劫罪。卞修柱抢劫数额巨大，致一人死亡，犯罪性质恶劣，后果和罪行极其严重，又系累犯，应依法从重处罚。第一审判决、第二审裁定认定的事实清楚，证据确实、充分，定罪准确，量刑适当，审判程序合法。依法裁定维持第一审以抢劫罪判处被告人卞修柱死刑，剥夺政治权利终身，并处没收个人全部财产的刑事裁定。

本案主要问题是如何审查被告人到案后翻供，并将主要责任推卸到他人身上的理由。

1. 审查推卸责任型翻供的一般思路。

口供作为重要的证据种类，在认定刑事案件中具有重要作用，特别是在没有目击证人的案件中，口供对于还原案件事实，包括案件起因、作案手段、实施过程、现场处理等，具有关键作用。口供本身的合理性、逻辑性及其与其他证据之间的契合程度，是司法人员审查判断口供真实性和确认案件事实的基础，同时，出于种种原因，被告人在侦查阶段后期或者进入庭审阶段后翻供，也是司法实践中的一种常见现象。对于被告人翻供的，既不能无视其翻供内容，一律采信其以往所作有罪或者罪重供述，也不能遇翻供就生疑，而一律否定前供，从而简单得出案件没有有罪供述乃至事实不清的意见。对于翻供案件，应当结合全案证据进行综合分析，判断被告人的翻供理由是否成立，内容是否可信，进而确认有罪事实是否成立。

从被告人翻供的目的和内容看，可将翻供分为承揽责任和推卸责任两种类型。实践中，承揽责任型翻供客观存在，如共同犯罪中的未成年被告人获悉自己不会被判处死刑后把主要责任揽到自己身上，但此种翻供较为少见，多数翻供属于推卸责任型翻供，即将犯罪或罪重的责任推卸到他人身上。根据被告人推卸责任的对象不同，推卸责任型翻供有多种情形：单纯否认犯罪是自己所为；将责任推卸到难以查证的他人身上；将责任推卸到在逃的共同犯罪人身上；将责任推卸到与案件有关联的人（如被害人、证人）身上等。大体上，被告人翻供的内容越具体，细节越多，且能够自圆其说，越能得到其他证据的印证，就越能引起司法人员对原来认定事实的合理怀疑，建立起对被告人有利的内心确信。所以，推卸责任型翻供的具体情形不同，在审查判断案件中所引起的法律效果也有很大不同，具体分述如下：

第一，对于被告人到案前期作过有罪供述，后期单纯否认有罪，或者辩称自己与他人共同作案且责任较小，但不能提供他人任何具体情况的，这种翻供因"空口无凭"，没有任何证据支持，不足以引起司法人员对被告人翻供理由和内容的信任，故一般不会对已经认定的犯罪事实产生影响，翻供内容不会被采信，此行为可以反映出被告人的"认罪态度不好"。

第二，对于被告人将主要责任推卸到某个具体的"他人"身上，能够提供"他人"的部分自然情况，但不足以确定此人是否存在，或者经查确有此人存在，但因其不在户籍地或者常住地而无法找到的，被告人的翻供会具有不同程度的可信度。在被告人能够叙述案件细节，"他人"参与作案与在案证据并无明显矛盾时，司法人员对被告人的犯罪事实容易产生一定疑问，在判决时会对被告人作出一定有利认定。

第三，对于被告人将主要责任推卸到在逃的共同犯罪人身上，而在案证据表明案件确属共同犯罪，且有部分犯罪嫌疑人未归案，现有证据又不足以否定其翻供内容的，一般应当作出有利于被告人的判决，尤其是故意杀人、抢劫致人死亡等命案，判决时应当留有余地。

第四，对于被告人翻供将主要责任推卸到被害人、证人等与案件有密切联系的人身上时，其可信程度根据案件类型和具体情况而不同。被告人将责任推卸到被害人身上，通常是称被害人对案发有过错，或者系被害人在搏斗中自伤等。由于没有目击证人，被害人是否有过错或者自伤，仅有被告人翻供后的供述，这时要看被告人翻供理由是否成立，是否符合情理，翻供内容能否自圆其说，是否能得到伤情或者死因鉴定结论的支持，是否与其他证据相契合。一般而言，被告人到案后始终供认被害人有过错或者自伤的，比被告人到案的后期翻供称被害人有过错或者自伤的，要更为可信。

被告人翻供将主要责任推卸到证人身上，常见于有特情介入的毒品犯罪案件中，被告人主要是称受到特情人员的犯意引诱或者数量引诱，从而达到减轻罪责的目的。在其他刑事案件中被告人也可能翻供将责任推卸到证人身上，被告人或者称被害方的某一证人系案件的惹起者，以证明被害方有过错，或者称某一证人系教唆者、指使者甚至作案人。对于前者，要查明该证人与被害人之间的具体关系，确定证人的行为是否足以转移到被害人身上，成为影响对被告人定罪量刑的"被害人过错"。对于后者，因该证人存在着向犯罪人转化的可能，故要按照有罪判决的要求来审查判断证据，如没有确实、充分的证据证明该证人系被告人所称的教唆者、指使者或者参与者的，则被告人的翻供内容不成立。即使根据实践经验认为被告人的翻供内容有一定可信度，在没有确实充分证据的条件下，也不能使该证人向犯罪人的角色转化。

2. 被告人卞修柱翻供的内容自相矛盾，也与其他证据存在矛盾，且不符合常理，不能成立。

本案是一起抢劫杀人案件，被告人卞修柱翻供的类型属于把主要责任推卸到证人身上。具体而言，卞修柱在到案后的前5次供述中，均称系其一人起意、选定作案地点、实施抢劫杀人，并写了亲笔供词。但从到案后所作的第6次供述开始至一审期间，翻供称：刘某以前曾让他抢劫"黑车"，2007年3月中旬的一天晚上和4月1日下午，刘某又先后两次催促他抢劫"黑车"，4月2日晚上刘某指使他抢劫顾某的桑塔纳轿车，且同他一起上车，只是在南芦公路路口刘提前下车，他一人去把女司机抢劫杀害了，被抢汽车也是刘某到作案现场来开走的。从3月中旬到作案当晚，刘某用"137"开头的手机与他的手机之间至少通了5次电话。二审期间，卞修柱又部分改变了前述翻供内容，供称：他没有预谋抢劫，当晚在案发现场系刘某因车费问题与被害人顾某发生争执，其上去劝架并持刀捅刺了顾某，之后刘某与其一起将被害人的尸体抬至路边水沟内，再驾车离开现场。可见，被告人卞修柱二审前和二审中翻供的内容有明显差别，主要是证人刘某是否到作案现场参与作案。这种翻供的特点在于，被告人并不完全逃避罪责，而只是想减轻自己的罪责。审查此翻供是否成立，可从两个方面分析：一是在案证据是否足以认定系卞修柱一人作案；二是被告人翻供的内容是否详细、具体，是否能得到其他证据的支持，是否符合常理。现结合本案案情，具体分析如下：

首先，该案现有证据足以认定系被告人卞修柱一人实施抢劫并杀害了被害人顾某。主要证据包括：一是公安人员抓获卞修柱时，从其身上起获了沾有被害人血迹的匕首、被害人顾某的驾驶证、建设银行卡和手机，属于"人赃并获"。二是公安人员找到了卞修柱抢劫得来并欲向证人刘某出售的桑塔纳轿车，车上检出被害人的血迹和被告人卞修柱的指纹，卞修柱辨认后确认该车系其所抢。三是卞修柱于作案当晚被抓获，第二天上午即指引公安人员到达作案现场，找到了被害人顾某的尸体。因作案地点较为偏僻，卞修柱的指认表明其熟悉现场位置。四是卞修柱作案后在驾驶被害人汽车逃跑过程中，沿途抛弃了车内存放的被害人所织毛裤、塑料袋和手拎包，卞修柱到案后带领公安人员辨认了抛弃这些物品的地点。五是卞修柱的女友证实卞经济拮据，案发当晚出门后未再回来；证人（"黑车"司机）董某某及其所记便条证实卞修柱作案前曾租乘她的汽车到达作案现场；证人刘某证实卞修柱拟以1.5万元价格向其出售所抢汽车，这三份证言分别证明被告人卞修柱有作案时间、动机，曾外出踩点和试图销赃情况，对于形成完整的案件事实、排除合理怀疑十分重要。六是被告人卞修柱到案后的前5次供述详细、自然，对作案时间、地点、手段和销赃的供述很稳定，与证人证言、现场勘查、鉴定结论等其他证据相互印证。被告人从第6次供述开始翻供，但仍然承认实施抢劫和杀人行为。同时，极为重要的一点，作案现场没有发现他人参与作案的证据，特别是没有发现刘某参与作案的证据，如足迹、指纹、毛发、血迹等。因此，现有证据形成了完整的证据链条，达到了确实、充分的定案要求，足以锁定系卞修柱一人作案。

其次，被告人卞修柱翻供的内容本身前后矛盾，也与其他证据存在矛盾，且不合常理。具体体现在：一是卞修柱翻供的内容本身前后变化不一，自相矛盾。如关于作案原因，卞在前9次供述中均说是参与地下赌博欠了七八万元赌债，经济拮据，才起意抢劫"黑车"，但在第10次供述中却称是欠刘某2300元钱，刘某胁迫他抢劫，否则没有好日子过。又如，关于何时回家拿水果刀，卞修柱有三种不同供述：在第6次供述中称是先回家拿刀，再返回与刘某见面的地点与刘某一起上被害人的车；第7次供述和第9次供述中称是与刘某上车后，路过卞住处时，卞下车拿刀再上车；第10次供述中又称是车开到南芦公路时，二人都下车，刘让卞回去拿刀，卞遂一个人乘被害人的车回家去拿刀，刘某则自己离开。再如，关于刘某离开的时间，卞修柱从侦查到一审期间一直供称刘某是在到达作案地点之前的中途离开，但在二审期间却称刘某也一同到了现场，且因车费问题与顾某发生了争执，卞为劝架才用刀捅刺了顾某。卞修柱这种翻供的目的显然是想证明其无抢劫预谋，且是受胁迫作案，以减轻其罪责。但其翻供内容本身不稳定，表明其出于减轻自己罪责的动机杜撰事实，如果刘某确实参与了作案，卞到案后就完全可如实供述，不至于这样前后变化不一。二是卞修柱的翻供内容与其他证据存在矛盾。例如，卞修柱翻供后称他与刘某在案发前的较短时间内进行了频繁的电话联系，至少5次，但公安机关调取的刘某和卞修柱的手机通话记录均证明刘某与卞修柱在卞所说时段内并没有电话联系，卞的通话记录反而证明在作案当晚20：15—23：03分，卞的手机多次与被害人顾某的手机及卞自己的另一个"159"开头手机号联系。这就与卞修柱前5次的有罪供述完全吻合，特别是印证了卞修柱以往所供为迷惑被害人而在乘车途中拨打自己另一个手机号假装与人约定见面地点的细节。通话记录系客观性证据，证明力强，表明卞修柱杜撰了与刘某的通话情况。又如，从证人董某某、黄某某的证言看，卞修柱应认识被害人顾某，且租乘过顾某的汽车，顾某的亲友也证实顾某一般只做熟人生意，而卞修柱在二审之前始终不承认认识被害人，也否认曾租乘过顾的汽车，但在二审期间又承认认识顾某并租乘过她的车子，这是典型的前后矛盾。三是卞修柱翻供称刘某参与作案，不合常理。刘某与卞修柱虽然相识，但二人之间的关系并不密切。此点二人供证一致，均说双方不熟。既然如此，刘某就不太可能指使一个不熟悉的人去抢劫杀人，况且这样作对刘某并没有好处，不合情理。如果刘某是因其从事倒卖二手车生意而教唆卞修柱抢劫"黑车"，则属于本末倒置，刘某所承担的风险和付出的代价均太大，因为一旦案发，既会导致赃车被追缴，赚不到钱，还会使刘某本人被追究刑事责任，得不偿失。因此，卞修柱翻供称系刘某教唆他抢劫甚至刘某与他一起作案，从常理角度看，很难作出合理解释。

综上，本案现有证据足以证明系被告人卞修柱一人抢劫杀害了顾某，其到案后期翻供不能成立。根据本案情况分析，卞修柱之所以后期翻供，应系其心理不平衡所致。卞修柱与刘某在商谈出售被抢劫车辆时一起被抓，但卞被判死刑，而刘某却不受刑事追究，他在二审庭审中流露出这样处理不公平的心理。在这种心理支配下，卞修柱从侦查阶段开始翻供，试图把刘某卷入此案。因卞修柱是累犯，受过刑事处罚，一定程度上具备包括翻供在内的反侦查能力，故其翻供亦属正常反应。上述分析也表明，判断被告人翻供是否成立，根本在于取证工作扎实、到位，全面收集、固定客观性证据，特别是要严格贯彻证据裁判原则，避免出现主要依赖口供定案的现象。如果对其他证据特别是客观性证据重视不够，案件主要依赖口供定案，一旦被告人翻供，因没有其他证据作为分析、判断的基础，则很可能导致案件出现疑问。当案件进入审判程序后，因时过境迁难以补充证据，则不得不按照"存疑时有利于被告人"的规则作出判决。鉴于此，在刑事诉讼中不断提高取证水平，尽力避免因取证工作不到位而轻纵犯罪人的情况发生。

4. 选用适当的举证方法和质证方法。清楚的事实和确凿的证据是制伏被告人无理翻供的最有力手段，而合理得当的举证方式更是可以达到事半功倍的效果。应对被告人翻供的举证方法主要有：一是通过改变举证顺序，将能够直接驳倒翻供的最有力证据先行出示的方法反驳被告人翻供。如在田某某抢劫案中，田某某全盘否认其庭前有罪供述，声称自己没有实施暴力伤害被害人并抢走其手提包的犯罪行为，自己当时在出租屋睡觉，公诉人没有质疑田某某翻供理由是否合理，也没有论证其庭前供述的客观真实性，而是立刻改变举证次序，将举证预案中拟最后出示的根据视听资料打印的案发照片提前出示，照片清晰显示了田某某抢劫、逃跑和被某小区门卫保安人赃俱获的过程，被告人田某某哑口无言。二是通过将分散证据临时集中出示的方法反驳被告人翻供。即当被告人翻供时，可以将散见于被告人同案犯供述、证人证言、被害人陈述等证据中能够证明被告人庭前有罪供述真实性的内容组织整合起来向法庭出示，综合证据揭示案件事实真相，集中火力反驳被告人翻供。三是要注意发挥被告人庭前有罪供述的作用。被告人当庭翻供的，公诉人可以出示被告人庭前有罪供述进行反驳，这种反驳并非断定庭前供述就一定具有客观真实性或被告人翻供不合理，而是可以通过要求被告人说明庭前庭上供述不一致的原因来分析判断被告人翻供是否有理有据。如果被告人不能合理解释前后供述不一的原因，公诉人可以适时出示其他相关证据证明被告人庭前供述的真实合法性，从而排除被告人的否认有罪辩解。

应对被告人翻供的质证方法主要有：一是在被告人提供新证据来否认其有罪供述时，可以通过质疑辩方证据的证明能力和证明力来反驳翻供。即通过论述辩方证据不具有客观性、相关性和合法性，辩方证据的内容不足以推翻被告人庭前供述来遏制被告人翻供。二是用当庭对质的方法反驳翻供。即让同案犯、目击证人、被害人或侦查人员出庭与翻供的被告人对质，迫使被告人承认有罪。

第三节　被告人提出排除非法证据的应变技巧

一、被告人提出排除非法证据概述

2010 年 7 月 1 日开始实施《关于办理刑事案件排除非法证据若干问题的规定》（以下简称《非法证据排除规定》）是我国刑事诉讼制度改革的一项重大成果，有利于遏制和防范刑讯逼供和其他非法取证，有利于防止冤假错案的发生，有利于保障人权和司法文明。

同时，《非法证据排除规定》的出台又是一件关系刑事审判运行的大事。《非法证据排除规定》第 4 条规定："起诉书副本送达后开庭审判前，被告人提出其审判前供述是非法取得的，应当向人民法院提交书面意见。"第 5 条规定："被告人及其辩护人在开庭审理前或者庭审中，提出被告人审判前供述是非法取得的，法庭在公诉人宣读起诉书之后，应当先行当庭调查。法庭辩论结束前，被告人及其辩护人提出被告人审判前供述是非法取得的，法庭也应当进行调查。"这就明确赋予了被告人及其辩护人有向法庭提出排除非法证据的诉讼权利，且被告人排除非法证据的要求应当先行当庭调查，使得排除非法证据成为"诉中诉"或"案中案"，庭审情况发生重大变化并对证据是否具有证明能力、公诉主张是否能够成立产生重大影响，需要公诉人予以慎重处置。

《非法证据排除规定》确立在庭审活动中排除非法证据调查环节的主要内容，主要有：

1. 明确了非法言词证据的范围和绝对排除非法言词证据的原则。即采用刑讯逼供等非法手段取得的犯罪嫌疑人、被告人供述和采用暴力、威胁等非法手段取得的证人证言、被害人陈述，属于非法言词证据；经依法确认的非法言词证据，应当予以排除，不能作为定案的根据。《非法证据排除规定》还规定了被告人审前供述可以当庭举证质证的情形：（1）被告人及其辩护人未提供非法取证的相关线索或者证据的；（2）被告人及其辩护人已提供非法取证的相关线索或者证据，法庭对被告人审判前供述取得的合法性没有疑问的；（3）公诉人提供的证据确实、充分，能够排除被告人审判前供述属非法取得的。对于当庭宣读的被告人审判前供述，应当结合被告人当庭供述以及其他证据确定能否作为定案的根据。

2. 明确了控辩双方在排除非法证据环节的证明责任。即被告人及其辩护人提出被告人审判前供述是非法取得的，法庭应当要求其提供涉嫌非法取证的人员、时间、地点、方式、内容等相关线索或者证据；经审查，法庭对被告人审判前供述取得的合法性有疑问的，公诉人应当向法庭提供讯问笔录、原始的讯问过程录音录像或者其他证据，提请法庭通知讯问时其他在场人员或者其他证人出庭作证，仍不能排除刑讯逼供嫌疑的，提请法庭通知讯问人员出庭作证，对该供述取得的合法性予以证明。公诉人当庭不能举证的，可以根据刑事诉讼法的规定，建议法庭延期审理。公诉人提交加盖公章的说明材料，未经有关讯问人员签名或者盖章的，不能作为证明取证合法性的证据。讯问过被告人的侦查人员经依法通知，应当出庭作证。同时，庭审中公诉人、被告人及其辩护人提出未到庭证人的书面证言、未到庭被害人的书面陈述是非法取得的，举证方应当对其取证的合法性予以证明。

3. 明确了排除非法证据的基本规则，对审查、判断和排除非法证据的程序规则作出了规定。即对被告人审判前供述的合法性，公诉人不提供证据加以证明，或者已提供的证据不够确实、充分的，该供述不能作为定案的根据；对于被告人及其辩护人提出的被告人审判前供述是非法取得的意见，第一审人民法院没有审查，并以被告人审判前供述作为定案根据的，第二审人民法院应当对被告人审判前供述取得的合法性进行审查。检察人员不提供证据加以证明，或者已提供的证据不够确实、充分的，被告人该供述不能作为定案的根据。

4. 明确了相对排除非法物证、书证的基本原则。基于保障人权和惩罚犯罪的平衡，非法物证、书证相对排除的原则更符合当下我国法治现状的需要。即物证、书证的取得明显违反法律规定，可能影响公正审判的，应当予以补正或者作出合理解释，否则，该物证、书证不能作为定案的根据。

2012年《刑事诉讼法》吸收了《非法证据排除规定》的内容，对庭审证据合法性的审理程序作出了明确规定，具体内容包括：（1）明确达到证据确实、充分的证明标准，除要求定罪量刑的事实都有证据证明和据以定案的证据均经法定程序查证属实以外，还应当综合全案证据，对所认定事实已排除合理怀疑。也就是说，对证据是否客观可信进行了充分考量。（2）采用刑讯逼供等非法方法收集的犯罪嫌疑人、被告人供述和采用暴力、威胁等非法方法收集的证人证言、被害人陈述，应当予以排除。收集物证、书证不符合法定程序，可能严重影响司法公正的，应当予以补正或者作出合理解释；不能补正或者作出合理解释的，对该证据应当予以排除。在侦查、审查起诉、审判时发现有应当排除的证据的，应当依法予以排除，不得作为起诉意见、起诉决定和判决的依据。（3）人民检察院接到报案、控告、举报或者发现侦查人员以非法方法收集证据的，应当进行调查核实。对于确有以非法方法收集证据情形的，应当提出纠正意见；构成犯罪的，依法追究刑事责任。（4）法庭审理过程中，审判人员认为可能存在本法第54条规定的以非法方法收集证据情形的，应当对证据收集的合法性进行法庭调查。当事人及其辩护人、诉讼代理人有权申请人民法院对以非法方法收集的证据依法予以排除。申请排除以非法方法收集的证据的，应当提供相关线索或者材料。（5）在对证据收集的合法性进行法庭调查的过程中，人民检察院应当对证据收集的合法性加以证明。现有证据材料不能证明证据收集的合法性的，人民检察院可以提请人民法院通知有关侦查人员或者其他人员出庭说明情况；人民法院可以通知有关侦查人员或者其他人员出庭说明情况。有关侦查人员或者其他人员也可以要求出庭说明情况。经人民法院通知，有关人员应当出庭。（6）对于经过法庭审理，确认或者不能排除存在本法第54条规定的以非法方法收集证据情形的，对有关证据应当予以排除。

二、被告人提出排除非法证据的应对技巧

非法证据的先行调查使得刑事审判更加复杂，更加难以预测和控制，加重了公诉人的证明责任和工作压力。这就要求公诉人在庭前审查案件时，要高度

重视审查证据的合法性，如无合法性的保障，证据的真实性和关联性也无法保障。公诉人庭前发现非法证据的途径主要有：（1）审查言词证据的取得方式是否合法；（2）审查证据之间是否相互矛盾，是否属非法证据；（3）审查侦查人员的侦查行为是否合法，是否影响取证手段和证据本身的合法性；（4）发挥检察引导侦查职能，提前发现并制止重大案件中的不规范取证或者非法取证行为；（5）从办理的其他案件中发现可能存在非法证据的线索。公诉人发现侦查人员以非法方法获取证据，应当根据具体情况考量是否予以排除；要排除该非法证据的，应当要求侦查机关重新指令侦查人员依法取证，公诉人也可以自行取证。公诉人在审查案件中发现侦查人员非法取证的，视不同情节以口头或书面方式向侦查机关提出纠正意见；有严重侵犯公民合法权利的非法取证行为，涉嫌犯罪的，应当及时将线索移送本院自侦部门立案侦查。

公诉人在庭审中遇到被告人及其辩护人提出排除非法证据要求时，必须保持清醒头脑，不急不躁，在微观上紧扣证据的客观性、相关性和合法性进行论述，在宏观上结合证据锁链的逻辑性、证明结论的唯一性进行说明，反驳辩方的排除要求。对于辩方提出的排除要求确实合理，或者公诉人需要提供新的证据进行补充侦查的，要建议法庭延期审理，以作进一步调查核实。对违反法律规定收集、调取证据有下列情形的，应当予以排除并要求侦查机关依法重新收集、调取证据或采取其他补救措施：（1）讯问犯罪嫌疑人、询问证人或被害人的时间、地点不符合规定的；（2）讯问犯罪嫌疑人、询问证人或被害人，未告知其法定诉讼权利的；（3）讯问犯罪嫌疑人、询问证人或被害人，未个别进行的；（4）收集、调取证据，在场的侦查人员不足2人的；（5）收集、调取证据，未经犯罪嫌疑人、证人或被害人、见证人签字或以其他方式表示认可的；（6）其他没有严格遵守法律规定收集、调取证据的行为。

对被告人及其辩护人在庭审中提出证据不合法的新证据或者线索，侦查机关对证据的合法性不能提供证据予以证明，或者提供的证据不够确实、充分，且其他证据不能充分证明被告人有罪的，可以撤回起诉，将案件退回侦查机关或者不起诉。

公诉人应对辩方排除非法证据请求的主要方法有：

1. 强化庭前证据审查和庭前非法证据排除。严格审查证据的客观性、相关性和合法性，补正和完善瑕疵证据，保证证据与证据之间、证据与案件事实之间不存在矛盾或者矛盾得以合理排除，做到事实不清的不定案，证据不足的不起诉，防止非法证据进入庭审阶段。

对于庭前犯罪嫌疑人供述和证人证言、被害人陈述等证据的审查，要结合全案的其他证据，综合审查其内容的客观真实性，同时审查侦查机关是否将每一次讯问、询问笔录全部移送。对以刑讯逼供等非法手段取得的犯罪嫌疑人供述和采用暴力、威胁等非法手段取得的证人证言、被害人陈述，应当依法排除；对于使用其他非法手段获取的犯罪嫌疑人供述、证人证言、被害人陈述，根据其违法危害程度与刑讯逼供和暴力、威胁手段是否相当，决定是否依法排除。

2. 应对被告人要求排除被告人庭前供述的技巧。被告人及其辩护人在庭审中提出被告人庭前供述是非法取得要求排除的，如果辩方没有提供相关证据或者线索的，公诉人应当根据全案证据情况综合说明被告人庭前供述的合法性。如果被告人及其辩护人提供了相关证据或者线索，法庭经审查对被告人审判前供述取得的合法性有疑问的，公诉人应当向法庭提供讯问笔录、出入看守所的健康检查记录、看守管教人员的谈话记录以及侦查机关对讯问过程合法性的说明，讯问过程有录音录像的，应当提供。必要时提请法庭通知讯问时其他在场人员或者其他证人出庭作证，仍不能证明的，提请法庭通知讯问人员出庭作证。

3. 应对被告人要求排除未到庭证人的书面证言、未到庭被害人的书面陈述的技巧。对于庭审中被告人及其辩护人提出未到庭证人的书面证言、未到庭被害人的书面陈述是非法取得要求排除的，公诉人可以从证人或者被害人的作证资格、询问人员、询问程序和方式以及询问笔录的法定形式等方面对合法性作出说明；有原始询问过程录音录像或者其他证据能证明合法性的，可以在法庭上宣读或者出示。

4. 应对被告人要求排除物证、书证和勘验、检查笔录、视听资料的技巧。对于庭审中辩方提出物证、书证和勘验、检查笔录、视听资料是非法取得要求排除的，公诉人要说明证据内容的客观真实性和收集制作程序的合法性。

5. 应对被告人要求排除鉴定意见的技巧。重点说明鉴定检材的来源、提取、保管、送检符合法律规定，鉴定机构或者鉴定人员具备法定资格和鉴定条件，鉴定意见的形式要件齐备，鉴定程序合法，鉴定意见科学合理等。

第四节　证人翻证、被害人改变陈述和证据突袭的应对技巧

一、证人翻证的应对

庭审中的证人翻证是指证人在审判过程中全部或部分否认其庭前证言。由

于证人证言对认定案件事实作用明显，尤其是在主要依靠证人证言定案的案件中更是不可或缺。证人当庭翻证主要有两种类型：一是否认其庭前虚假证言，即证人在庭前由于记忆表达能力不足或故意而向司法机关作错误或虚假证词，在庭审中重新就真实情况向法庭陈述；二是否认其庭前真实证言，即证人在庭前向司法机关所作的证言是客观真实的，但在庭审中因各种原因而推翻了先前真实证词。由于前者还原了案件事实真相，只要证人改变证词的理由充分且当庭证言客观真实，就应当被法庭采信；但后者则动摇了证据体系，可能直接影响对被告人刑事责任的追究，影响检察机关的形象和威信，公诉人应当予以高度重视。

证人翻证可能导致有罪与无罪、罪重与罪轻逆转，或者使清晰明确的内容混沌模糊。从公诉实践看，证人否认庭前真实证言的原因主要有：一是因侦查人员取证程序不合法，如暴力取证或以威胁、欺骗等非法方法取证，证人即使被迫作出了符合案发情况的证词，但基于对侦查人员或取证程序的不满，可能在庭审中翻证，以引起检察机关和审判机关的重视，挽回其受损权益。二是为明哲保身，这种情况主要集中在与案件有牵连的证人身上，例如证人本身就是被告人的同案犯，因情节轻微或未达到追诉标准而未被起诉，证人担心如实陈述可能危及自身而翻证。又如在贿赂犯罪中，行贿人担心指认被告人受贿的证言会牵连自己，甚至会使自己承担行贿罪责，因而可能为避免追诉风险而翻供。三是受到威胁利诱，即证人在被告人及其亲朋的威逼或金钱、地位等利益的诱惑下而当庭改变真实证词。四是碍于情面或担心报复，即证人因与被告人或其亲属有人情交往，碍于情面而翻证；或者证人出于对被告人或其亲属事后报复的担忧而翻证。五是法律意识不足，认为打击犯罪是公安司法机关的职责，与其个人无关，因而视法律为无物，庭前能如实陈述，庭上又随意改变证词。六是法律威慑力薄弱，长期以来由于对包庇犯罪、伪证、妨害作证等行为打击不力，证人出尔反尔无所顾忌，法律打击的震慑大大削弱。

公诉人在庭审中遭遇证人翻证时应当不急不躁，冷静面对，如果证人翻证对案件事实证据有重大影响，现有证据又暂时无法查清证人翻证是否合理和翻证的内容是否真实可靠，公诉人可以建议法庭延期审理以查清事实；如果指控揭示犯罪的其他证据扎实，或者通过其他证据可以论证证人翻证的不合理，则公诉人可以予以当庭反驳，具体方法有：一是审查翻证的理由是否合理，翻证的内容是否真实。公诉人要认真听取证人翻证的陈述，比照与庭前证言的差异要求证人说明翻证的理由，进而审查判断证人翻证内容是否客观真实。由于证人需要另外编造一套证词来掩盖和推翻自己的先前证言，因而必然在翻证内容的细节或逻辑上存在错误或荒谬之处，公诉人只要细心分析，比对判断，就可以抓住证人翻证的矛盾漏洞予以驳斥，说明证人翻证的不合理，并从反面证明了证人庭前指证被告人犯罪的证言的客观真实性。此外，如果侦查人员对关键证人的询问制作了录像资料，更是可以直接驳斥证人翻证的虚假本质。二是通过其他证据来证明证人翻证的虚假。论述供述主张的成立需要控诉证据之间相互印证并形成证据锁链指向唯一证明结论。公诉人可以利用证据之间的相互印证性或者其他证据与证人翻证的矛盾性来推翻证人翻证，即可以通过阐述被告人供述、被害人陈述或其他证人证言与证人翻证的冲突来否认翻证不符合事实。三是充分利用同步录音录像等视听资料来固定证据，即在庭前预测到关键证人或对指控犯罪有重大影响的证人改变证词可能影响公诉目的时，可以进行庭前补充询问并做好同步录音录像，以真实直观地反映证人作证的客观情况。四是进行必要的法制教育。公诉人面对证人翻证，应当对证人进行必要的法制教育，说明作伪证的非法性和应承担的法律后果，告诫证人切莫因个人感情或案外因素而置事实于不顾，教育证人翻然醒悟；对于证人因受到暴力、威胁而被迫改变证言的，公诉人要保障证人及其家属的合法权利，保证证人能够如实作证。

二、被害人改变陈述的应对

被害人改变陈述是指被害人在庭审中改变其庭前陈述的行为。被害人改变陈述的情况主要有两种：另一类是否认其庭前未指证被告人犯罪的陈述；另一类是否认其庭前指认被告人犯罪的陈述。前者固然有利于公诉人指控犯罪，但仍然要查证被害人改变陈述的理由是否合理，当庭陈述的内容是否客观后才能作为控诉证据使用；后者则可以对揭示犯罪和证明犯罪产生重大影响，甚至动摇公诉主张的基础，应当引起公诉人的高度重视并采取得力措施予以化解。

被害人是合法权利直接遭受被告人犯罪行为侵犯者，通常抱有报复和惩罚犯罪的强烈愿望，被害人陈述往往是指控犯罪的最直接证据之一。由于被害人感受过犯罪经过和犯罪结果，因而其陈述能够清晰再现被告人实施犯罪的时间、地点、手段和过程，对查清案件事实、追究被告人刑事责任的证明力具有特殊作用。如果被害人受到各种因素影响而当庭改变其庭前指控犯罪的陈述甚至为被告人开脱罪责，就可能使公诉人陷入困境。例如，在强奸犯罪案件中，指控犯罪的直接证据一般只有被告人供述和被害人陈述，证明被告人犯罪成立严重依赖被害人的指认，如果被害人改变陈述而否认受到被告人的强行性侵犯，则公诉人的出庭就面临重大挑战。

从公诉实践看，被害人改变庭前指证犯罪陈述的主要原因有：一是因受到被告人及其家属的暴力伤害或威胁而改变陈述；二是因被害人及其家属的物质或其他利诱而改变陈述；三是因人情面子或个人隐私而改变陈述；四是因个人利益得到满足而改变陈述，如诈骗类案件的被害人，如果其被诈骗的财产得到返还，个人利益没有损失，出于得饶人处且饶人和维持商业往来的思想，就可能改变陈述帮助被告人逃脱惩罚。五是因被害人与被告人的特殊关系而改变证言，如被害人与被告人系亲属、朋友、同事或其他特殊关系，案发当时被害人因受到伤害后的报复心理或义愤，作出了指认被告人犯罪的陈述，但事毕之后又心软，希望通过改变陈述来使被告人免除处罚。

针对被害人无理当庭改变陈述的情况，公诉人应通过分析其陈述本身或结合其他证据来分析论证被害人改变陈述的不合理性和内容的不客观性，从个别和整体两个方面说明被害人改变陈述不符合事实真相而确立被害人庭前控诉陈述的可采性。

公诉实践中对于故意伤害（轻伤）案件中，由于被害人在检察机关起诉后与被告人达成和解、获得赔偿而当庭改变证言的情况，公诉人既要审查和解协议的真实性和有效性，确保被害人合法权益得到保障，又要重申被害人陈述的权利义务，指出其改变陈述的不合理性，并就具体情况提出起诉或建议法庭从轻处罚被告人。

三、证据突袭的应对

证据突袭是指被告人及其辩护人在庭审中突然向法庭提交新的证据，影响对被告人定罪量刑的行为。辩方采用突袭方式提交证据，显然是对新证据具有改变诉讼结果的信心，并希望能打公诉人一个措手不及。公诉人在遭遇证据突袭时，无须惊慌，如果新证据对定罪量刑没有影响或影响微乎其微，公诉人可以进行简单质证，不作过多纠缠；如果新证据对追究被告人刑事责任有重大影响，而现有事实和证据又暂时无法核实的，可以建议法庭延期审理；如果新证据对庭审过程和结果有影响，但根据现有事实和证据可以予以驳斥的，公诉人可以当庭予以反驳。

公诉人应对证据突袭的方法主要是紧紧围绕证据的本质属性及客观性、相关性和合法性来质疑反驳辩方新证据的证明能力和证明力，进而将该证据排除在法庭审判之外。

第八章　二审、再审程序出庭技巧和审判活动监督技巧

第一节　二审程序出庭技巧

一、二审程序出庭概述

（一）检察人员二审程序出庭的任务

刑事二审程序是指由于当事人及其法定代理人的上诉或人民检察院的抗诉，第一审人民法院的上一级人民法院重新对判决或裁定尚未发生法律效力的第一审案件进行重新审理的诉讼程序。设置二审程序的主要目的是纠正因为一审程序的不公正或法官履职不到位造成的可能错误的判决或裁定。二审程序的启动原因有二：一是当事人及其法定代理人的上诉；二是人民检察院的抗诉。对于前者，检察人员出庭的主要任务是听取上诉人提请上诉的理由，对上诉理由合理充分的提出纠正一审法院错误判决或裁定的意见，对无理的上诉予以反驳并建议维持一审法院的正确判决或裁定；对于后者，检察人员出庭的主要任务是支持抗诉，通过法庭调查和法庭辩论说明一审判决或裁定的错误并建议法院予以纠正。

被害人没有独立的上诉权，只能请求人民检察院提出抗诉，但是否抗诉的权力由人民检察院行使。例如在被告人李某某假冒注册商标案中，被告人李某某自 2009 年 5 月起租下厂房，以未登记注册的虚假公司名义，雇请十多名工人，从事假冒 SMART – UPS 和 BACK – UPS 等商标的不间断电源的生产。同时，被告人李某某还租下销售柜台、办公室、仓库，将工厂生产的假冒注册商标的 UPS 不间断电源对外销售和存储。2009 年 7 月 8 日某市质量技术监督局接到商标权益人的举报，在仓库、办公室、商行缴获假冒注册商标的不间断电源 617 箱、价值人民币 110 余万元，后被告人李某某主动到公安机关投案。检察机关认为，被告人李某某无视国家法律，未经注册商标所有人许可，在同一

种商品上使用与注册商标相同的商标，非法经营数额 110 余万元，情节特别严重，应当以假冒注册商标罪追究其刑事责任。被告人李某某主动投案，如实供述自己的罪行，是自首，可以从轻或者减轻处罚。人民法院对检察机关的指控予以支持，以被告人李某某犯假冒注册商标罪判处有期徒刑 8 个月，并处罚金人民币 60 万元。但被害单位认为本案不能认定自首，被告人应当认定为主犯，判决畸轻，要求检察机关提出抗诉。检察机关经审查后认为被告人自动投案，并且在法庭当庭认罪，承认指控的全部事实，依法应当认定自首；法院对案件的量刑虽然偏轻，但是属于法定减轻处罚的范畴，被害人要求抗诉的理由不成立，没有同意被害单位的抗诉请求。

第二审人民法院对不服第一审判决的上诉、抗诉案件，经过审理后，应当按照下列情形分别处理：一是原判决认定事实和适用法律正确、量刑适当的，应当裁定驳回上诉或者抗诉，维持原判；二是原判决认定事实没有错误，但适用法律有错误，或者量刑不当的，应当改判；三是原判决事实不清楚或者证据不足的，可以在查清事实后改判，也可以裁定撤销原判，发回原审人民法院重新审判。

由于上诉权得到法律和"上诉不加刑"原则的充分保障，二审法院不得加重仅有被告人单方上诉案件被告人的刑罚，因此，上诉人可以自由地提出上诉理由且不受理由是否充分、是否有理有据的限制，这使得检察人员审查上诉人上诉理由的范围较广。检察人员二审程序出庭的工作重心应当紧紧围绕当事人提出上诉或人民检察院提出抗诉的理由进行，紧扣犯罪构成，论证指控依据，维护公诉主张。例如，在被告人项军、孙晓斌涉嫌侵犯商业秘密案二审中，检察人员全面阐述了被告人构成侵犯商业秘密罪的事实和证据，二审法院认为，检察机关的出庭意见正确并予以采纳，作出了驳回上诉，维持原判的裁定。

案例①：1999 年 3 月，新加坡商人投资筹建凌码信息技术（上海）有限公司（以下简称凌码公司），委托上海延丰实业有限公司（以下简称延丰公司）为其招聘电脑技术人员并组织开发软件项目。被告人孙晓斌、项军先后被招入延丰公司工作。同年 8 月，凌码公司成立，项、孙随之成为凌码公司的雇员，任软件工程师。在聘用合同中，两人均与凌码公司签有"不得将公司的技术用于被聘方或告知第三方"等保密条款。公司安排项、孙二人组成制作小组

---

① 参见中华人民共和国最高人民法院刑事审判第一、二、三、四、五庭主办：《中国刑事审判指导案例》（破坏社会主义市场经济秩序罪），法律出版社 2009 年版，第 342～344 页。

开发电子邮件系统软件（旧版）。2000 年 4 月，项军被公司派往马来西亚 ARL 家庭通讯私人有限公司（以下简称 ARL 公司）进行门户网站建设。期间，ARL 公司以高薪邀请项军加盟该公司，项为之心动，并暗中接受对方邀请做技术顾问，但其与凌码公司仍旧保持合同聘用关系。后因两家公司合作关系破裂，项军被公司召回国内。由于妻子在新加坡工作，为能夫妻团聚，项军提出到新加坡的凌码公司总部工作的要求，但遭公司拒绝。项军遂心怀不满，决定离开，并积极拉拢孙晓斌一起加盟 ARL 公司。孙表示同意。2000 年 11 月初，项军提议并与孙晓斌预谋，由孙将凌码公司开发的加密电子邮件系统 Webmail 软件（新版）提供给项，再由项交给 ARL 公司，借此向公司推荐孙。之后，项军乘前往新加坡探亲之机，转道马来西亚，来到 ARL 公司。同月 6 日，孙晓斌按照约定，利用凌码公司邮件服务器上自己的电子邮箱 xsun@ Nyber. com 通过新浪网将该软件的源代码发送到项军的电子信箱 topgun@ sina. com. cn 中，在马来西亚的项军用其自带的手提电脑将该软件源代码下载后，即安装到 ARL 公司服务器上并进行了软件的功能演示。ARL 公司奖给项军、孙晓斌价值 2 万元的东芝牌笔记本电脑各一台。不久，凌码公司发觉项、孙有泄露公司商业秘密的行为，遂向警方报案。警方立案后，采用技侦手段破获此案。项军回国后，即被捉拿归案。公安机关收缴了项带回的两台"东芝"牌手提电脑，并从另一台手提电脑中发现 Webmail 软件的源代码。经公安部计算机信息系统安全产品质量检验中心出具鉴定，凌码公司提供的 Webmail 软件源代码和从项军手提电脑中获取的源代码有较大程度的雷同，属于同一软件不同版本的源代码。另查明凌码公司曾以 9 万美元（价值人民币 74 万余元）的价格将 Webmail 软件出售给香港中国青少年网公司门户网站。

上海市徐汇区人民法院认为，被告人项军、孙晓斌违反公司有关保守商业秘密的约定和要求，披露所掌握的软件源代码的商业秘密，使 ARL 公司在没有支付等价的情况下获得该软件。由于该软件的售价为人民币 74 万余元（包括全部技术所有权），故据此确认造成特别严重的后果，被告人项军、孙晓斌的行为构成侵犯商业秘密罪，且属共同犯罪，应依法惩处。在共同犯罪中，被告人项军起主要作用，系主犯；被告人孙晓斌起次要、辅助作用，系从犯。依照刑法于 2001 年 9 月 18 日判决被告人项军犯侵犯商业秘密罪，判处有期徒刑 3 年 6 个月，并处罚金人民币 4000 元；被告人孙晓斌犯侵犯商业秘密罪，判处有期徒刑 2 年 6 个月，并处罚金人民币 3000 元。宣判后，项军、孙晓斌不服，分别向上海市第一中级人民法院提出上诉。

项军上诉称本案所涉软件的源代码不属于商业秘密，该软件的功能已在网上公开，其行为仅是对软件功能的演示，未曾披露商业秘密，无任何证据证实其行为给被害单位造成重大损失，其行为不构成侵犯商业秘密罪，原判证据不足，适用法律不当；原判以凌码公司与其他公司交易该软件的价格作为损失数额，认定本案造成特别严重后果，没有法律依据。项军的二审辩护人亦为项军作无罪辩护，其理由是：原判认定上诉人项军将 Webmail 软件的源代码披露给 ARL 公司，证据不足；Webmail 软件的源代码在互联网上能够公开下载，故该源代码不属商业秘密；软件源代码无法估价，原判以软件销售价格确定犯罪数额不当，而应以侵权行为人所获得的利益（两台手提电脑计 4 万元人民币）作为权利人的损失数额，两人的行为未达到法定"重大损失"的定罪数额标准，故其行为不构成侵犯商业秘密罪。

孙晓斌及其二审辩护人提出孙晓斌未将涉案软件源代码的关键内容披露给项军，因此，ARL 公司不可能获得这项技术，没有给凌码公司造成特别严重后果；以凌码公司的软件销售价格推定为凌码公司的损失，缺乏法律依据，应以成交价或者项军、孙晓斌所得财物的价值作为计算标准。

出庭检察机关认为：本案所涉凌码公司 Webmail 软件的源代码符合商业秘密的特征；两上诉人的相关供述、鉴定部门的鉴定结论以及公安机关通过技侦手段获取并加以固定、封存的电子证据等足以证明项军、孙晓斌共谋将上述软件源代码提供给 ARL 公司并作软件功能演示，由此披露了凌码公司的商业秘密；以软件的销售价来认定侵犯商业秘密行为后果特别严重符合法律规定。因此，两上诉人及辩护人的上诉理由和辩护意见没有事实和法律依据，建议二审法院驳回上诉，维持原判。

上海市第一中级人民法院经审理认为，上诉人项军、孙晓斌为了达到个人目的，经预谋将权利人凌码公司的商业秘密披露给他人，给凌码公司造成特别严重的后果，其行为已构成侵犯商业秘密罪，且系共同犯罪，应予处罚。原判以两上诉人在犯罪过程中的作用大小，分别确认项军、孙晓斌为主犯、从犯，并根据本案的犯罪事实、性质、情节及对社会危害程度等，依法对项军、孙晓斌所作出的判决并无不当，且审判程序合法。项军、孙晓斌及其辩护人提出的两上诉人不构成犯罪的上诉理由和辩护意见不能成立。检察机关的出庭意见正确，应予采纳。据此，于 2002 年 3 月 12 日裁定驳回上诉，维持原判。

（二）抗诉权的行使

1. 抗诉权要在法定期限内书面正式行使

检察机关通过行使抗诉权，可以纠正裁判错误，维护司法公正和司法权威。检察机关要按照公正、慎重、合法的原则，履行刑事抗诉职能。检察机关要在法定期限内以抗诉书的方式提出抗诉，否则即属于程序违法，可能妨碍抗诉权的正常行使。

案例①：检察机关在法定期限内口头抗诉属于无效抗诉

某市人民检察院以被告人杨庆龙、叶进军、李龙犯强奸罪、抢劫罪提起公诉，某市中级人民法院经公开审理查明：1999 年 11 月 28 日晚 10 时许，被告人杨庆龙、叶进军、李龙酒后返回住处，看到女青年郭某某单身一人在前行走，杨庆龙即提议抢劫郭某某的财物，并共同尾随郭某某至该市龙园宾馆附近，上前将郭某某围住。杨庆龙持匕首抵住郭某某进行威胁并刺伤郭某某的左手中指，并抢走郭某某的挎包交给李龙。李龙翻包未搜到钱财，叶进军即对郭某某进行威胁并提议将郭某某带走。随后，叶进军拦得一辆出租车，共同将郭某某挟持上车，至某村下车又共同将郭某某带至一菜地温室旁。李龙对郭某某强奸一次，叶进军对郭某某强奸两次，杨庆龙强奸未成。李龙和叶进军离去后，杨庆龙将郭某某挟持到某村廖某家，先后对郭实施了 3 次奸淫，并抢走郭的人民币 100 元。次日上午，杨庆龙带郭某某到诊所包扎左手的伤口后离去，郭某某随即到公安机关报案。同年 11 月 30 日，杨庆龙、叶进军、李龙分别被公安机关抓获归案。

某市中级人民法院认为，被告人杨庆龙、叶进军、李龙抢劫、强奸女青年郭某某，已构成抢劫罪、强奸罪。依法判决被告人杨庆龙犯强奸罪，判处死刑，缓期 2 年执行，剥夺政治权利终身，并处罚金人民币 3000 元；犯抢劫罪，判处有期徒刑 8 年，并处罚金人民币 3000 元；决定执行死刑，缓期 2 年执行，剥夺政治权利终身。被告人叶进军犯强奸罪，判处无期徒刑，剥夺政治权利终身；犯抢劫罪，判处有期徒刑 4 年，并处罚金人民币 2000 元；决定执行无期徒刑，剥夺政治权利终身，并处罚金人民币 2000 元。被告人李龙犯强奸罪，判处有期徒刑 9 年，剥夺政治权利 3 年；犯抢劫罪，判处有期徒刑 2 年，并处罚金人民币 1000 元；决定执行有期徒刑 10 年，剥夺政治权利 3 年，并处罚金人民币 1000 元。

宣判后，某市中级人民法院于 2000 年 7 月 24 日分别向被告人杨庆龙、叶进军、李龙和某市人民检察院送达了判决书。杨庆龙、叶进军、李龙均服判不上诉。同年 8 月 1 日，某市人民检察院电话通知某市中级人民法院对杨庆龙提出抗诉。同年 8 月 7 日，某市人民检察院以杨庆龙强奸犯罪的罪行特别严重，且系累犯，依法应从严惩处为由，签发抗诉书。次日，某市中级人民法院收到落款日期为 2000 年 8 月 2 日的抗诉书。

---

①　参见中华人民共和国最高人民法院刑事审判第一、二、三、四、五庭主办：《中国刑事审判指导案例》（侵犯公民人身权利、民主权利罪），法律出版社 2009 年版，第 317～319 页。

某省高级人民法院经审理认为：原判认定被告人杨庆龙、叶进军、李龙抢劫、强奸的事实清楚，证据确实、充分。杨庆龙、叶进军、李龙的行为均已构成强奸罪、抢劫罪，应依法惩处。杨庆龙提议抢劫，并持刀刺伤被害人手指，后又挟持被害人到他处轮奸，当晚还单独将被害人挟持到他人住处奸淫三次，并抢走被害人人民币 100 元，事后还威胁被害人不许报案，犯罪情节严重，且系累犯，应依法从重惩处。原判对杨庆龙所犯强奸罪的量刑不当，某市人民检察院的抗诉有理，应予支持。依法判决如下：一是维持对被告人叶进军、李龙的定罪量刑和对被告人杨庆龙犯抢劫罪的定罪量刑部分；二是撤销一审判决中对被告人杨庆龙犯强奸罪的定罪量刑部分；三是判处原审被告人杨庆龙犯强奸罪，判处死刑，剥夺政治权利终身；犯抢劫罪，判处有期徒刑 8 年，并处罚金人民币 3000 元，决定执行死刑，剥夺政治权利终身，并处罚金人民币 3000 元。

某省高级人民法院依法将本案报请最高人民法院核准。

最高人民法院经复核认为，一审法院判决书送达后，某市人民检察院提出抗诉书时已超过了法定抗诉期限，二审法院受理本案并作出判决违反了法律规定的诉讼程序。依法撤销某省高级人民法院刑事判决，发回某省高级人民法院重新审判。

本案的主要问题有：

1. 检察机关在法定抗诉期限内提出的口头抗诉无效

根据我国《刑事诉讼法》的规定，刑事二审案件的提起有两种途径：一是刑事案件的被告人、自诉人和他们的法定代理人不服第一审判决、裁定时，有权提出上诉；二是地方各级人民检察院认为本级人民法院第一审判决、裁定确有错误时，应当向上一级人民法院提出抗诉。但《刑事诉讼法》对以何种形式行使上诉权和抗诉权作了不同规定。《刑事诉讼法》第 180 条第 1 款①规定："被告人、自诉人和他们的法定代理人不服地方各级人民法院第一审判决、裁定，有权用书状或者口头向上一级人民法院上诉。"《刑事诉讼法》第 185 条规定："地方各级人民检察院对同级人民法院第一审判决、裁定的抗诉，应当通过原审人民法院提出抗诉书，并且将抗诉书抄送上一级人民检察院。"由此可以看出，法律规定检察机关行使抗诉权与被告人、自诉人和他们的法定代理人行使上诉权在形式上是有明显区别的。第一，根据法律规定，被告人、自诉人和他们的法定代理人不仅可以用书面形式提出上诉，而且可以口头形式

---

① 本案例此处所引《刑事诉讼法》第 180 条第 1 款以及下文所引《刑事诉讼法》第 185 条和第 183 条均为 1996 年《刑事诉讼法》中的内容。——编者注

提出上诉。这表明被告人、自诉人和他们的法定代理人不服原裁判的，有权向上一级人民法院提出上诉，其上诉既可以是书面形式，也可以是口头形式，即可以任意选择其中一种形式提出上诉，这是行使上诉权的法定方式。第二，根据法律规定，检察机关抗诉应当提出抗诉书。所谓抗诉书，应该是指以文字语言的形式组合而成的一种书面法律文书。这表明，检察机关提出抗诉的，只能以书面形式，这是行使抗诉权的法定方式。法律之所以如此规定，是因为考虑到有的被告人、自诉人和他们的法定代理人不具有文字表达能力，为了更好地保护他们的合法权益，法律赋予他们可以口头形式提出上诉，行使上诉权。而检察机关则不存在文字表达障碍。而且，检察机关作为国家公诉机关和法律监督机关，理应对其提出有别于一般当事人的更高要求，以利于体现、维护其法律地位和法律尊严，以及其执法的严肃性。本案的公诉机关某市人民检察院于2000年7月24日收到一审判决书后，于同年8月1日电话通知某市中级人民法院要对被告人杨庆龙强奸、抢劫一案的判决提出抗诉。但直至8月8日才向某市中级人民法院提交抗诉书。由于某市人民检察院在法定的抗诉期限内没有按照法律规定的形式向某市中级人民法院提交抗诉书，故该检察院的抗诉是无效的。

2. 人民法院对人民检察院超过法定抗诉期限提出的无效抗诉应当不予受理

《刑事诉讼法》第183条规定："不服判决的上诉和抗诉的期限为十日，不服裁定的上诉和抗诉的期限为五日，从接到判决书、裁定书的第二日起算。"既然法律明确规定了上诉和抗诉的期限，人民法院、人民检察院和案件的当事人就必须严格执行。某市人民检察院于2000年7月24日收到本案的一审判决书后，应在抗诉期限内决定是否提出抗诉。如决定提出抗诉，应当在抗诉期限内即2000年8月3日前将抗诉书提交某市中级人民法院。某市人民检察院的抗诉书虽然载明的时间为2000年8月2日，但该抗诉书实际上是2000年8月7日签发的，8月8日才送达某市中级人民法院。无论造成该抗诉书载明的时间与签发时间不符是何原因，但其抗诉书已超过法定期限是不可更改的客观事实，应当且只能认定为无效。某省高级人民法院根据无效的抗诉受理本案并作出支持检察机关抗诉的判决，违反了《刑事诉讼法》规定的诉讼程序。最高人民法院以违反诉讼程序为由，依法撤销二审判决并发回重审是正确的。

需要说明的是，最高人民法院撤销某省高级人民法院二审判决，并不涉及检察机关的抗诉理由能否成立，而只是因为该判决违反了法定的诉讼程序。严格执行刑事诉讼法程序是实现实体公正的必要保障，也是司法公正的重要内容。无论是作为国家审判机关的人民法院，还是作为国家公诉机关及法律监督机关的人民检察院，都应严肃认真地行使法律赋予的权力，依法履行职责，纠正忽视甚至违背法定程序的错误认识和做法。

2. 抗诉权要在抗诉书范围内行使

抗诉书是检察机关认为人民法院所作出的判决或裁决确有错误，要求人民法院重新审理以纠正错误而提出抗诉时的法律文书。抗诉书是检察机关提出并载明抗诉主张的依据，检察人员在出庭支持抗诉时，应当紧扣抗诉书来履行诉讼活动，不能在抗诉书内容之外又提出新的抗诉意见。

案例①：检察人员不能超出抗诉书范围提出新的抗诉意见

某市人民检察院以被告人李林犯有故意杀人罪、抢劫罪，向某市中级人民法院提起公诉。

某市中级人民法院经公开审理查明：1999 年 10 月，被告人李林在某市某夜总会工作时认识了被害人陈丽文，二人经常在酒店、宾馆同居一室。2000 年 1 月 1 日晚，陈丽文约李林到某市华厦大酒店大黄蜂卡拉 OK 厅玩。次日凌晨 5 时许，李林乘陈丽文驾驶的佳美牌小轿车离开华厦大酒店。途中，陈丽文要求李林下车，二人发生争执，李林即产生杀陈的念头，遂在车前排右座位上用双手紧扼陈的颈部，致陈当场死亡。李林在被害人身上搜走人民币 2300 元及摩托罗拉 3688 型移动电话 1 部（价值人民币 4892 元）后，驾车逃离现场。李林驾车途中撞倒骑自行车的刘某某，又撞上范某某驾驶的出租小汽车后，在大沙头三马路弃车逃走。

某市中级人民法院认为被告人李林因小事与被害人发生争执，即用手紧扼被害人颈部，致被害人死亡，其行为已构成故意杀人罪。公诉机关指控李林在杀人后取走财物的行为还构成抢劫罪不当，不予支持。被告人李林致 1 人死亡，后果严重，论罪应处死刑，鉴于其犯罪时刚满 18 周岁，故对其可不必立即执行。依法于 2000 年 9 月 15 日判决被告人李林犯故意杀人罪，判处死刑，缓期 2 年执行，剥夺政治权利终身。

一审宣判后，被告人李林不服，以没有杀人故意，不构成故意杀人罪，应定故意伤害罪为由向某省高级人民法院提出上诉；某市人民检察院以"一审判决漏定抢劫罪，导致对被告人量刑不当"为由提出抗诉。

某省人民检察院支持抗诉并在二审开庭时派员出庭。其出庭支持抗诉的检察人员在开庭时又当庭提出"被告人李林犯故意杀人罪不具备法定和酌定从轻情节，应判处死刑；李林杀人后取财的行为构成盗窃罪"的意见。

---

① 参见中华人民共和国最高人民法院刑事审判第一、二、三、四、五庭主办：《中国刑事审判指导案例》（侵犯公民人身权利、民主权利罪），法律出版社 2009 年版，第 81 ~ 84 页。

某省高级人民法院认为，上诉人李林因小事与被害人发生争执，用扼颈的手段杀死被害人，其行为已构成故意杀人罪，且罪行特别严重；李林杀人后窃取被害人的财物且数额较大，其行为构成盗窃罪，亦应依法惩处。原审判决认定李林犯故意杀人罪的事实清楚，证据确实，定罪准确，程序合法；但李林犯故意杀人罪的罪行极其严重，又不具备法定的从轻情节，原审判处其死刑，缓期2年执行不当，应予纠正；原审未认定李林杀人后窃取财物的行为构成盗窃罪不当，应予纠正。李林上诉及其辩护人辩护所提理由、某市人民检察院的抗诉理由，经查，均不能成立，故不予采纳。某省人民检察院出庭支持抗诉的检察人员的出庭意见有理，应予采纳。依法于2002年1月22日判决驳回上诉人李林的上诉，撤销某市中级人民法院的一审判决；上诉人李林犯故意杀人罪，判处死刑，剥夺政治权利终身；犯盗窃罪，判处有期徒刑2年，并处罚金人民币3000元。决定执行死刑，剥夺政治权利终身，并处罚金人民币3000元。

某省高级人民法院依法将此案报请最高人民法院核准。

最高人民法院经复核认为，某省人民检察院出庭支持抗诉的检察人员在某省高级人民法院第二审开庭时提出新的抗诉意见，超出了某市人民检察院抗诉书的范围，某省高级人民法院采纳此意见，对被告人李林以故意杀人罪判处死刑，剥夺政治权利终身，限制了李林行使辩护权，可能影响公正审判。依法于2002年11月28日裁定：撤销某省高级人民法院的二审判决，发回原审法院重新审判。

本案的主要问题是二审法院能否采纳出庭支持抗诉的检察人员超出抗诉书范围提出的抗诉意见。

最高人民法院裁定的依据和理由是：

1. 抗诉书是承载人民检察院抗诉意见与理由的正式的法律文书，被告人在二审审判前先悉抗诉书是其依法行使辩护权的重要保障。

根据我国刑事诉讼法的有关规定，人民检察院认为人民法院判决、裁定确有错误的时候，可以依法提出抗诉。但是，人民检察院抗诉必须提出抗诉书。显然，我国刑事诉讼法对检察机关的抗诉规定了较为严格的条件，抗诉不仅要有根有据，而且要求必须采取书面形式。也就是说，人民检察院认为人民法院判决、裁定确有错误而抗诉时，必须出具抗诉书。否则，即使检察机关在某种场合以非书面形式表达出抗诉的意愿，但只要未在法定期限内提出抗诉书，就视为未抗诉。相对而言，法律对当事人上诉却采取了相对宽容的态度，即只要当事人在一审判决宣告之后的法定期限内表示了不服判决而上诉的意愿，无论这种意思表示是口头还是书面，无论是否有站得住脚的理由，都视为有效上诉。根据我国刑事诉讼法的规定，人民检察院的抗诉书可直接启动二审程序，抗诉书成为人民检察院抗诉的标志性文书。

抗诉书不仅是人民检察院提起抗诉的标志，也是承载抗诉意见与理由的正式的法律文书。法律严格限定抗诉须以抗诉书为标志的目的，主要是规范抗诉活动，防止检察机关滥用抗诉权。抗诉活动的实质是人民检察院代表国家对人民法院的判决、裁定提出异议，这一活动不仅关涉到当事人的切身利益，而且直接影响到人民法院裁判活动的效力。所以，对抗诉活动必须采取严肃谨慎的态度。法律规定人民检察院出具抗诉书就是要求人民检察院的抗诉建立在合理的理由与根据之上，从而在一定程度上约束规范了抗诉活动。另外，严格抗诉条件也在于防止检察机关滥用抗诉权，将抗诉的提起限制在合理范围之内，以此保障当事人合法权益，维护人民法院裁判的威信。从理论上讲，刑事诉讼中的被告人作为个人与代表国家的检察机关在力量上相差悬殊，从更好地维护当事人合法权益，平衡控、辩力量的角度考虑，法律严格抗诉条件是非常必要的。

人民检察院的抗诉书不仅要提交人民法院，而且，其副本要由人民法院送交被告人。将抗诉书副本送交被告人，实际是被告人有权获得辩护原则的应有之义和被告人依法行使辩护权的重要保障。抗诉针对的是人民法院的判决、裁定，但本质上却脱离不了控诉的属性（即使是有利于被告人的抗诉），因而，抗诉活动的结果与被告人的利益密切相关。有控诉，就要允许辩护，而且要从制度上切实保障辩护落到实处。人民法院将抗诉书副本及时送交被告人的目的，就在于维护被告人的辩护权，让被告人在法定期限内，在充分了解抗诉内容的基础上，有的放矢，以便更好地行使辩护权，从而最终保障二审审判公正。尽管我国刑事诉讼法规定二审应当坚持全案审理的原则，二审审理不受上诉和抗诉范围的限制，但从实际来看，抗诉意见与上诉及其辩护理由仍然是二审审理的重点。被告人只有在二审审理前先悉抗诉内容之后，才能有针对性地为自己进行辩护准备，从而充分有效地行使辩护权。否则，被告人在二审阶段的辩护权就会流于形式或形同虚设，甚至被变相剥夺。

2. 检察机关出庭检察人员应当依据抗诉书发表抗诉意见。

从理论上讲，我国刑事诉讼中公诉案件的控诉职能是由检察机关代表国家来行使的，而不是某个个人。那么，起诉、抗诉均须以检察机关的名义来进行。虽然检察人员代表检察机关出席法庭，但检察人员必须反映检察机关的意见。就抗诉而言，其主体只能是人民检察院，而非检察员个人。前已述及，人民检察院的抗诉书是人民检察院表达抗诉意见、阐明抗诉理由的法律文书。在实践中，检察机关的抗诉决定、内容和理由通常由检察委员会决定并明确载于抗诉书中。所以，抗诉书作为检察委员会集体意志的产物，应当成为出庭支持抗诉的检察人员发表抗诉意见的依据。检察人员应当严格依据抗诉书，阐述抗诉意见与理由，而不能擅自改变或超越抗诉书的范围。

现在的问题是，我国刑事诉讼制度中对一审未生效案件的抗诉实际是由两级人民检察院共同完成的，即地方各级人民检察院认为同级人民法院第一审判决、裁定确有错误的，应当提出抗诉并出具抗诉书，而由上一级人民检察院进行审查，并派员出席二审法庭支持抗诉。根据我国宪法及刑事诉讼法的有关规定，上级人民检察院领导下级人民检察院，在二审抗诉活动中，上级人民检察院应当对下级人民检察院的抗诉意见和理由进行审查。当上一级人民检察院完全同意下级人民检察院的抗诉意见及理由或者认为抗诉不当时，上一级人民检察院可依法派员出庭支持抗诉或者向同级人民法院撤回抗诉。问题在于，如果上一级人民检察院不完全同意下级人民检察院的抗诉意见或理由，二者意见不尽统一时，上一级人民检察院究竟是在原抗诉书的基础上责成检察员在法庭上说明新的意见还是在庭前指令下级检察院修改更正抗诉书？

我们认为，在这种情况下，上级检察院应当及时与下级检察院交换并统一意见，立即对原抗诉书进行修改或补充，将自己的意见体现在抗诉书中，并在二审开庭前将修改或补充的抗诉书及时提交人民法院，再由人民法院送交被告人，而不能令出庭检察人员在法庭上超越抗诉书范围当庭发表与有效抗诉书不同的抗诉意见。人民法院在庭前何时将修改或补充的抗诉书送交被告人，我国刑事诉讼法与相关的司法解释均无此规定，但从保障被告人辩护权能得以充分实现的角度来讲，我们认为，应当比照一审程序中"将人民检察院的起诉书副本至迟在开庭10日以前送达当事人"的精神，在二审开庭10日前送交当事人。

强调出席二审法庭支持抗诉的检察人员发表的抗诉意见不能超出抗诉书的范围，其目的主要是为了维护被告人的辩护权。如果检察人员超出抗诉书范围当庭发表新的抗诉意见，搞"突然袭击"，被告人是无法就事实、证据、适用法律等问题进行充分辩护的。这无疑会限制、侵犯被告人的辩护权，从而可能影响公正审判。

3. 人民法院对于出庭支持抗诉的检察人员超出抗诉书范围提出的抗诉意见不应采纳。

司法实践中，如果检察人员在二审法庭上发表的抗诉意见超出抗诉书范围，人民法院应当如何处理？法律对此没有明确规定。对此，二审法院可以依据刑事诉讼法有关规定的精神，以切实保障被告人充分有效行使辩护权和有利司法公正为原则，区别情况作出处理。其中，对于出庭检察人员超出抗诉书范围当庭发表的新的不利于被告人的抗诉主张，法庭应不予采纳。所谓超出抗诉书范围，主要指当庭提出的与抗诉书所载抗诉主张不一致的即新的抗诉主张，如更换罪名或追加、减少罪名或新的量刑主张。例如在本案中，某市检察院以一审判决漏定抢劫罪因而量刑不当为由提出抗诉，而某省人民检察院出席二审法庭的检察员却当庭提出被告人所犯故意杀人罪不具备法定和酌定从轻情节应判处死刑及被告人杀人后又窃取被害人财物的行为也构成盗窃罪的主张。显然，某省人民检察院出席二审法庭的检察员关于被告人的行为亦构成盗窃罪及其故意杀人罪应处死刑的主张与某市检察院关于一审判决因漏定抢劫罪而导致量刑不当的主张是不一致的。前者主张明显超出了抗诉书范围，不应为人民法院所采纳。值得注意的是，有时出庭检察人员当庭发表的新的抗诉主张与抗诉书的抗诉主张相比较，可能更有利于被告人，即使这样，二审法院一般也不宜作为抗诉意见直接采纳。因为，检察机关提出的抗诉意见究竟是否有利于被告人，只是对上下级检察机关的不同抗诉主张进行比较而言的。对被告人来讲，未必是正确的，被告人也未必接受。比如，抗诉书提出被告人的犯罪行为构成抢劫罪的抗诉意见，出席二审法庭的检察人员却主张被告人的行为构成盗窃罪。表面看来，出庭检察人员发表的抗诉意见有利于被告人。但是，被告人及辩护人还可能认为被告人无罪。因此，无论属于哪种情形，被告人均需要进行充分的辩护准备。而对于检察人员在法庭上提出的新的抗诉意见，被告人是无法进行准备的。如果人民法院采纳此种意见，就会限制甚至剥夺被告人对超越抗诉书范围的新的辩护意见的辩护权，不仅最终影响公正审判，而且与我们充分尊重、切实保障被告人辩护权的立法精神相悖。但是，在不影响被告人辩护权的前提下，人民法院对于检察人员当庭发表的正确意见也可以"采纳"，但这种"采纳"不是对抗诉意见的采纳，而仅仅是对一种正确意见的吸收。如果出席二审法庭的检察人员仅仅是对抗诉书所载的抗诉理由进行补充或对不妥当之处进行修改，未提出新的抗诉主张，则不属于超越抗诉书范围。

因此，某省人民检察院出庭支持抗诉的人员在某省高级人民法院二审开庭审理本案时，超出某市人民检察院抗诉书的范围当庭提出新的抗诉意见，及某省高级人民法院采纳上述意见的做法均是错误的。

3. 职务犯罪案件第一审判决的审查和抗诉

根据自 2011 年 1 月 1 日起试行的最高人民检察院《关于加强对职务犯罪案件第一审判决法律监督的若干规定（试行）》的要求，检察机关要对职务犯罪案件第一审判决加强审判监督，采用上下两级检察院同步审查的方式审查人民法院判决是否正确，提高对职务犯罪判决敢于监督、善于监督的能力，监督职务犯罪案件轻刑率和缓刑率居高不下的情况。

对人民法院作出的职务犯罪案件第一审判决的法律监督实行上下两级人民

检察院同步审查的内部工作机制。作出一审判决人民法院的同级人民检察院是同步审查的主要责任主体，上一级人民检察院负督促和制约的责任。

职务犯罪案件一审庭审后，提起公诉的人民检察院应当将公诉案件审查报告、起诉书、出庭意见书报送上一级人民检察院。有量刑建议书的，应当一并报送。人民检察院收到同级人民法院作出的职务犯罪案件第一审判决书后，应当在 2 日内报送上一级人民检察院。地方各级人民检察院收到同级人民法院作出的职务犯罪案件第一审判决书后，应当在 2 日内报送上一级人民检察院。

地方各级人民检察院收到同级人民法院作出的职务犯罪案件第一审判决书后，应当立即进行审查。上一级人民检察院公诉部门收到下级人民检察院报送的公诉案件审查报告、起诉书、出庭意见书和量刑建议后，应当指定专人及时审查。收到下级人民检察院报送的职务犯罪案件第一审判决书后，应当立即审查。

上下两级人民检察院同步审查人民法院作出的职务犯罪案件第一审判决，应当重点审查以下内容：（1）认定事实、采信证据是否正确，是否存在错误改变检察机关指控犯罪事实的情形；（2）案件定性是否准确，是否存在错误改变检察机关指控罪名，或者有罪判无罪、无罪判有罪、重罪判轻罪、轻罪判重罪的情形；（3）对自首、立功等重要法定量刑情节的认定是否正确，特别是在事实、证据没有发生变化的情况下，是否存在错误认定或者不认定自首、立功等法定量刑情节的情形；（4）量刑是否适当，是否存在不具有法定从轻、减轻、从重处罚情节，而错误适用从轻、减轻、从重处罚的情节；（5）适用缓刑、判处免予刑事处罚是否适当，是否存在不具备适用缓刑、判处免予刑事处罚条件，而错误适用缓刑、判处免予刑事处罚的情形；（6）审理程序是否合法，是否存在严重违反法定诉讼程序的情形；（7）是否存在司法工作人员贪污受贿、徇私舞弊、枉法裁判等影响公正判决的违法犯罪行为；（8）是否存在其他认定事实错误或者适用法律不当，可能导致量刑畸轻畸重的情形。

上一级人民检察院公诉部门经审查，认为应当抗诉的，应当及时通知下级人民检察院。上一级人民检察院公诉部门认为应当抗诉，下级人民检察院研究后认为不应当抗诉的，下级人民检察院应当将不抗诉的意见报上一级人民检察院公诉部门。上一级人民检察院公诉部门不同意下级人民检察院不抗诉意见的，应当根据案件情况决定是否调卷审查。上一级人民检察院公诉部门经调卷审查认为确有抗诉必要的，报检察长或者检察委员会讨论决定。上一级人民检察院作出的抗诉决定，下级人民检察院应当执行。对重大、疑难、有较大社会影响的案件，以及人民检察院、人民法院之间，上下级人民检察院之间有重大分歧意见的案件，上一级人民检察院认为必要时，可以组织上下两级人民检察院公诉部门和侦查部门共同研究，充分听取各方意见。

上下两级人民检察院对人民法院作出的职务犯罪案件第一审判决已经同步审查的，上一级人民法院针对同一案件作出的第二审裁判，收到第二审裁判书的同级人民检察院依法按照审判监督程序及时审查，一般不再报其上一级人民检察院同步审查。

（三）抗诉的原因分析

为保证抗诉的严肃性和公正性，人民检察院提出抗诉的理由必须合理充分，并且受到法律的限制而仅限于存在以下情形的一审法院错误判决、裁定：

1. 认定事实不清、证据不足的

案例：在胡某交通肇事案中，人民法院认定了检察机关指控的交通肇事犯罪事实和罪名，但没有认定肇事后被告人逃逸的事实，造成量刑较轻，检察机关提起抗诉。该案具体情况是，2009年4月10日凌晨2时许，原审被告人胡某酒后驾驶小汽车行至交叉路口时不按交通信号灯指示通行，与正常行驶的被害人金某驾驶的小汽车相撞，造成一名乘车人重伤和两车严重毁坏的重大交通事故。发生交通事故后，被告人胡某逃离现场，后被赶至的民警抓获，事后，在事故未作出处理结果时，胡某又逃往国外，后于2009年6月5日回国时被公安边检人员抓获归案。事故发生后，交警部门出具的道路交通事故认定书认定被告人胡某承担事故的全部责任。经鉴定，被害人王某损伤符合钝性物体碰撞所致，所受损伤构成重伤。人民法院审理后认为，被告人胡某违反交通运输管理法规，酒后驾驶机动车辆发生重大交通事故，致一人重伤，负事故全部责任，其行为已构成交通肇事罪。公诉机关对被告人犯交通肇事罪的指控，事实清楚，证据确实、充分，应予以支持。但对于公诉机关指控被告人胡某交通运输肇事后逃逸，人民法院认为被告人案发后接受了交通警察的尿样检测，并接受了交通警察的询问，又向交警部门递交了《道路交通事故当事人陈述材料》，不应认定为法律规定的"交通肇事后为逃避法律追究逃离事故现场"，没有支持公诉机关对被告人胡某交通肇事后逃逸的指控。检察人员收到该案件后，审查了抗诉的合法性和必要性，被告人胡某客观上在发生交通肇事后有逃跑的行为（主要证据有目击证人的指证和交警将突然逃离现场的被告人胡某带回现场的情况说明），主观上有逃避法律追究的故意（主要证据是交警部门多次通知无法接通或者拒绝到案，又在案件未处理完毕之前未经交警同意擅自出境逗留境外时间长达近2个月）。从法律规定看，交通运输肇事后逃逸是指行为人在发生了构成交通肇事罪的交通事故后，为逃避法律追究而逃跑的行为。交通运输肇事后逃逸须具备以下条件：一是行为人构成了交通肇事罪；二是行为人在发生交通事故后有逃跑的行为，如驾车逃离现场、弃车逃离现场，或者行为人在接受调查期间逃匿的；三是行为人逃跑是为了逃避法律追究。检察人员审查后认为人民法院不认定逃逸情节是法律适用错误，且量刑偏轻。从证据材料看，证明被告人构成交通肇事后逃逸的证据包括交警部门出具的抓获经过和两名目击证人的证言。一审法院仅根据原审被告人案发后接受了交警尿样检测和询问并出具陈述材料，就认定不构成交通肇事逃逸，审判人员显然没有深入领会规定逃逸为法定刑升格情节的立法理由，而导致对事实认定不准。上级检察机关审查后提出了抗诉。

2. 有确实、充分证据证明有罪而判无罪，或者无罪判有罪的

例如在深圳市南山区人民检察院提起公诉的被告人杜某某合同诈骗案中，一审法院认为杜某某具有实际履行合同的能力，具备开信用证的能力，在收到合同对方给付的定金后并未逃匿，其行为不构成合同诈骗罪，对检察机关指控被告人杜某某犯合同诈骗罪的罪名不予确认，判决其无罪。该案一审判决在采信证据时对于检察机关公诉人出示的许多证据材料无故不予确认，而对于一些不具有证明力的材料，则用作定案依据，例如由南山区公证处出具的证明其具备代开信用证业务能力的公证书。根据《中华人民共和国公证暂行条例》之规定，公证处没有办理此类业务的规定，因而该公证书的证明效力不应予以确认。但一审判决对此类证据却予以确认。由于片面采纳证据，由此认定的事实出现偏差，直至作出错误的无罪判决。该案经南山区人民检察院提出抗诉后，深圳市中级人民法院裁定发回重审，南山区人民法院重新组成合议庭后认定被告人杜某某构成合同诈骗罪，判处其 10 年有期徒刑。①

3. 重罪轻判，轻罪重判，适用刑罚明显不当的

对审判机关的量刑活动进行监督是检察机关履行法律监督职能的重要途径，也是促进量刑公正、量刑均衡的有效手段。由于"重定罪、轻量刑"观念长期存在，法庭在审理案件时，其主要精力投入在对被告人犯罪行为的定性上，偏重于对罪与非罪、此罪与彼罪的区分，讲求定罪的正确，忽略量刑的精确，因而发生重罪轻判或者轻罪重判的量刑失当行为，检察机关应当通过抗诉予以纠正。

例如，在被告人杨某某涉嫌猥亵儿童罪抗诉案中，被告人杨某某以观看动画为借口，先后多次将被害人王某（女，6 岁）、夏某（女，8 岁）诱骗至深圳市罗湖区某公寓停车场内一辆废弃桑塔纳轿车内，将手提电话中存储的淫秽视频资料播放给两被害人观看，并且向被害人裸露自己的生殖器，引诱被害人

_____

① 刘建柱、郑利辉：《刑事抗诉的实践与制度完善——关于对深圳市检察机关刑事抗诉情况的调查》，载《国家检察官学院学报》2002 年第 6 期。

抚摸自己的生殖器，被告人杨某某还有用手指抠摸被害人下体的行为。证明被告人犯罪事实的证据主要有：被告人杨某某对猥亵儿童的犯罪事实供认不讳，承认是为了追求性刺激；两名被害人虽然年幼，但具有辨别是非和正确表达能力，能够清楚地陈述被告人杨某某猥亵两人的事实；证人夏某某系被害人夏某的父亲，其陈述了得知女儿被楼下停车场一男子猥亵后，带着两名被害人去停车场将被告人抓获，并扭送至派出所的经过；两名被害人只有8岁和6岁的身份证明材料；被告人手机内淫秽视频截取的照片；深圳市公安局网络警察支队对被告人手机内的18段视频系淫秽视频的鉴定意见。检察机关认为被告人杨某某以性交以外的抠摸、让儿童为其手淫的方式，以刺激或满足自己的性欲，损害儿童人格和身心健康，其行为已触犯刑法上的猥亵儿童罪，遂以被告人杨某某涉嫌猥亵儿童罪提起公诉，人民法院以被告人杨某某犯猥亵儿童罪判处有期徒刑1年。检察机关认为，根据《刑法》第237条的规定，强制猥亵、侮辱妇女的，处5年以下有期徒刑；猥亵儿童的，从重处罚。因此人民法院对被告人杨某某仅判处有期徒刑1年是重罪轻判，属量刑明显不当，应当提起抗诉。理由是：一是法律明确规定猥亵儿童的，在5年以下有期徒刑的刑罚幅度内从重处罚，法院仅仅判处有期徒刑1年，明显偏轻；二是被告人杨某某的犯罪行为十分恶劣，先后三次有计划、有预谋地猥亵两名儿童，给两名年龄幼小的被害人身心造成重大伤害。检察机关抗诉后，二审法院经审理后以被告人杨某某犯猥亵儿童罪，改判有期徒刑3年。

4. 认定罪名不正确，一罪判数罪、数罪判一罪，影响量刑或者造成严重的社会影响的

人民法院应当根据检察机关指控的犯罪事实和证据，根据庭审举证、质证和辩论情况，依照法律规定对被告人正确定罪、准确量刑，不能违背事实、证据和法律错误认定罪名和罪数，导致量刑失衡或造成严重社会影响。

案例①：被告人蔡世祥故意伤害抗诉案

辽宁省义县人民检察院以被告人蔡世祥犯故意伤害罪，向义县人民法院提起公诉。检察机关指控：被告人蔡世祥与其子蔡木易（本案被害人，死亡时14岁）一起生活。因蔡木易患有先天性病毒性心抽，蔡世祥酒后经常对其进行殴打，并用烟头烫、火钩子烙身体、用钳子夹手指、冬季泼凉水等方法对其进行虐待。2004年3月8日夜，蔡世祥发现蔡木易从家中往外走，遂拳击其

---

① 参见中华人民共和国最高人民法院刑事审判第一、二、三、四、五庭主办：《中国刑事审判指导案例》（侵犯公民人身权利、民主权利罪），法律出版社2009年版，第350～351页。

面部，用木棒殴打其身体。次日晨，蔡木易称腹痛不能行走，被其姑母蔡亚琴发现后送医院治疗无效，于 2004 年 3 月 17 日 21 时许死亡。经鉴定，蔡木易生前被他人以钝性致伤物（如拳脚等）伤及腹部，致十二指肠破裂，弥漫性胸、腹膜炎、感染性中毒休克死亡；蔡木易生前十二指肠破裂的伤情程度属重伤。

义县人民法院认为，被告人蔡世祥长期对与其共同生活的未成年家庭成员进行殴打，致被害人伤后不及时对被害人进行诊治，造成被害人因伤死亡的严重后果，其行为已构成虐待罪，且情节特别恶劣。公诉机关指控的犯罪事实清楚，证据充分。蔡世祥的行为同时也触犯了故意伤害罪罪名，由于故意伤害罪罪名涵括在虐待罪的罪名概念中，应被虐待罪吸收，二者属法条竞合关系，故对蔡世祥应以虐待罪定罪，从重处罚。公诉机关指控被告人犯故意伤害罪的罪名不成立。根据蔡世祥的犯罪事实、性质、情节以及对社会的危害程度，依法判决被告人蔡世祥犯虐待罪，判处有期徒刑 7 年。

宣判后，义县人民检察院提起抗诉，抗诉理由是：（1）被告人蔡世祥的虐待行为不能吸收其实施的故意伤害行为，虐待罪与故意伤害罪之间不是法条竞合关系，原判对法律理解有误，适用法律不当，定性不准。（2）蔡世祥故意伤害他人并致人死亡，依照《刑法》第 234 条规定，应当对其判处 10 年以上有期徒刑。原判量刑不当。

锦州市人民检察院支持义县人民检察院的抗诉意见。

锦州市中级人民法院经公开审理查明的事实和证据与一审认定的事实和证据相同。锦州市中级人民法院认为，公诉机关指控原审被告人蔡世祥殴打被害人蔡木易并致蔡木易死亡的犯罪事实清楚。根据《刑法》第 234 条、第 260 条的规定，故意伤害罪与虐待罪的罪状各不相同，二罪之间并不发生法条竞合关系，一审法院以法条竞合处理原则，认定蔡世祥犯虐待罪属适用法律不当。蔡世祥用暴力手段故意伤害被害人的身体，并致其死亡，其行为已构成故意伤害罪。综上，原判定性错误，抗诉机关提出的第一项抗诉理由成立，予以支持。

原审被告人蔡世祥的伤害行为已造成被害人死亡的犯罪结果，根据《刑法》第 234 条之规定，应当对其判处 10 年以上有期徒刑、无期徒刑或者死刑。原判对蔡世祥判处有期徒刑 7 年的量刑不当，应予改判。抗诉机关提出的第二项抗诉理由成立，予以支持。

锦州市中级人民法院依法判决如下：（1）撤销义县人民法院的刑事判决。（2）原审被告人蔡世祥犯故意伤害罪，判处有期徒刑 12 年。

5. 免除刑事处罚或者适用缓刑错误的

免除刑事处罚是指人民法院宣告被告人有罪，但不作任何刑事处分，即免除被告人刑罚。免除刑事处罚仅限于被告人罪行较轻又具备重大法定、酌定从轻、减轻或者免除处罚情节的情形。

根据我国刑法规定，缓刑是人民法院对经审理后被判处拘役、3 年以下有期徒刑的犯罪分子，根据其认罪态度和悔罪表现，认为适用缓刑确实不致再危害社会时，先宣告其有罪但暂缓适用刑罚，并由专门机关在一定考察期限内对其进行考察，并根据其表现决定是否适用刑罚的制度。所谓"确实不致再危害社会"即缓刑的社会危险性条件，主要根据被告人犯罪情节、恶劣程度、悔罪态度等因素进行考量，同时要结合被告人的一贯表现、帮扶管教条件等综合适用。但在公诉实践中，有的法庭没有全面权衡被告人的主观思想和客观环境，机械僵化地理解缓刑的适用条件，造成重罪轻判，使得某些罪犯没有受到应有惩处，破坏了法律适用的统一性，检察机关应当提起抗诉予以纠正。

案例①：被告人高某故意伤害适用缓刑不当抗诉案

被告人高某（女）于 1998 年 10 月 1 日 22 时许，与其友驾驶面包车返回北京分析仪器厂家属宿舍时，在家属区门口，面包车玻璃因关车门破碎，在此值班的联防队员王某等人要高某打扫碎玻璃，高某的男友扫了一下，王某要求其扫彻底，高某表示不扫了，与王某发生争执，互相揪扯，此时联防队员傀某走到二人中间用手一隔，说别动手，王、高二人分开，高某对傀某说"别动手，你也不是好东西"，说完给了傀某左脸一记耳光，经鉴定，王某头、颈及前胸软组织损伤，双下肢软组织损伤，系轻微伤；傀某左耳鼓膜紧张部穿孔，系轻伤。在发生纠纷过程中，被告人高某亦有外伤性鼓膜充血，经鉴定为轻微伤。被告人高某对北京市海淀区人民检察院起诉书指控内容提出异议，辩称没有打伤傀某，对傀某提出的经济赔偿要求表示拒绝。

海淀区人民法院认为，被告人高某因琐事故意伤害他人，致人轻伤，其行为已构成故意伤害罪，应予惩处。鉴于本案系一起处理群众矛盾而引发的纠纷，双方在解决问题时不能冷静处理，以致造成一人轻伤的后果，被告人高某在傀某劝架时故意击打傀某，有故意伤害他人的动机及行为，对自己的行为可能造成他人身体损伤应有预见性，且造成轻伤结果，其行为符合故意伤害罪之构成要件，应承担相应的刑事责任。考虑被告人高某系偶犯，犯罪主观恶性较小，可酌情予以从轻处罚并宣告缓刑，于 1999 年 6 月 30 日判决被告人高某犯

---

① 参见孙力主编：《刑事审判监督案件精选精释》，中国检察出版社 2009 年版，第 44～51 页。

故意伤害罪，判处拘役6个月，缓刑6个月。

海淀区人民检察院认为，被告人高某从案发后到最后的庭审中，始终不供认自己的犯罪事实，没有任何悔罪表现，海淀区人民法院对其适用缓刑，系适用法律错误，遂提起抗诉。北京市人民检察院第一分院支持我院抗诉。

北京市第一中级人民法院对本案审理后认为，原审被告人高某因琐事故意损害他人身体，致人轻伤，其行为已构成故意伤害罪，依法应予惩处。北京市海淀区人民检察院抗诉认为原审适用缓刑条款缺乏法律依据和北京市人民检察院第一分院支持抗诉的意见成立，予以采纳。原审人民法院根据高某犯罪的事实、性质、情节和对于社会的危害程度所作出的判决，定罪正确，审判程序合法，量刑适当，但在高某没有认罪、悔罪的情况下，判处其缓刑不当，应予改判。据此，于1999年10月29日改判原审被告人高某犯故意伤害罪，判处拘役6个月。

本案的分歧主要在于对被告人高某能否适用缓刑。一审法院判决认为，鉴于被告人高某系偶犯、犯罪主观恶性较小，可酌情予以从轻处罚，并宣告缓刑。但根据我国刑法规定，适用缓刑的条件有三：一是适用缓刑的对象必须是被判处拘役、3年以下有期徒刑的犯罪分子，即由于被宣告缓刑的罪犯是放在社会上进行改造，从社会治安考虑，缓刑只能适用于罪行较轻的罪犯。人民法院对罪犯所判处的刑罚轻重是与罪行轻重相适应的。犯罪分子被判处拘役或者3年以下有期徒刑，说明其罪行较轻，社会危害性较小，所以，是适用缓刑的一个条件。二是根据犯罪分子的犯罪情节和悔罪表现，适用缓刑确实不致再危害社会。这是适用缓刑的实质要件和核心内容。有些犯罪分子虽然被判处拘役或者3年以下有期徒刑，但犯罪情节恶劣，没有悔罪的表现，不能表明不予关押也不致再危害社会，就不能适用缓刑。只有确认犯罪分子放在社会上不致再危害社会，才能适用缓刑。认定犯罪分子确实不致再危害社会的主要依据是犯罪情节和悔罪表现。犯罪情节主要考察被告人的犯罪性质、犯罪动机、犯罪手段、犯罪内容、犯罪对象、犯罪损害结果、主体情况等；悔罪表现主要考察被告人是否如实交代自己的罪行、是否真诚地自我谴责反省、是否对被害人表示歉意、是否主动采取措施减少弥补或者避免犯罪所造成的损害以及是否积极退赃、检举揭发同伙等。三是犯罪分子不是累犯，因为是累犯，就表明其主观恶性深，有再危害社会的可能，对其适用缓刑，难以防止其再犯新罪，不符合设立缓刑制度的宗旨。

实践中，要注意防止滥用缓刑的现象，比如，有的把怀孕、患重病、家庭生活困难、工作需要等情况作为适用缓刑的条件，这是不妥当的。对于存在这些特殊情况的犯罪分子是否适用缓刑，应当作具体分析，如果符合法定条件，当然可以适用，如果不符合法定条件，片面强调这些客观因素，并以此作为适用缓刑的主要依据，则是错误的。目前，在适用缓刑中需要解决两方面的认识问题：一方面是有些人认为缓刑要严控不可多用，理由是缓刑是虚刑不是实刑，缓刑与"严打"形势和方针要求不符，缓刑也不易落实；另一方面少数人认为应该广泛地适用缓刑，理由是广泛适用缓刑是世界刑罚改革与发展趋势，缓刑实际社会效益大。我们认为这两种认识都值得商榷，前一种认识把刑罚执行以是否收监为标准，分为实刑与虚刑，进而把缓刑说成是虚刑是没有根据的，把适用缓刑与贯彻"严打"方针对立起来也是不对的。"严打"方针对犯罪惩处不是一律从重从严，而是宽严相济区别对待，对严重犯罪要从重惩处，其中有从宽情节的也要实行"严中有宽"，对一般犯罪，特别是情节轻微的还应适用缓刑，我们的刑事政策是缩小打击面，扩大教育面，打击少数，教育改造多数，以分化瓦解犯罪。至于说是否广泛适用缓刑，绝不能离开我国国情照搬外国做法，更不能脱离适用缓刑条件去随意适用缓刑。至于缓刑的社会效益也要具体分析，不能任意夸大。在缓刑适用上正确的指导思想是，在坚持缓刑适用条件的前提下，可以适当多判一些缓刑，同时又要努力做好缓刑考验期的考察、监督与教育，实现刑罚的最佳法律效果和社会效果。

本案被告人高某在案发后，拒不如实供认犯罪事实，并拒绝赔偿被害人的损失，表明其对自己所犯罪行尚未有深刻认识，根本不想改变自己的错误立场，对这种没有悔罪表现的犯罪分子不能适用缓刑。一审法院在高某没有认罪、悔罪的情况下，仍然对其适用缓刑，是不妥当的。海淀区人民检察院的抗诉和北京市中级人民法院的改判是正确的。

6. 人民法院在审理过程中严重违反法律规定的诉讼程序的

例如，在北京市海淀区人民检察院提起抗诉的被告人吕某盗窃案中，海淀区人民法院在检察机关指控盗窃罪的基础上，又增加了一个盗窃国家机关证件罪，海淀区人民检察院认为实体和程序上均存在错误而提起抗诉，二审法院开庭审理后撤销了一审判决，以盗窃罪判处被告人吕某有期徒刑 10 年。

案例①：人民法院追加罪名程序不当抗诉案

1998 年 11 月 14 日 3 时许，被告人吕某在海淀区甘家口 31 号楼下，用事先偷配的钥匙将其女友租赁的红色桑塔纳普通型轿车一辆（车牌号：京 E77530，价值人民币 120103 元）盗走，后被告人吕某将该车车牌扔进护城河，并盗窃一辆 130 货车的车牌（车牌号：京 AH6301）换装在桑塔纳轿车上

---

① 孙力主编：《刑事审判监督案件精选精释》，中国检察出版社 2009 年版，第 248～249 页。

使用。1999 年 8 月 7 日，被告人吕某被查获。海淀区人民检察院于 2000 年 9 月 3 日向北京市海淀区人民法院提起公诉，海淀区人民法院审理后认为，机动车牌照属于国家机关证件，在检察机关指控基础上又追加一个罪名，判处被告人吕某犯盗窃罪和盗窃国家机关证件罪，决定执行有期徒刑 10 年，罚金 10000 元，剥夺政治权利 1 年。

从程序法看，海淀区人民检察院提起抗诉是符合诉讼原理的。不告不理是刑事诉讼的基本原则，是维系控审分离、控辩对抗、审判中立的刑事诉讼结构必须坚持的基本原则。不告不理原则的要求有二：一是没有告诉就没有审判，即检察机关提起公诉或自诉人提起自诉是启动刑事审判程序的前提；二是告诉的范围限制了审判的范围，即审判的范围限于指控的罪名和事项，审判机关不得超出指控的范围进行审判。当前，理论界和实务界关于人民法院能否改变检察机关指控罪名的讨论众说纷纭，难有定论，但是，在指控罪名之外追加新罪名的做法显然有悖控审分离和不告不理原则，甚至摧毁了审判中立的信念。虽然最高人民法院《关于执行〈中华人民共和国刑事诉讼法〉若干问题的解释》第 176 条第（二）项指出："起诉指控的事实清楚，证据确实、充分，指控的罪名与人民法院审理认定的罪名不一致的，应当作出有罪判决"，似乎给予了人民法院改变指控罪名的根据，但追加新罪名已经大大超出了改变的范围，属于将一罪判决为两罪的错误做法，海淀区人民检察院提起抗诉是符合法律规定的，二审法院的终审判决也同意检察机关的抗诉理由，依法撤销了一审判决，改判为盗窃罪一罪。

二、二审程序出庭的技巧

（一）二审程序出庭的准备

1. 二审案件的审查。检察人员审查二审案件要坚持全面审查和重点审查相结合的原则：一是要全面审查案件，即对案件所有被告人的全部犯罪事实和证据进行审查，不受上诉或者抗诉范围的限制，以便全面综合判断案件事实证据，从而发现一审判决或裁定的错误，保证二审程序的实体公正和程序正义；二是要审查案件重点，即对可能发生错误的重点事实、重点证据、重点程序和适用法律条文进行审查，重点审查的内容包括：（1）案件事实是否清楚，据以定罪的证据是否确实、充分；（2）法律适用是否正确；（3）量刑是否得当，包括认定法定和酌定从重、从轻、减轻或者免除处罚的情节是否正确；（4）诉讼程序是否合法；（5）下一级人民检察院提出抗诉的理由是否充分，有无抗诉必要；（6）上诉人的上诉理由是否充分合理。

检察人员经全面审查案件事实证据后，具有以下方面情形的，一般不宜提出抗诉：（1）认定事实和采信证据方面：一是被告人提出罪轻、无罪辩解或者翻供后，证据之间的矛盾无法排除，导致起诉书、判决书对事实的认定分歧较大的；二是人民法院以证据不足、指控的犯罪不能成立为由，宣告被告人无罪的案件，人民检察院如果发现新的证据材料证明被告人有罪，应当重新起诉，不能提出抗诉；三是刑事判决改变起诉定性，导致量刑差异较大，但没有足够证据证明人民法院改变定性错误的；四是案件基本事实清楚，因有关量刑情节难以查清，人民法院从轻处罚的。（2）适用法律方面：一是法律规定不明确、存有争议，抗诉的法律依据不充分的；二是刑事判决或裁定认定罪名不当，但量刑基本相当的；三是具有法定从轻或者减轻处罚情节，量刑偏轻的；四是未成年人犯罪案件量刑偏轻的；五是被告人积极赔偿损失，人民法院适当从轻处罚的。（3）诉讼程序方面：人民法院审判活动违反法定诉讼程序，但是未达到严重程度，不足以影响公正裁判，或者判决书、裁定书存在某些技术性差错，不影响案件实质性结论的，一般不宜提出抗诉；必要时可以以检察建议书等形式，要求人民法院纠正审判活动中的违法情形，或者建议人民法院更正法律文书中的差错。

2. 提讯原审被告人或者上诉人。检察人员在审查二审案件中，应当提讯上诉人或原审被告人，讯问的内容主要是核实上诉人和原审被告人的基本情况，听取其上诉理由和对一审判决或裁定认定的事实、证据、量刑和法律适用的意见，讯问其有无新的辩护证据要提交等。

3. 制定出庭预案。由于启动二审程序的主体不同，检察人员需要在吃透案情的基础上分别制作二审上诉案件的出庭预案和二审抗诉案件的出庭预案。上诉案件的出庭预案内容应当包括：（1）讯问上诉人提纲；（2）询问证人、被害人、鉴定人提纲；（3）举证、质证提纲；（4）答辩提纲；（5）出庭意见书，这是出庭预案的重点，出庭意见书应当说明检察人员出庭的法律依据和职责，概括上诉人的上诉理由和辩护意见并分析其是否充分，说明一审判决认定的事实是否清楚、证据是否充分、适用法律是否准确、量刑是否相当、程序是否合法等，并提出是否维持、改变一审判决或发回重审的意见。抗诉案件的出庭预案基本内容与上诉案件相似，主要区别是制定支持抗诉意见书和出庭意见书，支持抗诉意见书的主要内容有：（1）全面支持基层院提出的抗诉理由的，表明支持抗诉书的意见；（2）部分支持基层院提出的抗诉理由的，表明同意抗诉书的其中一部分意见，对其他部分不予支持；（3）不支持基层院提出的抗诉理由，但根据案件事实，原审判决和裁定另有错误的，则表明不同意错误判决和裁定的内容，提出新的抗诉事实和理由。抗诉案件的出庭意见书主要内容是阐明检察人员出庭支持抗诉的法律依据和职责，论证本案达到了犯罪事清楚、证据确实充分的证明标准，说明一审法院在认定事实证据上的疏漏和错误，解释抗诉理由的正确性和合理性，分析一审判决的定罪量刑和诉讼程序是否正确，对存有错误的提出纠正改判的意见。

（二）庭前预备

二审抗诉案件开始前，出席法庭的检察人员应当做好以下预备工作：一是核对被告人及其辩护人、附带民事诉讼的原告人及其诉讼代理人，以及其他应当到庭的诉讼参与人是否已经到庭。二是审查合议庭的组成是否合法；刑事抗诉书副本等诉讼文书的送达期限是否符合法律规定；被告人是盲、聋、哑、未成年人或者可能被判处死刑而没有委托辩护人的，人民法院是否指定律师为其提供辩护。三是审查到庭被告人的身份材料与刑事抗诉书中原审被告人的情况是否相符；审判长告知诉讼参与人的诉讼权利是否清楚、完整；审判长对回避申请的处理是否正确、合法。庭前预备工作结束后，审判长征求检察人员对法庭准备工作有无意见时，出庭的检察人员应当就存在的问题提出意见，请审判长予以纠正，或者表明没有意见。

（三）法庭调查

检察人员在法庭调查阶段的诉讼活动要紧紧围绕对上诉、抗诉意见具有重要影响的关键事实和证据进行。对原审判决已经确认的证据，如果抗辩双方均没有异议，经审判长许可，可以概括说明证据的名称和证明事项；对于有争议且影响定罪量刑的证据，应当重新举证。检察人员要善于对经法庭质证过的证据进行归纳和总结，准确阐述证据的有效性和证明作用；要善于利用多媒体技术出示证据，增强出庭效果。具体方法是：

1. 宣读抗诉书和支持抗诉意见书。法庭调查阶段，在审判长或者审判员宣读第一审判决书、裁定书后，由上诉人陈述上诉理由或者检察人员宣读抗诉书；如果是既有上诉又有抗诉的案件，先由检察人员宣读抗诉书，再由上诉人陈述上诉理由。在宣读抗诉书后，检察人员即宣读支持抗诉意见书，引导法庭调查围绕抗诉重点进行。

2. 讯问被告人。检察人员讯问被告人应当针对原审判决或裁定认定事实或适用法律、量刑等方面的问题，以及上诉人的上诉意见、辩护人的辩护意见来进行，以抓住庭审重点，查清案件事实。二审抗诉案件对被告人的讯问要围绕抗诉理由以及一审判决或裁定认定事实有争议的部分进行，对没有异议的事实不再全面讯问。讯问前应当先就被告人过去所作的供述是否属实进行讯问，如果被告人回答不属实，应当讯问哪些不属实。针对翻供，可以进行政策攻心和法制教育，或者利用被告人供述的前后矛盾进行讯问，或者适时举出相关证据予以反驳。对被告人供述不清、不全、前后矛盾，或者供述明显不合情理，或者供述与已查证属实的证据相矛盾的问题，应当讯问。对辩护人已经提问而被告人作出客观回答的问题，一般不进行重复讯问。辩护人提问后，被告人翻供或者回答含混不清的，如果涉及案件事实、性质的认定或者影响量刑的，检察人员必须有针对性重复讯问。辩护人提问的内容与案件无关，或者采取不适当的发问语言和态度的，检察人员应当及时请求合议庭予以制止。在法庭调查结束前，检察人员可以根据辩护人、诉讼代理人、审判员发问的情况，进行补充讯问。

3. 询问证人和鉴定人。检察人员询问证人和鉴定人，应当针对证言或鉴定意见中有遗漏、矛盾、模糊不清的有争议的内容，并着重围绕与定罪量刑紧密相关的事实进行。对证人、鉴定人进行虚假陈述的，应当通过发问澄清事实，必要时还应当出示、宣读证据配合发问。

4. 举证和质证。检察人员应当根据抗诉案件的不同情况分别举证、质证：（1）对于事实清楚，证据确实、充分，只是由于原审判决、裁定定性不准、裁定定性不准、适用法律错误导致量刑明显不当，或者因人民法院审判活动违反法定诉讼程序而提起抗诉的案件，如果原审事实、证据没有变化，在宣读支持抗诉意见书后由检察人员提请，并经审判长许可和辩护方同意，除了对新的辩论观点所依据的证据进行举证、质证以外，可以直接进入法庭辩论。（2）对于因原审判决、裁定认定部分事实不清、运用部分证据错误，导致定性不准、量刑明显不当而抗诉的案件，出庭的检察人员对经过原审举证、质证并成为判决、裁定依据，且诉讼双方没有异议的证据，不必逐一举证、质证，应当将法庭调查、辩论的焦点放在检察机关认为原审判决、裁定认定错误的事实和运用错误的证据上，并就有关事实和证据进行详细调查、举证和论证。对原审未质证清楚，二审、再审对犯罪事实又有争议的证据，或者在二审、再审期间收集的新的证据，应当进行举证、质证。（3）对于因原审判决、裁定认定事实不清、证据不足，导致定性不准、量刑明显不当而抗诉的案件，出庭的检察人员应当对案件的事实、证据、定罪、量刑等方面的问题进行全面举证。庭审中应当注意围绕抗诉重点举证、质证、答辩，充分阐明抗诉观点，详实、透彻地论证抗诉理由及其法律依据。

检察人员对提交法庭的新证据，要向法庭说明证据的来源和证明作用以及证人的有关情况。对法庭、辩护人、被告人或者上诉人当庭出示的新证据，检察人员应当从证据的客观性、关联性和合法性三方面进行质证。检察人员对辩护人在法庭上出示的证据材料，无论是新的证据材料还是原审庭审时已经举证、质证的证据材料，均应积极参与质证。既要对辩护人所出示证据材料的真实性发表意见，也要注意辩护人的举证意图。如果辩护人运用该证据材料所说明观点不能成立，应当及时予以反驳。一般来说，对二审期间新获取的可能影响案件定罪、量刑的新证据，原则上应当开庭质证。如果新证据属于证明被告人存在从宽处罚情节的，合议庭可以在庭外分别交由控辩双方质证，对双方无异议的新证据可以不再开庭质证。

（四）法庭辩论

检察人员在法庭辩论阶段要在归纳法庭调查所举证据的基础上，围绕控辩双方在事实、证据、法律适用和量刑方面的分歧焦点，依据事实和法律，客观公正地发表出庭意见。对检察机关未提出抗诉的上诉案件，应当根据第二审法庭审理的情况，就原审认定的事实和适用的法律进行全面评判。对原判决正确的，提出维持原判的意见；对经法庭调查事实不清、证据不足或者原审法院的审判活动违反诉讼程序应予以重新审判的，建议发回重审；对原判决认定事实没有错误，但适用法律有错误或者量刑不当的，建议改判。具体方法是：

1. 发表出庭意见。在法庭辩论前，检察人员要根据法庭调查的具体情况，结合上诉（抗诉）案件出庭意见书，发表维持或改变原判（或者支持抗诉）的意见。出庭意见主要内容包括：一是对一审判决认定的事实证据及法庭调查情况进行概括，论证一审判决或裁定认定的事实是否清楚，证据是否确实充分；二是论证一审判决或裁定定罪量刑、适用法律是否正确，明确发表支持或反对意见。检察人员在发表出庭意见时，可以提出量刑建议：认为应当维持原审裁判量刑的，可以在出席法庭时直接提出维持意见；认为应当改变原审裁判量刑的，可以制作量刑建议书提交法庭审理。

2. 庭审答辩。法庭辩论时，上诉案件应当先由上诉人、辩护人发言，再由检察人员发言；抗诉案件应当先由检察人员发言，再由被告人、辩护人发言；既有上诉又有抗诉的案件，应当先由检察人员发言，再由上诉人、辩护人发言，并进行辩论。检察人员对原审被告人、辩护人提出的观点，认为需要答辩的，应当在法庭上进行答辩。答辩应当抓住重点，主次分明。对与案件无关或者已经辩论过的观点和内容，不再答辩。

抗诉案件的法庭辩论，检察人员主要应把握以下答辩要点：一是关于事实的答辩，主要是关于犯罪动机、犯罪目的、犯罪手段、定罪量刑情节、危害后果、犯罪行为和后果的因果关系等问题的辩论；二是关于定案证据的答辩，主要是关于证明犯罪构成要件、犯罪性质罪名和量刑情节的证据是否确实充分的辩论，尤其是对支持抗诉主张的证据是否具备客观性、关联性和合法性，抗诉主张的每一环节是否均有相应的证据予以证实，抗诉主张与抗诉证据之间、抗诉证据与抗诉证据之间是否存在矛盾，支持抗诉主张的证据是否形成完整的锁链等问题的辩论；三是关于法律适用的答辩，主要是适用法律和法律条文是否正确，罪与非罪、此罪与彼罪、一罪与数罪的认定是否正确，法定从轻、减轻、从重、免除处罚的法律适用是否正确，适用刑种和量刑幅度是否正确，对人民检察院提出的附带民事诉讼部分的判决或裁定是否符合法律规定等问题的辩论；四是关于诉讼程序的答辩，主要对一审人民法院在案件审理过程中是否存在严重违反法定诉讼程序，影响公正审判情形的辩论，主要包括：是否违反有关回避规定的，审判组织的组成是否合法，证人证言是否未经庭审质证直接作为定案根据或者人民法院根据律师申请收集、调取的证据材料和合议庭休庭后自行调查取得的证据材料是否未经庭审质证直接采纳为定案根据，是否剥夺或者限制当事人法定诉讼权利，是否具备应当中止审理的情形而作出有罪判决，当庭宣判的案件合议庭是否未经评议直接宣判等，一审审判人员在案件审理期间是否有贪污受贿、徇私舞弊、枉法裁判行为并影响公正判决或裁定等。

三、刑事抗诉能力的提高

提高刑事抗诉案件质量和抗诉工作水平，是提高诉讼监督能力的重要内容，是确保刑事抗诉案件质量、提高刑事抗诉工作水平的必要手段。检察人员要着力提高刑事抗诉能力，为办好抗诉案件打下牢固基础。

1. 提高对判决、裁定的审查能力。准确审查判决、裁定，对于发现错误，及时启动刑事抗诉程序起着至关重要的作用。检察人员审查案件中对于判决、裁定全部或部分否定起诉书指控的事实，或者改变定性的，审查后要由检察官会议或公诉部门会议讨论，报检察长审定，对拟抗诉的，由检察长提交检察委员会讨论决定。审查判决、裁定要重点审查认定的事实、证据与起诉书指控的事实、证据是否一致，适用法律是否正确，量刑是否适当。审判程序是否合法。通过审查，确定裁判是否确有错误，并根据错误的性质和程度，研究采取何种方式进行监督。

2. 提高审查刑事抗诉案件的能力。刑事抗诉案件实行专人审查、检察官会议或者公诉部门会议讨论、检察委员会决定的制度。上级人民检察院审查刑事抗诉案件要坚持全案审查的原则，同时要突出审查重点。重点审查抗诉主张在事实上、法律上的依据以及支持抗诉主张的证据是否具有合法性、客观性和关联性。要坚持非法证据排除规则，据以定案的证据必须形成完整链条，排除合理怀疑。对重要案件的抗诉，可以采取对抗式审查方法，一方从支持抗诉角度审查抗诉的事实、证据和法律依据，另一方则从辩护角度提出不利于抗诉的问题和理由。在审查案件过程中，应当提审被告人，复核主要证据。对不支持抗诉的，在撤回抗诉前应与下级人民检察院沟通，充分听取下级人民检察院的意见。

3. 提高出庭支持抗诉的能力。检察人员要以制定出庭预案为基础，紧紧抓住争议焦点和案件重点，充分做好庭审的各项准备工作。必要时要对出庭预案组织集体讨论，或者进行模拟演练。提倡在庭审中运用多媒体示证系统，增强出庭效果。庭审中要突出审判监督职能，紧紧围绕抗诉主张展开法庭调查和法庭辩论。要提高庭上应变能力，正确应对庭审中出现的新情况和新问题，重要案件应当事先制作临庭处置方案。

4. 提高制作刑事抗诉法律文书的能力。检察人员要严格按照最高人民检察院下发的法律文书格式要求制作刑事抗诉法律文书。抗诉书要指出判决、裁定的错误及其原因，明确提出抗诉主张，着重阐明抗诉理由及依据，增强抗诉书的说理性。支持抗诉意见书要具体说明是全部支持抗诉还是部分支持抗诉，重点阐明支持的理由和依据。对重要案件的抗诉书要实行部门负责人审核把关，检察长审定的制度，确保抗诉文书质量。

5. 提高列席人民法院审判委员会的能力。列席审判委员会是人民检察院履行审判监督职能的重要途径。同级人民检察院检察长应当依法列席人民法院审判委员会讨论刑事抗诉案件，公诉部门负责人或者案件承办人可以作为检察长的助手随同参加。应与人民法院协商建立将合议庭意见与抗诉意见不一致的案件提交审判委员会讨论和审判委员会讨论刑事抗诉案件通知人民检察院派员列席的制度。检察长列席审判委员会，应当进一步阐明抗诉的理由和依据，并根据审判委员会讨论情况对案件事实、证据和法律适用进行必要的分析和论证，为案件改判奠定基础。

第二节　再审程序出庭技巧

一、再审程序出庭概述

刑事再审程序即审判监督程序，是指人民检察院和人民法院对判决或裁定已经发生法律效力但在事实认定和法律适用上存在错误的案件重新进行审判的诉讼程序。再审程序不是第三审程序，也不是必经诉讼程序，而是对错误有效判决的补救性审判程序。再审程序是有错必纠、实事求是原则在刑事诉讼中的直接体现和终极保障，有利于正确和统一行使刑罚权，有利于提高审判水平和审判质量，有利于保障公民权利。根据刑事诉讼法和司法实践经验，人民法院的判决或者裁定认定事实错误通常有以下几种情况：（1）原审判决或者裁定中认定的事实不存在或者与已经查明的案件事实情况不符；（2）据以定罪量刑的证据不确实、不充分或者证据之间存在矛盾，不能形成完整的证据锁链；
（3）发现了新的证据，足以推翻原审裁判中认定的事实。适用法律错误主要
指以下几种情况：（1）混淆了罪与非罪的界限，将有罪认定为无罪，或者将
无罪认定为有罪；（2）定性错误，混淆了此罪与彼罪的界限；（3）量刑不当，
畸轻畸重，如对具有法定减轻、免除处罚情节的，没有依法减轻、免除处罚；
（4）严重违反法律规定的诉讼程序，影响对案件公正裁判的，如违反了公开
审判制度、合议庭组成制度、回避制度等。[①]

启动再审程序的次数没有限制，再审程序的判决可能对被告人有利也可能
对被告人不利，但启动再审程序的主体仅限于作出原判决或裁定的法院以及上
级人民法院、上级人民检察院。最高人民检察院发现各级人民法院已经发生法
律效力的判决或者裁定，上级人民检察院发现下级人民法院已经发生法律效力
的判决或者裁定确有错误时，可以直接向同级人民法院提出抗诉，或者指令作
出生效判决、裁定人民法院的上一级人民检察院向同级人民法院提出抗诉。当
事人及其法定代理人、近亲属认为人民法院已经发生法律效力的刑事判决、裁
定确有错误，可以向人民检察院申诉并提出抗诉请求。检察人员出席再审程序
的案件有：（1）依照第一审程序审理的；（2）依照第二审程序需要对事实或
者证据进行审理的；（3）人民检察院按照审判监督程序提出抗诉的；（4）可
能对原审被告人（原审上诉人）加重刑罚的；（5）有其他应当开庭审理情
形的。

审判监督程序是为矫正裁判错误而发动的特殊诉讼程序，最高人民法院、
上级人民法院和各级人民法院院长提交审判委员会讨论决定后都可以发动该程
序。而人民检察院认为人民法院已经发生法律效力的判决、裁定确有错误，应
当按照审判监督程序向人民法院提出抗诉的具体情形包括：

（一）有新的证据证明原判决、裁定认定的事实确有错误的

公诉实践中，对于由于证据发生变化导致人民法院一审判决出现重罪轻判
或者轻罪重判等刑罚适用错误时，检察机关应当按照审判监督程序提出抗诉。

案例[②]：2004年9月5日晚，被害人邵某等人至上海市奉贤区奉城镇塘外
社区紫苑路231号，就潘某某撕下杨某某贴在棋牌室门口的广告红纸一事发生
争执，进而互相扭打。被告人薛某某为了帮助潘某某，持刀将被害人邵某双上

---

①　中华人民共和国最高人民法院刑事审判第一、二、三、四、五庭主办：《中国刑事
审判指导案例》（破坏社会主义市场经济秩序罪），法律出版社2009年版，第314页。

②　案情和评析理由参见李培龙主编：《案例精选与法律适用》，中国检察出版社2007
年版，第122～125页。

肢、左肩部、右腋部等多处砍伤。同年 9 月 15 日经复旦大学上海医学院法医学鉴定中心鉴定，伤者邵某外伤性双上肢刀创已构成轻伤；邵某左中神经及多根肌腱离断伤，伤势待伤后 6 个月作补充鉴定。同年 12 月 24 日，被告人薛某某被奉贤区法院以故意伤害罪判处有期徒刑 2 年。2005 年 3 月 17 日，复旦大学上海医学院法医学鉴定中心对被害人邵某的伤势情况作了补充鉴定。同年 3 月 21 日鉴定中心出具了邵某的伤情已构成重伤的鉴定结论。5 月 8 日，被害人邵某以原审判决认定其伤势为轻伤有误，导致适用法律、量刑不当为由向奉贤区人民检察院提出申诉。同年 9 月 9 日，奉贤区人民检察院经检委会讨论决定，对薛某某故意伤害一案按审判监督程序提请上海市人民检察院第一分院抗诉。上海市人民检察院第一分院检察委员会讨论后认为，被害人邵某的人身伤害医学补充鉴定结论证实，原审被告人薛某某故意伤害行为与被害人的重伤后果之间有直接的因果关系，应以故意伤害致人重伤追究薛的刑事责任。但在本案诉讼过程中，原审理机关忽视了被害人伤害医学鉴定中的提示，致使在被害人伤害后果尚未确定的情况下，一审判决对原审被告人薛某某以故意伤害罪致人轻伤追究刑事责任，造成认定事实有误，导致适用法律不当，依法应予纠正。根据《刑事诉讼法》第 205 条第 3 款①之规定，应当提出抗诉。具体理由如下：

第一，原审判决认定被害人邵某的伤势构成轻伤的事实有误。复旦大学上海医学院法医学鉴定中心于 2004 年 9 月 15 日对被害人邵某的伤势作了《法医学鉴定书》，由于当时被害人邵某受伤仅 10 天，正在医院接受治疗，鉴定人只能根据被害人双上肢刀创口累计的长度，得出被害人伤势构成轻伤的结论，但由于刀伤已致使被害人左正中神经及多根肌腱离断，是否会造成左手严重功能性障碍要视伤势恢复情况来确定，故鉴定结论第二项要求被害人待伤后 6 个月作补充鉴定。事隔半年后，法医学鉴定中心于 2005 年 3 月 21 日对被害人邵某的伤势作了补充鉴定，结论为被害人邵某左手的刀伤已造成严重功能障碍，构成重伤。因此，由于第一份鉴定结论是在案发后不久做出的，被害人的损伤程度尚难以最终定论，故该份鉴定仅能反映出当时被害人创伤的表面损伤状况，是一份阶段性鉴定，并非认定被害人伤势的最终结论，不能作为定案的最终依据。补充鉴定结论证实被害人邵某的伤势构成重伤系在第一次鉴定结论的基础上，根据被害人的伤势恢复后的情况，参照《人体重伤鉴定标准》的相关规定做出的，被害人伤势程度得到了最终确定。据此，原审判决定罪、量刑

---

① 本案例中所引《刑事诉讼法》第 205 条第 3 款为 1996 年《刑事诉讼法》中的内容。——编者注

所依据的轻伤事实发生了变化，确属认定事实有误。

第二，复旦大学上海医学院法医学鉴定中心出具的《法医学补充鉴定书》是原司法鉴定文书的组成部分。首先，在法律上，司法部2001年8月31日颁布的《司法鉴定程序通则（试行）》第32条已明文规定，补充鉴定可以由原司法鉴定人进行，也可以由其他司法鉴定人进行。补充司法鉴定文书是原司法鉴定文书的组成部分。其次，两份鉴定书的鉴定内容具有互补性，共同组成一份完整的法医学鉴定结论。该鉴定中心于2004年9月15日出具的《法医学鉴定书》对被害人邵某的伤势鉴定包含两个方面的内容：（1）外伤性双肢刀创已构成轻伤；（2）左正中神经及多根肌腱离断伤伤势需作补充鉴定。2005年3月21日的《补充鉴定书》仅对原司法鉴定书的第二项进行了鉴定，虽然结论为重伤，但其内容是对被害人伤势中未鉴定项目的补充鉴定，与原司法鉴定书的结论没有矛盾及抵触。

第三，原审判决适用法律有误，导致量刑不当。根据《刑法》第234条第2款之规定，犯故意伤害罪，致人重伤的，处3年以上10年以下有期徒刑。本案原审被告人薛某某故意伤害他人身体，致被害人邵某重伤，依照上述法律规定，应当判处3年以上10年以下有期徒刑。原审判决适用《刑法》第234条第1款之规定，判处被告人薛某某有期徒刑2年，显属适用法律错误，导致量刑不当。

综上所述，法医学补充鉴定结论是在原审判决生效后作出的，由于该司法鉴定的结论发生了重大变化，导致原审判决所依据定罪量刑的事实发生变化，以致原审判决在适用法律、量刑上确有错误，依法应当予以纠正。依照《刑事诉讼法》第205条第3款之规定："上级人民检察院对下级人民法院已经发生法律效力的判决和裁定，如果发现确有错误，有权按照审判监督程序向同级人民法院提出抗诉。"据此，奉贤区人民检察院提请上级检察机关按照审判监督程序向上海市第一中级人民法院提出抗诉，追究原审被告人薛某某故意伤害致人重伤的刑事责任的意见于法有据，应予支持。

本案由上海市人民检察院第一分院按照审判监督程序向上海市第一中级人民法院提出抗诉。上海市第一中级人民法院以原判事实不清为由，于2005年12月11日指令原审法院再审。奉贤区人民法院另行组成合议庭对本案进行重新审理，于2006年6月21日对本案作出判决，纠正了原审认定被害人邵某的伤势构成轻伤的错误，判处被告人薛某某有期徒刑4年。

伤害案件鉴定结论是比较常见的鉴定结论，它是鉴定人受司法机关委托，运用自己的法医学知识及法律常识对司法机关所指定的刑事案件中的人身伤害的程度或死亡的原因、伤害的凶器等进行鉴别和判断后制作的书面意见，一般也称"法医鉴定结论"，是司法工作人员认定案件事实、定罪量刑的重要依据。对于故意伤害案件，如果没有相关的伤害鉴定结论，那么对之准确定性和量刑是无法达至的。导致本案一审判决量刑失当的主要原因就在于法院在适用的事实并没有得到完全查清的基础上就进行了定性并量刑。具体到本案：2004年9月5日故意伤害案发生后，同年9月15日经有关鉴定机构鉴定，多根肌腱离断伤，被害人邵某外伤性双肢刀创已构成轻伤；邵某左中神经及多伤势待伤后6个月作补充鉴定。也就是说案发后短期内由于被当时鉴定机构做出的伤情鉴定仅仅是根据被害人所遭受创伤的初步观察而做出的初步鉴定结论，最终的鉴定结论必须等被害人的伤情恢复之后才能进行。这时一审法院必须等待司法鉴定机构的最终鉴定结论才可结案。但一审法院根据这个初步鉴定结论即做出了判决，6个月后被害人待伤情恢复后作的补充鉴定结论书表明其所受创伤已构成重伤标准。毫无疑问，这个补充鉴定结论书是原司法鉴定文书的组成部分。由于该补充鉴定结论发生了重大变化，导致一审判决所依据定罪量刑的事实发生变化，以致一审判决在适用法律、量刑上确有错误。那么公诉机关根据这种情况，提请上级检察机关对该一审生效判决依照审判监督程序向上级法院进行抗诉具有事实和法律根据，二审法院的判决也对该抗诉的事实予以了认定和支持，这无疑是正确的。

（二）据以定罪量刑的证据不确实、不充分或者证明案件事实的主要证据之间存在矛盾的

再审程序据以定罪量刑的证据不确实、不充分是指：（1）据以定案的主要证据被证明是不真实的；（2）犯罪构成要件事实没有必要证据加以证明的；（3）据以定案证据的证明力和证明效果不足以证明案件事实，证据之间无法形成完整证据锁链的；（4）证据在全局上不足以对所要证明的案件事实得出排除一切合理怀疑的结论，案件事实仍存在多种可能性。[①]

（三）原判决、裁定适用法律确有错误的

最高人民检察院2010年12月31日发布的第一批指导性案例中被告人忻元龙绑架案（检例第2号）中，明确检察机关对于死刑案件的抗诉，要正确把握适用死刑的条件，严格证明标准，依法履行刑事审判法律监督职责。针对本案二审法院错误适用法律判处被告人忻元龙死刑缓期执行的判决，最高人民检察院认为按照事实、证据和法律应当适用死刑，依法按审判监督程序向最高人民法院提出抗诉，最高人民法院指令浙江省高级人民法院再审改判被告人忻元龙死刑。

---

① 马贵翔主编：《刑事检察证据运用评析》，中国检察出版社2010年版，第54页。

案例①：被告人忻元龙因经济拮据而产生绑架儿童并勒索家长财物的意图，并多次到浙江省慈溪市进行踩点和物色被绑架人。2005 年 8 月 18 日上午，忻元龙驾驶自己的浙 B3C751 通宝牌面包车从宁波市至慈溪市浒山街道团圈支路老年大学附近伺机作案。当日下午 1 时许，忻元龙见女孩杨某某（女，1996 年 6 月 1 日出生。浙江省慈溪市浒山东门小学三年级学生，因本案遇害，殁年 9 岁）背着书包独自一人经过，即以"陈老师找你"为由将杨某某骗上车，将其扣在一个塑料洗澡盆下，开车驶至宁波市东钱湖镇"钱湖人家"后山。当晚 10 时许，忻元龙从杨某某处骗得其父亲的手机号码和家中的电话号码后，又开车将杨某某带至宁波市北仑区新碶镇算山村防空洞附近，采用捂口、鼻的方式将杨某某杀害后掩埋。8 月 19 日，忻元龙乘火车到安徽省广德县购买了一部波导 1220 型手机，于 20 日凌晨 0 时许拨打杨某某家电话，称自己已经绑架杨某某并要求杨某某的父亲于当月 25 日下午 6 时前带 60 万元赎金到浙江省湖州市长兴县交换其女儿。而后，忻元龙又乘火车到安徽省芜湖市打勒索电话，因其将记录电话的纸条丢失，将被害人家的电话号码后四位 2353 误记为 7353，电话接通后听到接电话的人操宁波口音，而杨某某的父亲讲普通话，由此忻元龙怀疑是公安人员已介入，遂停止了勒索。2005 年 9 月 15 日忻元龙被公安机关抓获，忻元龙供述了绑架杀人经过，并带领公安人员指认了埋尸现场，公安机关起获了一具尸骨，从其浙 B3C751 通宝牌面包车上提取了杨某某头发两根（经法医学 DNA 检验鉴定，是被害人杨某某的尸骨和头发）。公安机关从被告人忻元龙处扣押波导 1220 型手机一部。

2006 年 1 月 4 日，宁波市人民检察院以忻元龙涉嫌绑架罪向宁波市中级人民法院提起公诉。2006 年 1 月 17 日，浙江省宁波市中级人民法院依法组成合议庭，公开审理了此案。法庭审理认为：被告人忻元龙以勒索财物为目的，绑架并杀害他人，其行为已构成绑架罪。手段残忍、后果严重，依法应予严惩。检察机关指控的罪名成立。2006 年 2 月 7 日，宁波市中级人民法院一审判决被告人忻元龙犯绑架罪，判处死刑，剥夺政治权利终身，并处没收个人全部财产。

被告人忻元龙对一审刑事部分的判决不服，向浙江省高级人民法院提出上诉。2006 年 10 月 12 日，浙江省高级人民法院依法组成合议庭，公开审理了此案。法庭审理认为：被告人忻元龙以勒索财物为目的，绑架并杀害他人，其行为已构成绑架罪。犯罪情节特别严重，社会危害极大，依法应予严惩。但鉴

---

① 参见最高人民检察院《关于印发第一批指导性案例的通知》（高检发研字〔2010〕12 号）。

于本案的具体情况，对忻元龙判处死刑，可不予立即执行。2007 年 4 月 28 日，浙江省高级人民法院作出二审判决：一、撤销浙江省宁波市中级人民法院（2006）甬刑初字第 16 号刑事附带民事判决中对忻元龙的量刑部分，维持判决的其余部分；二、被告人忻元龙犯绑架罪，判处死刑，缓期 2 年执行，剥夺政治权利终身。

被害人杨某某的父亲不服，于 2007 年 6 月 25 日向浙江省人民检察院申诉，请求提出抗诉。

浙江省人民检察院经审查认为，浙江省高级人民法院二审判决改判忻元龙死刑缓期 2 年执行确有错误，于 2007 年 8 月 10 日提请最高人民检察院按照审判监督程序提出抗诉。最高人民检察院派员到浙江专门核查了案件相关情况。最高人民检察院检察委员会两次审议了该案，认为被告人忻元龙绑架犯罪事实清楚，证据确实、充分，依法应当判处死刑立即执行，浙江省高级人民法院以"鉴于本案具体情况"为由改判忻元龙死刑缓期 2 年执行确有错误，应予纠正。理由如下：

第一，忻元龙绑架犯罪事实清楚，证据确实、充分。本案定案的物证、书证、证人证言、被告人供述、鉴定结论、现场勘查笔录等证据能够形成完整的证据体系。公安机关根据忻元龙的供述找到被害人杨某某尸骨，忻元龙供述的诸多隐蔽细节，如埋尸地点、尸体在土中的姿势、尸体未穿鞋袜、埋尸坑中没有书包、打错勒索电话的原因、打勒索电话的通话次数、通话内容、接电话人的口音等，得到了其他证据的印证。

第二，浙江省高级人民法院二审判决确有错误。二审改判是认为本案证据存在两个疑点。一是卖给忻元龙波导 1220 型手机的证人傅世红在证言中讲该手机的串号与公安人员扣押在案手机的串号不一致，手机的同一性存有疑问；二是证人宋丽娟和艾力买买提尼牙子证实，在案发当天看见一中年妇女将一个与被害人特征相近的小女孩带走，不能排除有他人作案的可能。经审查，这两个疑点均能够排除。一是关于手机同一性问题。经审查，公安人员在询问傅世红时，将波导 1220 型手机原机主洪义军的身份证号码误记为手机的串号。宁波市人民检察院移送给宁波市中级人民法院的《随案移送物品文件清单》中写明波导 1220 型手机的串号是 350974114389275，且洪义军将手机卖给傅世红的《旧货交易凭证》等证据，清楚地证明了从忻元龙身上扣押的手机即是索要赎金时使用的手机，且手机就在宁波市中级人民法院，手机同一性的疑点能够排除。二是关于是否存在中年妇女作案问题。案卷原有证据能够证实宋丽娟、艾力买买提尼牙子证言证明的"中年妇女带走小女孩"与本案无关。宋丽娟、艾力买买提尼牙子证言证明的中年妇女带走小女孩的地点在绑架现场东侧 200 米左右，与忻元龙绑架杨某某并非同一地点。艾力买买提尼牙子证言证明的是迪欧咖啡厅南边的电脑培训学校门口，不是忻元龙实施绑架的地点；宋丽娟证言证明的中年妇女带走小女孩的地点是迪欧咖啡厅南边的十字路口，而不是老年大学北围墙外的绑架现场，因为宋丽娟所在位置被建筑物阻挡，看不到老年大学北围墙外的绑架现场，此疑问也已经排除。此外，二人提到的小女孩的外貌特征等细节也与杨某某不符。

第三，忻元龙所犯罪行极其严重，对其应当判处死刑立即执行。一是忻元龙精心预谋犯罪、主观恶性极深。忻元龙为实施绑架进行了精心预谋，多次到慈溪市"踩点"，并选择了相对僻静无人的地方作为行车路线。忻元龙以"陈老师找你"为由将杨某某骗上车实施绑架，与慈溪市老年大学剑桥英语培训班负责人陈老师的姓氏相符。忻元龙居住在宁波市的鄞州区，选择在宁波市的慈溪市实施绑架，选择在宁波市的北仑区杀害被害人，之后又精心实施勒索赎金行为，赴安徽省广德县购买波导 1220 型手机，使用异地购买的手机卡，赴安徽省宣城市、芜湖市打勒索电话并要求被害人父亲到浙江省长兴县交付赎金。二是忻元龙犯罪后果极其严重、社会危害性极大。忻元龙实施绑架犯罪后，为使自己的罪行不被发现，在得到被害人家庭信息后，当天就将年仅 9 岁的杨某某杀害，并烧掉了杨某某的书包，扔掉了杨某某挣扎时脱落的鞋子，实施了毁灭罪证的行为。忻元龙归案后认罪态度差。开始不供述犯罪，并隐瞒作案所用手机的来源，后来虽供述犯罪，但编造他人参与共同作案。忻元龙的犯罪行为不仅剥夺了被害人的生命、给被害人家属造成了无法弥补的巨大痛苦，也严重影响了当地群众的安全感。三是二审改判忻元龙死刑缓期 2 年执行不被被害人家属和当地群众接受。被害人家属强烈要求判处忻元龙死刑立即执行，当地群众对二审改判忻元龙死刑缓期 2 年执行亦难以接受，要求司法机关严惩忻元龙。

2008 年 10 月 22 日，最高人民检察院依照《中华人民共和国刑事诉讼法》第 205 条第 3 款①之规定，向最高人民法院提出抗诉。2009 年 3 月 18 日，最高人民法院指令浙江省高级人民法院另行组成合议庭，对忻元龙案件进行再审。

2009 年 5 月 14 日，浙江省高级人民法院另行组成合议庭公开开庭审理本案。法庭审理认为：被告人忻元龙以勒索财物为目的，绑架并杀害他人，其行

---

① 此处所引《刑事诉讼法》第 205 条第 3 款及下文《刑事诉讼法》第 205 条第 2 款、第 206 条、第 189 条第（二）项和第 199 条均为 1996 年《刑事诉讼法》中的内容。——编者注

为已构成绑架罪，且犯罪手段残忍、情节恶劣，社会危害极大，无任何悔罪表现，依法应予严惩。检察机关要求纠正二审判决的意见能够成立。忻元龙及其辩护人要求维持二审判决的意见，理由不足，不予采纳。

2009 年 6 月 26 日，浙江省高级人民法院依照《中华人民共和国刑事诉讼法》第 205 条第 2 款、第 206 条、第 189 条第（二）项，《中华人民共和国刑法》第 239 条第 1 款、第 57 条第 1 款、第 64 条之规定，作出判决：一、撤销浙江省高级人民法院（2006）浙刑一终字第 146 号刑事判决中对原审被告人忻元龙的量刑部分，维持该判决的其余部分和宁波市中级人民法院（2006）甬刑初字第 16 号刑事附带民事判决；二、原审被告人忻元龙犯绑架罪，判处死刑，剥夺政治权利终身，并处没收个人全部财产，并依法报请最高人民法院核准。

最高人民法院复核认为：被告人忻元龙以勒索财物为目的，绑架并杀害他人的行为已构成绑架罪。其犯罪手段残忍，情节恶劣，后果严重，无法定从轻处罚情节。浙江省高级人民法院再审判决认定的事实清楚，证据确实、充分，定罪准确，量刑适当，审判程序合法。

2009 年 11 月 13 日，最高人民法院依照《中华人民共和国刑事诉讼法》第 199 条和最高人民法院《关于复核死刑案件若干问题的规定》第 2 条第 1 款之规定，作出裁定：核准浙江省高级人民法院（2009）浙刑再字第 3 号以原审被告人忻元龙犯绑架罪，判处死刑，剥夺政治权利终身，并处没收个人全部财产的刑事判决。

2009 年 12 月 11 日，被告人忻元龙被依法执行死刑。

（四）审判人员在审理案件的时候，有贪污受贿、徇私舞弊、枉法裁判行为的

按照刑事诉讼法的规定，最高人民检察院发现各级人民法院已经发生法律效力的判决或者裁定，上级人民检察院发现下级人民法院已经发生法律效力的判决或者裁定确有错误时，可以直接向同级人民法院提出抗诉，或者指令作出生效判决、裁定人民法院的上一级人民检察院向同级人民法院提出抗诉。如果人民检察院认为人民法院按照审判监督程序提出抗诉的案件作出的判决、裁定仍然确有错误的，如果案件是依照第一审程序审判的，同级人民检察院应当向上一级人民法院提出抗诉；如果案件是依照第二审程序审判的，上一级人民检察院应当按照审判监督程序向同级人民法院提出抗诉。

出于对生命的尊重和对死刑缓期执行案件的慎重，死刑缓期执行案件除原判认定事实、适用法律有严重错误或者罪行极其严重，必须判处死刑立即执行，而判处死刑缓期执行明显不当的以外，下列情形一般不宜按照审判监督程

序提出抗诉：（1）因被告人有自首、立功等法定从轻、减轻处罚情节而判处其死刑缓期2年执行的；（2）定罪的证据确实、充分，但因影响量刑的证据尚存有疑点而判处被告人死刑缓期2年执行的；（3）因婚姻家庭、邻里纠纷等民间矛盾引发的案件，因被害方的过错行为引起的案件，被告人案发后真诚悔罪并积极赔偿被害人经济损失的案件，人民法院根据案件具体情况，判处被告人死刑缓期2年执行的；（4）被判处死刑缓期2年执行的罪犯入监劳动改造后，考验期将满，认罪服法，狱中表现较好的。

二、再审程序出庭的技巧

（一）再审案件的审查

人民检察院对于人民法院按照审判监督程序重新审判的案件，应当对原判决、裁定认定的事实、证据和适用法律进行全面审查。在全面掌握案情的基础上，对生效的第一审判决书和裁定书要审查一审判决或裁定在事实、证据、适用法律中是否存在错误，以及审查人民法院在案件审理过程中是否存在严重违反法定诉讼程序，影响公正审判的情形；对生效的第二审判决书和裁定书的审查要将判决书、裁定书与一审判决书、裁定书以及二审抗诉书或者上诉状对照进行审查，重点审查终身判决、裁定在认定事实、采信证据、适用法律、定罪量刑和诉讼程序等方面是否正确合法，是否采纳了检察机关的抗诉意见和上诉人的合理要求，对无理的上诉要求是否驳回。

检察人员审查再审案件的重点是：（1）认真研究《提请抗诉报告书》，熟悉案件的基本情况、重点了解不同诉讼阶段对案件事实的认定有什么不同，公诉意见、历次判决结论有什么差异，将判决理由与提请抗诉的理由进行对比，初步分析案件分歧的焦点所在；（2）审阅卷中的起诉书、判决书，核对《提请抗诉报告书》所列举的公诉意见、判决结论、判决理由等内容是否存在错误；（3）审阅卷中证据材料，在全面审阅的基础上，重点审查生效判决、裁定所认定的案件事实有哪些证据证明，下一级检察院提请抗诉的理由有哪些证据可以作为依据，特别是对认定事实有分歧的，应仔细审查各个分歧意见分别有哪些证据证明；（4）根据卷中证据情况提出对案件事实的初步认定意见，注意与生效判决、裁定的认定意见有没有不同；（5）初步列出案件分歧的焦点问题，包括事实认定上的分歧、证据认定上的分歧以及法律认定上的分歧等；（6）分析生效判决、裁定是否存在错误，提请抗诉的理由中哪些成立、哪些不成立以及是否存在疏漏，初步确定不抗诉或者抗诉的意见；（7）根据案件具体情况，必要时可以到案发地复核主要证据、提讯原审被告人，对尚不清楚的事实和情节提取新的证据；（8）根据复核证据的情况，进一步提出认定事实、证据和适用法律的意见，分析判决是否确有错误，抗诉理由是否充分，最后提出抗诉或者不抗诉的结论性意见。

案件审查完毕后，检察人员应当写出《刑事抗诉案件审查报告》，依次写明原审被告人基本情况、诉讼经过、犯罪事实及证据分析、原审判决、裁定情况、提请抗诉的理由和法律依据以及下一级人民检察院检察委员会讨论情况，最后提出具体的审查意见。

（二）再审案件的出庭

人民检察院派员出席再审法庭，如果再审案件按照第一审程序审理，检察人员就参照一审程序的有关规定参与诉讼；如果再审案件按照第二审程序审理，参照二审程序的有关规定履行职责。

第三节　审判活动监督技巧

一、审判活动监督概述

（一）审判活动监督的内涵

审判活动监督是指人民检察院依法对人民法院的审判活动是否合法实行监督的程序。检察机关承担着法律监督职能，负有保障宪法法律实施，维护公民合法权利的职责，检察人员在依法出席审判活动的过程中，对人民法院违反法定诉讼程序的行为，有权提出意见，要求予以纠正。

检察机关对审判活动的监督包括对一审、二审和再审审判程序以及死刑复核程序的监督。审判活动监督原则既是检察机关法律监督职能的具体落实，又是"分工负责，互相配合，互相制约"诉讼原则的直接体现。检察机关实行审判活动监督，可以有效监督和制约审判权，保障审判权的正确实施和审判的公平公正，防止司法腐败和司法不当，维护司法权威。审判活动监督原则可以促进公正规范审判，保证案件证据事实能够准确查明，法律法理能够正确适用，使有罪者罪责自负，无辜者免受追究，从根本上保护公民人权，保障法律的统一实施。

根据法律规定，审判活动监督的主体应当是人民检察院而非检察人员个人，检察人员在出庭过程中发现法庭审判活动违反刑事诉讼法有关程序规定的，应当在庭审结束后及时向检察长报告，以人民检察院的名义向人民法院提出纠正意见；人民法院对于人民检察院的纠正意见应当接受，及时改正错误并向人民检察院通报改正的情况。当然，审判活动监督并非仅限于事后的书面正式监督，检察人员发现庭审活动严重违反诉讼程序的行为，也可以在庭上向法院指出；如法庭不采纳且严重违反法定程序可能影响公正审判的，检察人员可以要求休庭向检察长报告后提出正式纠正意见。人民检察院审判活动监督权的实现有赖于出庭检察人员切实履行职责，检察人员出席庭审活动就承担着同步进行审判活动监督的职责，可以当庭纠正违反诉讼程序的审判行为。此外，对法庭审理过程中，法庭对证据有疑问并在休庭后进行勘验、检查、扣押、鉴定和查询、冻结的，检察人员也要依法进行监督，发现上述调查核实证据活动有违法情况的应当提出纠正意见。

（二）审判活动监督与诉讼公正

依法对审判活动实行法律监督，是公诉工作的重要内容之一。检察机关要统一执法思想，增强监督意识，将刑讯逼供、暴力取证、徇私枉法造成错误裁判、有罪判无罪、量刑畸轻畸重、职务犯罪案件量刑失衡等作为监督重点，依法强化审判活动监督，大力维护司法公正。

一是要坚持依法、坚决、准确、有效的诉讼监督原则。依法，就是要依照刑法、刑事诉讼法和有关司法解释的规定行使审判活动监督权，既要监督到位，又不超越职权；坚决，就是要坚持有法必依、违法必纠的原则，充分履行审判活动监督职责，加大监督力度；准确，就是要正确把握监督标准，规范监督程序，做到依法有据、保证质量；有效，就是要综合运用各种监督手段，发现问题及时监督，切实强化监督效力，增强监督效果。

二是要依法运用抗诉手段，加大刑事审判监督力度。检察机关要认真执行《人民检察院刑事诉讼规则》以及其他关于刑事抗诉工作的规定，符合抗诉条件的应当坚决依法提出抗诉。根据当前抗诉实践，对于具有以下情形之一的，应当认为有抗诉必要，依法提出抗诉：（1）人民法院采信自行收集的证据，未经庭审质证即作为裁判的根据，导致裁判错误的；（2）人民法院不采纳公诉人庭前收集并经庭审质证的有效证据，仅因被告人翻供而判决无罪或改变事实认定，造成错误裁判的；（3）人民法院审判活动严重违反法定诉讼程序，或者审判人员在审理案件过程中有贪污受贿、徇私舞弊等行为，影响公正裁判的；（4）判决、裁定认定事实或者适用法律错误，量刑虽然未致畸轻畸重，但社会影响恶劣的；（5）因重要事实、法定情节认定错误而导致错误裁判，或者因判决、裁定认定犯罪性质错误，可能对司法实践产生不良效应的。上级检察机关要支持下级检察机关依法开展抗诉工作，对下级人民检察院抗诉或者提请抗诉的案件，上级人民检察院应当提讯原审被告人、复核主要证据，符合抗诉条件的，应当依法支持抗诉或者向同级人民法院提出抗诉。检察机关提出抗诉的案件，要按照规定报同级人大常委会备案。对于人民法院正确的判决、裁定，应当做好当事人的息诉工作，维护审判权威。

三是要综合运用多种监督手段，加强审判活动监督。要正确处理监督目的与监督手段的关系，拓宽监督思路，讲究监督方法，采取口头监督与发出检察建议书、纠正违法通知书相结合，即时监督与事后监督相结合，个案监督与类案监督相结合等方式，综合运用多种监督手段，加大监督力度，增强监督效果。要加强宏观监督，注意对一定时期内审判活动中存在的问题进行归纳、分析，有针对性地提出监督意见和建议，督促审判机关纠正。对于提出的监督意见，要逐件跟踪。对排斥监督或者经监督仍不纠正的，可以向同级党委、人大报告，或者采取通过上级检察机关向被监督单位的上级机关通报的方式进行监督。

四是要完善诉讼监督工作衔接机制。要加强公诉部门与侦查监督、监所检察、控告申诉等部门的沟通、配合，互通情况，相互衔接，形成合力，共同做好审判活动监督工作。对于公诉部门正在办理的案件，其他部门接到有关控告申诉，或者发现有审判活动违法行为的，应当向公诉部门通报，公诉部门应当据此加强对审判活动的监督。

五是要建立检察机关内部诉侦协作机制，坚决查处司法不公背后的职务犯罪。司法人员贪赃枉法、徇私舞弊是造成司法不公的重要原因。各级检察机关公诉部门与反贪污贿赂、渎职侵权检察等部门要切实加强配合，把查处司法不公背后的司法人员职务犯罪作为强化诉讼监督的有力手段，形成监督合力。要制定检察机关诉侦协作具体规定，公诉部门对在审判活动监督中发现司法人员的职务犯罪线索，经检察长批准，可以进行初步调查或者将线索移送职务犯罪侦查部门；职务犯罪侦查部门应当作为重点案件优先查处，并及时向公诉部门反馈查处结果。要把加强诉侦协作、主动发现和查处司法工作人员职务犯罪的情况，作为考核公诉部门和职务犯罪侦查部门工作的重要指标。

二、审判活动监督的内容

检察机关审判活动监督的对象是人民法院违反法定程序的审判行为，主要包括：

（一）人民法院对刑事案件的受理违反管辖规定的

管辖是指公安司法机关受理刑事案件的职责分工，包括公安机关、人民检察院和人民法院受理案件的分工和人民法院系统受理第一审案件的分工。管辖制度可以使公安司法机关明确各自受理案件的职责，有利于依法履行职务，有利于公、民揭发控告犯罪，有利于诉讼效率的提高。

刑事诉讼法规定了以下管辖制度来规范人民法院受理审判案件程序：

1. 立案管辖。规定人民法院直接受理的刑事案件有：（1）侮辱案、诽谤案、暴力干涉婚姻自由案、虐待案、侵占案等告诉才处理的案件；（2）故意伤害案（轻伤），非法侵入住宅案，侵犯通讯自由案，重婚案，遗弃案，生产、销售伪劣商品案（严重危害社会秩序和国家利益的除外），侵犯知识产权案（严重危害社会秩序和国家利益的除外），属于侵犯公民人身权利，民主权利案，侵犯财产案，对被告人可能判处 3 年以下有期徒刑刑罚的等被害人有证据证明的轻微刑事案件；（3）被害人有证据证明对被告人侵犯自己人身权利、财产权利的行为应当依法追究刑事责任，而公安机关或者人民检察院不予追究被告人刑事责任的案件。

2. 级别管辖。规定了各级人民法院的受案范围：基层人民法院管辖第一审普通刑事案件，但是依照本法由上级人民法院管辖的除外；中级人民法院管辖的第一审刑事案件包括危害国家安全、恐怖活动案件，可能判处无期徒刑、死刑的案件；高级人民法院管辖全省（自治区、直辖市）性的重大刑事案件；最高人民法院管辖全国性的重大刑事案件。为适应审判活动中的特殊情形，上级人民法院在必要的时候，可以审判下级人民法院管辖的第一审刑事案件；下级人民法院认为案情重大、复杂需要由上级人民法院审判的第一审刑事案件，可以请求移送上一级人民法院审判。人民检察院认为可能判处无期徒刑、死刑而向中级人民法院提起公诉的普通刑事案件，中级人民法院受理后，认为不需要判处无期徒刑以上刑罚的，可以依法审理，不再交基层人民法院审理。一人犯数罪、共同犯罪和其他需要并案审理的案件，只要其中一人或者一罪属于上级人民法院管辖的，全案由上级人民法院管辖。

3. 地区管辖。刑事案件由犯罪地的人民法院管辖。如果由被告人居住地的人民法院审判更为适宜的，可以由被告人居住地的人民法院管辖。几个同级人民法院都有权管辖的案件，由最初受理的人民法院审判，在必要的时候可以移送主要犯罪地的人民法院审判。

4. 指定管辖。上级人民法院可以指定下级人民法院审判管辖不明的案件，也可以指定下级人民法院将案件移送其他人民法院审判。

5. 特殊管辖。包括：单位犯罪的刑事案件由犯罪地的人民法院管辖，如果由被告单位住所地的人民法院管辖更为适宜的可以由被告单位住所地的人民法院管辖；对于中华人民共和国缔结或者参加的国际条约所规定的罪行，中华人民共和国在所承担条约义务的范围内，由被告人被抓获地的中级人民法院管辖；在中华人民共和国领域外的中国船舶内的犯罪，由犯罪发生后该船舶最初停泊的中国口岸所在地的人民法院管辖；在中华人民共和国领域外的中国航空器内的犯罪，由犯罪发生后该航空器在中国最初降落地的人民法院管辖；在国际列车上的犯罪，按照我国与相关国家签订的有关管辖协定确定管辖，没有协定的由犯罪发生后该列车最初停靠的中国车站所在地或者目的地的铁路运输法院管辖；中国公民在驻外的中国使领馆内的犯罪，由该公民主管单位所在地或者他的原户籍所在地的人民法院管辖；中国公民在中华人民共和国领域外的犯罪，由该公民离境前的居住地或者原户籍所在地的人民法院管辖；外国人在中华人民共和国领域外对中华人民共和国国家或者公民犯罪，依照刑法应受处罚的，由该外国人入境地的中级人民法院管辖；发现正在服刑的罪犯在判决宣告前还有其他犯罪没有受到审判的，由原审人民法院管辖；如果罪犯服刑地或者新发现罪的主要犯罪地的人民法院管辖更为适宜的，可以由服刑地或者新发现罪的主要犯罪地的人民法院管辖。正在服刑的罪犯在服刑期间又犯罪的，由服刑地的人民法院管辖；正在服刑的罪犯在脱逃期间的犯罪，如果是在犯罪地捕获并发现的，由犯罪地的人民法院管辖；如果是被缉捕押解回监狱后发现的，由罪犯服刑地的人民法院管辖。

人民法院违反管辖制度，没有管辖权而错误受理审判刑事案件的，检察机关应当进行纠正和监督。

（二）人民法院审理案件违反法定审理和送达期限的

1. 审理期限。根据《刑事诉讼法》第 156 条、第 202 条第 1 款、第 206 条第 2 款、第 214 条、第 232 条、第 247 条第 1 款的规定，刑事案件的审理期限为：（1）公诉案件、被告人被羁押的自诉案件，应当在受理后 2 个月以内宣判，至迟不得超过 3 个月；可能判处死刑的案件，附带民事诉讼的案件，交通十分不便的边远地区的重大复杂案件，重大的犯罪集团案件，流窜作案的重大复杂案件，犯罪涉及面广、取证困难的重大复杂案件，经上一级人民法院批准，可以延长 3 个月；因特殊情况还需要延长的，报请最高人民法院批准。（2）未被羁押的自诉案件，应当在受理后 6 个月以内宣判。（3）适用简易程序审理的案件，应当在受理后 20 日以内审结；对可能判处的有期徒刑超过 3 年的，可以延长至 1 个半月。（4）第二审刑事公诉案件，应当在 2 个月以内审结；可能判处死刑的案件，附带民事诉讼的案件，交通十分不便的边远地区的重大复杂案件，重大的犯罪集团案件，流窜作案的重大复杂案件，犯罪涉及面广、取证困难的重大复杂案件，经省、自治区、直辖市高级人民法院批准或者决定，可以延长 2 个月；因特殊情况还需要延长的，报请最高人民法院批准；最高人民法院受理上诉、抗诉案件的审理期限，由最高人民法院决定。（5）按照审判监督程序重新审判的案件，应当在作出提审、再审决定之日起 3 个月以内审结，需要延长期限的，不得超过 6 个月。

2. 送达期限

人民法院开庭审判前，应当将审判时间、地点和诉讼文书、诉讼权利告知诉讼参与人，包括：（1）将人民检察院的起诉书副本至迟在开庭10日以前送达被告人。对于被告人未委托辩护人的，告知被告人可以委托辩护人，或者在必要的时候指定承担法律援助义务的律师为其提供辩护；（2）将开庭的时间、地点在开庭3日以前通知人民检察院；（3）传唤当事人，通知辩护人、诉讼代理人、证人、鉴定人和翻译人员，传票和通知书至迟在开庭3日以前送达；（4）公开审判的案件，在开庭3日以前先期公布案由、被告人姓名、开庭时间和地点。

对于人民法院违反法定审理期限和送达期限的行为，人民检察院有权进行监督。

（三）法庭组成人员不符合法律规定的

刑事诉讼法对法庭审判组织的人员结构、人数和审判长的任职作出了明确规定，包括：（1）基层人民法院、中级人民法院审判第一审案件，应当由审判员3人或者由审判员和人民陪审员共3人组成合议庭进行，但是基层人民法院适用简易程序的案件可以由审判员一人独任审判；（2）高级人民法院、最高人民法院审判第一审案件，应当由审判员3人至7人或者由审判员和人民陪审员共3人至7人组成合议庭进行，人民陪审员在人民法院执行职务，同审判员有同等的权利；（3）人民法院审判上诉和抗诉案件，由审判员3人至5人组成合议庭进行；（4）合议庭的成员人数应当是单数；（5）合议庭由院长或者庭长指定审判员一人担任审判长。院长或者庭长参加审判案件的时候，自己担任审判长。

如果法庭组成人员的人数、资质或结构等不符合法律规定的，检察机关应当予以纠正。

（四）人民法院审理案件违反回避程序规定的

在刑事诉讼中，回避是指侦查、检察、审判人员及书记员、翻译人员、鉴定人由于与案件具有利害关系或者其他可能影响案件公正审判的关系，而不能参与案件诉讼程序的制度。刑事诉讼法规定，审判人员、检察人员、侦查人员及书记员、翻译人员、鉴定人有下列情形之一的，应当自行回避，当事人及其法定代理人也有权要求他们回避：一是本案的当事人或者是当事人的近亲属的；二是本人或者他的近亲属和本案有利害关系的；三是担任过本案的证人、鉴定人、辩护人、诉讼代理人的；四是与本案当事人有其他关系，可能影响公正处理案件的；五是接受当事人及其委托的人的请客送礼，违反规定会见当事人及其委托人的。审判人员、检察人员、侦查人员的回避，应当分别由院长、检察长、公安机关负责人决定；院长的回避，由本院审判委员会决定；检察长和公安机关负责人的回避，由同级人民检察院检察委员会决定。

检察机关对于案件审理过程中，对于审判人员应当回避而不回避或者故意驳回合法回避申请等违法行为，应当进行监督。

（五）法庭审理案件违反公开审理规定的

人民法院进行审判活动，必须坚持依法公开审判制度，做到公开开庭，公开举证、质证，公开宣判。下列第一审案件应当不公开审理并当庭宣布不公开审理的理由：（1）涉及国家秘密的案件；（2）涉及个人隐私的案件；（3）审判时被告人不满 18 周岁的案件；（4）经当事人申请，人民法院决定不公开审理的涉及商业秘密的案件。除以上案件外，其他第一审案件都应当公开审理。此外，下列案件也应当公开审理：一是当事人对不服公开审理的第一审案件的判决、裁定提起上诉的，但因违反法定程序发回重审的和事实清楚依法径行判决、裁定的除外；二是人民检察院对公开审理的案件的判决、裁定提起抗诉的，但需发回重审的除外。依法公开审理案件应当在开庭 3 日以前公告。公告应当包括案由、当事人姓名或者名称、开庭时间和地点。依法公开审理案件，案件事实未经法庭公开调查不能认定，所有案件应当一律公开宣告判决。凡应当依法公开审理的案件没有公开审理的，应当按下列规定处理：一是当事人提起上诉或者人民检察院对刑事案件的判决、裁定提起抗诉的，第二审人民法院应当裁定撤销原判决，发回重审；二是当事人申请再审的，人民法院可以决定再审；人民检察院按照审判监督程序提起抗诉的，人民法院应当决定再审。

对于法院违反公开审判制度的行为，人民检察院有权进行监督。

（六）侵犯当事人和其他诉讼参与人的诉讼权利和其他合法权利的

当事人和其他诉讼参与人是刑事诉讼的参与者，必须保证他们享有充分的诉讼权利才能保证刑事诉讼公正公平地进行。就被告人而言，由于被告人是国家发动诉讼程序的追究对象，他在实施犯罪时可能具有优势但面对强大的公安司法机关却无比弱小，为此国家法律赋予了被告人各种诉讼权利如信息知悉权、辩护权、调查质证权、辩论权、最后陈述权等，以提高被告人抵御对抗指控和维护自身权益的能力。

对于人民法院侵犯被告人及其辩护人、被害人、刑事附带民事诉讼原告和被告、自诉人、诉讼代理人和法定代理人、证人、鉴定人和翻译人员诉讼权利的行为，人民检察院应当予以纠正。

（七）法庭审理时对有关程序问题所作的决定违反法律规定的

决定是指人民法院在诉讼过程中就相关诉讼程序问题作出的处理。按照刑事诉讼法的规定，决定主要适用于：（1）回避决定，即要求有关人员回避的申请，人民法院可以作出同意或者驳回回避申请的决定；如果当事人申请复议的，再作出同意或驳回复议的决定。（2）人民法院、人民检察院和公安机关根据案件情况，对犯罪嫌疑人、被告人可以拘传、取保候审或者监视居住。第一，对有下列情形之一的犯罪嫌疑人、被告人，人民法院可以决定取保候审：可能判处管制、拘役或者独立适用附加刑的；可能判处有期徒刑以上刑罚，采取取保候审不致发生社会危险性的；患有严重疾病、生活不能自理，怀孕或者正在哺乳自己婴儿的妇女，采取取保候审不致发生社会危险性的；羁押期限届满，案件尚未办结，需要采取取保候审的。人民法院决定对犯罪嫌疑人、被告人取保候审，应当责令犯罪嫌疑人、被告人提出保证人或者交纳保证金。第二，有下列情形之一的犯罪嫌疑人、被告人，人民法院可以决定监视居住：患有严重疾病、生活不能自理的；怀孕或者正在哺乳自己婴儿的妇女；系生活不能自理的人的唯一扶养人；因为案件的特殊情况或者办理案件的需要，采取监视居住措施更为适宜的；羁押期限届满，案件尚未办结，需要采取监视居住措施的。对符合取保候审条件，但犯罪嫌疑人、被告人不能提出保证人，也不交纳保证金的，可以监视居住。监视居住应当在犯罪嫌疑人、被告人的住处执行；无固定住处的，可以在指定的居所执行。对于涉嫌危害国家安全犯罪、恐怖活动犯罪、特别重大贿赂犯罪，在住处执行可能有碍侦查的，经上一级人民检察院或者公安机关批准，也可以在指定的居所执行。但是，不得在羁押场所、专门的办案场所执行。指定居所监视居住的，除无法通知的以外，应当在执行监视居住后24小时以内，通知被监视居住人的家属。第三，被取保候审的犯罪嫌疑人、被告人违反《刑事诉讼法》第69条有关取保候审规定，已交纳保证金的，没收部分或者全部保证金，并且区别情形，责令犯罪嫌疑人、被告人具结悔过，重新交纳保证金、提出保证人，或者监视居住、予以逮捕。对违反取保候审规定，需要予以逮捕的，可以对犯罪嫌疑人、被告人先行拘留。被监视居住的犯罪嫌疑人、被告人违反《刑事诉讼法》第75条有关监视居住的规定，情节严重的，可以予以逮捕；需要予以逮捕的，可以对犯罪嫌疑人、被告人先行拘留。（3）延长审理期限的决定。公诉案件、被告人被羁押的自诉案件，应当在受理后2个月以内宣判，至迟不得超过3个月；可能判处死刑的案件、附带民事诉讼的案件、交通十分不便的边远地区的重大复杂案件、重大的犯罪集团案件、流窜作案的重大复杂案件、犯罪涉及面广、取证困难的重大复杂案件，经上一级人民法院批准，可以延长3个月；因特殊情况还需要延长的，报请最高人民法院批准。（4）庭审过程中，对当事人及其辩护人、诉讼代理人申请通知新的证人到庭，调取新的物证，申请重新鉴定或者勘验等问题的决定。对前述申请，人民法院可以作出同意或驳回的决定。（5）延期审理的决定。人民法院在法庭审判过程中，遇有下列情形之一影响审判进行的，可以决定延期审理：一是需要通知新的证人到庭，调取新的物证，重新鉴定或者勘验的；二是检察人员发现提起公诉的案件需要补充侦查，提出建议的；三是由于当事人申请回避而不能进行审判的。

对于上述人民法院对诉讼程序问题的决定，如果不符合法律规定情形而错误适用决定的，人民检察院应当进行监督。

（八）人民法院审理案件违反法定程序的

人民法院审理案件必须严格遵照法定程序进行，包括开庭前的准备、讯问被告人、调查核实证人证言和鉴定意见、调查核实物证书证、法庭辩论、被告人最后陈述、法庭评议、宣告判决都应当依法有序进行。人民检察院对违反关于法庭审理程序的诉讼活动，有权进行同步监督和纠正。

（九）人民法院违反审理未成年人案件诉讼程序的

公诉人在出席未成年人刑事案件审判活动时，发现法庭审判有下列违反法律规定的诉讼程序的情形之一的，应当在休庭后及时向本院检察长报告，由人民检察院向人民法院提出纠正意见：（1）开庭或者宣告判决时未通知未成年被告人的法定代理人到庭的；（2）人民法院没有给聋哑或者不通晓当地通用的语言文字的未成年被告人聘请或者指定翻译人员的；（3）未成年被告人在审判时没有辩护人的；对未成年被告人及其法定代理人依照法律规定拒绝辩护人为其辩护，合议庭未另行指定辩护律师的；（4）法庭未告知未成年被告人及其法定代理人依法享有的申请回避、辩护、提出新的证据、申请重新鉴定或者勘验、最后陈述、提出上诉等诉讼权利的。

（十）其他违反法律规定的审理程序的行为

出席法庭的检察人员发现法庭审判违反法律规定的诉讼程序，应当在休庭后及时向本院检察长报告，人民检察院对违反程序的庭审活动提出纠正意见，应当由人民检察院在庭审后提出。

三、审判活动监督技巧

人民检察院对人民法院违反法定程序诉讼行为的审判活动监督可以采用以下方式进行：

1. 口头纠正和提出意见。具体包括：一是口头纠正，即出席庭审活动的检察人员针对审判人员可以当场提示纠正的轻微违法行为，如打断公诉人发表意见等妨碍公诉人履行职责的行为，可以当庭指出并提醒法庭注意。对审判活动正在进行当中，应当及时指出错误的，检察人员也可以采用口头方式进行监督，并将监督情况记录在案。二是口头制止，即对法庭严重违反诉讼程序的行为要口头当庭制止，及时要求休庭，并在庭后提出正式纠正意见。

2. 发出检察建议和纠正违法通知书。检察建议和纠正违法通知书主要针对以下情形：一是人民法院采信未经法庭质证的证据，但尚不影响定罪量刑的；二是违反法定程序，但程度较轻尚未达到抗诉条件的；三是超过法定审理期限的；四是裁判文书存在技术性问题但不影响裁判正确性的；五是不影响裁判正确性的其他违法行为。

3. 召开联席会议。对于以下情形，可以通过与法院建立联席会议的方式进行监督：一是对人民法院刑事审判活动中存在的共性问题，可以通过联席会议提出纠正意见；二是对人民法院与人民检察院在法律适用上有分歧的问题以及在抗诉程序上需要协调的问题，可以通过联席会议进行讨论。

4. 报告上级机关。对人民法院在审判活动中严重的违法行为，经依法监督未及时纠正，或者发现人民法院在审判活动中有较严重而又具有普遍性的违法行为，可以向同级党委、人大报告，或者通过上级人民检察院向同级人民法院通报。

5. 立案查处违法犯罪。公诉部门对发现审判人员在案件审理过程中可能存在的违法犯罪线索，应当根据线索情况，及时移送本院侦查部门查处，或者报经检察长批准初步调查后，移交本院侦查部门立案查处。

6. 提出抗诉。对人民法院在审理过程中严重违反法律规定的诉讼程序，影响公正审判的，人民检察院有权向上一级人民法院提出抗诉。